總策畫 林慶彰 劉楚華

主編 翟志成

錢穆先生九秩榮慶論文集

景印香港

新亞研究所

新亞學報

第一至三十卷

第二五冊・第十五卷

景印香港新亞研究所《新亞學報》（第一至三十卷）

景印香港新亞研究所《新亞學報》（第一至三十卷）

黃進興　廖伯源　羅志田

饒宗頤

執行編輯　李啟文　張晏瑞

（以上依姓名筆劃排序）

景印香港新亞研究所《新亞學報》第二五冊

第十五卷　目　次

新亞學報第十五卷

錢穆先生九秩榮慶論文集

新亞研究所

第十五卷

新亞學報

新亞研究所

錢穆先生近照

賓四先生，業匯漢宋，理究天人。昌言勔史，固曠世而難儔，艮止達生，不知老之將至。發紫陽之精蘊，振絕學於東南。道廣則荷任者多，德充則和豫彌至。茲值　先生九十生辰，謹薦與物爲春之頌。集文成袟，比時義於九如，播芳無涯，被敎澤于八表。

新亞學報編輯委員會同人謹識

壽錢賓四師九十

余英時

博大眞人世共尊，著書千卷轉乾坤。公羊實佐新朝命，劉向歆父子年譜。司馬曾招故國魂。國史大綱。陸異朱同歸後案，朱子新學案。墨兼儒緩是初源。先秦諸子繫年。天留一老昌吾道，十載重來獻滿樽。其一

滄海橫流不計年，麻姑三見水成田。左言已亂西來意，上座爭參杜撰禪。九點齊烟新浩刦，二分禹域舊因緣。闢楊距墨平生志，老手摩挲待補天。其二

挾策尋幽事略同，先生杖履遍西東。豈貪丘壑成奇賞，爲訪關河仰古風。白鹿洞前流澤遠，蒼龍嶺上歎途窮。蒼龍嶺乃華山絕險處，韓昌黎詩：「華山窮絕徑」，殆即指其地（國史補），遂有韓公不得下山之傳說。先生（師友雜憶）言及白鹿洞及華山韓公故事。儒門亦有延年術，衹在山程水驛中。其三

海濱回首隔前塵，猶記風吹水上鱗。避地難求三戶楚，占天曾說十年秦。（法言）：「史以天占天，聖人以人占天。」河間格義心如故，河間竺法雅首創格義之學。伏壁藏經世已新。愧負當時傳法意，唯餘短髮報長春。其四

新亞學報編輯略例

（一）本刊宗旨專重研究中國學術，以登載有關中國歷史、文學、哲學、教育、社會、民族、藝術、宗教、禮俗等各項研究性的論文為限。

（二）本刊由新亞研究所主持編纂，外稿亦所歡迎。

（三）本刊年出兩期，以每年二月八月為發行期。

（四）本刊文稿每篇以五萬字為限；其篇幅過長者，當另出專刊。

（五）本刊所載各稿，其版權及翻譯權，均歸本研究所。

新亞學報第十五卷目錄

唐碑七種考證

鄭騫

房梁公碑孔穎達碑合考三篇褚遂良　佚名

懷仁聖教序僧懷仁集王羲之字

紀信碑盧藏用

楚金禪師碑吳通微

昭仁寺碑佚名（舊云虞世南）

等慈寺碑佚名（舊云顏師古）

予腕弱指僵，作字拙劣，春蚓秋蛇，不成形態。而性喜法書，尤嗜隋唐碑誌。玄質白章，石華墨暈，晴案雨窗，展玩無斁。觀覽欣賞之餘，於立碑之緣起、年月，撰者書者之姓名、事跡，書法之品藻，與夫歷代鑒藏家之著錄，拓本或影印之流傳，偶有所得，隨手札記，日積月累，漸盈篇帙。右唐碑考證七種，合計八篇，皆於民國七十一二年間，整理纂訂而成。各篇次序，依寫作之先後而不拘立碑之年月，故昭仁等慈立碑最早而反居最後。撰寫既不同時，體例難求劃一，仍作隨筆札記觀之可也。予於書藝、書學，不過一知半解；昔人近代評碑論帖諸書，未遑博覽。了無眞識，徒逞臆說；即使略有可觀，亦多屬於「外圍考證」，飣餖瑣屑，無關弘旨。年已八十，本業無成，乃復浪費時間精力於此，假充內行，貽笑方家；其謬其愚，蓋不可及矣。翻檢微勤，棄擲未忍，姑妄存之，以志吾過。

房梁公碑孔穎達碑合考

也。

房梁公碑，楷書，撰人不詳，趙明誠金石錄卷四定爲褚遂良書，卷二十四辨證云：

唐房玄齡碑，其字磨滅斷續，不可考究，惟其名字僅存。其後題「修國史河南公」，而名姓殘闕者，褚遂良

趙崡（子函）石墨鐫華卷二云：

碑已泐，僅存六百餘字。褚河南正書，結法與聖教序同，可寶也。

子函生明代隆萬時，此碑磨滅較宋時更甚，「修國史河南公」六字已不可見。子函云是褚書，乃據金石錄及「結法與聖教序同」而言之。莊嚴（慕陵）姻丈跋此碑云：

書法纖勁，力可屈鐵，足與褚公其他石刻媲美。

慕老專習褚書，以之名家，其言可信。

孔穎達碑，楷書，于志寧撰，書人不詳，前人定爲學虞世南者。歐陽修集古錄跋尾卷五云：

孔穎達碑，于志寧撰，其文磨滅，然尚可讀。

金石錄卷二十三云：

唐孔穎達碑，于志寧撰，世傳虞永興書。據碑云，穎達卒於貞觀二十二年，時世南之亡久矣。然驗其筆法，

蓋當時善書者規摹世南之書而爲者也。（二十二年四部叢刊續編本作二十一年，據石墨鐫華及金石萃編所引改正。）

石墨鐫華卷二云：

此碑于志寧撰，不著書者名氏。其書全習虞永興，而結法稍疎，自非中唐以後人所辦。黃長睿亦云：「世傳爲永興書，非也，祭酒歿後永興十年。乃學永興法者書也。」……年壽字半泐，隱隱可讀，云：「貞觀二十二年六月十八日薨，春秋七十有五。」

長睿、黃伯思字，其說見所著東觀餘論卷下，云：

孔祭酒碑，世傳虞永興書，非也，沖遠之歿，乃後伯施十年。豈非當時學永興法者書耶？然筆勢遒媚，亦自可珍。

鐫華所引，蓋經過刪改者。虞世南卒於貞觀十二年，見舊唐書卷七十二及新唐書卷一零二本傳，在穎達之前正十年。此碑字形較長，轉折處用轉筆而不用折筆，皆學虞之證。惟「結法稍疎」，鋒芒甚露，其「婉秀媚麗」之致，似爲虞書所無。而細觀全碑，終遜於虞之雍容閒雅，虞是老成人，此碑則似輕俊少年。歐書字形較方，虞書字形較長，轉折處，歐用折筆，虞用轉筆；前人之說如此，乃不移之論。折筆俗云「方肩膀」，轉筆俗云「圓肩膀」，予兒時，聞塾師言之。清乾隆時吳縣人謝希曾（安山）跋此碑云：

明初沈學士以小楷名冠一時，士大夫多宗之。而沈之婉秀媚麗，皎如玉樹臨風，實從此碑出也。

其評最確，亦即前引黃伯思所謂遒媚。予上文云云，本於安山此跋。沈學士謂沈度。

寒齋所藏兩碑，俱爲宣統元年即民國紀元前三年上海神州國光社珂羅版影印，乃此類影印碑帖之最早期出品，當時亦稱玻璨版或金屬版，在今日已成「新古董」。民國十四年，予二十歲，表舅朱芷泉先生所贈生日禮物。患難相隨，今已五十餘年，舊藏零落之餘，偶見兩碑尚存，感慨係之。房碑黯淡，孔碑淸朗可觀。房碑爲淸末北平李在銛（芝陔一作燕陔）舊藏，後有成親王跋及李氏長跋，許爲宋拓。所持理由有三：一，碑後有賈似道藏印；二，完好之字八百餘，殘缺而可辨識者亦三百餘，遠較石墨鐫華所云六百餘字爲多；三，「字畫精健，轉折毫芒，曲盡其妙」。考訂精詳，其爲宋拓似無可疑。孔碑即謝安山舊藏，同治時歸陳德大（容齋），光緒末歸名書家南豐趙世駿（聲伯）；有安山二跋、容齋跋、及聲伯長跋。安山初疑其是否果爲宋拓，後撰契蘭堂書畫錄，則收入宋拓之列。今按：此本僅存七百九十餘字，石墨鐫華所云半泐而隱隱可讀有關年壽諸字，已全不存在；可知是明拓而非宋，老證詳見歐陽輔集古求眞卷四。求眞云：「臨川李氏藏本存一千七百餘字，已石印。」其本未見。歐陽書於珂羅版影印碑帖一律呼爲石印，語氣間頗有輕視之意。不知無此發明一般人又何從得見許多古人名蹟？此老見聞甚廣，考訂時精時疏；識解則往往失之固陋，此事亦其一端也。舊拓精本，古樸蒼潤，佳者且有墨馨，所謂「古色古香」，影印難臻此境，乃無可奈何之事。早期影印本如神州國光、有正書局，皆洋紙洋裝，去「古」甚遠，宜其遭受輕視；其後商務印書館、藝苑眞賞社、北平故宮博物院等，改用宣紙線裝，勝於昔日矣。猶記五十年前，予居北平，影印品極充斥，甚至淪爲地攤上物，予曾以廉値購得有正影印信行禪師碑。今在臺北，偶遇有正出品，索價或至千元，少亦數百，雲泥今昔，思之惘然。

房梁公碑孔穎達碑其二

房碑近有臺北中國書畫雜誌社複印本，附莊慕老長跋，述此碑源流及歷次影印經過甚詳。據莊跋及所引王乙之撰「記宋拓房梁公碑」一文，知此碑原拓爲海內孤本，神州國光影本亦有此標題。清末民初間，原藏者李在銛以白銀五千兩重值讓與其門壻趙爾巽（次珊），趙曾撰短跋記其事，趙歿至今已五十餘年，此碑不知所終。影印則共有四種：神州國光本，民國四年（日本大正四年）日本東京西東書房本，民國某年（北伐以前）北京懿文齋本，及雜誌社本。神州本印行在清末，乃此碑第一次影印。懿文西東兩本予均未見，慕老則見予所藏始知有神州本。雜誌社據西東本複印，看似較神州本清晰，而用墨太重，神采遂遜。慕老跋中有云：

書人名，今拓泐失不見，此本中「修國史河南公」均可辨識，足以證爲褚遂良書無疑。

予取神州及雜誌社兩本，從頭至尾，無論全存、半泐、全泐，逐字細觀，始終不見此六字。且李跋明云：

惜後半竟遭火劫，燬去數十字，度其未燬時當有「修國史河南公」六字，今乃爲六丁取去。

可知原拓確已無此六字。慕老之爲此言，蓋李跋有云：「當日明明有修國史河南公六字，不待考其字畫而可定爲褚筆。」慕老僅見此數語。而不知其所據乃金石錄之言，並非親見，且未注意下文「竟遭火劫」云云，亦未覆檢原碑，亟欲證明其爲褚書，遂致無中生有。

陳德大（容齋）跋孔碑云：

大嘗獲見唐拓孔子廟堂碑、孟法師碑等册。恍然於古拓之遠近全不憑乎墨色，但使收藏得地，不遇霉濕，則唐宋拓本，其膠光紙色，固如百年間物也。前人謂碑書極似永興，蓋廟堂眞本原自露鋒，與歐褚相近，不似王彥超刻一味渾敦。得此古本，雖不能擬原刻廟堂，自謂如驂之靳，以視宋拓之九成聖教，司空見慣，豈可同日語哉。

今按：廟堂原石，燬於貞觀中，武周重刻亦燬於唐末，此事昔人雖曾有爭議，大致已成定論。黃山谷詩已有「孔廟虞書貞觀刻，千兩黃金那易得」之語，遑論後代。明及清初人所藏所見，著於都元敬金薤琳琅及王弇州、孫月峯、孫退谷諸家題跋者，或有號稱唐拓，而究竟爲唐爲宋，原件久佚，無從考核。雍乾以後，傳世不過宋初王彥超及元代山東城武兩覆刻，殊難再見所謂「唐拓眞本」。嘉道間臨川李宗瀚（公博）舊藏十寶之一，翁方綱（覃溪）跋評爲唐石唐拓，實不足信，歐陽輔集古求眞卷四論之甚詳且確。近人某論虞書，亦云李藏廟堂「是將不同的舊拓翻本湊合在一起罷了。」（見臺北華正書局複印李藏廟堂碑）。翁覃溪亦承認李藏雜有「陝本」，即王彥超覆刻。孟法師碑亦李氏所藏，亦號稱唐拓，見通行影印本李跋。陳容齋咸同時人，時代稍晚於李，其所謂「唐拓眞本」廟堂，蓋即李藏者，故得與孟法師並觀。據此疑似之本以證虞書露鋒與歐褚相近，深覺未安；陳似未能辨歐虞之大別也。辨識拓本遠近，須比較其殘泐情形，存字多寡，至於「膠光紙色」，只其一端，陳氏執此一端，且所據爲不足信之唐拓，而欲混唐宋於一朋，謬矣！跋尾署同治丙寅，距今不過一百一十餘年，舊拓零落之餘，乃云「宋拓之九成聖教；司空見慣」，未免失之誇誕；陳氏所謂宋拓，或指號稱宋拓而非眞者耶？

房梁公碑孔穎達碑其三

右文脫稿後，偶閱葉昌熾（鞠裳）著語石，其卷十有數則可供補充之用，彙錄於左，並酌附按語。

余在京師，見李子嘉太守所藏褚書房梁公碑，踰一千字，的眞唐拓，可與廟堂競爽，海內恐無第三本。太守寓米市胡同，嘗從丁叔衡前輩登其堂，觀所藏名跡。聞曾爲中州一郡守，忤上官，投劾歸。童顏鶴髮，健步如飛，今之畸人也。（「太守寓米市胡同」以下原書雙行小字夾附段中，今移置段末。）

今按：李在銛跋此碑許爲宋拓，證以賈似道藏印，可信；葉認爲唐拓，只是其個人意見，並無佐證。葉書此段上文即是「唐拓則天壤間惟有臨川李氏廟堂一本」云云（見後），「海內恐無第三本」，意謂廟堂及房梁公二碑之外恐無第三本唐拓。在銛爲光緒時人，葉官京師亦在光緒中，寓宣武門內頭髮胡同，見葉著緣督廬日記，米市胡同則在宣武門外。今影印李藏房碑，完好之字約八百，殘泐可辨者約三百，正合葉所謂「踰一千字」之數；此種精品古董，世間不易有第二件。李跋後有方形白文小印曰「子皆」，又有長方形朱文印曰「子皆所藏書畫金石文字」。李字芝陔，子與芝、嘉與皆與陔，音皆相近。以此諸事證之，在銛、子皆、子嘉、芝陔，當是一人。神州國光影印本封面標題云「李燕陔舊藏」，芝陔見李跋後印章，燕陔不知何據。李爲涿州人，涿州、淸時屬順天府，順天、明初爲北平府，故李跋尾署「北平李在銛」。

今世拓本，元明已難能可貴，若得宋拓，歎觀止矣。唐拓則天壤間惟有臨川李氏廟堂一本，其中亦孱入宋刻，非完本也。（此下即接前引「余在京師見李子嘉太守」云云。）

虞伯施夫子廟堂碑，唐時已泐，黃魯直所謂「孔廟虞碑貞觀刻，千兩黃金那易得。」宋時即有兩翻本，肥本在長安，瘦本在城武，互有得失。臨川李氏有唐拓殘本，以肥瘦兩本較之，天壤懸絕，始知原本不可及。詳見翁學士廟堂碑跋。

今按：葉氏亦信李藏此碑中有部分唐拓，個人眼光原難强同，但引翁跋爲說，則大成問題。翁跋固執成見，强詞奪理，考證旣疎且謬。翁不信碑燬於火武周時重刻之說，謂李藏唐拓部分爲貞觀原石。是爲謬之甚者。碑前明明有「司徒幷州牧太子左牽牛率口檢校安北大都護相王旦書碑額」二十五字。相王旦即睿宗，生於龍朔二年，封相王在上元二年，倶見新舊唐書本紀。立碑之時，旦尚未生，若非武周重刻，此二十五字從何而來？豈立碑時即預知有相王旦其人其事耶？翁跋於此毫無交代，蓋無法自圓其說矣。此外武斷穿鑿之處尚多，舊唐書、趙氏金石錄、清河書畫舫、皆被曲解，今不一一置辯。覃溪負當世盛名，其考訂鑒別有精到處；惟此跋甚不可據也。翁跋之謬，歐陽輔集古求眞卷四廟堂碑條論之甚詳。

褚書惟孟法師碑有翻本，所見以嶺南葉氏本爲最勝。今宋拓孤本亦在臨川李氏，翻本大抵皆從玆出。

今按：李藏孟法師碑有影本；李跋自詡爲唐拓，而葉氏謂爲「宋拓孤本」；房梁公碑、李芝陔寶愛備至，僅自稱爲宋拓，而葉云「的眞唐拓」。鑒賞之事，原無定論。藏家炫異，估客居奇，多信其早而不願信其晚；吾輩旁觀，則寧信其晚而不輕信其早。

懷仁聖教序

弘福寺僧懷仁集右軍書聖教序，行書，唐太宗撰文。碑立於高宗咸亨中，右軍筆跡存者尚多，故懷仁得集其字，或取整體，或取偏旁綴合。原石久已斷裂，或云斷於南宋初，或云明中葉，今不具論，只論其翻本。明中葉以後，原石既裂，舊拓難得，而習者日衆，故直至清初，翻刻極多，精者可以亂眞。王澍虛舟題跋、葉昌熾語石、歐陽輔集古求眞，皆曾論鑒別之法，彙錄於後。

虛舟題跋卷六云：聖教眞僞至難辨。鑒賞家多以「深以爲愧」深字水旁第一筆作兩啄者目爲原本。然吾見覆本多矣，其水旁作兩啄者頗亦不少，以此定眞僞，究不足據。惟「佛道崇虛」道字首二筆中斷，徧檢覆刻，皆絕無有，以此爲定，百無一失。要之，此亦只爲初學者立法耳。看得熟時，但一展卷如別黑白，正不俟研同索異，始堪識別也。

語石卷十云：懷仁聖教，化身最多，亦最不易辨。孟津王覺斯及西安荀氏兩摹本皆能亂眞。

又云：懷仁聖教舊拓，以「高陽縣開國男」一行未泐者爲別，又以「佛道崇虛」崇字山頭中間一直斷續爲摹本之證。

集古求眞卷七論此尤詳，云：是碑翻刻，無慮百數，其可以亂眞者亦多，稍不詳審，即爲所欺。收藏著錄家，往往擧一二字爲式，翻刻本偶與之合，則仍墜其術中。今備列諸證於後，翻本斷難悉合，庶作僞者莫售其詐。原石羣字末直雙權，有似兩直。深字左旁三點，有似兩點。道字首二筆中斷不連。崇子山下右邊多一小橫畫。世字皆短中直。民字缺末筆。三治字末筆，均作斜點、不封口。前兩治字左傍止見下一點，第三治字左傍作一直筆。內出出字雖不見，而有空白泐痕。有一不符，翻刻也。紛紀二字無裂紋，何以二字無剝落，亦翻刻也。

近見某君所藏，拓工甚精，紙墨甚舊，後有二跋，一王虛舟、一近人褚德彝，皆許爲宋拓。持與虛舟歐陽所學，逐字對勘，各項特徵，無一不符，應是眞正宋拓矣。然，鋒穎過於清晰，墨氣過於勻淨，不類宋時遺物，頗疑其爲明代翻刻之精者。乃取影印清人崇恩藏本亦號稱宋拓者並觀比較，頗覺此本筆畫單瘠，遜於崇恩本之「腴潤」，此二字乃崇恩贊賞其藏本者。且此本逸而近於肆，秀而近於纖，不如崇恩本之風骨遒勁，氣息渾厚。始信所疑不虛，此本蓋「可以亂眞」之假宋拓也。藏家鑒別之術雖精，而作僞者之技倆亦層出不窮，近於天衣無縫。虛舟所謂「百無一失」，歐陽所謂「斷難悉合」，殊未易言。虛舟云：「看得熟時，但一展卷如別黑白，正不俟研同索異，始堪識別也。」是爲篤論。此事須憑直覺，先觀整體，次及單字，僅僅「尋行數墨」，只是粗淺工夫。虛舟屢跋此碑，前後凡十一二段，見於虛舟題跋及竹雲題跋。此本之跋，不見於此兩書，而其文字極似截取各段中語拼湊而成，書法雖精而筆勢稍縱，與虛舟其他書跡不類。可定爲後人所造。予初見此碑，即由此跋而生疑。惜當日未及錄存以證吾言。

此碑自宋至清，題跋甚衆，大抵贊譽者多，貶抑者少。贊譽者如宣和書譜卷十一云：「模倣羲之之書，必自懷仁始。豈羲之之絕塵處不可窺測，而形容王氏者惟懷仁近其藩籬耶？」虛舟題跋卷六云：「懷仁集聖教，以蘭亭爲主，而輔以官奴，其餘增損裁成，悉以爲準。故一一中規合矩，爲千古行書之宗。」且云：「即李北海、張司直、蘇武功、亦皆從此奪胎。」贊譽最甚者爲明孫鑛書畫跋跋，洋洋數百言，推崇備至。貶抑最甚者爲清初孫承澤庚子消夏記，於舉世爭習之時獨痛斥之爲誤人俗書。宋黃伯思東觀餘論則歸咎於後人之不善學而作持平之論。今備錄一黃二孫之跋於後，以見前人軒輊之懸殊。

東觀餘論卷下：書苑云，「唐文皇製聖教序，時都城諸釋諉弘福寺懷仁集右軍行書勒石，累年方就，逸少劇蹟，咸萃其中。」今觀碑中字，與右軍遺帖所有者纖微克肖。書苑之說信然。然近世翰林侍書輩多學此碑，學弗能至，了無高韻；因自目其書爲「院體」。由唐吳通微昆弟已有斯目，故今士大夫玩此者少。然學弗至者自俗耳，碑中字未嘗俗也，非深於書者不足以語此。

書畫跋跋卷二：此帖乃行世法書第一石刻也。右軍眞蹟存世者少矣；即有之，亦在傳疑，又寥寥數字，展玩不飽。惟賴此碑，尚稍存筆意。緣彼時所蓄右軍名蹟甚多，又摹手刻手皆一時絕技，視眞蹟眞可謂毫髮無遺恨。今觀之；無但意態生動，點點畫畫皆如鳥驚石墜；而內擫法緊，筆筆無不藏筋蘊鐵；轉折處筆鋒宛然與手寫者無異。如蘭亭諸刻，得體者多不得勢，得態者多不得骨，流動嚴密二妙難兼。而此帖中，如趣、流、類、羣、領、懷、後、遊、閒、朗、之、斯、足、會、迹、不、無、盡、等字，皆有體有勢，有態有骨，流動中不失嚴密，具八面之妙。以此想右軍筆法，眞是得心應手，超妙入神。唐宋以後，雖百舍重繭，不能得其一點半畫也。果宋拓精本，眞乃無上至寶，今世間存者尚多，但能不惜價，亦不難購。果不能得，即今關中石，倘得精手拓之，猶應在閣帖上。第筆法險峻，無門戶可入，若求之形似間，恐更遠。惟把玩日久，稍知其用筆意，能驅遣筆不爲字所縛，即不能似右軍，庶幾換凡骨矣。（郭宗昌金石史卷上有懷仁聖教序跋五則，稱譽備至，語多空洞，不錄。）

庚子消夏記卷六：懷仁聖教序乃集右軍書，宋人極薄之。呼爲「院體」，院中人習以書誥勑，士大夫不學之也。趙子固云：「其中逸筆，不知懷仁從何處取入，使人未學他書先學此，殊爲可惡。」子固深於書學者，故其言如此。至近時乃大不然，視此帖不斷本如璦璧；收藏家學與不學，俱購求一本以侈人，而秦中士夫爲甚。有著金石史者，謂聖教序較之定武蘭亭相絕千里；可爲噴飯，眞所謂夜郎王不知漢大，彼或未見眞定武耳。蘭亭是右軍第一妙蹟，定武是蘭亭第一妙跡；不特此也，即宋所臨諸本，無不各具一風格。陸子淵所謂原本既高，得其一枝半節，無不善者。人能學一分即有一分之得力，無不卓然大雅。惟一學聖教序則渾身板俗；即唐人吳通微，號能書者，亦受此累，況其他乎。黃長睿云：「學弗能至，自俗，碑字未嘗俗。」夫碑字不俗，何以學之輒俗？使學蘭亭者有是乎！長睿深於書學者，失言矣。予初得一不斷本，繼於故內復得此本，更完好，字法纖毫畢具，蓋唐拓也。秦人王文含見之，歎不釋手。

月峰之言，頗嫌溢美；然此碑究屬唐人名蹟，亦非太劣，不知退谷何以薄之若此。黃是否失言？退谷是否得之？予不敢言。世有學歐而僅得其刻削，學褚而反流於纖柔者，能謂是歐褚之過耶？退谷推崇蘭亭；世亦有學蘭亭而俗者，此不可不知。退谷所謂「著金石史者」即郭宗昌。

紀信碑

紀信碑，隸書。碑後署云：「大周長安二年歲次攝提七月立。范陽盧藏用篡文並書。」太歲在寅曰攝提格，省稱攝提，離騷已然。范陽、今河北涿縣，盧氏自漢至今爲范陽大族。藏用字子潛，舊唐書卷九十四、新唐書卷一二三俱有傳。略云：少舉進士，不調，隱居終南山，學道家鍊氣辟穀之術。武后時出仕，官至工部侍郎、尚書右丞。玄宗先天開元間，坐附太平公主，謫嶺表（今廣東），不久，卒於貶所。世所傳「終南捷徑」，即此君故事，見新唐書本傳。兩傳俱言其能書，多才藝，云：

藏用工篆隸，好琴棋，當時稱爲多能之士。」（舊）

藏用善耆龜九宮術，工草隸大小篆八分書，善琴弈，思精遠。（新）

唐人呂總著續書評，著錄唐代書家四十人：篆書一人、八分書五人、眞行書二十二人、草書十二人。除李陽冰外，餘三十九人皆有八字評語。藏用爲八分書五人之一，其評語爲「露潤花妍，烟凝修竹。」藏用能書之名見於史傳載籍，而書跡流傳不廣。通志卷七十三金石略著錄藏用書碑八種，今所見者僅此一碑。此碑之名亦不顯，通志至未詳其所在地，且題名誤加「周」字，成爲「周紀信碑」，蓋亦僅據傳聞。歐趙兩錄及明人金石書均未之及。入淸始漸爲人知，見於題跋者如下。

王澍虛舟題跋卷八：隸法自鍾繇勸進授禪二碑已截分今古，不復漢人渾噩風格。此碑立於唐初，去漢爲遠；然筆力疏勁，無唐人纖巧氣習，故是可尙。惜前幅脫失五十餘字，未爲全玩。然，傳本絕少，拓亦數百年前物，予故錄而存之。

金石存：右唐立漢將紀信碑，自來收集金石文字者皆未之及，始著錄於恭壽先生積書巖題跋中，惜其前段缺損數十字。予得此本，僅少七八字，餘者刻畫完好如新。

金石萃編卷六十五：：此碑爲盧藏用撰書，隸體，完整文幾九百字，泐者只五字。初唐碑之似此完善者，亦不多得。兩唐書傳……藏用工篆隸，當時稱爲多能之士。觀此碑所書，傳非虛語也。

虛舟跋此碑凡兩則，前一則泛論紀信事跡，與此碑本身無關，右所錄者第二則。金石萃編僅節錄前一則而無第二，可謂買櫝還珠。虛舟題跋出後人輯錄，版本名稱均不一致，內容亦有異同。行世有虛舟題跋、竹雲題跋兩種，予所據者爲影印中央圖書館藏舊鈔本，名虛舟題跋；或萃編所據本無此第二則耶？虛舟所謂「筆力疏勁」，呂總所謂

「露潤花姸，烟凝修竹。」皆是此碑確評。然，過於姸潤即涉虛舟所謂纖巧；藏用，初唐人，謂其書為漢魏變為唐隸之漸可也。虛舟晚年自號恭壽老人，金石存所云積書巖題跋蓋即虛舟題跋。舊唐書傳云：「長安中，徵拜左拾遺。時則天將營興泰宮於萬安山，藏用上疏諫。」造興泰宮在長安四年正月，見舊唐書卷六則天本紀。此碑立於長安二年七月，藏用禿名無官位，但署籍貫，是仍隱居時作，其被徵當在二年冬或三年，至先天開元間貶謫，計其出仕從政，不過十年耳。舊唐書本傳云，卒於開元初，年五十餘；長安開元相距十二三年，書碑時年四十餘。碑文載於姚鉉唐文粹卷五十三，予曾校出異文三十餘事，記於唐文粹書眉，後見金石萃編亦有校記，遂置之；平生浪費時間，事多類此。古人碑版文字收入本集或選本者每有異同。或由作者自己改定，或為傳鈔刋印者臆改誤刻，此種情形，並不足怪。舊唐書傳云「藏用少以辭學見稱」，新唐書傳云「藏用能屬文」。此碑文筆雍容閒雅中有弘壯之氣，確是「能屬文」者，佳處不僅在書法。

予藏此碑，拓本，剪裱，癸卯旅居港九時老友費致浚持贈。全泐十四字，半泐者亦十餘，其拓較金石存及萃編著錄者稍晚。然首尾無缺，絕大部分「刻畫完好如新」，亦頗足珍貴。金石萃編載有碑陰，隸書，記立碑經過，並列丞尉等人及刻工姓名，共三百四十餘字。金石存云：「以前碑字法審之，亦盧藏用書。」予藏本無之，雖不拓碑陰乃拓碑常見情形，仍屬憾事。

楚金禪師碑

楚金禪師碑，楷書，沙門飛錫撰文，吳通微書。德宗貞元二十一年立。多寶塔為楚金所修，故此碑即刻於顏眞卿書多寶塔碑之陰。黃伯思東觀餘論孫承澤庚子消夏記皆曾論及，已見前篇「懷仁聖教序」附錄。此外明人諸題跋論評，彙鈔於後。

王世貞弇州山人四部稿卷一百三十五：賈氏談錄言，通微爲學士，工行草，然體近吏，中州士大夫效習之，謂爲院體。此碑淸圓有餘，遒勁不足，即所謂院本體，非耶？得顏尚書小許鈎磔，便脫此病。夏熱偶題。

（金石萃編卷一零四引錄此跋，至「非耶」止，節去「得顏尚書」以下云云。）

今按：院體謂翰林院，詳見前篇「懷仁聖教序」黃伯思孫承澤兩跋。弇州加「本」字，不知何意。豈因其近俗遂與通俗文學之金元院本混爲一談耶？

孫礦書畫跋跋卷二：書近秀媚，風度亦可觀；第結構全疏，欹傾聊且，頗似初學書者。顧何以亦負時名？石今尚不磨泐，豈係重翻本，摹其泛駕，遺其駿骨耶？

趙崡石墨鐫華卷四：吳通微爲學士，工行草；然有譏其近吏者。此碑淸圓婉逸，雖鈎磔小滅，而亦微有晋之丰度，觀者當自得之。

安世鳳墨林快事卷六：嘗見山谷老人作字沓拖，彼蓋自詫爲前無古人，人亦推其自出機杼；以致後人之慕者日趨惡札。及觀吳通微，則古已有此路。但山谷天資高，不由一家入，不至奴書耳。今比二家之書，皆以自得爲奇。吳自得於法度之中，其不合者少；黃自得于法度之外，其不合者多。乃失之吳在俗，而得之黃在雅。豪人固不棄雅以就俗，而學子亦不可貪雅以廢法。然，僧文既惡，僧事亦非奇，吳甘爲之把筆，若黃則無此矣。

右錄諸語，可謂毀譽參半；而孫月峰之所譏評，似非過苛。月峰疑爲重翻本，則無確據；蓋因不甚著稱於世，罕經椎拓，故得「全其天年」。安世鳳論俗與雅，甚精當；以黃山谷與吳通微並論，亦自別有見地。其責吳之不應爲此僧文僧事把筆，則是宋以後人見解，唐人不如是觀。

吳通微、舊唐書卷一九〇有傳，甚簡略。傳云，通微與弟通玄「俱博學，善屬文，文采綺麗。」不言其能書。「吏書」、近代語謂之「書辦字」。「書辦」、謂舊日官衙中專司繕寫公文之職員，明清兩代皆有此稱，予兒時猶及聞之。此種字體，不見書者個人性情面目，故難免俗。上者爲「館閣體」，下者爲「吏書」，最下者則是油鹽店中記賬所用。康有爲廣藝舟雙楫卷三卑唐第十二云：

> 唐人解講結構，自賢於宋明；然以古爲師，以魏晉繩之，則卑薄已甚。若從唐人入手，則終身淺薄，無復窺見古人之日。古文家謂畫今之界不嚴，學古之辭不類；學者若欲學書，亦請嚴畫界限，無從唐人入也。

南海此論，陳義偏高。區區之意，居今之世，學書從唐人入，已是師古矣。學唐人者，或歐虞，或顏柳，均無甚大流弊；惟初學不宜學褚，尤不可學吳通微。事實上，亦未聞有學吳者。莊慕老跋褚書房梁公碑云：「書法纖勁，力可屈鐵。」纖而勁是褚書特徵，不善學者得其纖而不得其勁，易流於弱，瘦金體即學褚薛而受其病者。吳書「清圓婉逸」而傷於甜熟，欣賞尚可，學之則易得其俗。弱與俗皆書法大忌，弱尚可救，一俗即無藥可醫。依王弇州之言，似可以顏魯公法醫之，然學吳得俗之後再改學顏，似難收效。予藏明清間鈔本碧山樂府，卷尾有一行云：「書辦任文奎寫」，字甚清雅，此中固亦有佳士也。

昭仁寺碑

唐太宗貞觀三年閏十二月，詔於開國以來各戰役處建廟立碑，紀念陣亡將士，見舊唐書卷二太宗紀。昭仁爲諸寺之一，在豳州，太宗破薛舉及其子仁杲處。豳州、今陝西省邠縣。此碑今在長武縣，在邠縣西北，唐時爲豳州屬邑。立碑確年無考。顧炎武金石文字記云在貞觀四年冬，其說可信。碑文、朱子奢撰，楷書。書者舊傳爲虞世南，或云歐陽通，或云王知敬，而皆有未合；歐陽、知敬，尤不可能。疑是當時善學虞者所書。拓本之外，日本二玄社有影印本。宋明以來題跋甚多，擇要彙錄於後。

歐陽修集古錄跋尾卷五：昭仁寺碑在豳州，唐太宗與薛舉戰處也。……碑文朱子奢撰，而不著書人名氏。字畫甚工，此予所錄也。（豳州原誤作幽州。）

宋人張重題字：昭仁寺碑，世以爲虞世南書，校之廟堂記，淳淡相類，而骨格老成不逮也；豈世南少時所書乎？河南張重威甫題。

此題字見金石萃編卷四十二引錄，云在碑陰。其後有一行云：「昭聖元年七月庚戌」，當是紹聖之誤刋，宋哲宗年號。

趙明誠金石錄卷三：唐豳州昭仁寺碑，朱子奢撰，正書，無姓名。

鄭樵通志卷七十三金石略：昭仁寺碑，汾州，虞世南書。（汾州爲邠州之誤。）

都穆金薤琳瑯：右昭仁寺碑，唐守諫議大夫騎都尉朱子奢撰。歐陽公愛其字畫甚工，惜無書人名氏。金石錄嘗載其目，亦不言爲何人書也。惟通志金石略以爲虞永興書。永興書之傳世者，有孔子廟堂碑，然與此不類；而金石略乃謂出於虞公，當必有所據。

趙崡石墨鐫華卷二：唐昭仁寺碑在長武縣，朱子奢撰，無書者姓氏。予觀其筆法，大似廟堂，廟堂豐逸，此稍瘦勁，廟堂五代重勒，此伯施眞蹟也。歐公亦不言誰書；鄭樵直以爲伯施，都元敬謂必有據；而曹明仲曰歐陽通書。通書道因諸碑，殊與此不類。按舊唐書，貞觀三年，詔建義以來交兵處，爲隕身戎陣者各立一寺，令虞世南朱子奢等爲之碑；此破薛舉處也。又通本傳，少孤，母徐氏教以父書，儀鳳中始知名。貞觀三年至儀鳳元年，四十八年；道因碑書在龍朔三年，去貞觀三年亦三十五年。則此非通書，明甚。而虞與朱同事，其爲虞書無疑。

孫承澤庚子消夏記卷六：昭仁寺碑爲朱子奢文，不著書者名，鄭樵金石略以爲虞世南。細閱之，筆致娟秀爾雅，非永興不能也。舊唐書載：貞觀三年詔建義以來交兵處，爲隕身戎陣者各立一寺，令虞世南朱子奢等爲之碑。此碑立於豳州，乃破薛舉處也。文既爲朱，則字爲虞更足據耳。

王澍虛舟題跋卷六：此碑，歐陽公愛其字書甚工，惜無書人氏名。鄭樵通志以爲虞永興書；都元敬謂其必有所據。趙子函石墨鐫華持虞書之說甚堅，以爲「虞與朱同事，其爲虞書無疑。」且云：「廟堂碑經五代重勒，此猶是伯施眞跡。」按：此書雖似永興，然廟堂豐逸，此則瘦勁，面目雖似，神骨則殊。又，書法自入唐來，六朝纖怪氣習破除淨盡。今觀永興廟堂碑，無一字落六朝陋習者。此碑猶有六朝陋習。永興書規行矩步，決不如此。總之：吾輩論書，但當以書爲主。書不工，雖名何用；苟工矣，又何必強爲主名乎？如此碑，正使永興執筆，亦未必有過，固不待主名永興始爲可貴也。至曹明仲目爲歐陽通書，直是亂道，不足與辨。

畢沅關中金石記：此碑不載書人，宋張重字威甫謂是虞世南書。今案筆蹟與李衞公神道同，疑是王知敬書。

楊守敬激素飛清閣平碑記卷三：昭仁寺碑，前人多指爲虞永興書。細玩之，誠有一二波法相似處，至其格度氣韻，則不逮遠甚。蓋用筆雖勁，猶沿隋人方板舊習；永興則變化百出，風神絕世，安可同日而語。且永興內含剛柔，此尙得云內含耶？世人惜永興碑無一存者，遂欲以此當之，而不知未足盡永興也。碑洋洋數千言，時伯施已老，或不能任此？歐陽率更八十餘猶書小楷，此異數也，不可引以爲例。

歐陽輔集古求眞卷四：昭仁寺碑，朱子奢撰，無書人姓名。或以爲王知敬書，或以爲歐陽通書，皆臆度也。惟鄭樵金石略以爲虞世南書，庶幾近是。唐書：貞觀三年，詔交兵處各立一寺，令虞世南、朱子奢、顏師古等爲之碑。虞既與朱同時被命，則朱文虞書，在理可信。宋張淳刻碑陰云：「校之廟堂，淳淡相類，而骨格老成不逮也；豈世南少時書手？」明都穆則以爲不類廟堂。按：此碑筆法瘦勁，與西廟堂方圓稍異，與東廟堂秀整相同。張淳疑爲世南少時書，殊爲失考。世南入唐，年已五十，貞觀四年逾六十矣。王知敬歐陽通皆顯於武后時，貞觀初尙在幼稚，未必能書巨製。是碑即非虞筆，亦當世善學虞者。

右列諸家題跋，議論紛歧，可稱「聚訟」，而似以主虞世南書者居多。今按：此碑確似虞書；而筆致娟秀中有輕嫩之意，異於廟堂碑之雍容安雅，張重所謂「骨格老成不逮」，都穆所謂「與此不類」，皆即此意。（輕嫩、只是年齡火候關係，並非惡評。）孫退谷拈出娟秀二字，以評此碑甚確，以評廟堂則不然；爾雅二字，以評廟堂甚確，此碑則尙隔一層。張重疑此碑爲世南少時所書，其說失考，求眞駁之，是也。惟世南卒於貞觀十二年，八十一歲，見兩唐書本傳，入唐年已六十，立此碑時已七十三；張懷瓘書斷卷三世南傳云卒年八十九，其說如可信，立碑時八十一矣。求眞云，入唐年已五十，立碑時年逾六十，顯然失誤。但無論六十、七十、八十，其非少壯則一也。通志金石略考證頗疏，其云碑爲虞書，蓋僅據當時傳聞耳。貞觀四年，歐陽通可能尚未出生，最多不過數歲，自無書碑可能（見後附考）。且其書法「險勁橫軼，摸之有棱。」（何紹基評歐書道因法師碑語，見東洲草堂金石題跋卷五。）此碑娟秀，與之絕不相類，不須考證年齡，亦可定其非一人筆跡。以此碑與王知敬李衞公碑對觀，字形結構，點畫波磔，皆相類。畢秋帆疑爲知敬書，以書法論，有此可能，以年齡考之，則又不然。續書斷云，知敬武后時爲麟臺少監。武后垂拱元年二月，改秘書省爲麟臺，見舊唐書卷四十二職官志。即使知敬於垂拱元年爲改名後之首任少監，且假定年已七十，上溯至立碑時已五十五年，知敬年甫十五耳；況未必爲首任，其年齡亦未必達七十歲耶？歐陽通王知敬既均無可能，謂爲虞世南則七十餘老人不應有此嫩筆；楊氏平碑記論其非虞書，最爲精確。集古求眞云「當世善學虞者」，雖亦猜測之詞，而接近事實。歐虞齊名，而歐碑傳世者有數種；虞則僅存廟堂，且爲後人覆刻，亦有幸有不幸矣。

舊唐書卷二太宗紀云：

貞觀三年十二月癸丑，詔建義以來交兵之處，爲義士勇夫殞身戎陣者各立一寺，命虞世南、李百藥、褚亮、顏師古、岑文本、許敬宗、朱子奢等爲之碑銘，以紀功業。（應作閏十二月，見下。褚亮、唐會要卷四十八作褚遂良，非是；遂良爲亮之子，年輩較晚，不應在七人之列）。

各家題跋節引此文，詳略不同，多失之斷章取義，隨意刪倂。其文與建寺立碑緣起及年月有關，故全錄之。唐會要卷四十八唐興寺條錄詔書全文及七寺之名稱，較此尤詳，可參閱。新唐書卷二太宗紀貞觀三年亦載此事，十二月作閏十二月，是年十二月丁卯朔，無癸丑，癸丑爲閏十二月十七日，應作閏月。唐會要則云下詔在貞觀三年十二月一日，月日雖不同，而同爲三年。武億授堂金石跋云，下詔在貞觀二年十一月，寺成在貞觀四年正月，與兩唐書及唐會要均不合，不足信。顧炎武金石文字記云立碑在貞觀四年冬，上距下詔，爲時一年，雖無確證而甚合事理。

金石萃編卷四十二云：「文中用世字凡五處，殆當時奉勑者不避耶？」今按：舊唐書卷二太宗紀云：

武德九年六月甲子，立爲皇太子。己巳，令曰：「依禮，二名不偏諱。近代以來，兩字兼避，廢闕已多，率意而行，有違經典。其官屬人名，公私文籍，有「世民」兩字不連續者，並不須諱。」

此碑不避世字，其他唐碑，世民兩字不連續者，亦往往不避，蓋依此令。但不避世字之例較多，不避民字之例較少。

附錄：歐陽通生卒年考略

約唐太宗貞觀元年丁亥西元六二七生

武后天授二年辛卯西元六九一　卒　約六十五歲

舊唐書卷六則天本紀：「天授二年冬十月，殺文昌左相岑長倩、納言歐陽通、地官尚書格輔元。」新唐書卷四同。通卒年史有明文，生年舊無考證。今按：張懷瓘書斷卷三歐陽詢傳云：「貞觀十五年卒，年八十五。」是年辛丑、西元六四一，詢蓋生於陳宣帝永定元年丁丑西元五五七。舊唐書卷一八九新唐書卷一九八歐陽通傳俱云：「通少孤，母徐氏教其父書。」通如生於武德中，至貞觀十五年已將弱冠，早可親受父書，不須母教。如生於貞觀三四年間，則其父太老。貞觀元年歐陽詢七十一歲，七十二三歲生子，古今尚有之，未聞有過七十五者。故考定如右。

等慈寺碑

等慈與昭仁同爲貞觀初勅建紀念陣亡將士諸寺之一，詳見前篇。寺在今河南汜水縣，唐太宗爲秦王時，破竇建德援王世充之大軍於此，建德既敗，世充遂降。一戰而覆兩强敵，唐基始立，此役乃唐之赤壁淝水也。碑文顏師古撰，楷書。書者未詳，或云師古自書，恐非是。拓片之外，有日本二玄社影印本，所據非舊拓而殘泐不多。立碑在貞觀十一年至十五年之間，上距奉詔建寺約十年。舊說云在貞觀初，實誤。今擇錄宋以來諸家著錄及題跋文字於後；並就撰者及書者、立碑年月、書法風格等三項，略作考證。

朱長文墨池編卷六：唐等慈寺碑，貞觀二年，顏師古撰，在鄭州汜水。（長文、宋神宗時人，較趙明誠稍早，是爲此碑之最初著錄。）

趙明誠金石錄卷三：唐等慈寺碑，顏師古撰，正書、無姓名。已上三碑，據唐史，貞觀二年五月。（三碑謂昭仁、普濟、等慈。）

王澍虛舟題跋卷六：此碑與朱子奢昭仁寺碑，蓋皆一時立也。兩碑皆不著年月，趙德甫金石錄皆系之貞觀三年，蓋據史書而名之也。當時撰碑，凡有七人，今之所存，僅有其二。集古錄載有李百藥正解寺碑，金石錄載有許敬宗普濟寺碑，名存而碑亦亡矣。兩碑今頗完好，各不著書者名氏，然書法皆絕工。此碑上援丁道護，下開徐季海，腴潤跌宕，致有傑思。與昭仁寺碑各樹一幟而不能軒輊。遙想七碑，一一精絕，惜其過半亡失，爲之邑邑。（撰碑七人之名見前篇昭仁寺鈔刻諸本金石錄俱云貞觀二年立碑，墨池編亦作二年，蓋其說雖誤，而當時確有此一說。此跋作三年，疑是虛舟據唐書所改。參閱下文。）

楊守敬激素飛淸閣平碑記卷三：等慈寺碑，顏師古撰，不載書碑姓名。師古工書，當即其筆。結構全法魏人，而姿態横生，勁利異常，無一弱筆，直堪與歐虞抗行。世人狃於習見，故不知寶重；而尊仰六朝者，又限以時代，不復留意唐人，故仍寂寂也。

梁啓超飲冰室文集之四十四碑帖跋：末行書「顏師古奉勑」，而下有泐缺，不知爲撰爲書；少監無能書名，當是撰耳。書勢風華蘊藉，爲後此徐季海一派所自出。初唐書風，萬壑爭流，無體不備；作者亦可並歐虞褚而四矣。

歐陽輔集古求眞卷四：等慈寺碑，顏師古撰，不著書人。書法全宗北派。師古本有書名，殆即師古所書。雖有剝蝕，尙可句讀。

碑文敍事略云：

靜言官首，或握節以殉忠；追悼行間，有麵輪而棄野。……乃命克敵之處，普建道場，情均彼我，恩洽同異。爰立此寺，俾號等慈，境實鄭州，縣稱汜水。

文意全與貞觀詔書相應，而師古名在撰文七人之列（見前昭仁寺）。此碑爲其所撰，前人著錄全同，自無可疑。唐碑慣例，必題撰者姓名，書者則或題或否；此碑僅具師古一人銜名，「奉勑」之下殘泐者，必是撰字而非書字。至於書者爲誰，宋人著錄，淸人題跋，皆未言及；惟近人楊守敬、歐陽輔俱認爲師古自書，原文見上引錄。日本二玄社影印本附錄杉村邦彥論文則引據金石萃編卷四十二所舉碑中六朝別體及通假字，以爲文字訓詁學家如顏師古，書碑不應有此種情形。今按：楊云「當即」，歐云「殆即」均未作肯定語。且其所持理由，僅爲「師古工書」、「師古本有書名」，並無他證。而兩唐書師古傳俱不言其能書，唐李嗣眞書後品、九品書人論、竇臮述書賦、張懷瓘書斷、呂總續書評、宋朱長文讀書斷等書，敍列唐代能書者甚詳，俱未及師古，梁任公云「少監無能書名」，是也。楊歐之言，僅屬臆測。此碑書者，應從舊說缺名，不必附會爲顏師古。至於杉村所云文字訓詁學家書碑不應有別體及通假字，則近於拘泥，不必引爲論據。

據兩唐書太宗本紀及唐會要卷四十八，下詔建寺在貞觀三年歲暮，寺成碑立至早在貞觀四年。墨池編及金石錄俱云貞觀二年，與史不合。金石錄云「據唐史」，檢兩唐書太宗紀，其事俱在三年而非二年。朱趙時代雖早，其說未可信。畢沅中州金石記亦云二年，乃沿襲趙錄之誤，然碑後結銜云：「通議大夫、行秘書少監、輕車都尉、琅琊縣開國子、臣顏師古奉勑□。」按：師古拜秘書少監在貞觀七年，由琅琊縣男進封子爵在貞觀十一年，遷秘書監在貞觀十五年後不久，以上均見舊唐書卷七十三本傳。據此結銜，此碑之立當在貞觀十一年至十五年之間，上距建寺；約有十年。奉勑撰碑，而竟延擱如是之久，其事殊難理解。無從考證，只有存疑。

此碑書法與歐虞褚三家皆不同，而與北魏碑誌相近。三家之書皆融合南北，此碑則集古求眞所謂，「全宗北派」者也。虛舟題跋云：「此碑上援丁道護，下開徐季海，腴潤跌宕，致有傑思。與昭仁寺碑各樹一幟而不能軒輊。」杉村邦彥則云，此碑結體用筆似高貞碑。騫曾以丁書啓法寺，徐書不空和尚、及高貞三者，與此碑對觀，深覺其似高、開徐，均是確評。「上援丁道護」則未能看出。似不如改云：「上援高貞，下開徐浩。」昭仁寺雖佳，而不出永興門戶，此碑則眞能於歐虞褚之外獨樹一幟，不失爲由魏至唐書法演變之一環節。以書藝論，固與昭仁異曲同工，以書學史言，其價值似猶在昭仁之上。梁任公所謂「風華蘊藉」，即王虛舟所謂「腴潤跌宕」，於此碑之品藻，皆在牝牡驪黃之外。

續書評舊云呂總撰，墨池編題爲李嗣眞撰。今按：嗣眞、高宗朝人，卒於武后萬歲通天年，見舊唐書卷一九一嗣眞傳。續書評收李邕、鄭虔、李陽冰、張從申、張懷瓘、沈千運、顏眞卿、徐浩、及懷素等九人，皆在開元以後，嗣眞所不及見。此評作者定非嗣眞。上文曾引此評，故附考其作者於此。

劉彥和佐僧祐撰述考

潘重規

余嘗考定彥和依僧祐居定林寺之時，文名已著，學問已成①。良由僧祐搜集經藏，欲加整理。故汲汲求學通內外，文綜古今之士以佐其撰述之功，而彥和適當其選。梁慧皎僧祐傳云：「初祐集經藏既成，使人抄撰要事，爲三藏記、法苑記、世界記、釋迦譜及弘明集等，皆行於世。」而梁書劉勰傳云：「依沙門僧祐，與之居處積十餘年，遂博通經論，因區別部類，錄而序之。今定林寺經藏，勰所定也。」互覈二傳之言，則僧傳所使之人，即梁書定經藏之劉勰也。是以近人有疑僧祐著述多出於彥和之手者②，非無故也。惟諸家之說，語焉不詳，恐難起人深信。因深加探索，羅列證驗，條陳事實，以明眞相。竊以爲僧祐不能躬親撰述之故，蓋有四端：一曰祐勞搜集，二曰祐疲法事，三曰祐躬營造，四曰祐晚多疾，請詳陳之。

㈠勞於搜集經卷

僧祐專精律學，誓弘大化。嘗立志搜校卷軸，造立經藏，用垂永久。今檢閱出三藏記集，即可知經卷之訪求不易，抄寫爲難；用力之勤，費時之多，蓋可想見。觀其訪求闕佚，纖悉靡遺。或秉師承，或親創獲，考驗眞僞，歷訪遐陬。如出三藏記集卷二新集經論錄第一，有觀世音懺悔除罪呪經一卷（原註：永明八年十二月十五日譯出），妙法蓮華經提婆達多品第十二一卷，云：「右二部，凡二卷，齊武皇帝時，先師獻正遊西域，於于闐國得觀世音懺悔呪胡本，還京都，請瓦官禪房三藏法師法意共譯出。自流沙以西，妙法蓮華經並有提婆達多品，而中夏所傳闕此一品。先師至高昌郡，於彼獲本，仍寫還京都，今別爲一卷。」又新集律來漢地四部序錄第七：迦葉維律（原注：未知卷數），迦葉維者，一音迦葉毘，佛諸弟子受持十二部經，說無有我及以受者，輕諸煩惱猶如死屍，是故名爲迦葉毘。此一部律不來梁地。昔先師獻正，遠適西域，誓尋斯文，勝心所感，多値靈瑞，而葱嶺險絕，弗果茲典，故知此律於梁土衆僧未有其緣也。」若此類，皆僧祐受之於師承者也。又新集經律論錄云：「總前出經，自安世高以下，至法立以上，凡十七家，並安公錄所載。其張騫、秦景、竺朔佛、維祇難、竺將炎、白延帛、法祖凡七人，是祐校衆經錄新獲所附入。自衞士度以後，皆祐所新撰。」若此類，則僧祐所自創獲者也。其有聞知而未求得者，亦列於目，如雜寶藏經十三卷（原注：闕）、付法藏因緣經六卷（原注：闕）、方便心論二卷（原注：闕）下云：「右三部，凡二十一卷，宋明帝時，西域三藏吉迦夜於北國，以僞延興二年，共僧正釋曇曜譯出，劉孝標筆受，此三經並未至京都。」若此類，皆僧祐聞知並新著於錄者也。至於辨眞疑僞，躬親考驗，訪訊遐邇，費時尤多。如賢愚經記（出三藏記集卷九）云：「元嘉二十二年，歲在乙酉，始集此經。京師天安寺沙門釋弘宗者，戒業堅淨，志業純白。此經初至，隨師河西，時爲沙彌，年始十四，親預斯集，躬覩其事。洎梁天監四年，春秋八十有四，凡六十四臘，京師之第一上座也。唯經至中國則七十年矣。祐總集經藏，訪訊遐邇，躬往諮問，面質其事。宗年耆德峻，心直據明，故標諜爲錄，以示後學焉。」又新集疑經僞撰雜第三云：昔安法師摘出僞經二十六部，……祐校閱羣經，廣集同異，約以經律，頗見所疑。……今區別所疑，注之於錄。並近世妄撰，亦標於末。」今擧僧法尼所誦出經入疑錄云：

寶頂經一卷，永元元年出，時年九歲。

……………

阿那含經二卷　天監四年出，時年十六。

妙音師子吼經三卷　三監四年出，年十六借張家。

序七世經一卷

右二十一種經，凡三十五卷。

經如前件。齊末，太學博士江泌處女尼子所出。初尼子年在齠齔，有時閉目靜坐，誦出此經，或稱神授，發言通利，有如宿習。令人寫出，俄而還止，經歷旬朔，續復如前。京師道俗，咸傳其異。今上勅見，面問所以。其依事奉答，不異常人。然篤信正法，少修梵行。父母欲嫁之，誓而弗許，後遂出家，名僧法，住靑園寺。祐旣收集正典，撿括異聞，事接耳目，就求省視。其家秘隱，不以見示。唯得妙音師子吼經三卷，以備疑經之錄。此尼以天監四年三月亡。有好事者，得其文疏前後所出，定二十餘卷。厥舅孫質以爲眞經，行疏勸化收合傳寫。旣染毫牘，必存於世。昔漢建安末，濟陰丁氏之妻，忽如中疾，便能胡語。又求紙筆，自爲胡書。復有西域胡人，見其此書，云是經蓟。推尋往古，不無此事。但義非金口，又無師譯，取捨兼懷，故附之疑例。

又薩婆若陀眷屬莊嚴經一卷二十餘紙

右一部。梁天監九年，郢州頭陀道人妙光，戒歲七臘，矯以勝相。諸尼嫗人僉稱聖道。彼州僧正議欲驅擯，遂潛下都住普弘寺，造作此經。又寫在屏風紅紗映覆，香花供養雲集，四部嚫供煙塞。事源顯發，勅付建康，辯覈疑狀。云抄略諸經，多有私意妄造，借書人路琰屬辭潤色。獄牒：妙光巧詐，事應斬刑。路琰同謀，十歲謫戍。即以其年四月二十一日，勅僧正慧超，令喚京師能講大法師宿德，如僧祐曇准等二十人，共至建康前辯妙光事。超即奉旨，與曇准、僧祐、法寵、慧令、慧集、智藏、僧旻、法雲等二十人，於縣辯問，妙光伏罪事事如牒。衆僧詳議，依律擯治，天恩免死。恐於偏地復爲惑亂，長繫東冶。即收拾此經得二十餘本，及屏風，於縣燒除。然猶有零散，恐亂後生，故復略記。（薩婆若陀長者，是妙光父名。妙光弟名金剛德體，弟子名師子。）

凡此卷軸，搜求之際，或躬親訪問，或身預讞獄，是其奔走訪問之日多，則撰寫編輯之時少，此自然之理也。

(二) 疲於法事講席

僧祐爲律學名僧，早歲即高踞講席。慧皎高僧傳卷十一云：

初受業於沙門法穎，穎既一時名匠，爲律學所宗。祐迺竭思鑽求，無懈昏曉。遂大精律部，有邁先哲。齊竟陵文宣王每請講律，聽衆常七八百人。永明中，勅入吳試簡五眾，並宣講十誦，更申受戒之法。

出三藏記集卷十二，齊太宰竟陵文宣王法集錄序云：

祐昔以道緣，預屬嘉會，律任法使，謬荷其寄。齋堂梵席，時枉其請。哲人殂謝，而道心不亡。靜尋遺篇，曖乎如在，遂序茲集錄，以貽來世云爾。

又齊竟陵王世子撫軍巴陵王法集序云：

余昔緣法事，亟覲清徽。及律集秪川，屢延供禮。惜乎早世，文製未廣。今撰錄法詠，以繼文宣內集，使千祀之外，知蘭菊之無絕焉。

是僧祐自述在竟陵王、巴陵王父子法會，參預講席之事。且一講之期，常歷數月；聽講之衆，每近千人。出三藏記集卷十一，略成實論記云：

齊永明七年十月，文宣王招集京師碩學名僧五百餘人，請定林僧柔法師，謝寺慧次法師於普弘寺迭講。欲使研覆幽微，學通疑執。即座仍請祐及安樂智稱法師，更集尼衆二部名德七百餘人。續講十誦律，志令四衆淨業還白。……八年正月二十三日解座。

是一期講會，自永明七年十月至八年正月二十三日，即歷四月之久。又續高僧傳卷六云：

釋明徹，……學無師友，從心自斷，每見勝事，未嘗不留心諦視。……時倫因事推服，馳名東越。齊永明十年，竟陵王請沙門僧祐三吳講律，中途相遇，雖則年齒懸殊，情同莫逆。徹因從祐受學十誦，隨出楊都，住建初寺。

是僧祐入吳講律，道塗往返，聽衆情親，其間滯留，必淹時日。至於僧祐講事之勤，觀其自述，可以概見。出三藏記集卷十二薩婆多部記目錄序云：

祐幼齡憑法，季踰知命，仰先覺之弘慈，奉先師之遺德，猥以庸淺，承業十誦，諷味講說，三紀於茲。

又僧祐法集總目錄序云：

且少受律學，刻意毘尼，旦夕諷持，四十許載。春秋講說，七十餘遍。旣稟義先師，弗敢墜失。標括章條，爲律記十卷。

足覘僧祐講習律學，其勤亦至矣。且僧祐以一代名僧，負荷法事之繁劇，殆不下於仕宦吏務。慧皎僧傳云：

今上深相禮遇，凡僧事碩疑，皆勅就審決。

前擧天監九年，道人妙光僞造經典，僧祐奉勅審訊，卽其一例。傳又云：

年衰脚疾，勅聽乘輿入內殿，爲六宮受戒，其見重如此。開善、智藏、法音、慧廓皆崇其德素，請事師禮。梁臨川王宏、南平王偉、儀同陳郡袁昂、永康定公主、貴嬪丁氏並崇其戒範，盡師資之敬，凡白黑門徒一萬一千餘人。

是其傳法受戒之辛勞可知。又傳謂「永明中，勅入吳試簡五衆。」考料簡沙門，其事至爲不易，不僅繁劇而已。蓋晋宋以來，佛徒蕃增，流品旣雜，敗行滋生。故宋武帝沙汰僧徒詔③云：

佛法訛替，沙門混雜，未足扶濟鴻敎，而專成逋藪。加以姦心頻發，凶狀屢聞，敗道亂俗，人神交忿。可付所在，與寺者長精加沙汰。後有違犯，嚴其誅坐。主者詳爲條格，速施行。

奉勅當其任者，多爲高德律師，事繁責重，厥後梁武帝至欲自御僧官，維任法侶④，足明僧祐受命簡汰僧徒之任，必當多廢撰述之功矣。

㈢躬親營造之役

僧祐不獨爲律學名家，且爲當時享有盛名之鑄造營建設計家。光宅鑄像，剡縣石佛，皆歷造不成，賴僧祐排除萬難，乃克功圓，此固由其天賦工巧，而銷鑠心神，煎熬歲月亦已多矣。高僧傳祐傳曰：

祐爲性巧思，能目准心計。及匠人依標，尺寸無爽。故光宅攝山大像、剡縣石佛等，並請祐經始，准畫儀則。

案光宅鑄像事，見於高僧傳卷十三釋法悅傳，云：

昔宋明皇帝經造丈八金像，四鑄不成，於是改爲丈四。悅乃與白馬寺沙門智靖，率合同緣，欲改造丈八無量壽像以伸厥志。……以梁天監八年五月三日於小莊嚴寺營鑄。……時悅靖二僧相次遷化，敕以像事委定林僧祐，其年九月二十六日移像光宅寺。是月，不雨，頗有埃塵。及明將遷像，夜有輕雲遍上，微雨沾澤。僧祐經行像所，係念天氣。

至剡縣石佛之造，劉勰梁建安王過剡山石城寺石像碑述之甚詳：

有始豐縣令，吳郡陸咸，以天監六年十月二十二日，罷邑旋國，夕宿剡溪。値風雨晦冥，驚湍奔壯，中夜震惕，假寢危坐。忽夢沙門三人，乘流告曰：「君識性堅正，自然安隱。建安王感患未痊，由於微障；剡縣僧護造彌勒石像，若能成就，必獲康復。冥理非虛，宜相開導。」咸還都經年，稍忘前夢，後出門遇僧，云：

「聽講寄宿。因言去歲剡溪風雨之夜，囑建安王事，猶憶此否？」咸當時憮然，答以不憶。道人笑曰：「但更思之。」仍旣辭去，不肯留止。心悟非凡，倒屣諮訪，而慢色頗形，詭辭難領，拂衣高逝，直去靡回，百步追及，忽然不見。咸霍爾意解，且憶前夢，乃剡溪所見第三人也。再顯靈機，重發神證，緣感昭灼，遂用騰啟。君王……乃開藏寫貝，傾邸散金，裝嚴法身，誓取妙極。以定林上寺祐律師德熾釋門，名蓋淨衆，虛心宏道，忘己濟物。加以貞鑒特達，研慮精深，乃延請東行，憑委經始，爰至啟敕，專任像事。律師應法若流，宣化如渴。楊船浙水，馳錫禹山。於是捫虛梯漢，構立棧道，狀奇肱之飛車，類僊腹之懸閣。高張圖範，冠彩虹蜺，椎鑿響於霞上，剖石灑乎雲表。命世之壯觀，曠代之鴻作也。初護公所鐫，失在浮淺，乃鏟入五丈，改造頂髻，事雖因舊，功實創新。及嚴窟旣通，律師重履，方精成像軀，妙量尺度。時寺僧慧逞，夢黑衣大神，翼從風雨，立於龕側，商略分數。是夜將旦，大風果起。拔木十圍，壓壞匠屋，師役數十，安寢無傷。比及詰朝，而律師已至。靈應之奇，類皆如此。旣而謀猷四八之相，斟酌八十之好，雖羅漢之三觀兜率，梵摩之再覘法身，無以加也。尋巖壁縝密，表裏一體，同影岫之縹章，均帝石之驄色，內無寸隙，外靡纖瑕，雕刻石掌，忽然橫絕，改斷下分，始合折中。方知自斷之異，神匠所裁也。及身相克成，瑩拭已定，當胸萬字，信宿隆起，色似飛丹，圓如植璧，感通之妙，孰可思議？天工人巧，幽顯符合。故光啟寶儀，發揮勝相，磨礱之術旣極，繪事之藝方騁。棄俗圖於史皇，追法畫於波塞。青雘與丹砂競彩，白鋈共紫銑爭耀。從容滿月之色，赫奕聚月之輝。至於頂禮仰虔，罄折肅望，如須彌之臨大海，梵宮之跱上天。說法視笑，似不違於咫尺；動地放光，若將發於俄頃。可使曼陀逆風而獻芬，旃檀隨雲而散馥。梵王四鵠，徘徊而不去；帝釋千馬，躑躅而忘歸矣。……以大梁天監十有二年，歲次鶉尾，二月十二日，開鑿爰始；到十有五年，龍集涒灘，三月十五日，妝畫云畢。像身坐高五丈，若立形，足至頂十丈，圓光四丈，座輪一丈五尺，從地隨龕，光燄通高十丈。自涅槃已後，一百餘年，摩竭提國始製石像，阿育輪王善容羅漢，檢其所造，各止丈六。鴻姿巨相，興我皇時，自非君王願力之至，如來道應之深，豈能成不世之寶，建無等之業哉！

是僧祐營建佛像，不獨為法門大事，且亦成佛教藝術之曠代鴻作。惜業績不存，徒增想望，然其揚船浙水，馳錫禹山，精成像軀，妙量尺度，所費心力時間，蓋亦不可勝計矣。焉能不廢撰述之功乎？

(四) 晚年體衰多疾

慧皎僧傳謂「僧祐年衰脚疾，敕聽乘輿內殿，為六宮受戒，」知其晚年多疾。今檢僧祐著述中，頗多稱疾之辭。如釋迦譜卷第一序云：

祐以不敏，業謝多聞，時因疾隙，頗存尋翫。遂乃披經案記，原始要終，敬述釋迦譜、記，列為五卷。

又出三藏記集卷十二薩婆多部記目錄序云：

疾恙惛漠，辭之（規案：「之」疑「乏」之誤）詮藻。儻有覽者，略文取心。

又弘明集卷一序云：

祐以末學，志深弘護，靜言浮俗，憤慨於心。遂以藥疾微閒，山棲餘暇，撰古今之明篇，揔道俗之雅論。

以上所舉，皆僧祐一再稱疾之辭。又觀梁武登位，大弘佛法，多所撰述。續高僧傳卷一釋寶唱傳云：

天監七年，帝以法海浩汗，淺識難尋。勅莊嚴僧旻於定林上寺，纘衆經要抄八十八卷。又勅開善智藏纘衆經理義，號曰義林，八十卷。……十四年，勅安樂寺僧紹撰華林佛殿經目，雖復勒成，未愜帝旨。又勅唱重撰，乃因紹前錄，注述合離，甚有科據，一帙四卷，雅愜時望。遂勅掌華林園寶雲經藏，搜求遺逸，皆令具足，備造三本，以用供上。緣是又勅撰經律異相五十五卷，飯聖僧法五卷。

又續高僧傳卷五釋僧旻傳云：

又勅於慧輪殿講勝鬘經，帝自臨聽。仍選才學道俗釋僧智、僧晃、臨川王記室東莞劉勰等三十人，同集上定林寺，抄一切經論，以類相從，凡八十卷。皆令取衷於旻。

觀梁武勅命抄撰者，多在定林上寺，蓋皆取資僧祐辛勤搜集之經軸。而受命從事抄撰者，乃僧旻、智藏、寶唱諸人，而彥和特與其列。豈非以僧祐多疾，不堪煩勞，乃特以彥和代其役。至於六宮受戒，則乘輿迎致。以受戒大事，非躬親主持不可也。考僧祐所撰出三藏記集，釋迦譜、弘明集諸書，雖創始於齊，實完成於梁，彥和入定林寺依僧祐十餘年，蓋多為僧祐執筆完成其撰述也。此非逞臆而言，蓋有事實可憑，請條分縷析言之。

一、僧祐自言撰述不出自手

僧祐撰述，雖皆自署其名；此亦猶後世修書者之比，總其役者往往署名而不任事；而操筆之人，則多任勞而沒其名。然究其實，僧祐以撰述委人，亦未嘗隱諱其事。出三藏記集卷十二，僧祐撰薩婆多部記目錄序云：

大聖遷輝，歲紀緜邈，法僧不墜，其唯律乎？初集律藏，一軌共學，中代異執，五部各分。既分五部，則隨師傳習。唯薩婆多部，遍行齊土。蓋源起天竺，流化罽賓，前聖後賢，重明疊耀，或德昇住地，或道證四

> 果，或顯相標瑞，或晦跡同凡，皆秉持律儀，闡揚法化。舊記所載五十三人，自茲已後，叡哲繼出，並嗣徽於在昔，垂軌於當今。季世五衆，依斯立教，遺風餘烈，炳然可尋。夫蔭樹者護其本，飲泉者敬其源。寧可服膺玄訓而不記列其人哉！祐幼齡憑法，季踰知命，仰前覺之弘慈，奉先師之遺德，猥以膚淺，承業十誦，諷味講說，三紀于茲。每披聖文以凝感，望遐路以翹心。遂搜訪古今，撰薩婆多記。其先傳同異，則並錄以廣聞；後賢未絕，則製傳以補闕。摠其新舊九十餘人。使英聲與至教永被，懋實共日月惟新，此撰述之大旨也。條序餘部，則委之明勝。疾恙惛漠，辭之（規案：「乏」誤「之」）銓藻，儻有覽者，略文取心。

考高僧傳祐傳：「祐年數歲，入建初寺禮拜，因踊躍樂道，不肯還家。……年十四，家人密爲訪婚，祐知而避至定林，投法達法師。達亦戒律精嚴，爲法門梁棟。……初受業於沙門法穎，穎既一時名匠，爲律學所宗。祐迺竭思鑽求，無懈昏曉。遂大精律部，有邁先哲。齊竟陵文宣王每請講律，聽衆常七八百人。永明中，勅入吳試簡五衆，並宣講十誦，更申受戒之法。凡獲信施，悉以治定林建初，及修繕諸寺，並建無遮大集、捨身齋等。及造立經藏，搜校卷軸，使夫寺廟開廣，法言無墜，咸其力也。……以天監十七年五月二十六日卒於建初寺，春秋七十有四。弟子正度立碑頌德，東莞劉勰製文。初祐集經藏既成，使人抄撰要事，爲三藏記、法苑記、世界記、釋迦譜及弘明集等，皆行於世。」核之僧傳，薩婆多部記目錄序稱「季踰知命」，則當作於齊明帝建武二年（祐年五十一歲）；又云「幼齡憑法」、「三紀於茲」，亦與年十四，投定林寺出家之時相合。綜傳所紀，祐之學行，實唯專精律部。故出三藏記集釋僧祐法集總目錄序云：

> 少受律學，刻意毗尼，且夕諷持，四十許載。春秋講說七十餘遍。既稟義先師，弗敢墜失，標括章條，爲律

記十卷。

案律記即十誦義記，出三藏記集卷十二，僧祐十誦義記目錄序云：

仰惟十誦源流，聖賢繼踵，師資相承，業盛東夏。但至道難凝，微言更爽，果向之人，猶跡有兩說；況在凡識，孰能壹論。是以近代談講，多有異同。大律師穎上，積道河西，振德江東，綜學月朗，砥行冰潔，行以尸羅為基，學以十誦為本。且幼選明師，歷事名勝。校理精密，無幽不貫。常以此律，廣授二部，教流於京寓之中，聲高於宋齊之世。可謂七衆之宗師，兩代之元匠矣。是以講肆之座，環春接冬；稟業之徒，雲聚波沓。僧祐藉法乘緣，少預鑽仰，扈錫待（規案：「待」當作「侍」）筵，二十餘載。雖深言遠旨，未敢庶幾，而章條科目，竊所早習。每服佩思尋，懼有墜失。遂集其舊聞，為義記十卷。夫心識難均，意見多緒，竊同蒭蕘，時綴毫露，輒布其別解，錄之言末。蓋率其木訥，指序條貫而已。昔少述私記，辭向未整，而好事傳寫，數本兼行，今刪繁補略，以後撰為定。敬述先師之旨，匪由膚淺之說，明哲儻覽，採其正義焉。

案僧祐年十四入定林，法穎律師卒於齊高帝建元四年壬戌（西元四八二），僧祐時年三十有八，與序「扈錫侍筵二十餘載」之言合，祐以專精律學，著有十誦義記、薩婆多部記等。蓋律部之作，皆出自手，其他則委之他人。故薩婆多部記目錄序云：「條序餘部，則委之明勝。」所謂餘部，殆指自撰律部箸述之外，如出三藏記集、弘明集等其他著述。出三藏記集載釋僧祐法集總目錄序云：

遂綴其聞誡言法寶，仰稟羣經，傍採記傳，事以類合，義以例分。顯明覺應，故序釋迦之譜、區辯六趣，故述世界之記；訂正經譯，故編三藏之錄；尊崇律本，故銓師資之傳；彌綸福源，故撰法苑之篇；護持正化，故集弘明之論。且少受律學，刻意毗尼，且夕諷持，四十許載，春秋講說，七十餘遍。既稟義先師，弗敢墜失，標括章條，爲律記十卷，並雜碑記撰爲一帙，總其所集，凡有八部。冀微啟於今業，庶有藉於來津。豈曰善述，庶非妄作。

據此序文，則僧祐法集，總有八部：一、釋迦譜五卷，二、世界記五卷，三、出三藏記集十卷，四、薩婆多部相承傳五卷，五、法苑集十卷，六、弘明集十卷，七、十誦義記十卷，八、法集雜記傳銘十卷。薩婆多部記序所謂「條序餘部」者，「餘部」即薩婆多部相承傳第四部外其餘之七部也。所謂「委之明勝」者，「明勝」蓋謂才學超羣之士。僧祐十誦義記序云：「歷事明勝」；弘明集序云：「前代勝士」；又弘明集後序云：「余所集弘明，爲法禦侮，通人雅論，勝士妙說，摧邪破惑之衝，弘道護法之塹，亦已備矣。」所謂明勝、勝士，所指蓋同。又觀僧祐總集，其第八部雜記銘目錄序（出三藏記集卷十二），自述撰集成書署名之意，序云：

祐少長山居，遊息淨衆。雖業勤罔立，而誓心無墜。常願覺道流於忍土，正化隆於像運。是以三寶勝跡，必也詳錄；四衆福緣，每事述記。所撰法集，已爲七部。至於雜記碎文，條例無附，輒別爲一帙，以存時事。其山寺碑銘，僧衆行記，文自彼製，而造自鄙衷。竊依前古，揔入於集，雖俗觀爲煩，而道緣成業矣。

此雜集收錄文七卷，不署名者三卷；其署名者，沈約獻統上碑銘一卷；劉勰鍾山定林上寺碑銘一卷，建初寺初創碑銘一卷，僧柔法師碑銘一卷，凡三卷。蓋皆他人屬筆，而由僧祐發心結集而成，所謂「文自彼製，而造自鄙衷」，故總署僧祐之名，而以作者歸之於僧祐矣。推而言之，其餘諸部，亦由僧祐創意，雖委任他人爲之，自可稱作者爲僧祐也。且雜集收彥和著作，弘明集亦收彥和滅惑論，僧祐自稱「余所集弘明，爲法禦侮，通人雅論，勝士妙說，」

是僧祐明稱彥和爲通人勝士，是則「條序餘部，則委之明勝」者，殆即委之於彥和。故高僧僧云：「祐集經藏既成，使人抄撰要事，爲三藏記、法苑記、世界記、釋迦譜及弘明集等，皆行於世。」慧皎所記，蓋爲實錄。而梁書劉勰傳稱：「依沙門僧祐，與之居處積十餘年，遂博通經論，因區別部類，錄而序之。今定林寺經藏，勰所定也。」正謂彥和據僧祐歷年辛勤所得之經藏，爲之編輯成書。如法苑集序云：「是故記錄舊事，以彰勝緣，條例叢雜，故謂之法苑，區以類別，凡爲十卷。」又弘明集序云：前代勝士，書記文述，有益三寶者，亦皆編錄，類聚區分，列爲十卷。」凡此所云，皆梁史所云「區別部類，錄而序之」之工作也。然則僧傳梁書，所敍本同一事，蓋自祐傳言之，則云「使人」；自勰傳言之，則云「勰定」，此彥和爲僧祐完成著述之確證也。且僧祐結集經藏之際，即彥和入定林之時⑤，僧祐所以延攬彥和者，正欲以撰述之事，「委之明勝」。此僧祐自言撰述出於他人之手也。

二、就現存僧祐著述觀察編纂之情況

今存僧祐著述，計有出三藏記集、釋迦譜、弘明集三種。出三藏記集者，記集此土所出翻譯經律論三藏也。今存佛經目錄，以此書爲最早。陳援庵先生中國佛教史籍概論有極精詳之評述，其言曰：

本書爲簿錄體，在漢藝文志之後，隋經籍志之前。然其體製與外學目錄書不同。漢隋志只一方式而已，所謂一方式者，志前有總序，中間分類排列書名，卷數、撰人，每一類畢，總其家數，條其派別而已。本書前有總序，與外學目錄書同。中間分四方式：

一曰撰緣記，一卷。所謂撰緣記者，即佛經及譯經之起源。

二曰銓名錄，四卷。所謂名錄者，即歷代出經名目。此方式等於外學之藝文志，但不以經之內容分類，而以時代撰人分類。其次則爲異出經、古異經、失譯經及律部。又次則爲失譯雜經、抄經、疑經、注經等。異出經者，胡本同而漢譯異者也。失譯經者，遺失譯人名字者也。律爲僧祐專門，故特詳律部。抄經者，撮學諸經大要者也。注經者，經有注解者也。疑經者，眞僞未辨者也。

三曰總經序，七卷。經序即經之前序及後記。爲文一百二十篇。支那內學院所單刻者即前六卷，後一卷則爲此土纂集諸書，如祐自纂弘明集明等。載序之外，復載各卷篇目。幸而弘明集今存，不幸而書不存，吾人亦可據此篇目，略知其書之內容爲何，此目錄學家亟當效法者也。明智旭撰閱藏知津即仿此。

四曰述列傳，三卷。列傳即譯經人之傳。前二卷外國二十二人，後一卷中國十人，由後漢至蕭齊。其史料雖爲慧皎高僧傳所採集，然此尚爲今所存最古之僧傳，可以考後來僧傳之因革及異同也。

本書之特色，全在第三方式之經序。爲其他經目所未有。可以考知各譯經之經過及內容，與後來書錄解題、書目提要等用處無異。其後記多記明譯經地點及年月日，尤可寶貴。朱彝尊撰經義考，每經錄其前序及後跋，即取法於此。四庫提要釋家類謂其取法開元釋教錄者，非也。

以上陳氏論出三藏記集體制極爲明澈。核之僧祐序云：

祐以庸淺，豫憑法筵，翹仰玄風，誓弘大化。每至昏曉諷持，秋夏講說，未嘗不心馳庵園，影躍靈鷲。於是牽課羸志，沿波討源。綴其所聞，名曰出三藏記集。一撰緣記，二銓名錄，三總經序，四述列傳。緣記撰則原始之本克昭，名錄銓則年代之目不墜，經序總則勝集之時足徵，列傳述則伊人之風可見。並鑽析內經，研鏡外籍。參以前識，驗以舊聞。若人代有據，則表爲司南；聲傳未詳，則文歸蓋闕。秉牘凝翰，志存信史；

三復九思，事取實錄。有證者既標，則無源者自顯。庶行潦無雜於醇乳，燕石不亂於荊玉。但井識管窺，多慚薄練；如有未備，請寄明哲。

案，此序文字，辭氣頗似彥和。文心序志篇云：「振葉以尋根，觀瀾而索源，不述先哲之誥，無益後生之慮。」此序云：「秉牘凝翰」，「沿波討源」，「參以前識，驗以舊聞。」其方術與撰文心時相符；文心序志篇云：「識在缾管，何能矩矱，」此序云：「井識管窺，多慚博練，」其謙慎亦與撰文心時相若。且文心之作，乃文學亘古未有之鉅著；出三藏記集，亦佛藏創新首出之鴻編。並事在經始，拓宇開疆；自非「鑽析內經，研鏡外籍，」案能使大判條例，超邁前修。今案出三藏記集編撰之體式，大抵取法於劉向父子別錄、七略及班固藝文志者至多且要。其銓名錄，即本之漢書藝文志，而略加變通。其總經序，即本之別錄；劉向校書，每一篇已，輒條其編目，撮其指意，錄而序之。其述列傳，即本於班志所著錄，輒注明作者生平。凡此皆沙門僧祐涉獵所不及，而爲彥和之所研精。今觀文心一書徵引劉班之說甚多，如：

樂府篇：「昔子政品文，詩與歌別；故略序樂篇，以標區界。」

詮賦篇：「傳云：登高能賦，可爲大夫。」劉向云，明不歌而頌，班固稱古詩之流也。」

諧隱篇：「漢世隱書，十有八篇，歆固編文，錄之歌末。」

史傳篇：「及班固述漢，因循前業，觀司馬遷之辭，思實過半。其十志該富，讚序弘麗。」

諸子篇：「逮漢成留思，子政讎校，於是七略芬菲，九流鱗萃，殺青所編，百有八十餘家矣。」

章表篇：「按七略藝文，謠詠必錄。章表奏議，經國之樞機，然闕而不纂，乃各有故事而在職司也。」

時序篇：「自元暨成，降意圖籍，美玉屑之譚，清金馬之路，子雲銳意於千首，子政讎校於六藝，亦已美矣。」

才略篇：二班兩劉，奕葉繼采。

由上所引，足明彥和研精劉班之學，引證頻仍。而論文敍筆，區分之標準，往往折衷於劉班之說。故知彥和爲僧祐編定出三藏記集時，必當運用華夏傳統校讎目錄之學以部勒佛藏，遂能成內典著錄之傑作。梁書以編定出三藏記集之功，屬之彥和，誠實錄也。

次論弘明集。弘明集十四卷，出三藏記集卷十二有弘明集目錄序，以牟子理惑始，以祐自撰弘明論終，凡十卷。以今本與三藏記集所載目錄互校，知增入頗多。弘明集卷十二篇目後有短序云：

余所撰弘明，並集護法之論。然援錄書表者，蓋事深故也。尋沙門辭世，爵祿弗縻。漢魏以來，歷經英聖。皆致其禮，莫求其拜。而庾君專威，妄起異端；桓氏疑陽，繼其浮議。若何公莫言，則法則永沈；遠上弗論，則僧事頓盡。望古追慨，安可不編哉！易之蠱爻，不事王侯；禮之儒行，不臣天子。在俗四民，尚有不屈；況棄俗從道，焉責臣禮，故不在休明，而頻出於季運也。至於恒標辭略，遠公距玄。雖全己非奇，然亦足敦勵法要。日燭既寤俗之談，予作三檄，亦摧魔之說，故兼載焉。

案，弘明集序末云：「學孤識寡，愧在褊局，博練君子，惠增廣焉。」是編纂之時，即有隨時補充之意。故初編十卷，繼擴充爲十四卷。考弘明集卷九載大梁皇帝神明成佛義義記，並吳興沈績作序注。沈績爲建安王外兵參軍；梁書武帝紀，建安王偉以天監十七年改封南平王，則此注當作於天監中。此弘明集編定於梁代之證。而出三藏記集，雖未明編定年月，然卷八載大梁皇帝注解大品序。據序文云：「此經東經二百五十有八歲，始於魏甘露五年，至自于闐。」計魏高貴鄉公甘露五年，下至梁天監十七年（西元二六〇——五一八），凡二百五十八年，正僧祐逝世之歲，是出三藏記集成書甚晚。十卷本及十四卷弘明集目錄，皆收東莞劉記室勰滅惑論，蓋彥和參佐僧祐並完成其撰述之證也。

次論釋迦譜。據序云：「祐以不敏，業謝多聞，時因疾隙，頗存尋翫。遂乃披經按記，原始要終，敬述釋迦譜，記列爲五卷。」隋法經目錄著錄梁僧祐傳釋迦譜四卷。唐釋道宣大唐內典錄亦著錄釋迦譜四卷，原注云：「更有十卷本，余親讀之。」唐智昇開元釋教錄，則著錄「釋迦譜十卷，蕭齊釋沙門僧祐撰。」今大藏本凡五卷。帙軸遷貿，無以詳知。此譜抄集衆經中釋迦事蹟，述而不作，祐事繁多疾，抄集之功，自必委之彥和。故慧皎傳謂「祐集經藏既成，使人抄撰要事，爲三藏記、法苑記、世界記、釋迦譜及弘明集等」。蓋今存僧祐撰述，皆完成於彥和之手也。

三、互勘著述文辭，證明作者

出三藏記集卷一載胡漢譯經音義同異記，考覈辭意，比勘文心，疑爲彥和手筆。記云：

> 自前漢之末，經法始通，譯音胥訛，未能明練，故浮屠桑門，言謬漢史，音字猶然，況於義乎？案中夏彝典，誦詩執禮，師資相授，猶有訛亂。詩云：「有兔斯首，」斯當作鮮，齊語音訛，遂變詩文，此桑門之例也。禮記云：「孔子蚤作，」蚤當作早，而字同蚤蝨，此古字同文，即浮屠之例也。中國舊經，而有斯蚤之異，華戎遠譯，何怪於屠桑哉！……逮乎羅什法師，俊神金照；秦僧融肇，慧機水鏡，故能表發揮翰，克明

經奧。

文心練字篇云：

至於經典隱曖，方冊紛綸，簡蠹帛裂，三寫易字。或音訛，或以文變。子恩弟子，於穆不祀者，音訛之異也。晉之史記，三豕渡河，文變之謬也。

滅惑論云：

漢明之世，佛經始過，梵漢譯言，音字未正；浮音似佛，桑音似沙，聲之誤也。以圖爲屠，字之誤也。羅什語通華戎，識兼音義，改正三豕，固其宜矣。五經世典，學不因譯，而馬鄭注說，音字互改，是以於穆不祀，謬師資於周頌；允塞安安，乖聖德於堯典。至教之深，寧在兩字？得意忘言，莊周所領；以文害志，孟軻所譏。不原大理，惟字是求；宋人申東，豈復過此。

案：胡漢譯經音義同異記，文中稱僧祐之名，似僧祐所撰。然校以文心及滅惑論，文意辭氣，顯出一人之作；其爲彥和手筆，殆無可疑。

至於文句相同，可相互證者亦復多有。如文心知音篇：「沿波討源」，同見於出三藏記集序及新集續撰失雜經錄序。夸飾篇「披瞽而駭聾」，齊太常竟陵宣王法集錄序第二作「披瞽發聾」，誄碑篇：「曖乎若可覿，」齊太常竟陵宣王法集錄序第二作「曖乎如在」。序志篇：「原始以表末」，事類篇：「援古以證今，」法苑雜緣原始集目錄序第七作「辨始以驗末，明古以證今」。序志篇：「倘塵彼觀」，弘明集目錄序第八：「有塵眎聽」。凡此皆行文遺辭，自然流露者也。

夫一代文士，撰述屬筆，字句偶同，豈能遽定爲同一人所作。然覈以僧祐幼齡出家，專精律學，又富於資財，勤搜卷軸，遂得成立經藏，欲弘大法，從事撰述。然牽率於世務，如以律學大師而疲於法事傳戒；稟性巧思，而勞於鑄造工技；晚年復多疾衰羸，致耗損撰述之歲月。且沖齡事佛，儒學轉疎，才謝多聞，文短辭翰，摛藻義解，均非所長，故齊文宣王招集名僧迭講，雖請祐及智稱講律，而於律座令僧柔僧次諸師抄比成實論，不使祐與其事。梁武帝屢選名僧注經抄撰，亦不以委僧祐，知祐以律德見重，而非辭翰見長。觀祐自述，往往自道其短於文辭。如薩婆多部目錄序云：「疾恙惛漠，辭乏詮藻，儻有覽者，略文取心。」又十誦義記目錄序云：「昔少述私記，辭句未整，而好事傳寫，數本兼行，今刪繁補略，以後撰爲定。」僧祐撰述，在定林經藏既成之後。當永明十年頃，彥和即爲僧祐延攬入京，靜居定林寺中⑥，終助僧祐，完成不朽之業。考僧祐經藏卷軸之富，洵屬空前，所費人力物力尤爲不貲。據續高僧傳卷一釋寶唱傳，梁武帝於華林園曾造寶雲經藏，又命諸僧專功抄撰。然梁武仍勅僧旻等於定林上寺輯撰衆經要抄一部並目錄八十八卷（見續高僧傳、大唐內典錄），又勅僧紹略取僧祐三藏集記目錄分爲爲四色，餘增減之，爲華林佛殿衆經目錄四卷（見大唐內典錄），足見僧祐之締造，可以俯視帝王。至其用心之專精，校訂之緜密，尤非官書所可望其項背。僧祐撰述，隋沙門法經衆經目錄所著錄者有釋迦譜等十六種，唐沙門道宣大唐內典錄所著錄者有出三藏集記等十四部。今存者僅出三藏記集、弘明集、釋迦譜三種。然就現存著作在佛典中之地位而論，其出三藏記集，可與漢書藝文志相匹；其弘明集，可與昭明文選媲美。蓋吾國辨章學術，考鏡源流之目錄，現存而最早者，厥爲漢書藝文志。漢志雖本於向歆父子之七略別錄，然略錄皆佚而不存。佛教經錄，在僧祐以前，雖有晋釋道安諸家，亦並歸散佚。是出三藏記集實佛教簿錄之祖也。昭明泛覽文林，斟酌筆海，撰成文選，遂爲吾國總集之巨擘；而僧祐弘明一集，作者百人，又僧十九人，皆六朝佛教盛時之鴻筆高文，莫不名理可觀，文辭可誦，方外方內，蓋與昭明並駕而爭驅矣。然案據事實，發意雖自僧祐，完成實由彥和，情事歷歷，不可誣也。

或謂彥和僧祐之著述，垂名天壤，傳誦學林，固已久矣。今乃斷斷然一若爲古人爭作者身後之名者，毋乃敝精神於無益之地乎？余竊以爲不然。夫爲學之道，貴得實事，務求眞是。苟明彥和治學之眞相，則知彥和文學卓然早成。壯年入定林後，精研佛典，故能運天竺因明之精理，彌綸中國文學之衆製，遂成體大思精之文心一書。又本中國經史略錄之學，以部勒泯紛茫昧之佛典，乃成震古鑠今之出三藏一集。倘不值「鑽析內經研鏡外籍」若彥和其人，則斷不能出現此偉大之業績也。觀梁武造寶雲經藏，命諸僧抄撰衆經，又略取祐錄別撰華林佛殿衆經目錄。其意固欲軼駕定林，陵轢僧祐。然以帝王之尊，擁文學侍從之衆，積撰述抄撮之豐，而權位一傾，則縹緗著作，亦隨糞土同捐，煙燼俱滅。梁武富有天下，轉不如僧祐得一彥和！「人能弘道，非道弘人，」豈不信哉。是則考明彥和撰述之實況，於學術之源流本末，未必無小補云爾。

附注

①：見拙撰劉勰文藝思想以佛學爲根柢辨。幼獅學誌第十五卷第十三期。

②：近人姚名達、范文瀾、楊明照皆曾論及。

③：弘明集卷十二。

④：見續高僧傳卷五釋智藏傳。

⑤：見拙撰劉勰文藝思想以佛學爲根柢辨。

⑥：同上。

天台智顗之圓頓止觀與古本大學之知止知本

程　兆　熊

(一)圓頓

我在我所寫之「佛教哲學規模及其發展」一書中，有一講，即第十五講：「性具性起，一念三千」章內，講到圓頓，有如次之語：

「由性具三千，而法性，而煩惱，更由是而有其圓頓。摩訶止觀卷一述緣起即云：圓頓者，初緣實相，造境即中，無不眞實，繫緣法界。一念法界，一色一香，無非中道，己界及衆生界佛界，亦然。陰入皆如，無苦可捨；無明塵勞，即菩提，無集可斷；邊邪皆中正，無道可修；生死即涅槃，無滅可證……——在這裏，圓觀圓行，亦頓止頓悟。此由頓止頓悟而圓觀圓行，亦由圓觀圓行而頓止頓悟。到此，便無苦可捨，無集可斷，無道可修，無滅可證，而無非是中道，無不是眞實。那是攝三千於一念。那是止於介爾一念以成觀，那是即一念心，以言此心之性具三千。那是以中統假空二偏，成三法，三諦，三觀，三佛性，三法身……那是以空假中三觀，破無明，以開顯法性。那是翕以成闢，頓破無明，頓除煩惱。於此，天台之圓頓，開權顯實，廢權立實，且由智顗大師至湛然、知禮諸師，愈益重言性具。」

(二)圓頓止觀

在講圓頓中，智者大師之摩訶止觀卷一述緣起中，復有語云：

「……無苦無集，故無世間。無道無滅，故無出世間。純一實相，實相外更無別法。法性寂然名止，寂而常照名觀。雖言初後，無二無別，是名圓頓止觀。」

於此，所謂「雖言初後，無二無別」，實即是：必須止觀雙運，方能定慧圓明。而有其明德，以破一切無明，斬除一切煩惱。由此以言止義：法性寂然爲止，念念歸一亦爲止，而易傳所謂之「無思也，無爲也，寂然不動」，則更爲止。此可以引伸出三義：即止義，息義，不止止義。而由此以言觀義：寂而常照爲觀，了了分明亦爲觀，而易傳所謂之「感而遂通天下之故」，成天下之至神，則更爲觀。此亦可以開出三義，即觀察義，或觀照義；又有內心的照察義；更有不觀觀義。此在儒家的道德形而上學上說，則由前而言，那是「藏諸用」；由後而言，那是「顯諸仁」。在這裏，有相對的意義，有絕對的意義，更有圓而神的意義。

苦集滅道，原本是佛家的四聖諦。但到智顗的圓頓止觀裏，却一齊化掉。十二因緣，原本是佛家的基本法。但到智顗的圓頓止觀裏，也一起化掉。到此，無世間，無出世間。無不眞實，無非中道。此所以是純一實相，此所以是實相外更無別法。此所以是莫非實相。此在儒家的道德的實踐上說，則莫非實事。

天台智顗於摩訶止觀中，更言：

「一切衆生，即是菩提；不可復得，即圓凈解脫。五陰即是涅槃，不可復滅，即方便解脫。衆生如，即佛如，是性淨解脫。……故言解脫，即心而求。又觀心，五陰即法性，便無復見心。五陰因滅是色，獲得常色等。法性因滅是衆生，獲得常住法性衆生。……既是法性，那得不起慈？既是無明，那得不起悲？」

此外，智顗於摩訶止觀中又言：

「無明不復流動，故名爲止。朗然大淨，呼之爲觀。」

凡此，依儒家易傳之說，亦都是「顯諸仁，藏諸用」，亦都是圓而神。而此不復流動，朗然大淨，依儒家大學之言，亦正是止至善和明明德。

(三)圓頓止觀與六度

在印度佛教中，六度是修行大法，也是修行共法。在此六度中之持戒，布施，忍辱，精進四者內，固然找不到圓頓止觀的線索。即在禪定與智慧二者內，也一樣找不到圓頓止觀的直接關聯。圓頓止觀中的圓止圓定，頓止頓定，以及圓觀圓慧，頓觀頓慧，和禪定與智慧間的距離，是很大的。我們可以說：智頓從修行法門上所講的圓頓止觀，把六度也一起化掉了。

只不過智顗的圓頓止觀雖然融化了六度，却儘有其純粹的一套形而上學，而使整個佛教哲學的面目，爲之一新。這用一般的說法，便是把佛學中國化了。

第一，智顗依佛所說，判藏，通，別，圓四教。他由此更言：

（1）藏教——即隨他意語，只說權教，是粗；

（2）通教——兼隨自意語，三粗一妙；

（3）別教——兼有隨自意語，二粗一妙；

（4）圓教——華嚴爲一粗一妙，法華爲純圓獨妙之純隨自意語，純說實義。

第二，智顗有見於佛性佛心，橫竪分明，故又接着說：

（1）觀心生滅，見一切藏教，橫竪分明；

（2）觀心不生滅，見一切通教，橫竪分明；

（3）觀心心假名，見一切別教，橫竪分明；

（4）觀心中道，見一切圓教，橫竪分明。

第三，智顗更有其法華玄義中之本中十妙與迹中十妙，此即是：

(1)本中十妙，計爲：

a.本因妙；b.本果妙；c.本國土妙；

d.本感應妙；e.本說法妙；f.本神通妙；

g.本眷屬妙；h.本涅槃妙；i.本壽命妙；

j.本利益妙。

(2)迹中十妙，計爲：

a.境妙；　b.智妙；　c.行妙；　d.位妙；

e.三法妙；f.感應妙；g.神通妙；h.說法妙；

i.眷屬妙；j.功德妙。

至此，智顗於當前一念作正觀，而觀其即假，即空，即中，此即為一心三觀之圓觀。而於空假中三者有圓滿之三觀，更依觀有行以證果，此即佛之所以成佛。此亦無非是本，無非是實。

(四)圓頓止觀與艮觀

艮觀是指易經上的艮卦和觀卦。以前程伊川曾說：

「一部華嚴經，有一艮卦即說盡。」

於此，若把艮卦和觀卦，合起來說智顗的圓頓止觀，將亦可以說盡了。

先說艮卦；據周易集註所載是：

「☶，艮，艮下艮上，艮其背，不獲其身。行其庭，不見其人，無咎。註：艮，止也。一陽止於二陰之上，陽自下升，極上而止也。其象為山。取坤地而隆其上之狀，亦止於極而不進之意也。」

此註頗為平實。惟若用上述圓頓止觀之語而引申其義，則儘可為：

(1)艮其背，不獲其身；身且不獲，苦何能入？故無苦可捨。

(2)行其庭，不見其人。人且不見，集何能至？故無集可斷。

(3)一陽止於二陰之上，自會是邊邪皆中正，故無道可修。

(4)止於極而不進，自會是生死即涅槃，故無滅可證。

再據艮卦之彖曰：

「艮，止也，時止則止，時行則行，動靜不失其時，其道光明。……」

在這裏，其道光明，亦正是其道圓明。由此而歸於圓頓，則正是所謂：

「艮其止，止其所也。」

再據艮象云：

「並山，艮、君子以思不出其位。」

由是而艮其趾，艮其腓，艮其限，艮其身，艮其輔，以至於敦艮，吉。於此更有象曰：

「敦艮之吉，以厚終也。」

似此「以厚終」，便無非是圓頓之止之終。

再說觀卦䷓。據周易集註所載觀卦之彖曰：

「大觀在上，順而巽，中正以觀天下。……」

案：觀卦是坤下巽上，那是順而巽。故象曰：

「風行地上，觀，先王以省方觀民設教。」

於此，所謂設教，若再以智顗之圓頓止觀中所言四聖諦即苦集滅道之化解而言，則亦會是：

(1)大觀在上，陰入皆如，故無苦可捨；

(2)順而巽，無明塵勞即菩提，故無集可斷；

(3)中正以觀天下，邊邪皆中正，故無道可修；

(4)風行地上，觀國之光，觀我生，觀其生，生死即涅槃，故無滅可證。

於此，觀卦之象，即是象徵的意義，更曰：

「觀，盥而不薦，有孚顒若，下觀而化也」。

到這裏，就自然是會一如智顗圓頓止觀中之所言：

「無苦無集，故無世間；無道無滅，故無出世間。」

而且，這自然會更是：

「純一實相，實相外更無別法」。

(五)圓頓止觀與大學之止

上述圓頓止觀與易經艮觀，兩者之間，有其相通之處，自儘有其相異之處。此相異之處，主要的是說法的相異，即：

(1)圓頓止觀，在修行法門上，用的是純形而上學上的哲學的語言；此乃一分析而又圓融的語言。

(2)易經艮觀，在事理論方面，則用的全是一種象徵的語言，即所謂「卦者掛也」，此乃一符號的系統。

天台智顗大師平時的修行說法，對象徵的語言，極少有其運用之處。故對易經上的艮觀二卦，當不致受其影響；即或受有，亦當不多。

只不過一提及大學之止，即所謂「大學之道，在明明德，在親民，在止於至善」之止，却和周易裏的艮卦之止，兩者之間，有其面貌之各殊。

於此，所提及之大學，是古本大學，不是宋明以來，一般所用之大學版本。一般的大學版本，此「在親民」，是被改成「在新民」。另外還有不少地方，被改易，並被加添了一些字句，以致整個說法上的氣氛，或氣息，以至一些味道，都有一點不甚相同。此古本大學，王陽明亦曾提及，並極力主張恢復古本大學，只是王陽明對古本大學的錯簡之處，並未留意，或故意置之不提。此使古本大學的氣氛，或氣息，以至一些味道，仍未被人所深深予以理會。此使本文不能不特予提及，並詳加論列。茲先說一說古本大學之止，再進而一說知止。

古本大學之止，細分之，應有如次三義：

(1)止至善之止；

(2)止而後能定之止；

(3)爲人君，止於仁等等之止。

在這裏，止於至善之止，是由明明德和親民（不是新民）一直下來之止。這是形上學上雙迴向之止，即在明明德是直上的一個迴向，在親民是直下的一個迴向。而在止於至善，則是直上直下，或澈上澈下的止於此雙迴向上，這正是中道之止。這無非是止於本，這亦可以是止於「實」。這無非是止於明，這亦可以是止於「法性」。

其次，止而後能定，定而後能靜，靜而後能安，安而後能慮，慮而後能得。似此定，靜，安，慮，得之由止而至，正如智顗圓頓止觀中之所言：「寂而常照名觀」。此在修行法門上的層次之分，則是一緊一簡，一細一粗，惟其間之一以貫之或圓頓上，並無二致。在智顗圓頓止觀中，「雖言初後，無二無別」，而在「止，定，靜，安，慮，得」之中，亦復是愈得愈止，愈止愈得。由止而定而靜而安，亦復由安而靜而定而止。這同樣是「法性寂然名止」。再由慮而得，由得而慮，這同樣是「寂而常照名觀」。更由此「造境即中，無不眞實」。終由此「一念法界，一色一香，無非中道」。於此，由止至得，雖言有六，無二無別。那是即止即得，即得即止，那亦正是寂然不動，感而遂通。那亦正是：即寂即感，即感即寂。

至於說到「爲人君，止於仁」等等之止，則在大學一書中，更有如次之語：

「詩云：邦畿千里，惟民所止。詩云：緡蠻黃鳥，止於丘隅。子曰：於止，知其所止，可以人而不如鳥乎？詩云：穆穆文王，於緝熙敬止——爲人君，止於仁；爲人臣，止於敬；爲人子，止於孝；爲人父，止於慈；與國人交，止於信。」

似此所語，便不僅僅是義理之語，亦不僅僅是象徵之語，而且更會是一種文學的語言，更會是一種詩的語言。於此，「邦畿千里」，那是家國天下；「緡蠻黃鳥」，那是宇宙萬物；「穆穆文王」，那是深遠之至；「仁，敬，孝，慈，信」，那是眞實之至。說到孔子之言，即所謂：「於止，知其所止，可以人而不如鳥乎？」與其所言「聽訟吾猶人也，必也使無訟乎？」之言，則更是圓頓之至：這如何能夠輕易看過？這如何能夠隨便放過？這分明是圓止圓觀，這分明是頓止頓觀。由此而統觀大學，則止於三綱，觀於八目，自然會是「純一實相，實相外更無別法」。明德是實相，親民是實相，至善是實相。同樣，物是實相，知是實相，意是實相，心是實相，身是實相，家是實相，國土是實相，天下是實相。只不過一任物欲，一任物障，一任物化，則不免有其無可奈何之無明而已。此所以又是「格物，致知，誠意，正心，修身，齊家，治國，平天下」之外，更無別法。於此，物止於格，知止於致，意止於誠，心止於正，身止於修，家止於齊，國止於治，天下止於平。格致誠正，修齊治平，雖言有八，無二無別。

㈥圓頓止觀與大學之知止

在天台宗之修行法門中，有十種觀法，此十種觀法之對象，即是十種觀境。計為：

(1)陰入境，又稱陰入界境，陰界入境，陰妄境；
(2)煩惱境，五陰十二入等，乃隨煩惱而起；
(3)病患境，又稱病境；
(4)業相境，又稱業境；
(5)魔事境，又稱魔境；
(6)禪定境，又稱禪門境，禪發境，世禪境，禪境；
(7)諸見境，又稱見境；
(8)慢境，又稱增上慢境，或上慢境；
(9)二乘境；無法進入大乘，須更觀二乘；
(10)菩薩境。乃相異於圓教之正教的菩薩境界。

以上所列之十種觀境，皆見於智顗之摩訶止觀一書中。能次第觀此十種觀境，方可產生圓教實相之智解。陰入界境以五陰，十二入，十八界爲對象作觀，經常自現於衆生之前。而在五陰中之識陰，即以現實之日常心動爲對象，而觀其即空假中之理。煩惱境乃對貪瞋痴等重惑所引起之境地，病患境，乃因四大不調而引起之病境。此在我國中醫，則名之爲違和，即所謂違了和諧，或失掉諧和之理境。業相境，乃觀前三境等所現之業相，須明觀其相，使其消除。魔事境須以死之大悟以觀之。禪定境，指耽着於四禪，十六特勝，通明禪等諸禪之禪味，須次第觀之。慢境乃指起慢心成障之境。二乘境，乃偏執空寂之理，產生卑小滿足之志。此處菩薩境，乃指智顗判教中「藏通別圓」四教之前三教（即藏通別三教）菩薩境。須再觀之。如用大學之語，亦可云：須再格之，有如格物之格。

在古本大學中，三綱之後，即繼以如次之語：

「物有本末，事有終始；知所先後，則近道矣」。

此在智者大師所述之十種觀境上，其由一至十之次第層進觀法，亦正是所謂知所先後。此對圓頓止觀與大學知止而言，自會都只是初步。

通觀古本大學，除「知所先後」之外，引有兩處孔子之言，即：「於止，知其所止，可以人而不如鳥乎？」以及「聽訟吾猶人也，必也使無訟乎？」於此細觀大學之知止，實可分成如次之三義，即：

上所謂就第二義，亦就是進一步之意義而言，即所謂於止知其所止，那是親民在先。何以又是親民在先呢？那是由於「邦畿千里，唯民所止」。那是由於「緡蠻黃鳥，止於丘隅」。那是由於「穆穆文王，於緝熙敬止」！

上所謂就第三義，亦是更進一步之意義而言，即所謂「知止於知至」，那仍是明明德在先。何以仍是明明德在先呢？那正是由於「聽訟，吾猶人也，必也使無訟乎？」於此聽訟在親民，而無訟則在明明德。我在我所著大學講義一書中，曾將無訟之義，特予闡釋，並謂：

只此「必也使無訟乎」之一語，便是與天地同體，便是與日月同明，便是與歲同春，便是與道爲一。因之，無訟之相，就是整個乾坤之相，就是乾乾之相，就是：

(1)知所先後；

(2)知止其所止；

(3)知止於知至（無訟）。

在三綱中，明明德在先，親民在後，這是就第一義知所先後而說。但就第二義，亦是進一步之意義而言，則又是親民在先，明明德在後。再就第三義，即更進一步之意義來說，却又是明明德在先，親民在後。此由明明德而親民，更由親民而明明德，終由明明德而親民以止於至善，以仁覆天下，以使天下歸仁，更使「天下何思何思？天下同歸而殊途，一致而百慮，天下何思何慮？」此亦正如智顗圓頓止觀之由止而觀，由觀而止，終由止而觀，以有其圓止圓觀，頓止頓觀。

厚德載物之相，就是「易簡而天下之理得矣」之相，就是「易簡之善配至德」之相，亦就是簡單化到了極點之相。亦就是一大純相。只此便是「成性存存，道義之門」，只此便是歸於性情。此在孔門，則「吾斯之未能信」，亦是無訟之相；「不違如愚」，亦是無訟之相；而「風乎舞雩，浴乎沂，詠而歸」，亦未始不是無訟之相。若夫夫子之「毋意，毋固，毋必，毋我」，與夫「丘也幸，苟有過，人必知之」，則更整個是無訟之相。

其實，無訟之相，就是明明德於天下之相；就是「大明終始，六位時成」之相；就是「乾道變化，各正性命」之相；就是「保合太和，乃利貞」之相；就是天德流行之相；就是天理充盈之相；就是「明明在上」，而又「明出地中」之相；就是「大人以繼明照於四方」之相。亦就是「無無明」之相，亦正是「圓明」之相。能知止於此，便即是：知止於知至。但於此，釋迦佛仍難免有九惱，此即：

(1)開悟前之六年苦行，即苦行惱；
(2)孫陀利女對他的誹謗，即孫陀利惱；
(3)足爲木槍所創痛，即木槍惱；
(4)不得不食馬麥，即馬麥惱；
(5)釋迦族被琉璃王消滅，即滅族惱；
(6)乞食空缽而回，即乞食空缽惱；
(7)旃茶女僞裝有孕，對他誹謗，即旃茶惱；
(8)提婆達多推岩石以傷其足，即調達推山惱；
(9)冬至前後，僅以三衣禦寒，即寒風索衣惱。

而孔聖人則更在陳絕糧等等使羅近溪更說他臨終時，仍不免嘆一口氣。但亦正因如此，更使釋迦佛無非是慈悲，無非是喜捨；更使孔聖人無非是仁，無非是樂。由此而更無非是實，無非是實相；無非是明，無非是法性。亦由此而更無非是本，無非是本心；無非是德，無非是明德。

關於上述無訟之義，在古本大學中，將錯簡稍稍移動，不必改一字，亦不必增一字，即可使人一目瞭然，實甚明白易曉。我曾爲此另爲一文，名「知本與格物致知及大學章句」，詳予研討。

我對古本大學之錯簡處稍稍移動，主要是將「子曰：聽訟吾猶人也，必也使無訟乎。」等語，移置於釋「格物致知」一目之後，以替代朱子所增補之處。

㈦圓頓止觀與大學之本

在智者大師之摩訶止觀一書中，開頭就說：

「圓頓者，初緣實相，造境即中，無不眞實。」

而在大學一書中，不論是古本大學或增補本大學，亦都是在開頭不久，就說道：

「物有本末……」

隨後復言：

「自天子以至庶人，壹是皆以修身爲本。」

末後更言：

「德者本也，財者末也；外本內末，爭民施奪。」

於此，圓頓止觀之「實」與大學之「本」，自然都是一個關鍵字眼，此在上一節之終，亦特別提出。那在一方面爲：無非是實，無非是實相；在又一方面爲：無非是本，無非是本心。並從而在一方面爲：無非是明，無非是法性；在又一方面爲：無非是德，無非是明德。這其間，在眞精神上，德不會沒有其不相通之處。

在我國尚書裏有堯以是傳於舜，舜以是傳於禹之一言，即所謂心法。此即：

「人心惟危，道心惟微；唯精唯一，允執厥中」。

這一中字，是尚書的眼目。嗣後，論語一書的眼目是仁，孟子一書的眼目是義，中庸一書的眼目是誠，而大學一書的眼目，就是這一「本」字。此在古本大學中甚明顯，而在朱子增補本大學中，則不顯。

關於佛教教理，我在拙著佛教哲學規模及其發展一書「教理」一節中，曾言：

「凡此佛所說之教理，皆依佛心而對衆生所說之教理，要知此佛心所以能說種種教理，即爲其所說種種法之本，而其所說之法，則爲教迹。此教迹是佛之言說。而此本，則是佛之本懷，或佛心，或佛智，或是「實」。所謂方便說的教法，那是權說，那是爲導向實說而有，亦即是爲了實以施權。此則必須歸於開權以顯實，而廢權立實。」

而智者大師則更言：

「聖心之權，無非實；聖教一切皆權，一切皆實。」

似此「無非實」，「一切皆實」，與夫說法之本，以及佛之本懷，或佛心，或佛智，或是實，我人實儘不妨一一與大學之本，作一會通。

其實，此本的觀念，不僅在大學一書之中顯見明白，即在論語，孟子二書中，亦常見之。如論語學而篇中，即有有子之言爲：

「君子務本，本立而道生。」

又在論語子張篇中，有子游之言曰：

「子夏之門人小子，當灑掃應對進退則可矣，抑末也，本之則無，如之何？」

又在論語八佾篇，更有：

「林放問禮之本。子曰：大哉問。」

至於孟子一書中亦有言見於離婁篇下云：

「徐子曰：仲尼亟稱於水曰：『水哉水哉！』何取於水也？孟子曰：原泉混混，不舍晝夜，盈科而後進，放乎四海。有本者如是，是之取爾。」

復有言見於離婁篇上云：

「孟子曰：事孰爲大？事親爲大。守孰爲大？守身爲大。不失其身，而能事親者，吾聞之矣。失其身而能事其親者，吾未之聞也。孰不爲事？事親事之本也。孰不爲守？守身守之本也。……」

此外，孟子更戒人不失其本心，是要人急先務，並須識其大者。

孔孟之外，莊子天下篇，亦載老聃關尹爲：

「以本爲精，以物爲粗。」

又載莊子自稱云：

「其於本也，宏大而闢，深閎而肆。」

凡此所述，儒家有關本之言論，固所多見，即佛家與道家，亦未始不予重視之。

於儒釋道之外，史記太史公自序猶稱：

「春秋之中，弒君三十六，亡國五十二，諸侯奔走，不得保其社稷者，不可勝數，察其所以，皆失其本已。故易曰：差之毫釐，失以千里。故曰：臣弒君，子弒父，非一旦一夕之故也，其漸久矣。」

於此，本之則無，實在全人類之歷史中，儘有其歷史之浩嘆。人之無本，會即是人之無明；同樣衆生之無明，亦正會是衆生之無本。此在莊子則云：

「人之生也，固若是之芒乎？」

(八)圓頓止觀與大學之知本

於此，止觀之觀，計有三觀。此所謂三觀，通常是指三種觀法，乃出自瓔珞本業經卷上，即：

(1)從假入空二諦觀；
(2)從空入假平等觀；
(3)中道第一義諦觀。

似此三觀，亦可分別簡稱爲：空觀，假觀，中觀。亦即所謂空假中三觀。此乃天台宗之重要法門，亦爲教義與實踐之一大骨架。在智顗判教之化法四教中，是屬於別教與圓教之觀法。將此三觀與化法四教，兩相配合，則爲：

(1)空觀——屬藏教與通教。藏教分析一切無實體，而歸於空理，乃析空觀。通教認一切如幻，以體空觀斷三界內所起之見思惑。似此空觀，偏向空理，乃但空觀。而圓教對此而言，乃是不但空觀。

(2)假觀——乃別教之觀法。別教在空的立場觀一切現象爲似有，而以斷塵沙惑。其與圓教假觀相異處爲：別教視空與中爲二，圓教則視之爲一。

(3)中觀——乃圓教之觀法。將空假超越，視爲不二，以斷無明惑。別教十住十行之階位，乃在修空假二觀後，另修中觀，即但中觀。而圓教之中觀，則是融合空假，認三即一，一即三，乃是不但中觀。

由上而論，別教三觀，乃依序漸觀，即別相三觀，次第三觀，隔歷三觀，而依次以斷三惑，得三智。圓教三觀乃在一念之中，將空假中三諦眞理融合而觀。故一空一切空，一假一切假，一中一切中，遂爲即空即假即中之觀。似此一念有二種看法，自天台宗派言之，此一念乃妄心；自山外派言之，則爲眞心。總之，圓教之三觀，在每一觀中要圓滿觀三諦，乃是「通相三觀」，及一心三觀。與上述之「別相三觀」，可稱「三種三觀」。

此外，華嚴宗，又有法界三觀，或三重觀門，即：眞空觀，理事無礙觀，周遍含容觀。或稱：理法界，理事無礙法界，事事無礙法界。律宗亦有：性空，相空，唯識三觀，即所謂南山之三觀。而圓覺經則有所謂：奢摩地，三摩鉢地及禪那，即宗密所名之泯相澄神觀，起幻銷塵觀與絕待靈心觀之三觀。

若夫道家，則在莊子應帝王篇中，有所謂九淵三淵之說，其言爲：

「鯢桓之潘爲淵，止水之潘爲淵，流水之潘爲淵。淵有九名，此處三焉。」，

宗密有「深潭水底，影相昭昭」之言，此所謂「淵」，亦正如深潭，那會儘可以照，儘可以觀。三淵實無異三觀。至於九淵或九觀如何，則不得而知。

由此以言大學知本之知，亦儘有如次之三義，即：

(1)即物以窮理之知；

(2)致良知之知；

(3)知本以知至之知。

於此，「即物以窮其理之知」，乃朱子補釋大學格物致知一目之增補語，見於增補本之大學一書中。「致良知之知」，乃王陽明因格竹子致病後，不滿朱子增補之即物窮理，仍主用古本大學，但未及留意其錯簡處，而提出之致知，以上接孟子之所云良知良能。至知本以知至之知，則只是一仍古本大學之舊，而將古本大學之錯簡處，略予更正，即可顯出之知。似此三知，實不妨與天台圓教三觀，以及莊子應帝王篇之三淵，作一比觀。

第一，即物以窮理之知，會有如鯢桓之潘爲淵，此有如釋德清所註，乃是初止，雖可以觀，但只是觀物之觀，觀空觀假之觀。

第二，致良知之知，會有如止水之潘爲淵。此有如釋德清所註：「止水澄清，萬象斯鑑，即天壤之觀」，正似良知無知無不知。這會是中觀，亦會是圓觀。

第三，知本以知至之知，會有如流水之潘爲淵，此有如釋德清所註：「流水雖動，而水性湛然，即太冲莫勝，止觀不二也」。本此以言，則正可與圓頓止觀以並論，即所謂「初緣實相，造境即中，無不眞實。……」

似此比觀或並論，在一方面，固不無意義；但在另一方面，亦終似戲論。大學一書，畢竟是儒家之教本，自二程夫子倡言，認其爲初學入德之門，再經朱子增補章句，嗣後數百年之文教思辨，幾皆圍繞此大學一書而發展，由朱子之格物窮理，到王陽明之致良知，又到劉宗周之誠意愼獨，步步上提，而又層層進展，可謂已蔚爲大觀。這自非智顗之所能見。只是智顗在早於程子數百年以前，其所見之大學古本，或可無何錯簡，即有錯簡，亦當極少。關於古本大學之止與知止，以及本與知本，在智顗之時，當可更見其眞義與眞實。再加以他自己對整個佛學之消化融通，亦自當更有所思，更有所悟。此則於事實上，固甚易了知。

關於二程，大程夫子曾自云：「天理二字，乃自己體認出來，有其至樂」。直至明時，陳白沙方提出「靜中養出端倪」。至其弟子湛若水，乃倡言「隨處體認天理」，並與王陽明書信往返，詳加論辯。以後劉宗周更由此而倡言人極。此與伊川朱子之窮理的一個路線，自又有所不同。但畢竟是又一進展。而大學之本與知本，至此亦可謂天理是本。知天理，就是知本，就是知之至也。由是「天理流行」，又「天德流行」，更「壹是皆以修身爲本」，便即爲古本大學中之所云：「此謂知本，此謂知之至也」。而圓頓止觀中之所云：「……一念法界，一色一香，無非中道……」到此，便即爲：一色一香，無非天理，無非天德，無非是本，無非是知本，這當然是知之至也。在這裏，儒家的二程，以前佛教人士，總說他們是儒門兩個好秀才，但若以大程夫子而論，他儘可與佛門的智者大師作一比觀和並論。要知智者大師亦正是佛門的一大好和尚。

由止，由知止，到實相，到止觀，再到一心三觀。以後更到禪宗，那便是「挑水砍柴，莫非妙道。」這都是圓頓之道。既是圓頓，自當一貫。

由本，由知本，到知至，到天理，再到「天德流行」。以後更到人極，那便是家國天下，無非明德。這都是一貫之道。既是一貫，自然圓頓。

附註：關於古本大學，我已有一文，另述之。

唐代盟津以東黃河流程與津渡

嚴耕望

綜要

黃河自盟津（孟津）以下，流於廣大冲積平原中，因沙多而流緩，河道易致淤塞，隨時可能有改道之事故發生。惟自東漢明帝至唐代末葉八百餘年間，黃河河床最爲穩定，流程甚少變化。在此期間，有兩部重要地理書記載黃河流程相當詳明，即水經注與元和志。兩書所記幾無差別，寰宇記之編輯雖在宋初，但所記黃河實全本之元和志。故歷史所見，黃河流程雖變動極大，但中古時代，卻極穩定，亦有詳明之記載也。前人胡渭與岑仲勉前輩，已取元和志所記，標出唐代黃河下游之流程。今茲兼取元和志、寰宇記作更詳密之比勘，以明唐代孟津以下之流程，兼及入海一段唐代中葉末葉亦有變遷之史實，俾治中古史者取便引據。

本文雖考黃河流程，但重心主旨尤在此段流程中聯貫大河南北之津渡。蓋唐代黃河下游大平原，經濟繁榮，人文蔚盛，交通發達，而南北交通爲大河所限，惟賴河上津渡爲之連貫，故河上津渡對於河南、河北兩道之交通至關緊要。史乘、地志所見河上津梁甚多，茲以隋唐五代史料爲中心，考見當時河上諸津渡及其在南北交通中所起之作用。

大抵漢、唐政治中心在長安與洛陽，恃山西高原爲屏障，河北平原爲外府，故河上津渡，以蒲津與盟津爲最重，大陽津次之。（陝州河上，北對平陸，即古芳津。）是以唐六典稱巨梁者，以河陽津（即盟津孟津）、蒲津、大陽津爲稱首，皆造浮橋以濟，前撰洛陽太原道驛程考、長安太原道驛程考及長安洛陽道驛程考，已分別論述之。今此篇專考河陽以東隋、唐、五代時期所見之河上津渡。以次言之：曰、小平津，一名平陰津，在偃師縣（今縣）西北二十五里首陽山北，去河陽津不過數里之遙，爲河陽之輔津。曰、五社津，在鞏縣（今縣）北，北對溫縣（今縣）。曰、板渚津，在汜水縣（今縣）東北三十五里，北對武陟縣（今縣）；相近又有九鼎渡；皆所以北通懷（今沁陽）、衞（今汲縣）。曰、棘津，一名石濟津，一名酸棗津，在衞州治所汲縣南七里，南對酸棗縣（今延津縣北約三十里），分別通鄭州（今市）與汴州（今開封）。曰、杏園渡，在汲縣東南，見重於安史亂時。曰、延津，一名靈昌津，在靈昌縣（今滑縣西南七十里）東北二十二里，北對衞縣（今濬縣西南五十里衞縣集，在淇縣東境）枋頭故城（衞縣東南今有方城村），此殆爲白馬津之輔津。曰、白馬津，在滑州治所白馬縣（今滑縣）北三十里鹿鳴城西南隅，西對黎陽縣（今濬縣東），在黎陽東一里，一名黎陽津，置黎陽關，一名白馬關，爲相（今安陽）汴交通之主線。曰、白皋渡，緊接白馬津下游。曰、胡良渡，在鹿鳴城東北，接濮陽境，北對六明鎭。曰、楊村渡，在德勝渡上游十八里。（今有楊村鋪。）曰、濮陽津，在濮陽縣（今縣西南）北，北對澶州治所頓丘縣，（今清豐西南二十五里。）爲魏（今大名東）、汴交通之主線，唐末五代，見稱爲德勝渡。曰、靈津，置靈津關，在濮州治所鄄城縣（今濮縣東二十里）北，北通魏、博。曰、麻家渡，蓋在鄄城東北境。曰、高陵津，又名盧津，置盧津關，在臨黃縣（今觀城東南）東南三十五里，南對范縣。（今縣東南二十五里。）曰、碻磝津，在濟州治所盧縣（今聊城、東阿間，聊城東南約四十里。）北一里，故又名濟州津，北朝置濟州關。西北對博州治所聊城縣（今縣西北十五里），東南通鄆州治所東平縣（今縣西北），爲博、鄆間要津。天寶十三載，河毀濟州城，津亦漸衰廢。中葉以後，有楊劉渡者，大顯於史册。其地在博州東南，穀城縣（今縣東北約三十里）之北，爲博、鄆之津要，蓋即代碻磝津而興起者。楊劉下游，以次有鄒家口、馬家口，皆河上津渡處。馬家口在聊城東境，亦當東南通鄆州之路。曰、四瀆津，舊置四口關，在聊城縣東微南八十里，長清縣（今縣南）西南五十里，蓋平陰縣（今縣）北境。酈注云：濟水受河，自河入濟，自濟入淮，自淮達江，故名。曰、張公渡，在平原縣（今縣或其西南）南五六十里，蓋即古平原津，爲德州（今陵縣）南通鄆（東平）、齊（今濟南）要津。曰、鹿角故關（今臨邑北十五里）蓋亦津渡處，在德州治所安德縣（今陵縣）東南七十五里，臨邑縣（今縣南六七十里）西北七十里，當齊（今濟南）、德（今陵縣）通路。此外，獲嘉（今縣）、新鄉（今縣）南渡河至原武（今縣）通鄭州（今市），及鹿角關以下至入海之一段流程，皆當有南北津渡處，惜津名無考。

上列諸津渡雖各有其客觀之地理形勢，但亦因時代不同，政治形勢有異，而顯晦不常。戰國秦漢時代，惟白馬最顯史册，故張儀說趙王云秦守白馬之津；張耳、陳餘屬武臣，從白馬渡河，北略趙地；酈食其說漢王塞白馬之津。蓋古代河北平原之中部東部多澤地，南北交通以太行東麓之南北走廊爲唯一主線。此道交通由邯鄲南下，西南渡盟津至洛陽，東南渡白馬津至大梁，故白馬居趙（邯鄲）、魏（大梁）之間，兼且東達齊、魯，實爲東方黃河平原之第一衝途。漢末、十六國及北朝時代，黃河下游大平原爲天下兵爭之地，河上津渡乃多顯現，計有棘津（石濟津）、延津（靈昌津）、濮陽津、高陵津、碻磝津、四瀆津、張公渡（平原津）、鹿角津及其他不見唐史者，如倉亭津等；而白馬、碻磝最爲衝要。隋、唐盛時，黃河南北大平原，經濟益見繁榮，人文益見蔚盛，汴州形成爲大平原中之第一大城，亦爲北方除長安洛陽兩都外之最大都市，（繁榮可能在洛陽之上。）其次則汴州東南之宋州（今商邱）與河北之魏州（今大名）與貝州（今清河），故杜翁謂宋州「名今陳留（汴州）亞，劇則魏、貝俱」也。汴、宋北渡黃河至魏、貝，更北經冀（今縣）、深（今縣）、瀛（今河間）、莫（今任邱北至雄縣間）至幽州，成爲河北道中部之南北交通幹線，與先秦以來，太行東麓走廊之南北幹線，東西並列，宋代河北分東西路，其形勢固本唐代之此一交通形勢也。白馬津南通汴、宋，北出則分指相、魏兩州，爲河北兩大縱貫幹線之樞紐，形勢增重，故六典記大津無梁者，以白馬爲稱首，論形勢者，或謂「當四達之地，控兩河之境」，或謂「股臂梁（汴州）洛（洛陽），咽喉齊、魏」也。

安史亂後，下逮唐末五代，魏博一鎮，於河北爲最强，魏州之地位顯越相州而上之。河南之汴州宣武一軍，更由東夏之重鎮一變而爲朱溫興霸之根據地，再變而爲梁、晋、漢、周之國都。政治中心顯著東移，而汴、魏交通尤以澶州濮陽津爲逕捷，故至唐末五代，此津地位增重，稱爲德勝渡，跨河築城，置浮橋，建節鎮，遂開宋、遼時代，兩國用兵通使以澶州爲衝途之漸。又唐代汴州以東之節鎮，以鄆州東平最爲壯雄，楊劉渡爲東平北通魏、博之捷津，遂襲代北朝以來碻磝津之地位，其地望亦正相近也。及晋王李存勗與梁人河上之戰，以德勝、楊劉爲上下游兩個主戰場，各興舉國之師以爭之者，皆欲爭取大河南北之控制權也。於晋王，非取此兩津，不能進兵河南，以制梁之死命；於朱梁，非守此兩津，不能保汴京之社稷。終至晋取楊劉入東平，朱梁勢絀，迅即覆亡。此正見河上之形勢，津渡之巨防也。

總上以觀，漢、唐盛世，政治中心居西偏，盟津以東之河上津渡，惟白馬爲最著。自漢末迄北朝，自唐中葉至五代，黃河下游大平原爲兵爭之地，政治中心亦漸東移，於是河上諸津湧現史冊：白馬以東最著者，有澶州之濮陽津、德勝渡，當汴、宋北通魏、貝之幹道；有濟州之碻磝津、楊劉渡，爲鄆、兗（今滋陽）北通博、德（今陵縣）之要津。此則政治局勢演變之影響也。

本論

河水由盟津東流逕首陽山北，至偃師縣（今縣）北，去縣約十餘二十里。漢平縣故城，在偃師縣西北二十五里，首陽山近處，北對河津，曰小平津，一名平陰津，在盟津下游僅五六里，故古代志書往往指爲盟津，而實爲兩地。唐六典河陽津稱巨梁，置水手二百五十人；又有平陰津，無梁，有渡船二艘，此其別也。

小平津屢見於後漢書，如靈帝紀、列傳五九何進傳、六一皇甫嵩傳、六二董卓傳。史記夏本紀，道河東至於盟津。正義引括地志：「盟津……亦曰孟津，又曰富平津。水經云小平津，今云河陽津。是也。」是謂小平津即孟津、富平津。然皇甫嵩傳，靈帝末，詔「自函谷、大谷、廣城、伊闕、轘轅、旋門、孟津、小平津諸關並置都尉。」此即靈帝紀中平元年所置八關都尉也，故李賢即以八關注之。則孟津、小平津必非一地，必非一津。復考董卓傳，「時河內太守王匡屯兵河陽津，將以圖卓，卓遣疑兵挑戰，而潛使銳卒從小平津過津北，破之。」是兩津異地而相近甚明。

靈帝紀。中平六年條，李賢注：「小平津在今鞏縣西北。」通典一七七河南府鞏縣「故小平縣城在縣西北，有津曰小平。」是謂在鞏縣西北，在盟津下游頗遠。然括地志云：「故平縣城在偃師縣西北二十五里。」（賀次君輯括地志輯校據通鑑地理通釋卷九平監條引錄。又一統志河南府卷古蹟目引括地志，同。蓋同一來源。）寰宇記五河南府偃師縣，「平縣故城，漢平縣故城也，在今縣西北二十五里。」則又在偃師西北二十五里，非鞏縣西北。而寰宇記同卷鞏縣目又曰「小平縣城，漢縣、廢城在今縣西北，有河津，曰小平津，即城之隅也。」是又與通典相同，蓋舊說兩地分傳未能定也。

按前引董卓傳，小平津雖非河陽孟津，但相去應不遠。又河水注五云：

「河水又東逕平縣故城北……王莽之所謂治平矣，俗謂之小平也。有高祖（孝文帝）講武場。河北側岸有二城相對，置北中郎府，徙諸徒隸府戶並羽林虎賁領隊防之。河水南對首陽山，上有夷齊之廟，……又有周公廟。……河南鈎陳壘，世傳武王伐紂，八百諸侯所會處，……河水于斯有盟津之目。……故曰孟津，亦曰盟津，……又曰富平津。」

此更混而爲一，蓋即括地志謂小平津即河陽津之所本歟？此云南對首陽山。元和志五河南府偃師縣目雖不記小平津，然云「首陽山在縣西北二十五里。」寰宇記同。則正與前引括地志、寰宇記，小平縣故城與偃師縣之相對方向里距相同，蓋城即在首陽山耳。復按漢書地志河南郡平陰縣，顏注引應劭曰，「在平城南，故曰平陰。」又周本紀，秦滅東周，正義引括地志，「河陰縣城本漢平陰縣，在洛州洛陽縣東北五十里。十三州志云在平津大河之南也。魏文帝改曰河陰。」又曹相國世家，「絕河津」，正義引括地志，「平陰故津在洛州洛陽縣東北五十里。」（皆據賀次君輯括地志輯校頁一六九引錄。）檢元和志五，偃師縣在洛陽東北七十里，鞏縣在洛陽東北一百四十里。平縣在平陰之北，云在偃師西北二十五里，地望正合，即十三州志所謂平津大河，不得在鞏縣境也。又按元和志，盟津在偃師縣西北三十一里，寰宇記同，則小平津在盟津下游僅五六里耳。

又上引括地志云平陰故津。考史記高祖紀，秦二世三年，沛公「北攻平陰，絕河津。」漢二年三月「下河內，……南渡平陰津，至雒陽。」則平陰有津渡，殆即小平津耳。

六典分別記河陽橋與平陰津，見卷七工部尚書水部郎中條。

河水又東逕鞏縣（今縣）北，溫縣（今縣）南，有五社渡，一名五社津。又東，右受洛水，謂之洛口，隋置洛口倉。洛口之西，鞏縣之北，有山臨河，酈注謂之崟原邱，其下有穴，謂之鞏穴，直穴有鮪渚。五社津蓋即藉此山此渚爲之歟？

河水注五，盟津之東。經云，「又東過鞏縣北。」注云：「河水於此有五社渡，爲五社津。建武元年，朱鮪遣（略）將三萬人從五社津渡攻溫，馮異遣校尉與寇恂合擊之，……追至河上，生擒萬餘人。」下文云：「洛水於鞏縣，東逕洛汭，北對琅琊渚，入於河，謂之洛口矣。」則津在洛口稍西。隋建洛口倉，亦利津渡之便也。通典河南府鞏縣「縣北有五社渡，一名五渡津。」元和志五．寰宇記四河南府鞏縣與酈注，同。通典「五渡」蓋「五社」之譌。

又按河水注云，「（鞏）縣北有山臨河，謂之崟原邱，其下有穴，謂之鞏穴，…… 直穴有渚，謂之鮪渚。成公子安大河賦曰鱣鯉王鮪，春暮來遊，……故河自鮪穴已上又兼鮪稱。」疑五社津即利用崟原邱及鮪渚爲之歟？寰宇記五鞏縣目，云崟原邱在縣西南三十五里，蓋西北之譌，里數疑亦太多。

又元和志五河南府，鞏縣西至府一百四十里，溫縣西南至府一百三十里，而分在大河南北，蓋此津即聯繫溫鞏者。

河水又東逕武德縣（今沁陽、武陟之正中間，沁水南岸）南，去縣約三十里。

元和志一六懷州武德縣，西至州四十七里，北至沁水二里。按武陟縣西北至州一百里，知武德在今沁陽、武陟之正中間。志云，「平皐陂在縣南二十三里，……周迴二十五里。」寰宇記五三，同。續云：「陂南即黃河。」則河在縣南約三十里之譜。

河水又東逕汜水縣（今縣）北，汜水即故成皐、虎牢之險。縣東北三十五里有板渚。有板渚津，北對武陟。隋自武陟開永濟渠，引沁入清，北通涿郡（今北平）；自板渚開廣濟渠，引河入汴，南達江都（即揚州）；蓋藉此津爲聯繫也。

河水注五，河水「又東合汜水，……又東逕板城北，有津，謂之板城渚口。」按通鑑一八〇隋大業元年紀，「開通濟渠……自板渚引河，歷滎陽入汴。」又一八九武德四年紀，竇建德、郭士衡合軍十萬，「軍於成皐之東原，築宮板渚。」檢元和志五河南府汜水縣，「黃河自鞏縣界流入。」「板渚在縣東北三十五里。」寰宇記五二孟州汜水縣黃河條，同。「板城，城東北三十里有津，亦謂坂口。」按板渚在汜水縣東北三十五里，則正當北對武陟。通濟渠既自板渚引河而南，永濟渠乃自武陟引沁而北，（此詳永濟渠考。）則此津正好南由板渚口接汴水，北由沁水接永濟渠。

蓋又有九鼎渡者，當滎陽（今縣）通河內（今沁陽）道中，疑在汜水縣上下也。

太平廣記三九五張應條，「唐張應自滎陽被命至河內郡，涉九鼎渡……及北岸，（出三水小牘）」此雖筆記小說家言，但有此渡殆可信。當爲黃河津渡。河內郡即懷州，在今沁陽縣，故疑此渡在汜水上下。

河水又東逕河陰縣（今廣武縣治或近處）北。隋開皇七年，梁睿於汜水縣東北五十里處，開渠置堰，引河水入汴水，以通運漕，是爲梁公堰。其後大業中又於上游板渚口別引河入汴，但唐代仍以梁公堰爲汴口，東流爲通濟渠。開元中遂於堰東二十里，汴渠之北大河之南置河陰縣以便運漕。

河陰　通典一七七河南府河陰縣，「開元二十三年分汜水、滎澤、武陟三縣地，於輸場東置，以便運漕，即侍中裴耀卿立，其汴渠在縣南二百五十步。」元和志五，同。惟「年」下有「以地當汴河口」六字。參看寰宇記五二孟州河陰縣目。一統志開封府卷古蹟目，河陰故城，在滎澤縣西。檢內政部編民國行政區域簡表（第十一版頁一二七），民國二十年併滎澤、河陰二縣置廣武縣，設治於河陰舊城。則明、清之河陰縣即在今圖之廣武，唐縣縱非同地，要亦不遠。

汴口堰　通典同上目又云：「汴口堰在縣西二十里，又名梁公堰。隋文帝開皇七年，使梁睿增築漢古堰，遏河入汴也。」元和志五，同。寰宇記五二，略同。據此，開皇七年，梁睿於此開渠口爲堰，遏河水入汴渠。且據三書所記，古已有渠引河水入汴。又據此，汴渠口在河陰西二十里。又元和志同卷，汜水縣目，「汴口去縣五十里，今屬河陰。」則此開皇七年之汴口東至河陰縣二十里，西南至汜水縣五十里，而在煬帝引河處板渚之東約十五里，是爲兩地。而寰宇記五二孟州汜水縣目，「河侯神，在縣東北四十里，隋開皇通渠之日，於大河分流處立此祠，今商賈禱祀不絕焉。」論里距似在板渚、汴口之間，但又云開皇通渠之大河分流處，即汴口也。疑不能明。或者開皇時代開汴渠口雖在汜水東北五十里，河陰之西二十里，但大業又於汴口上游板渚處別開一口，惟至唐代，汴渠仍以開皇所開爲渠口也。

河水又東逕滎澤縣（今廣武縣東北、舊滎澤縣北五里河牀中）北，去縣十五里。

元和志八鄭州滎澤縣，「滎澤，縣北四里。」「黃河北去縣十五里。」寰宇記九，記滎澤，不記黃河。檢一統志開封府卷古蹟目，河陰故城在滎澤縣西；滎澤故城在今滎澤縣北五里。隋置，明洪武八年，爲河水所圮，遷今治。按內政部編民國行政區域簡表（第十一版），民國二十年併滎澤河陰二縣爲廣武縣，理河陰故城。則隋唐滎澤故城當在今圖廣武縣之東北不甚遠處。

河水又東逕原武縣（今縣）北，去縣二十里；獲嘉縣（今縣）南，去縣四十里。自獲嘉南渡河，連河牀寬度計之，約八九十里，至原武，又南六十里至鄭州。

元和志八鄭州原武縣，「黃河，縣北二十里。」寰宇記九，同。又寰宇記五三懷州獲嘉縣，「黃河在縣南四十里。」而元和志一六獲嘉目失記。檢通典一七七鄭州，「北至河內郡獲嘉縣界黃河，中河九十六里。」而寰宇記鄭州目云，「北至懷州獲嘉縣八十里，即以黃河中流爲界，共九十里。」顯有奪譌。按鄭州北至獲嘉必中經原武。元和志，原武東至鄭州六十里，「東」顯爲「南」之譌，則鄭州北經原武至黃河南岸八十里，蓋河面甚寬，故云「中河九十六里」也。則鄭州北渡河至獲嘉約一百四五十里。惜津渡名稱不詳。

河水又東逕陽武縣（今縣）北，去縣三十里；新鄉縣（今縣）南，去縣殆約二十里之譜。

元和志八鄭州陽武縣，「黃河，縣北三十里。」寰宇記二開封府陽武縣，作二十五里。又元和志一六衞州新鄉目不記黃河，但汲縣目云黃河西自新鄉縣界流入，經縣南，去縣七里。又黃河上游經獲嘉縣南，去縣四十里，則經新鄉縣南，去縣當不踰三十里。復檢國防研究院民國地圖集河南人文圖及一統志衞輝府、懷慶府兩卷，陽武在新鄉東南，相距五十五里，則唐世黃河經新鄉縣南，去縣殆不過二十里之譜。

河水又東逕酸棗縣（今延津縣北約三十里）北，去縣二十里；衞州治所汲縣（今縣）南，去縣七里。汲縣南河上，有石濟津，又名棘津，蓋南對滑州酸棗縣，故又有酸棗津之名。衞、鄭間二百三十里，蓋衞州南渡河，中經酸棗，陽武，原武至鄭州也。又酸棗東北至滑州一百二十里，東南至汴州百里，故為一交通中心。置酸棗驛，考見張祜詩。又有金堤驛，隋置金堤關，蓋在酸棗南境，或更南也。

汲縣　賀次君括地志輯校二衞州汲縣，「南津一名石濟津，又名棘津，在衞州汲縣南，文公渡河伐曹，即是也。」（據史記晉世家、衞世家、游俠傳之正義所引。）元和志一六衞州治所汲縣，「黃河西自新鄉縣界（鄉本誤作安）流入，經縣南，去縣七里，謂之棘津，亦謂之石濟津。」寰宇記五六衞州汲縣目，同。鄉字不誤。續云「故南津也。」

酸棗　元和志八滑州酸棗縣，「黃河在縣北二十里。」寰宇記不記。酸棗今地，一統志衞輝府卷古蹟目，「酸棗故城在今延津縣北十五里。」前人即據此定唐酸棗縣地望。按一統志下文引述皆春秋至秦漢間事，（紀要四七延津縣酸棗城條同。）末云「城內有後漢酸棗令劉孟陽碑。」是此城實指春秋迄漢之酸棗故城也。元和志滑州酸棗縣，「酸棗故城在縣西南十五里，六國時韓王所理處，舊址猶存。」寰宇記二開封府酸棗縣，同。是唐之酸棗又在漢酸棗縣故城東北十五里，即在今延津縣北約三十里也。由此推之，唐代黃河當在今延津縣北五十里處。檢一統志衞輝府治汲縣，延津縣在府南七十里。唐代黃河旣在汲縣南七里，若以河中渡程十里計之，里距甚合。若唐縣只在今延津縣北十五里，則河中渡程當在二十里以上，殊不合。

棘津、石濟津　前引元和志一六，黃河經衞州治所汲縣南，「去縣七里，謂之棘津，亦謂之石濟津。」下文續云，「左傳云，晉伐曹，曹在衞東，假道於衞，衞人不許，還自南河濟，是也。宋元嘉中，遣（略）垣護之以水軍守石濟，亦是此處。」寰宇記五六，並同。檢通鑑一二五宋元嘉二十七年紀，垣護之爲前鋒，「據石濟，在滑台西南百二十里。」按魏書四下世祖紀，太平眞君十一年，「車駕止枋頭，詔長孫眞率騎五千自石濟渡，備玄謨遁走。」即此次事。又通鑑一七四陳太建十二年，周楊堅輔政，相州總管尉遲迥起兵，東郡守于仲文不從（治白馬），迴遣宇文胄自石濟，宇文威自白馬濟河，二道攻仲文，仲文走。是白馬、石濟兩路並進。棘津者，通鑑八八晉永嘉六年紀，石勒自葛陂北至東燕，自棘津濟河，敗汲郡向冰於枋頭，遂長驅至鄴。又九九晉永和八年紀，謝尚使戴施據枋頭，施自倉垣徙屯棘津，帥壯士入鄴。就史料所見，此兩名屢見於東晉南北朝時代，唐世似少見。按北齊書四二陽斐傳：「石濟河溢，橋壞，斐修治之。又移津於白馬，中河起石潬，兩岸造關城，累年乃就。」此次移津於白馬，且起中潬，造關城，蓋自此棘津石濟大衰於白馬歟？

石濟地望，元和志、寰宇記記載詳明，即在汲縣南七里。通鑑記宋元嘉事，云石濟在滑台西南一百二十里。按通典一七八，衞州東南到滑州一百三十里，元和志一六，衞州東渡河至滑州一百一十五里，里距皆相當，可證元和志、寰宇記所記極正確。而水經注書石濟津、靈昌津上下位置與元和志恰相反，疑誤，或作其他解釋。詳下靈昌津條。

石濟當南對酸棗者。通鑑二九一後周顯德元年紀，胡注：「酸棗津，在大梁東北。」東當作西。蓋以南岸碼頭言之，謂之酸棗津也。通典一七八衞州「南至靈昌郡（滑州）酸棗縣七十五里。」（按元和志衞州治汲縣，南至黃河七里；又滑州酸棗縣在州西南一百二十里，北至黃河二十里，則衞州南至酸棗斷無七十五里。前考酸棗在汲縣南不過三十餘四十里，今汲縣南至今延津縣乃七十里，通典「七十五」必有誤。）志書體例，記至他郡屬縣之里數，殊爲例外，此必大路無疑，故通鑑屢見酸棗之名。其卷五九漢獻帝初平元年，關東諸侯起兵討卓，袁紹與冀州兵屯河內，曹操與兗、徐兵屯酸棗，孔伷統豫州兵屯潁川，袁術屯魯陽，足見酸棗爲交通要衝。

檢元和志一六衞州「東渡河至滑州一百一十五里」，「正南渡河至鄭州二百三十里。」通典、寰宇記所記里數，大同小歧。衞州南至鄭州當中經酸棗，蓋又南經陽武、原武也。元和志鄭州卷，陽武縣西南至州一百里，參以地圖，當此道無疑。衞州東至滑州誠不必中經酸棗，然中經酸棗亦僅稍迂，寰宇記作一百三十二里，或即中經酸棗之里程歟？又寰宇記二，酸棗縣屬開封府（即汴州），在府西北百里，則衞州渡河經酸棗東南至汴州也。

酸棗驛　張祜有題酸棗驛前碑詩（全唐詩八函五册張集二）。

金堤驛　王建有早發金堤驛詩（全唐詩五函五册王集一）。考舊五代史二一梁徐懷玉傳，「光啟初，蔡寇屯金堤驛，懷玉將輕騎連破之。」「又從破蔡賊於板橋。」同書二二梁牛存節傳，「屬蔡寇至金堤驛，犯酸棗、靈昌，存節與之門。」據兩唐書秦宗權傳，蔡寇流竄，北至衞、滑，勢極强盛，朱全忠僅能據汴州自守，板橋在汴城西，酸棗在汴城西北百里，滑州西南百二十里，靈昌在滑州西南七十里。此驛當在酸棗、靈昌西南地區。檢元和志滑州酸棗縣，「金堤在縣南二十三里，漢文帝時，河決酸棗，東潰金堤，即此也。」又鄭州滎澤縣，東南至州五十里，金堤在縣西北二十二里，漢文帝時，河決酸棗潰金堤，明帝永平十二年，詔「王景築堤，起自滎陽，東至千乘海口千餘里，……此堤首也。」據上引舊五代史兩傳，此金堤驛當在酸棗縣之南者。復考舊五三李密傳，由東郡至滎陽，中經金堤關。地望與此金堤驛相近，疑即一地，隋世置關也。

汲縣東南又有杏園渡。杏園，蓋黃河南岸一地名，安史亂時，此渡屢見史册，甚顯重要，郭子儀即由此渡河，進圍安太清於衞州。至唐中葉，竇牟有杏園渡詩。此渡疑在石濟、棘津之東，或即同一津渡而前後異名，未可知也。

通鑑二二〇乾元元年，郭子儀等九節度討安慶緒，「郭子儀引兵自杏園濟河，東至獲嘉，破安太清，……太清走保衞州，子儀進圍之。……魯炅自陽武濟，季廣琛、崔光遠自酸棗濟，……皆會子儀於衞州。」胡注：「九域志，衞州汲縣有杏園鎮，……獲嘉縣在衞州西九十里。」又舊一二四令狐彰傳，史思明僞署爲滑州刺史，戍滑台，暗與朝廷通款。「時彰移鎮杏園渡，遂爲思明所疑。思明乃遣所親薛岌統精卒圍杏園攻之。」同書一四五李忠臣傳，乾元元年，鄴城敗後，「拜濮州刺史、緣河守捉使，移鎮杏園渡。」又一統志衞輝府卷關隘目引杜詩「土門壁甚堅，杏園渡亦難。」具見此渡在安史亂時甚重要。其後竇牟有杏園渡詩云：「衞郊多壘少人家，南渡天寒日又斜，君子素風悲已矣，杏園無復一枝花！」（全唐詩四函一〇册）地在衞州無疑。胡注據九域志在汲縣，是也。紀要四九衞輝府汲縣，「杏園鎮在府城東南。」一統志同。地在唐衞州城東南，何以通鑑云自杏園渡河，東至獲嘉，然後才進圍衞州？檢兩唐書郭子儀傳，皆無東至獲嘉破安太清事，豈溫公小疏着此「東」字耶？姑存待考。魯炅等自陽武濟、自酸棗濟者，豈即取石濟津耶？

河水又東逕靈昌縣（今滑縣西南七十里）西北，去縣十里；衞縣（今濬縣西南五十里衞縣集，在淇縣東境）西南，去縣二十六里，河岸有延津，一名靈昌津；南岸馬頭在靈昌縣東北二十二里，蓋與宋渡河沙店（今滑縣西南三四十里處有沙店地名）相近。此津北對衞縣，與太行東麓驛道相銜接，南岸馬頭當白馬津南通汴州之驛道，故此津實爲白馬津驛道之輔線。又按曹操所築枋頭，在唐代衞縣東南，去河八里，殆即今之方城村。此津殆即由枋頭南向渡河處，故枋頭爲中古時代南北軍事交通要地。

元和志八滑州靈昌縣，「東北至州七十里。」「黃河在縣北十里。」「延津即靈昌津也，在縣東北二十二里。初石勒伐劉曜，至河渚，不得渡，時流澌下流，因風結冰，濟訖冰泮，勒自以得天助，故號靈昌津。……又曹公北救劉延，至延津，皆此津也。」寰宇記九，滑州靈河縣目，同；惟黃河在縣西十里。」蓋實西北也。又二十二里作二十五里。靈河即靈昌之更名。則此津南岸馬頭在滑州西南不到五十里處，而括地志輯校三滑州靈昌縣，「延津在滑州靈昌縣東七里。」（據仲尼弟子傳正義所引。）里距稍異，今從元和志。考雲麓漫鈔八記東京至女眞禦寨之行程云，「東京四十五里至封丘縣，皆望北行，四十五里至胙城縣，腰頓，四十五里至渡河沙店，四十五里至滑州館。」檢紀要一六大名府，滑縣有沙店城，「在縣南三十里，宋建炎初，宗澤守東京，召王彥於太行山，使屯滑州之沙店，即此。」又檢今圖，開封北至滑縣之汽車道中，近滑縣處有沙店地名，當即宋之渡河沙店也。云渡河，必宋時臨河岸爲津渡處。就里距方位言之，正當在唐靈昌津南岸馬頭處。

寰宇記五六衞州衞縣，引冀州圖：「枋頭城在縣南，去河八里。」則黃河逕衞縣南。元和志一六衞州衞縣，「延津在縣西二十六里。魏曹公遣于禁渡河守延津，即此。」寰宇記五六，同。蓋實西南也。是兩書雖不言在衞縣西南之里數，然旣記延津之里距，即知黃河在縣西南之里距矣。

按延津、靈昌津，大有名於魏晉南北朝之世，故趙王石虎探石欲於此爲中濟，如河陽、蒲津之制也，並詳紀要一六滑縣靈昌津條，茲不詳引。唐世此津仍爲津渡之要，通鑑二一七天寶十四年紀，安祿山反，自定、趙南下，十二月丁亥，「自靈昌渡河，以絙約敗船及草木橫絕河流。一夕冰合如浮梁，遂陷靈昌郡。」至陳留，「庚寅，太守郭納以城降。」靈昌郡即滑州，陳留郡即汴州也。此渡河處即靈昌津。蓋相、汴間交通，以白馬津爲主線，靈昌津爲輔線，蓋當時唐軍主力守白馬，故祿山叛軍由西翼渡河取滑州至汴州也。魏書三太宗紀，泰常八年，辛鄴，幸汲郡，至於枋頭，濟自靈昌津，幸陳留、東郡，路線略同。

枋頭城　上引魏書太宗紀，至枋頭濟自靈昌津。按元和志一六衞州衞縣目，「枋頭故城在縣東一里，建安九年，魏武在淇水口下大枋木爲堰，遏淇水令入白渠，以開運漕，故號其處爲枋頭。」下述桓溫伐慕容暐，至枋頭，爲慕容垂所敗；後垂又敗劉牢之於枋頭。寰宇記五六衞縣目，略同。惟不言在縣東一里。紀要一六濬縣枋頭城條歷舉東晉、北朝史事尤詳。是枋頭爲南北用兵之要，蓋亦以南對河津耳。

枋頭故城　元和志云在衞縣東一里。而寰宇記云，「淇水出共山東，至今縣西一里，又南流二十三里與淸水合入河，謂之淇水口。又北征道紀云，枋頭城……淇水經其後，淸水經其前。……冀州圖云，枋頭城在縣南，去河八里。」是枋頭在縣南殆十里以上。其去河則八里也。紀要一六枋頭城條謂在今濬縣西南七十里淇門渡。一統志衞輝府卷古蹟目，同。然近人黃盛璋曾親至其地考察，謂黃河故道尚多可踪跡，淇門渡爲古淇口，其北八里，今有東西方城村，里距與寰宇記正合，故斷云故枋頭在今方城村。（曹操開鑿運河及其貢獻，歷史研究，一九八二年六期。）所指蓋是。

酈注石濟、靈昌津　關於石濟、靈昌兩津之地望，元和志、寰宇記所載分明；前引史例，方位亦契合。而河水注云：「河水自武德縣……東至酸棗縣西，濮水東出焉。……河水又東北，通謂之延津，石勒（事略）號是處爲靈昌津。（澹台子羽及石虎造浮橋，不成，事略）河水又逕東燕縣故城北，河水於是有棘津之名，亦謂之石濟津，故南津也。（春秋晉伐曹事、伐陸渾事、宋元嘉中垣護之事皆略。）河水又東，淇水入焉。又東逕遮害亭南。……河水又東，右逕滑臺城北，……下有延津……今時人謂此津爲延壽津。」據此所述次序，上下西東與元和志、寰宇記恰相反，然與石濟去滑臺一百二十里，靈昌近滑臺之史事不合，惟最後「下有延津」，與前考相合。楊氏注疏云，「蓋延津其總名，餘乃隨時隨地變名耳。」可備一說。檢新唐志，衞州新鄉縣「東北有故臨清關，東南有故延津關。」寰宇記五六衞州新鄉縣，「延津關在縣東南三十五里，東南過河入滑州大路。」是又與酈說相合。今考唐史，固當以元和志之明確記載且合於其他史例者爲定論；酈注之說姑不深究。

又有李固鎮約在衞縣、黎陽縣間之黃河北岸，近淸、淇二水合流處（今新鎭左近）。此段黃河，北宋時代見有李固渡，亦前代古渡也。

通鑑二五七，文德元年三月，朱全忠移軍滑州，遣朱珍救樂從訓。珍「自白馬渡河，下黎陽、臨河、李固三鎮，進至內黃。」胡注：「元豐九域志，澶州有臨河縣，在州西六十里。魏州魏縣有李固鎮。薛史晉紀，鄴西（此指魏州）有柵曰李固，清、淇合流在其側。」岑仲勉先生曰：「按舊五代史一九朱珍傳，『濟舟於滑，破黎陽、臨河、李固三鎮，軍於內黃。』無疑為通鑑所本，但鎮字是廣義。」（耕望按薛史一六葛從周傳，亦云「從太祖渡河，拔黎陽、李固、臨河等鎮，至內黃。」）又曰：「據地理今釋，唐黎陽縣今濬縣東北，臨河縣開州（今濮陽）西六十里，亦即九域志所謂澶州西六十里也。惟胡注所言李固兩處，似均不合。考樓鑰北行日錄有李固渡，據我考證，在滑州與胙城之中間，唐時地本濱河（黃河變遷史四〇五頁），李固鎮或在渡口之北岸也。」（通鑑隋唐紀比事質疑頁三六八。）檢黃河變遷史引金史二七河渠志，「大定八年六月，河決李固渡，水潰曹州城，分流於單州之境。」又引樓鑰北行日錄卷上記乾道五年（即大定九年）一月北使事曰：「車行四十五里飯封丘，又四十五里宿胙城縣，車行四十五里到黃河，因河決打損口岸……今歲措置，只就淺水冰上積柴草為路里餘，車馬行其上。此李固渡本非通途，浮橋相去尚數里。馬行三里許，飯武城鎮，一名沙店。車行四十五里，宿滑州。」同書卷下記乾道六年正月南回事云：「滑州，又四十五里武城鎮，早飯，馬行至黃河，去程所行李固渡口，以冰泮水深，柴路不可行。」岑據此，斷云「是李固渡在胙城、滑州之中間，本當日臨河的地方。」是也。復考宋史三六〇宗澤傳，金人破真定取慶源（趙州），自李固渡渡河。又云澤為副元帥，言急會兵李固渡，斷敵歸路。則北宋已有之。雲麓漫鈔八記東京至女真御寨云：「胙城四十五里，至渡河沙店，四十五里至滑州館。」前引樓鑰日記，沙店又名武城鎮，只在李固渡北三里，蓋實一渡耳。今圖仍有沙店小地名。是李固渡之準確地望，今尚可指。岑氏前文斷云，「李固鎮或在渡口之北岸。」甚有理據。則臨河在黎陽之東，李固鎮在黎陽之西南，約衞州衞縣之東南，蓋屬內黃縣，在縣南，故珍渡河先取三縣鎮，然後至內黃也。若李固鎮在魏縣境，則在內黃之北，事勢不合，故岑氏云然。且胡注引薛史晉紀，「鄴西有柵曰李固，清淇合流在其側。」檢中華民國地圖集第三册河北山西人文圖，清（圖之衞河）淇二水會於淇縣東南，今地名新鎮，（一統志衞輝府卷關隘目，新鎮在濬縣西南五十里，接汲縣界。）沙店（即古李固渡南岸）在其東南不踰十里處，則唐之李固鎮當即在今新鎮左近，其地五代屬鄴都（魏州），故云鄴西也。是以胡注引九域志雖誤，但引薛史則不誤，且可據以定李固鎮之準確地望。此段黃河之北岸，唐五代既已置鎮名李固，則河津李固之名雖至宋始見史，要可測知唐五代或已有此名也。

河水又東逕滑州治所白馬縣（今滑縣）西北近處。白馬縣本古滑臺城，黃河逼近城垣，常有水患，大曆中，滑衞節度使令狐彰、元和中鄭滑節度使薛平先後曾加修治。咸通中，義成（即鄭滑）節度使蕭倣復以滑臨黃河，西北堤壞，乃移河四里，故唐末河水已去城五六里。

元和志八滑州治所白馬縣，「黃河去外城二十步。」寰宇記九作十二里。而唐會要八九疏鑿利人目，記元和八年薛平事作「二里」，未知孰是，要極相近也。令狐彰事，見寶刻類編五唐令狐彰開河碑。薛平事，見唐會要及舊薛平傳，詳下條。又舊一七二蕭倣傳，為滑州刺史充義成軍節度使，「滑臨黃河，頻年水潦，河流泛溢，壞西北堤，倣奏移河四里。」時在咸通中。按太平廣記三〇二韋秀莊條，開元中為滑州刺史，「初時黃河俯近城下，此後漸退，至今五六里也。（出廣異記）」所述雖神話，要示城近黃河，故有此一段城隍神與河神激鬥而敗之故事也。

河水又北流三十里逕鹿鳴故城西近處，黎陽縣（今濬縣東北近處）城東近處。元和八年，魏博節度使田宏正應鄭滑節度使薛平之請，於黎陽境開古河道，「南北長十四里，東西闊六十步，深一丈七尺」以分水勢，以減輕河洪對於白馬城侵毀之壓力，其新河在黎陽縣之西南地段。

元和志八滑州白馬縣，「鹿鳴故城在縣北三十里。」「黎陽津，一名白馬津，在縣北三十里鹿鳴城之西南隅。」是黃河逕鹿鳴城西南近處。元和志一六衞州黎陽縣目，雖不記黃河，然云「白馬故關在縣東一里五步，酈食其說高祖曰，杜白馬之津，即此地也。後更名黎陽津。」寰宇記五七通利軍領黎陽一縣，所記與元和志同。又云東至白馬縣，隔黃河二十五里；南至白馬縣，隔黃河二十七里；東南至白馬縣，黃河中心一十五里。則黃河亦逕黎陽縣東南近處，置關津也。

薛平．田弘正分河事，唐會要八九疏鑿利人條，元和八年「十二月，魏博觀察使田弘正奏，准詔開衞州黎陽縣古黃河道。從鄭滑節度使薛平之請也。先是，滑州多水災，其城西去黃河二里，每夏漲溢，則浸壞城郭，水及羊馬城之半。平詢……得古河道於衞州黎陽縣界，遣從事……以水患告於弘正，請開古河，用分水力。弘正遂與平皆上聞。詔許之。乃……鑿古河，南北長十四里，東西闊六十步，深一丈七尺，決舊河以注新河，遂無水患。」舊一二四薛平傳，略同，亦云「滑州城西距黃河二里。」「決舊河以分水勢。」是新舊兩河並流也。沈亞之有魏滑分河錄（全唐文七三七）詳記其事，云「鑿河北黎陽西南，役卒萬人，間流二十里，復會於河，其壖田凡七百頃，皆歸屬河南。」是所施工在黎陽西南境。

按黎陽縣近郊多山邱，大伾爲自古名山，唐名黎陽東山，在縣南約十里。白馬山在白馬縣東北三十四里，西值鹿鳴故城。河上有津，曰白馬津。南岸馬頭在鹿鳴城西南隅，去白馬山二十里；北岸馬頭在黎陽縣東一里，置黎陽關，一名白馬關，亦置黎陽鎭，又名白馬鎭，故津亦有黎陽之名。此段黃河流逕黎陽山、白馬山之間，爲南北津渡之要。蓋此津南向經胙城，封邱，至汴州；北向分至相州與魏州，皆北通幽州。汴州爲關東僅次於洛陽之大城，魏相次之，皆經濟繁榮、軍政重鎭，故此津當南北陸路交通幹道之樞紐，於唐代黃河諸津渡中，地位僅次於蒲津與河陽津。且此津北近永濟渠，故又爲水運之一中心。隋置黎陽倉，使楊玄感督運；至五代，仍見置黎陽發運使。皆以見黎陽、白馬在關東之東西南北水陸交通上之特殊地位。

此段考證已詳太行東麓南北走廊驛道考及河北平原南北交通兩道考，並參看隋唐永濟渠考。張述爲鄭滑李僕射辭官表（全唐文七一七）云，「此州（滑州）當四達之地，控兩河之境。」劉三復滑州節堂記（全唐文七四六），「是鎭股臂梁、洛，咽喉齊、魏。」正藉此津交通之利也。

河水又東北逕臨河縣（今濮陽縣西六十里濬縣東北約三四十里）南，去縣五里。

元和志一六相州臨河縣。「黃河南去縣五里。」寰宇記五七澶州臨河縣，同。又引冀州圖云：「河水西從河內郡界流入，至黎陽，而東北至臨河西十里，王莽河出焉。」檢一統志大名府卷古蹟目臨河故城條，引明統志，在開州西六十里。然沿革目，開州西至滑縣界七十里，西南至濬縣治九十里。故臨河故城雖在開州境內，但實西近濬縣，在濬縣東約三四十里。按寰宇記五七通利軍，治黎陽，北（蓋東北）至澶州臨河縣四十三里。里距略合。開州即今濮陽縣。

河水又東逕濮陽縣（今縣西南二十里）北，去縣十五里；清豐縣（頓邱西二十五里）南，去縣五十里；澶州治所頓邱縣（今清豐縣西南二十五里）南，去縣三〔二？〕十五里。

濮陽　元和志一一濮州濮陽縣，「黃河北去縣十五里。」按河水注五，「河水東北流而逕濮陽縣北，爲濮陽津。」檢一統志大名府卷古蹟目，濮陽故城「在開州西南二十里，本古帝邱。明統志又有帝邱城在滑縣東北七十里土山村，即衞成公所徙。蓋即濮陽城，境相接也。」按開州即今濮陽縣。

清豐　元和志一六澶州清豐縣，「東至州二十五里，黃河在縣南五十里。」寰宇記五七澶州清豐縣，在州西南五十五里，黃河在縣南里數同。去州里數從志。

頓邱　元和志一六澶州治頓邱縣，「黃河在縣南三十五里。」檢一統志大名府卷古蹟目頓邱故城條，引明統志在清豐縣西南二十五里。

濮陽北對頓邱，相去三十六里。河上有濮陽津，自古爲津渡之要。唐末五代，此段河津又有德勝渡之名，蓋即古濮陽津也。後梁貞明中，晉軍已拔濮陽，遂跨河津築德勝南北兩城（北城即今濮陽縣，或左近不遠），以浮橋聯繫之。此津在南北用兵上更爲重要。蓋五代多都汴京，而魏州爲河北第一重鎮，此津居其間，爲南北交通衝途也。晉天福三年，更南移澶州及頓邱縣於德勝，蓋治北城。四年又於澶州故城置德清軍。開運元年，於新澶州置鎮寧軍節度使。二年，德清軍北移二十五里，置軍城於陸家店（今清豐縣北、南樂縣南各約二十里），南至新澶州（德勝城，今濮陽左近），北至魏州（今大名縣東）皆七十里，以加强南北軍道之控扼。

濮陽津　元和志一六澶州治頓邱縣「南至濮州濮陽縣三十六里。」中隔黃河，有津渡。河水注五，經云，

「東北過衞縣南，又東北過濮陽縣北，瓠子河出焉。」注云：「河水東北流而逕濮陽縣北，爲濮陽津。故城在南，與衞縣分水。城北十里有瓠河口，有金堤，宣房堰。」下述漢東郡太守王尊事。按濮陽「濱河距濟，介南北之間，常爲津要。」紀要一六開州目，言已頗詳。其在唐代，濮陽津名見於舊一四五劉玄佐傳。新二二五上史思明傳，乾元二年，思明稱帝於魏州，「兵四出寇河南。身出濮陽，使令狐彰絕黎陽，朝義出白高，周萬志自胡良渡河，圍汴州。」蓋濮陽在魏州之直南，故思明自出濮陽，即取濮陽津也。濮陽北對頓邱，相去三十六里，唐置澶州於頓邱，與濮陽南北夾河津爲城守，以通魏、汴。汴、魏自唐前期已爲黃河平原兩個最重要最繁榮之城市，至唐代末年，分別爲黃河南北兩個最强大藩鎮汴宋節度與魏博節度之軍政中心，此澶州、濮陽間之河津爲汴魏直線交通之津梁，故尤顯衝要。五代時期，梁、晉、漢、周皆都汴，此津形勢更見增重，又有德勝渡之名，後梁貞明中，晉軍於黃河兩岸建德勝南北城。

德勝城、德勝津渡及後晉新澶州　舊五代史二八唐莊宗紀三，天祐十六年（即梁貞明五年）正月，「李存審城德勝，夾河爲栅。」（按上年十二月已拔濮陽。）四月「梁將賀瓌圍德勝南城」，兩軍水陸戰鬥至烈。十月，帝至魏州，「發徒數萬，以廣德勝北城。」下文屢與梁軍接戰，互有勝負。通鑑自卷二七〇梁貞明四年以下，歷書德勝事甚詳，茲條列如次：

梁貞明四年十二月，「晉軍至德勝渡。……京城大恐。」胡注：「德勝渡在濮州北，河津之要也。」（卷二二七〇）

貞明五年正月，「晉李存審於德勝南北築兩城而守之。」胡注：「唐澶州治頓丘縣。自築德勝南北城，及晉天福三年，遂移澶州及頓丘縣於德勝，以防河津，懼契丹南牧也。宋景德澶淵之役，猶在德勝；熙寧以來，澶州治濮陽，又非石晉所移之地。」（卷二七〇）

同年四月，「（梁）賀瓌攻德勝南城，百道俱進」，不克。八月晉將李存進「造浮梁於德勝。或曰浮梁須竹笮、鐵牛、石囷，我皆無之，何以能哉！存進不聽，以葦笮維巨艦，繫於土山巨木；……人服其智。」（卷二七〇）

同年十月，「晉王如魏州，發徒數萬，廣德勝北城，日與梁人爭，大小百餘戰，互有勝負。」（卷二七一）

晉天福三年十一月，「澶州舊治頓丘，帝慮契丹爲後世之患，……徙澶州跨德勝津，並頓丘徙焉。」胡注：「按九域志之澶州，距魏州一百三十里，德勝之澶州，晉人議者以爲距魏州一百五十里，有二十里之差。蓋自澶州北城抵魏州止一百三十里，若自南城渡河並浮梁計程，則一百五十里。」（卷二八一）

天福六年「二月壬辰，作浮梁於德勝口。」（按此取舊史七九，史作「浮橋」）胡注：「是爲澶州河橋。」（卷二八二）

開運元年八月「癸亥，置鎮寧軍於澶州，以濮州隸焉。」（卷二八四）

後漢天福十二年（開運四年）契丹入汴，以邪律郎五爲鎮寧節度使，賊帥王瓊「夜襲據南城，北渡浮航，……圍郎五於牙城。」胡注：「澶州牙城，蓋在北城。」（卷二八六）

據此，五代時期，此津渡南北城爲南北用兵極重要據點，蓋梁晉以下皆都汴京，而魏州爲河北最重要城鎮，此處地當南北要道故也。但寰宇記五七澶州，不著德勝之名，而書澶州及治所頓邱事又極混亂不淸，所幸通鑑貞明五年胡注述事分明，得其大要。參看天福三年胡注，更見落實。紀要一六開州德勝城條，歷述五代、宋事，云「蓋澶州徙治不一，大約唐治故頓邱城，石晉時治德勝，宋始治濮陽。」亦略取胡注。又云「宋人以澶州爲大梁北門，安危所繫也。」實則梁晉已然，不自宋始。

據胡注，德勝、濮陽非一地。檢舊五代史卷二九唐莊宗紀，天祐十六年，梁將賀瓌圍德勝南城，爲晉軍設計敗之，「追襲至濮陽。」此尤非一地之証。紀要一六，開州、濮陽廢縣，今州治也。德勝城在州東南五里。又引（明）一統志云「今州南有故德勝城。」一統志大名府卷古蹟目，德勝故城，有南北二城，今州治即北城也。宋景德澶淵之盟時，澶州本治南城，熙寧十年，南城圮於水，移治北城，即今開州。與紀要又小異。大抵州縣治所遷徙不常，今已難董理，要當清開州附近，即今濮陽治附近也。

德清軍　寰宇記五七德清軍「理陸家店。本舊澶州。晉天福三年，移澶州於德勝寨，乃於舊澶州置頓邱鎮，取縣爲名。（按本唐頓邱縣治。）四年，……改鎮爲德清軍。開運二年十一月，又移德清軍於陸家店置，在新澶州之北七十里。」「南至舊澶州二十五里，至澶州七十里，北至南樂二十五里，至魏府七十里。……西南至清豐縣二十里。」此段書事最明。通鑑二八三後晉天福八年十二月，聞契丹將入寇，「丙辰，遣使城南樂及德清軍。」蓋增築更堅也。又二八四開運二年，「初高祖置德清軍於故澶州城。及契丹入寇，……議者以爲澶州（新州城）、鄴都（即魏州）相去百五十里，宜於中途築城，以應接南北。從之。三月戊戌，更築德清軍城，合德清南樂之民以實之。」就里距言之，不但合兩縣之民，新城實亦居南樂與德清舊城（即澶州故城、頓邱故城）之間也。

濮陽津、德勝渡「當兩河之驛路」，五代時置水運什長，蓋亦本之於唐者。寰宇記五七澶州，「當兩河之驛路。」此不論澶州新舊城皆然。又舊五代史九九漢書高祖紀，天福十二年，契丹入汴滅晋，以族人朗五爲澶州節度使，水運什長王瓊，搆賊帥張乙，得千餘人，中夜竊發，自南城殺守將，絕浮航，入北城，朗五據牙城以拒之。按此時德勝津梁，爲交通之要，固當有水運隊伍，唐世當已有之，惟無考耳。

唐世由此北至澶州治所頓邱縣，又北六十里至昌樂縣（今南樂縣西），又五十里至魏州。河津北至澶州，見前考。元和志一六澶州，北至魏州一百一十里。又魏州，昌樂北至州五十里。一統志大名府卷古蹟目，昌樂故城在今南樂縣西北。按今南樂在大名東南亦五十里，是故城在今縣西不遠處。

由此南行，經韋城（今滑縣東南六十里），蓋亦經匡城（今長垣）、封丘（今縣）至汴州。通鑑二二五，大曆十一年，李靈曜據汴州叛，詔馬燧、李忠臣諸軍擊之。田承嗣遣田悅救靈曜，敗唐軍於匡城，乘勝進軍汴州，大爲忠臣、馬燧所敗，靈曜北遁，至韋城，被俘。按靈曜蓋欲遁入魏州歸承嗣，是韋城、匡城當魏、澶通汴州道。又卷二八九後漢乾祐三年，十二月壬子，郭威至澶州。癸丑，將士擁立。丙辰南行至韋城，戊午至七里店。旋入汴京。尤爲韋城當澶汴大道之明證。元和志八滑州，韋城縣西北至州六十里，匡城縣西北至州一百里。而寰宇記二汴州長垣縣，本唐匡城縣更名，西南至開封府一百里。宋長垣即今縣治。今有汽車路自濮陽向南微西經長垣、封丘至開封，此殆即唐宋古道也。

大抵汴州爲唐代黃河平原第一大城，五代梁晋漢周迄宋皆都之。其北通河北，主要有兩道，即西北取滑州渡白馬津，至黎陽抵相州，東北取濮陽德勝渡，至頓丘，抵魏州。唐於頓丘置澶州，後晉移州縣之名於德勝城，且置節度使，與滑州節度東西並峙，重河津也。自唐以前，白馬津最有名，蓋爲太行東麓驛道南渡黃河之主道；唐中葉以後，魏博節度治魏州，爲河北第一强鎭，直南渡濮陽津至汴州，汴州地位亦更重要，爲五代京師，故濮陽、德勝渡之形勢有凌駕白馬津之勢。此則軍政形勢之轉移也。

白馬、德勝兩津之間，又有白皋（今滑縣北）、胡梁（今滑縣東北接濮陽境）、楊村（今濮陽西十五里楊村鋪）三津渡。史思明稱帝於魏州，自統大軍取濮陽津路，使大將及子朝義分取白馬津、白皋渡、胡梁渡，四路會師於汴州，此爲白皋、胡良見史之始。白皋渡緊接白馬津下游。胡梁渡次之，北對六明鎭，後晉置大通軍，有浮橋。楊村渡在德勝津梁上游十八里，至晉梁河上之戰始顯名史冊。然其地似在瓠子口，則漢武塞瓠子之故也。

新二二五上史思明傳，思明稱帝，「兵四出寇河南，身出濮陽，使令狐彰絕黎陽，朝義出白高，周萬志自胡良，渡河圍汴州。」通鑑二二一乾元二年紀書此事，白高作白皋。胡注：「良或作梁。白皋、胡良皆河津濟渡之要，在滑州西北岸。」又通鑑二八一後晉天福二年，范延光據魏州叛。詔楊光遠屯滑州。六月辛丑，「光遠奏引兵踰胡梁渡。」七月「光遠自白皋引兵趨滑州。」聞滑州軍亂。此亦見白皋、胡良相近，皆去滑州不遠。

白皋渡又見於舊五代史三五唐書明宗紀一，由相州趨白皋，渡濟河至汴州。通鑑二七四，後唐天成元年，書此事，云自白皋濟河至滑州。由滑至汴也。紀要一六滑縣，白皋渡在縣北。一統志衞輝府卷津梁目，同。

胡梁渡又見於通鑑二八四後晉開運二年，契丹入寇，正月，詔景延廣自滑州引兵守胡梁渡。又舊五代史八〇晉書天福六年十月己丑，「詔以胡梁渡月城爲大通軍，浮橋爲大通橋。」前引通鑑二八一天福二年條，胡注，「此即史思明所濟胡良渡也，在滑州北岸澶州界。」是胡梁渡當在白皐之東。紀要一六滑縣，一統志衞輝府卷津梁目，皆云滑縣東北接濮陽境，蓋是。又按通鑑二八一晉天福二年，「馮暉、孫銳引兵至六明鎭，（楊）光遠引之渡河，半渡而擊之。暉、銳衆大敗，……走還魏。」胡注：「六明鎭在胡梁渡北。」又二九一後周顯德元年，河決八口，其一六明鎭。胡注，「六明鎭在大通軍。大通軍即胡梁渡也。晉天福四年建浮橋，置大通軍。」蓋六明鎭即在胡梁渡之黃河北岸。

楊村　通鑑書梁唐河上之戰，屢見楊村地名。其卷二七〇梁貞明五年，晉王擊梁，軍德勝，梁將王瓚將兵五萬，自黎陽渡河，「據晉人上游十八里楊村，夾河築壘，運洛陽竹木造浮橋，自滑州饋運相繼。」晉人亦造浮橋於德勝。胡注，楊村據德勝上游也。又二七一，有楊村北城。又二七二後唐同光元年，梁將王彥章自滑州「陰遣人具舟於楊村，夜命甲士六百，皆持巨斧，載冶者，具韛炭，乘流而下，……彥章引精兵數千循河南岸，趨德勝。……因以巨斧斬浮橋，……南城（德勝南城）遂破。」胡注：「楊村順流趨德勝，水程十八里耳。」是楊村在此時亦爲南北津渡，在德勝上游十八里。一統志大名府卷關隘目，楊村在今開州（今濮陽）西南十五里楊村鋪。復考寰宇記五七澶州濮陽縣，「瓠子口，漢武帝塞瓠子河口，……在縣西南一十七里河津是也。」則楊村距瓠子口實極相近，所謂河津，蓋即指楊村渡而言歟？

河水又東逕濮州治所鄄城縣（今濮縣東二十里）北，去縣二十一里。有靈津關，蓋津渡處，北通魏、博。河水又東北逕臨黃縣（今觀城東南）東南，去縣三十五里，有盧津關，即古高陵津，蓋南對范縣（今縣東南二十五里有范縣故治）。

鄄城、范縣　元和志一一濮州「北至黃河二十里。」又治所鄄城縣，「黃河北去縣二十一里。」寰宇記一四濮州「北隔黃河二十里，渡河至魏府一百六十里。」治所鄄城縣，「黃河西自濮陽縣界流入，北去縣二十一里。又東流入范縣界。」是河在濮州治所鄄城北二十一里無疑。新唐志，濮州鄄城縣，北有靈津關。蓋即河上津渡處，北通魏州者。黃河逕范縣，兩書范縣目皆不記。以勢度之，當逕范縣西境，里距不詳。復按河水注五，「河水又東逕鄄城縣北，故城在河南十八里。……河水又東北逕范縣之秦亭西，……河水又東逕……范縣西，而東北流。」是與唐代河床略同。下文所見臨黃東南高陵津，蓋南對范縣耳。

臨黃　元和志一六澶州臨黃縣，「黃河南去縣三十六里」，「盧津關，古高陵津，縣東南三十五里。」寰宇記五七澶州觀城縣有廢臨黃縣，記事同。惟無「六」字；又「古」作「今名」，新志亦云臨黃縣「東南有盧津關，一名高陵津。」通鑑二七二後唐同光元年，梁遣段凝爲帥，「凝將全軍五萬營於王村，自高陵津濟河，剽掠澶州諸縣，至於頓丘。」則自南濟河也。

河水又東北逕朝城縣（今縣西四十里）東，去縣二十九里；莘縣（今縣）南，里距不詳；武水縣（今聊城西南五十里）南，去縣二十二里。

朝城　元和志一六魏州朝城縣，「黃河在縣東二十九里。」寰宇記五四，同。按唐縣在今縣西四十里，是黃河在今縣之西十里也。

武水　元和志一六博州，武水縣「東北至州六十里。」「黃河南去縣二十二里。」寰宇記五四博州聊城縣記廢武水縣與元和志同，云「黃河在武水縣南二十里。」「周廣順二年，河決衡沒，顯德二年，割屬聊城縣。」今地見一統志東昌府卷古蹟目，與唐宋志書合。

莘縣　元和志一六魏州，莘縣西至州一百里，寰宇記五四，作七十五里，皆不書黃河所經。然考舊二〇下哀帝紀，天祐三年，魏博羅紹威奏章，河水實逕莘縣境，詳文末附記。且唐莘縣即今縣，河水經朝城武水必當經莘縣。縣屬魏州，是河北，則河當在縣東南。

河水又東逕博州治所聊城縣（今縣西北十五里）南，去縣四十三里；陽穀縣（今縣東北三十里）北，去縣十二里；盧縣（今東阿縣北六十里，聊城縣東南四五十里）北，天寶以前，去縣一里，縣故濟州治也。

聊城　元和志一六博州治聊城縣，「黃河南去縣四十三里。」寰宇記五四，同。

陽穀　元和志一〇鄆州，陽穀縣東南至州七十五里，黃河在縣北十二里。寰宇記一三，同。其今地，紀要三三引志，在今縣北五十里，而一統志兗州府卷古蹟目，在今縣東北三十里。按就其去鄆州之方向里距言，不當在今縣北五十里；一統志方向里距較合理，故從之，且當在東北也。

盧縣　元和志一〇、寰宇記一三鄆州盧縣，皆不記去黃河里距。然皆云碻磝津在縣北一里，則至少可知，天寶以前，黃河在縣北一里。兩書所記，盧縣爲故濟州治所，天寶十三載州爲河所陷廢，然縣仍見在，改屬鄆州。其今地，一統志東昌府卷古蹟目濟州故城條云在今東阿北六十里，是也。詳下碻磝津條。

自唐中葉迄五代，史册屢見楊劉渡，爲博州（聊城）、鄆州（東平）間重要津渡，南北用兵尤所重視。其地約在聊城、陽穀間黃河上，蓋陽穀東北境，今東阿縣北六十里處。五代末期黃河屢決楊劉，蓋逐漸失其要津之地位。

元和志、寰宇記皆不記楊劉渡，然正史、通鑑則屢見，且爲博州、鄆州間極重要津渡處，其事皆在元和志成書之後。紀要三三東平州東阿縣有楊劉鎮條，綜述史事最簡要云：

「縣北六十里，舊臨河津，亦曰楊劉鎮，（按九域志東阿有此鎮。）唐元和十三年，淄青拒命，魏博帥田弘正……自楊劉渡河，直指鄆州，……距鄆州四十里築壘，城中大震（按淄青李師道治鄆州東平）。乾寧三年，朱全忠將葛從周引兵救魏博，……復濟河，屯楊劉，擊鄆帥朱瑄。朱梁開平五年，晉王存勖攻魏州，朱全忠遣兵自楊劉濟河，……助魏帥羅周翰城守。乾化五年，晉軍入魏州，梁將劉鄩軍於魏縣（按在魏州西），梁主遣軍屯楊劉，爲鄩聲援。貞明三年，晉王存勗自朝城乘冰堅渡河，急攻楊劉，拔之。……後唐同光初，遣李嗣源襲鄆州，自德勝趣楊劉，夜渡河，徑抵鄆州，拔其城。梁尋遣王彥章克德勝南城，浮河東下，攻楊劉，……唐將李周悉力拒守，唐主亦引兵自澶州馳救，彥章旋爲唐兵所敗。既而唐主復自朝城至楊劉濟河，入鄆州，遂進兵滅梁。石晉天福八年，契丹入寇，至黎陽；遣何重進守楊劉鎮。」

據此可見楊劉鎮津渡在唐末五代軍事交通上之重要性。今再就正史、通鑑所記最足見其地望者稍詳論之。

其一事，田弘正自楊劉渡河擊鄆州。舊一七〇裴度傳，元和十三年，平盧淄青節度使（治鄆州）李師道拒命，詔諸道討伐，魏博「田弘正奏請取黎陽渡河。」度曰：「且秣馬厲兵，候霜降水落，於楊劉渡河，直抵鄆州，但得至陽穀已來下營，則兵勢自威」。「乃詔弘正取楊劉渡河。及弘正軍既濟河而南，距鄆州四十里築壘，賊勢果蹙。」舊一四一田弘正傳亦云「自楊劉渡河築壘，距鄆四十里。」而一二四李師道傳云，弘正「自楊劉渡河，距鄆州九十里下營。再接戰破賊三萬衆。……復於故東阿縣界破賊五萬。」此似爲楊劉見史之始。通鑑二四〇，元和十三年，書裴度策劃及田弘正渡楊劉事，全取裴度、田弘正兩傳。又十四年正月「丙申，田弘正奏敗淄青兵於東阿。」「丙午，田弘正奏敗平盧兵於陽穀。」胡注：「此自楊劉直進，不復迂其路至陽穀也。舊史李師道傳曰距鄆州九十里。田弘正傳曰四十里。考異曰，河南記云，營於陽穀西北。今從實錄。」今按九十里及陽穀西北之說，未必不可信，蓋又向前推進至四十里處耳。據元和志、寰宇記，東阿在鄆州西北四十五至五十里，陽穀在州西北七十至七十五里，而唐代陽穀故城在今縣東北三十里處，正在今東阿縣之西北；營於陽穀西北，正當是九十里也，蓋由楊劉渡河向南不遠處。復按通鑑元和十四年二月紀，李師道遣都知兵馬使劉悟將兵萬餘人「屯陽穀以拒官軍，……及田弘正渡河，悟軍戰數敗。都使爲大將，駐軍陽穀，以拒官軍，參之裴度策劃，亦以渡河取陽穀爲初步目標，知楊劉渡必與陽穀相近也。

另一事，晉王李存勗與梁人河上之戰。茲專取通鑑所書述之。其卷二七〇，貞明三年十二月，晉王在魏州。「戊辰，晉王畋於朝城。是日，大寒，晉王視河冰已堅，引步騎稍渡。梁甲士三千戍楊劉城，緣河數十里，列柵相望，晉王急攻，皆陷之。進攻楊劉城……即日拔之。」四年八月，「晉王自魏州如楊劉，引兵略鄆、濮而還，循河而上，軍於麻家渡。」又二七二後唐同光元年閏四月，「壬寅，遣嗣源將所部精兵五千，自德勝趣鄆州。比及楊劉，日已暮，陰雨道黑，……　夜渡河至城下，鄆人不知，李從珂先登，……癸卯旦，嗣源兵盡入，遂拔牙城。」胡注：「九域志，鄆州東阿縣有楊劉鎮，臨河津。東阿東南至鄆州六十里。……李嗣源之兵自德勝北城而東，循河北岸而行至楊劉渡口。自楊劉取徑道至鄆州城下，不經東阿縣治所。」通鑑又云，梁主聞鄆州失守，大懼，起王彥章爲將。五月，彥章破德勝南城，勢大振。帝命「棄德勝北城，撤屋爲木筏載兵械浮河東下，助楊劉守備」，以通鄆州之路。「彥章亦撤南城屋村，浮河而下。各行一岸，每遇灣曲，輒於中流交鬥。……一日百戰，互有勝負。」自是相持大戰於楊劉。按此爲唐末五代時期一次極有名之爭奪戰，而以德勝、楊劉爲爭持之重點，故稍詳引之。貞明三年十二月戊辰，晉王由朝城趁冰渡河，即日拔楊劉城。按前文引元和志，河在朝城縣東二十九里，則渡河至楊劉殆不逾百里。李嗣源以壬寅日暮至楊劉，當夜渡河襲鄆州，癸卯旦進入牙城。又是年十月，帝由朝城至楊劉，「壬申，帝以大軍自楊劉濟河，癸酉至鄆州。」則楊劉去鄆州亦不過數十里至百里。度其地當在朝城（今縣西四十里）以東至聊城（今縣西北十五里）以南，陽穀（今縣東北三十里）以北之一段河程中。九域志一鄆州，東阿在「州西北六十里」，縣有楊劉鎮。一統志泰安府卷關隘目，引舊志，楊劉鎮在東阿縣北六十里。舊有城臨河津，今黃河舊堤隱隱可見，而城跡不可考。」紀要三三兗州府東平州，略同。其地當是。然唐之陽穀在宋迄今陽穀之東北三十里，東阿之西北，北至當時黃河十二里，而元和志、寰宇記又皆不記東阿有黃河，則唐時楊劉未必屬東阿境。據上文所證與陽穀之關係至切，疑即在聊城、陽穀之間之河上，蓋陽穀東北境歟？通鑑二八五晉開運三年，「河決楊劉，西入莘縣，廣四十里。」似楊劉在莘縣東四十里者，地望亦合。

河決楊劉　岑仲勉先生曰，「由三國初至唐末幾近七百年，是黃河最安靖的時期。」（黃河變遷史頁三三〇）但到唐末五代，復常見洪流冲決與人爲決河，其中多次決口在楊劉。據岑書所列，梁貞明四年，謝彥章攻楊劉，築壘自固，決河水瀰漫數里，以限晉兵。（通鑑二七〇。）晉開運三年七月，河決楊劉，朝城、武德，（新五代史九。）楊劉之決，西入莘縣，廣四十里，自朝城北流。（通鑑二八五。）周顯德元年十一月，遣李穀沿河，役徒六萬。初「河自楊劉至於博州百二十里，連年東潰，分爲二派，滙爲大澤，瀰漫數百里。又東北壞古堤而出，灌齊、棣、淄諸州，至於海涯。」（通鑑二九二）最後一次尤見嚴重，可能影響楊劉作爲重要河津之地位。

德勝、楊劉之間沿河又有潘張、麻家口、景店等民戶聚居點，皆大河津渡處。

通鑑二七〇梁貞明四年，「晋王自魏州如楊劉，引兵略鄆、濮而還，循河而上，軍於麻家渡，賀瓌、謝彥章將梁兵，屯濮州北行台村，相持不戰。」胡注：「麻家渡蓋在濮州界。」又二七二後唐同光元年，梁將王彥章潛師破德勝南城，遂進攻潘張、麻家口、景店諸寨，皆拔之。」胡注：「凡此皆河津之要，晋人立寨守之。」按梁軍由德勝順流而下也，參稽貞明四年事，此等地名蓋皆黃河南岸，濮州之境，但不能詳。同書二八四後晋開運元年二月，契丹入寇，帝在澶州，大軍守黎陽，分兵守麻家口，楊劉鎭、馬家口及河陽。舊五代史在卷八二晋少帝紀。是麻家口甚見重要。紀要三四濮州，潘張村在州西北，西南距楊村五十里，麻家渡在州東北。

楊劉東北黃河下游以次有鄒家口、馬家口，皆津濟處。馬家口在博州東境，與楊劉，皆爲博州東南通鄆州之要津，南北用兵，常所爭奪處。

馬家口　通鑑二七二，後唐同光元年六月，唐梁兩軍相持於楊劉，郭崇韜謀之曰，今「彥章據守要津，意謂可以坐取東平。……臣請築壘於博州東岸，以固河津，既得以應接東平，又可以分賊兵勢。」會范延光亦「請築壘於馬家口以通鄆州之路。」帝從之，使崇韜將萬人「至馬家口渡河築城。」胡注：「所謂博州東岸也。」

此梁唐河上之戰也。又二八三，後晉開運元年正月，竇儀奏：「博州刺史周儒以城降契丹，又與（鄆州）楊光遠通使往還，引契丹自馬家口濟河，……虜若濟河與光遠合，則河南危矣。」又二八四開運元年二月，命石贇守麻家口，何重建守楊劉鎮，白再榮守馬家口，安彥威守河陽。（按此時帝在澶州，大軍守黎陽。）未幾，周儒引契丹自馬家口濟河，以應楊光遠。船數千艘渡兵，大爲晉軍所敗。此契丹寇晉之戰也。其地，通鑑已云在博州之東。

鄒家口　上引通鑑二七二後唐同光元年，郭崇韜至馬家口築城。下文續云，崇韜築新城凡六日，彥章聞之，將兵數萬急攻新城，帝自楊劉引大軍救之。「彥章解圍」，退保鄒家口，鄆州奏報始通。「七月丁未，帝引兵循河而南，彥章等棄鄒家口，復趨楊劉。」戊午，「彥章等聞帝引兵已至鄒家口，己未解楊劉圍，走保楊村。」據此，博州之東河上有馬家口，地在楊劉之下流，而馬家口與楊劉之間又有鄒家口，皆爲津渡處。紀要三三東平州馬家口條，「在州西北，其西南爲鄒家口，又西即東阿縣之楊劉鎮。」是也。

按黃河此段流程中，東晉南北朝時代，史册常見有碻磝津，爲南北東西交通之要，北齊與蕭梁互通聘使，更常取此津途。唐代志書，記此津在盧縣城北一里。盧縣即北朝至唐天寶十三年間之濟州治所，北魏於津置濟州關，隋末廢。唐六典有濟州津者，當即此津。其地西北至博州（聊城，今縣西北十五里。）五十里而盈，東南至鄆州（東平）約一百二十里，約今聊城、東阿間，則地與前考唐代中葉以後之楊劉略相近，或稍東北鄒家口、馬家口地段歟？濟州城以天寶十三載，爲洪水所毀，州廢而縣屬鄆州；碻磝津渡，除地志外，遂不復見於史册，疑亦漸廢；其在南北交通上之地位，蓋遂爲楊劉所與代歟？

河水注五：

「河水……又東北逕東阿縣故城西，而東北流……逕昌鄉亭北，又東北逕碻磝城西。述征記曰，碻磝津名也，自黃河泛舟而渡者皆爲津也。其城臨水，西南崩於河。宋元嘉二十七年，……王玄謨……前鋒入河，平碻磝守之，……以沙城不堪守，……毀城而還。……魏立濟州治所。河水衝其西南隅，又崩於河，即故茌平縣也。……經曰大河在其西，……西與聊城分河。」

按此爲較早期地書之記載。通典一八〇濟州，「今郡理（盧縣）即古碻磝城。沈約宋書作敲囂字。碻磝津有城，故以爲名。」下引水經注。又云，「後魏太常八年，於此立濟州中城，其外城，後魏正光中刺史刁宣所築。後周武帝築第二城，即碻磝故城也。」元和志一〇鄆州盧縣約取上文，續云：「濟州至天寶十三載，州爲河所毀廢。」又云：「碻磝津在縣北一里，後魏於此置關，名濟州關，隋末廢。」寰宇記一三，同。此津城在晉南北朝時代，在軍事上至爲重要。紀要三一濟南府長清縣碻磝城條，以城在今長清境，雖誤。然歷述晉永和八年以下用兵置關事，凡東晉四事，劉宋七事，魏、周四事，至隋末廢關。蓋南北統一，關非緊要也。

按紀要所彙錄雖詳，但失兩重要史事。其一，陳太建九年，周師入鄴，齊後主東走渡河入濟州，使高阿那肱守濟州關，覘候周師，自與后妃東奔青州。事見北齊書八後主紀及通鑑一七三。濟州關即碻磝津關也。其二，北齊書三四楊愔傳，「爲聘梁使主，至碻磝戍。」又四三李稚廉傳，「濟州控帶川陸，接對梁使。」是梁齊通使皆取道碻磝津也；此具見其在南北交通上之重要性。唐六典七水部郎中條，濟川津有船兩艘。南宋本

「川」作「州」，（玉井是博南宋本大唐六典校勘記，支那社會經濟史研究）蓋即此津也。

其地望，紀要謂在長清縣西北。而一統志東昌府卷古蹟目，濟州故城「在茌平縣西南，即碻磝城也。……按濟州在濟水西岸，爲漢茌平縣地，水經注、元和志，歷歷可證。其所治盧縣，蓋亦元魏時僞置，非漢縣也，後人但以長清縣有故盧縣，不復分別，並以濟州入之，誤矣。」按河水注，碻磝城在東阿東北，西對聊城。通典，濟州南至東平郡（鄆州）一百二十里，西至博平郡（博州）五十里，北至博平郡七十里，西北到博平郡五十四里，西南到濮陽郡（濮州）二百四十里。元和志，盧縣東南至鄆州一百里。寰宇記五四博州，南至舊濟州七十里，東南至舊濟州五十四里，舊濟州即盧縣之州也。又鄆州盧縣，州西北二十里者，蓋「西北」下脫「百」字。寰宇記即錄自通典者。據此三書所記方位里距，參以九域志一鄆州陽穀縣「有黃河、碻磝津」之言，則盧縣、碻磝津故城在今茌平縣西南亦頗遠，當於聊城、東阿之間求之，東南至今東平約一百二十里，西北至聊城五十里或稍盈，元和志博州、鄆州間渡河一百八十里者（寰宇記鄆州目作一百七十里），蓋取此道也。度其地當與唐中葉以後之楊劉相近，或在楊劉黃河之下游不遠處。故九域志云地在陽穀縣境，蓋其時盧縣已廢入陽穀也。至於紀要云長清縣西北者，乃漢之盧縣，非唐之盧縣也。

河水又東逕平陰縣（今縣）北，去縣十里。有四口故關，即四瀆津關，在聊城縣東微南八十里。長清縣(今縣南)西南五十里，蓋在平陰東北境黃河上。

元和志一〇鄆州平陰縣，「黃河去縣十里。」寰宇記一三，同。皆不言與縣之相對方位。按縣屬河南道之鄆州，當在黃河之南或東，蓋河在縣北十里。

四口故關　河水注五，河水逕碻磝津，下文續云：「又東北流逕四瀆津。津西側岸臨河有四瀆祠，東對四瀆口。河水東分濟，亦曰濟水受河也。……自河入濟，自濟入淮，自淮達江，水徑周通，故有四瀆之名也。」元和志一六博州聊城縣，「四口故關，在縣東南八十里，隋置。」同書一〇齊州長清縣，「廢四口關，在縣西南五十里，後魏置，武德九年廢。」寰宇記一九齊州長清縣條，同。其卷五四博州聊城縣，亦云隋初置，但作「縣東八十里，一名四瀆口」，下引水經注。新志亦云聊城東南，長清西南。唐宋志書皆云四口故關，不云四瀆津。然就其方位里距觀之，此故關當在平陰之北。一統志東昌府卷關隘目，云在茌平縣南，蓋東南也。一般言之，唐代黃河之流程與酈注時代無大異，可信唐時此關仍在河上。長清今地詳下長清條。

河水又北逕唐初茌平縣（今縣西二三十里）東，博平縣（今縣西北三十里博平鎮）東，里距皆不詳。長清縣（今縣南）北，去縣五十五里。又北逕高唐縣（今縣）東，去縣四十五里；平原縣（今縣或其西南）南，去縣五十里，河上有張公渡，蓋即平原津也。

茌平　通典一八〇博州聊城縣，「漢茌平縣故縣，在今縣東。」元和志一六博州聊城縣，「茌平故城在縣東五十三里，在茌山之平地。」（茌原作茬）。檢舊唐志，武德四年平竇建德，置博州所領有茌平。貞觀元年省入聊城。是亦唐縣也。自平陰北至高唐，流程甚長，故著此茌平，蓋經縣也。

高唐　元和志一六博州高唐縣，「黃河在縣東四十五里。」寰宇記五四，同。又引十三州志，「高唐縣有舜堤，以捍河水。」

博平　元和志一六博州，博平縣西南至州七十里。寰宇記五四作七十五里。皆不云黃河逕其境。考舊二〇下哀帝紀，天祐三年魏博羅紹威奏事，河水實逕博平縣東境，引詳文末附記。按元和志，高唐縣在博州東北一百一十里，寰宇記惟無北字。河水既逕博州城東南，又逕高唐城東，固當亦逕博平縣東也。

長清　元和志一〇德州長清縣，「黃河北去縣五十五里。」寰宇記一九作五十里。按一統志濟南府卷古蹟目，長清故城在長清縣西南。而下文引舊志，在今縣東南三十里。是上下文不合，今始作縣南。其詳待考。

平原　元和志一七德州平原縣，「黃河在縣南五十里。」寰宇記六四，同。

張公渡、平原津　史記秦始皇本紀，三十七年，親巡天下，「並海西至平原津而病。」正義：「今德州平原縣南六十里，有張公故城。城東有水津焉，後（？）名張公渡，恐此平原郡古津也。」按河水注五，「大河又北逕張公城，臨側河湄，衞〔魏〕青州刺史張治此，故世謂之張公城。水有津焉，名之曰張公渡。河水又北逕平原縣故城東。」此即張守節所指者。在平原南六十里，正與元和志黃河在縣南五十里略相合。又元和志一七德州長河縣，「張公故關，縣東南七十里。」新唐志亦云德州長河縣東南有此關。按唐之德州治所在今陵縣。長河縣在其西北五十里，今德縣，平原在州西南四十六里，張公渡城又在平原之南六十里。是關在津渡之北頗遠，非一地。紀要謂唐志之張公故關即張公渡，恐誤。

志書又云河水逕禹城縣（今縣西南十七里）南，去縣七十里，不知是否正確。

禹城　寰宇記一九齊州禹城縣，「黃河在縣南七十里，上從長清縣來，東北入臨邑縣。」元和志一〇齊州禹城縣失記黃河。檢地圖，此說似有問題。

河水又東北逕臨邑縣（今縣南約六七十里，N37度地帶）北，去縣七十里；德州治所安德縣（今陵縣）南，去縣八十里。河上有鹿角故關（今臨邑縣北十五里），亦大河津渡處。由關西北至德州七十五里，東南至臨邑七十里，又六十里至齊州（今濟南市）；大業三年關廢。貞元末，李納爲平盧淄靑節度使，鎭鄆州（今東平），於德州南跨河築三汊口城以通魏博，說者謂在今陵縣東南。若此說不誤，似即此津歟？

臨邑　元和志一〇齊州臨邑縣，「黃河在縣北七十里。」寰宇記一九齊州臨邑縣，惟記古黃河在縣南二十里，不記當時黃河；而於禹縣條云黃河「東北入臨邑縣。」臨邑今地頗有問題。紀要三一濟南府臨邑縣，「臨邑城，縣北三十五里。」一統志濟南府卷古蹟目，「臨邑故城，在臨邑縣北。」岑仲勉黃河變遷史第九節隋唐的黃河注六五，「元和志稱臨邑南至齊州六十里。則地理今釋以唐之臨邑爲今臨邑縣北三十五，顯有錯誤，北當作南。」今按寰宇記云臨邑在齊州北五十里，故知唐之臨邑在今濟南府北誠不過五六十里。檢紀要今臨邑南至濟南府一百五十里；一統志作一百四十里。則唐縣不但不得在今縣北三十五里，縱改「北」爲「南」，亦尚不足。以里距言之，在今縣南至少六七十里處。度其地必在北緯三七度之南北地帶，楊氏唐地理志圖，置臨邑於今縣與歷城縣之正中間，頗得其實。

安德　元和志一七德州治所安德縣，「黃河南去縣十八里。」寰宇記六四，作「八十里」。必有一倒僞。按元和志、寰宇記，臨邑南至齊州五六十里，而安德爲德州治所，「正南微東渡河至齊州二百四十五里」。則臨邑西北至安德縣約一百八九十里，黃河逕臨邑北七十里，下游又逕滴河縣南，則中間逕安德縣南八十里處之可能性較大。若中逕安德縣南十八里處，則曲折似太大，或較少可能也。且觀鹿角關地望，亦以八十里爲正。

鹿角故關　元和志一〇齊州臨邑縣，「鹿角關在縣西北七十里，大業三年廢。」又一七德州安德縣，「鹿角故關，縣東南七十五里。」寰宇記六四安德縣目有此關，惟脫「南」字。新志齊州臨邑縣亦記此故關。一統志濟南府卷關隘目，「鹿角關在臨邑縣北十五里，接陵縣界，古大河所經也。……蓋跨大河，以鹿角津為名。齊乘有平原嶺，在德州東南七十里，嶺下有鹿角津。」紀要三一略同。按今臨邑縣在唐縣之北至少六七十里，故關在今縣北十五里也。

三汊口城　通鑑二三四貞元八年，「初，李納以棣州蛤蜍有鹽利，城而據之。又戍德州之南三汊城，以通田緒之路。及李師古襲位，王武俊……引兵屯德、棣，將取蛤蜍及三汊城，……上遣中使諭止之。」九年「上命李師古毀三汊城，師古奉詔。」胡注，「王武俊敗朱滔，得德棣二州，蛤蜍猶為納戍，納又於德州南跨河而城守之謂之三汊，以交魏博，通田緒。」按舊一二四李正己傳述事較詳，「於德州南跨河而城守之」即本之舊傳。舊傳又稱為三汊口城。紀要三一濟南府陵縣，三汊口城在縣東南。一統志濟南府卷古蹟目，同。若此說不誤，殆即在鹿角故關地段歟？

河水又東逕滴河縣（今商河縣）南，去縣十八里；臨濟縣（今章邱縣西北二十里，臨濟鎮）北，去縣八十里。

滴河　元和志一七棣州滴河縣，「黃河在縣南八十里。」寰宇記六四，「黃河在縣南一十八里。」里數「八」「十」互倒。岑書第九節隋唐的黃河注六六，據錐指引元和志，亦作十八里。似「十八」為正。且就上下游所經論之，其逕滴河境，亦當在縣南十八里，不當遠在縣南八十里也。

臨濟　元和志一〇齊州臨濟縣，「黃河在縣北八十里。」寰宇記一九齊州臨濟縣，不記黃河。

河水又東逕棣州治所厭次縣（今惠民縣東南）南，去縣三里；鄒平縣（今縣北孫家鎮，在齊東縣東南四十里）西北，去縣八十里。蒲臺縣（今縣）西南，去縣七十五里。下游入海，流程不詳。

厭次　元和志一七棣州治厭次縣，「黃河在縣南三里。」寰宇記六四，同。按棣州今地，各家之說不同。一統志武定府卷古蹟目厭次故城條引舊志，厭次自古凡六徙，述次甚詳，但未言唐之厭次究在後代何處。紀要三一武定州厭次廢縣條，今州治。下文又引城邑考，「唐棣州城在今州東南六十里，五代梁華盛琪爲刺史，苦河水爲害，南徙十餘里。……宋李仕衡……復以州治洿下，徙州西北七十里。……今州治即仕衡所移也。」武定即今惠民縣。岑書又云今惠民縣南七十里。古今地名辭典云在惠民縣南十里。皆不知所據。今檢元和志記棣州西南至德州（今陵縣）二百四十里，南至淄州（今淄川縣）二百一十里，正北微西至滄州（今滄縣東南四十里）二百五十里，西南至齊州（今濟南）二百五十里，東北至大海二百里。參通典一八〇，略同。元和志又記蒲臺縣（今縣）西北至棣州七十五里。據此諸方面里距，棣州正當在今惠民縣附近，不能在其南太遠，恐六七十里之說未可信。

鄒平　元和志一一淄州鄒平縣，「黃河西北，去縣八十里。」寰宇記一九淄州鄒平縣，「黃河西北自齊州臨濟縣東流入，經縣西北，去縣八十里。」

蒲臺　元和志一七棣州蒲臺縣，「黃河西南去縣七十五里。」寰宇記六四濱州蒲臺縣，惟少「五」字。此下河床所經不詳，姑以地屬河北道論之，河當經縣南。

然乾元以後，河流改道，逕棣州之北，故賈耽謂棣州宜隸河南，寰宇記亦稱舊黃河逕渤海縣（今濱縣）西北，去縣六十里也。至唐末景福二年（西元八九三）河又改道，蓋復南行故道歟？

權德輿貞元十道錄序（全唐文四九三），「魏公……考迹其疆理，以正謬誤……樂安自乾元後，河流改故道，宜隸河南。」樂安郡即棣州。是乾元以前，河水逕棣州之南，故屬河北道，至乾元改道乃流經棣州之北。而元和志所記則仍改道前之河道也。復考寰宇記六四濱州渤海縣，「舊黃河在縣西北六十里，景福二年後，河水移道，今枯。」按渤海，元和志爲棣州屬縣，在州東七十里。此段黃河至唐末景福二年始因改道而枯，就其方向里距言，似即乾元後所改之新道，或其一段。至景福又復改道。蓋仍南行略如乾元以前之故道歟？楊氏唐書地理志圖，繪黃河於棣州厭次與渤海兩縣之南，而於兩縣之間，繪一支，東北出，逕渤海縣之西北境，云「景福二年河改從北行」。檢岑書唐代河患目（頁三二一）亦是此意。且本之胡氏錐指。是皆不但未讀權德輿貞元十道錄序，且未會寰宇記之本意。

〔附記〕　舊唐書二〇下哀帝紀，天祐三年四月「戊申，魏博羅紹威奏：臣當管博州聊城縣、武陽、莘縣、武水、博平、高堂等五縣，皆於黃河東岸，其鄉村百姓渡河輸稅不便，與天平軍管界接連，請割屬鄆。從之。」按此時只在朱全忠篡唐前一年，鄆州天平軍由全忠兼領，羅紹威顯然受全忠壓力，故割河東之地以屬鄆。惟此文有欠明晰，因此可有兩種解釋。第一解，聊城縣及武陽（即朝城）等五縣，凡六縣皆在大河之東。第二解，此六縣皆有鄉村在大河東岸。前考黃河本流逕此諸縣之東南，若第一解爲正，則此前不久黃河曾有一次大決，徙道逕此諸縣之西。此爲一次大遷徙，但史無可考。若第二解爲正，則此文欠醒。或者「其鄉村」當作「有鄉村」斷句。以意度之，第二解似爲長。蓋鄉村輸稅，例送縣城，若其時此諸縣城果在河東，則鄉村輸稅固無不便也。且聊城即博州治所，若並聊城亦在河東，割屬鄆州，則博州已難自立矣。惟究當作何解釋，仍不能斷。好在此事只在唐亡前一年，姑置不論。

一九八三年五月十六日初稿，六月二十二日增訂畢。
一九八五年八月一日繪圖時更訂。

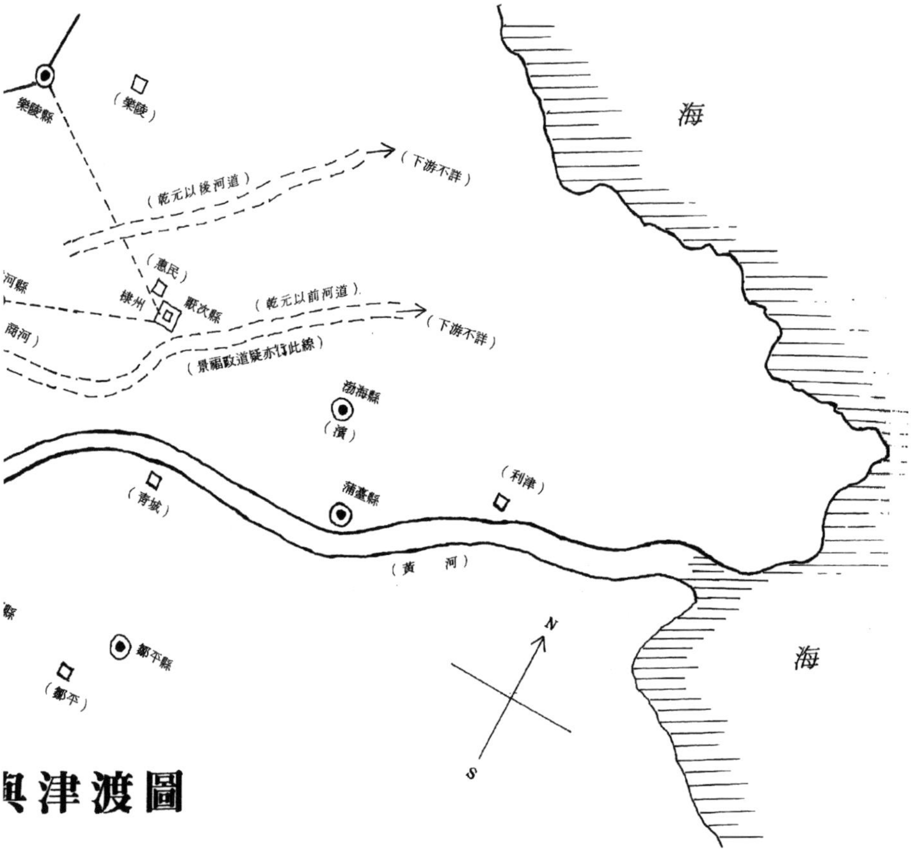

編按：原圖修復放大見圖錄冊，圖版二十二

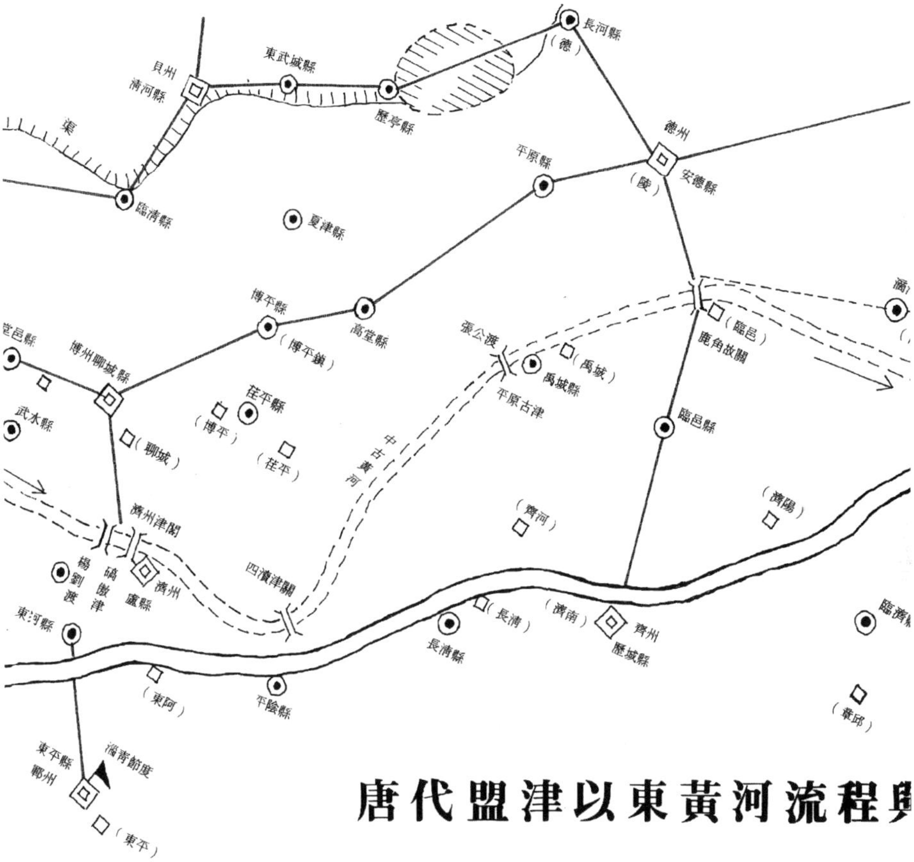

唐代盟津以東黃河流程與

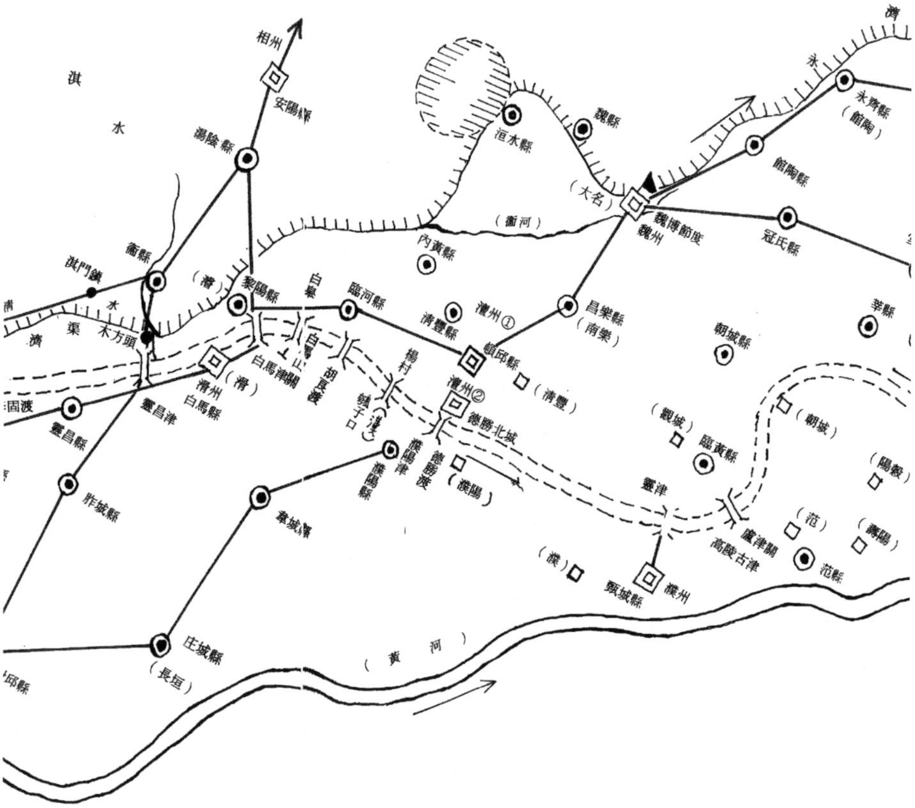
相州
安陽縣
淇
水
湯陰縣
衛縣
淇門鎮
（濬）
黎陽縣
木方頭
濟
渠
滑州
（滑）
白馬縣
白馬津
靈昌津
靈昌縣
胙城縣
韋城縣
庄城縣
（長垣）
臨河縣
內黃縣
澶州①
清豐縣
頓邱縣
澶州②
德勝北城
德勝渡
濮陽津
濮陽縣
（濮陽）
楊村
胡良渡
昌樂縣
（南樂）
魏縣
洹水縣
（大名）
魏博節度
魏州
（衛河）
館陶縣
永濟縣
（館陶）
冠氏縣
朝城縣
莘縣
（清豐）
（觀城）
臨黃縣
（朝城）
（陽穀）
靈津
盧津關
高陵古津
（范）
范縣
（壽張）
（濮）
甄城縣
濮州
（黃河）

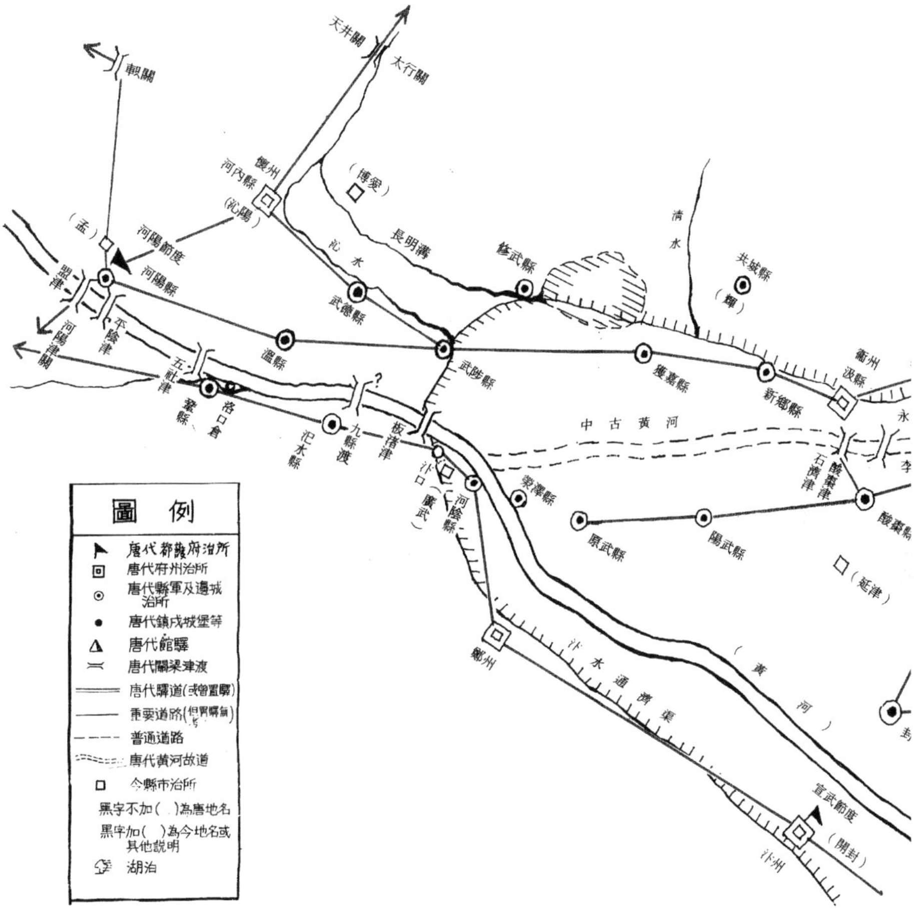
軹關
天井關
太行關
懷州
河內縣
（沁陽）
（博愛）
（孟）
河陽節度
河陽縣
盟津
河陽津關
平陰津
沁水
長明溝
修武縣
武德縣
清水
共城縣
（輝）
溫縣
武陟縣
獲嘉縣
新鄉縣
衛州
汲縣
五社津
鞏縣
洛口倉
汜水縣
九縣渡
板渚津
中古黃河
汴口
（廣武）
河陰縣
滎澤縣
原武縣
陽武縣
石濟津
酸棗津
（延津）
鄭州
汴水通濟渠
（黃河）
宣武節度
（開封）
汴州
圖例
唐代都護府治所
唐代府州治所
唐代縣軍及邊城治所
唐代鎮戍城堡等
唐代館驛
唐代關梁津渡
唐代驛道（或曾置驛）
重要道路
普通道路
唐代黃河故道
今縣市治所
黑字不加（ ）為唐地名
黑字加（ ）為今地名或其他說明
湖泊

元代蒙古人漢化問題及其漢化之程度

柳存仁

一、論元代蒙古人之生活習尚

宋金之際蒙古民族崛起大漠，滅金破宋，除版圖遼闊聲震歐亞外，中國本土爲其征服控制者幾至百年，建國號曰元。然其建國之基礎基本的爲一遊牧部落民族，其思想、信仰、風俗、習慣無一不與城市鄉鎮建制區畫之中國異，更無論其文化優劣高下之異同。職是之故，中國本部人民所受之創痕實深且巨。百年間固非甚短之時期，其事有可得而論者，不止一端。

一民族有一民族之精神信仰及崇尚，此即在初民原始社會即已肇其端倪。蒙古遊牧民族當時之基本信仰（指其未受西藏佛教及中國儒術之薰陶之前），則爲今日學者所謂在西伯利亞及烏拉爾·阿爾泰山脈地區人民所習聞之薩滿教（Shamanism），中國古代之所謂巫覡之活動是也。遼、金及後世滿洲之信仰亦有與之相類者，今姑先據史册所載，試勾稽其特點如次：

薩滿教之巫覡能「視鬼」，爲常人所不能。元史卷七十二祭祀志一，曾批評元代之君主不甚重視中國宗廟祭祀禮節中所謂郊廟之儀，以爲其所以畸輕畸重之故，除「道、釋禱祠薦禳之盛，竭生民之力以營寺宇者前代所未有」之外，更因「北陲之俗，敬天而畏鬼，其巫祝每以爲能親見所祭者而知其喜怒，故天子非有察于幽明之故，禮俗之辨，則未能親格。豈其然歟？」其言甚婉。祭祀志一又言「元之五禮，皆以國俗行之，惟祭祀稍稽諸古。」所謂「稽諸古」者，即受中國傳統的儒教禮制之影響，然其影響實甚少。祭祀「蓋參以國禮」，國禮即蒙古薩滿教之舊俗也。

例如南郊，元代亦「親祀昊天上帝於南郊，以太祖配」，惟「自世祖混一六合至文宗凡七世，而南郊親祀之禮始克舉焉」（祭祀志一），似能集事矣。然南郊所用之祭品，依傳統之體制，如宋史卷九十九禮志二所載，惟薦三牲。而元代之告謝，冬至，則純色馬、蒼犢、羊、鹿、野豕並用，甚且用兔。史稱「其犧牲品物香酒，皆參用國禮而豐約不同」，其實，則遊牧生活所習見之獵物固皆此類，習焉不察，雖欲强合兩種文化之禮俗於一是，猶病未能。元史卷七十四祭祀三更載其他「牲齊庶品」，言至元十七年（一二八〇）「始用沅州麻陽縣包茅、天鵝、野馬、塔剌不花（原注：其狀如獾）、野雞、鶬、黃羊、胡寨兒（原注：其狀如鳩）、湩乳、葡萄酒，以國禮割奠，皆列室用之。」直是草原上之野餐大會。

馬湩即馬乳，爲蒙古之一種貴重飲料。祭祀三云：

凡大祭祀，尤重馬湩。將有事，勑太僕司挏馬官奉尚飲者革囊盛送焉。其馬牲既與三牲同登于俎，而割奠之饌，復與籩豆俱設。將奠牲盤，酹馬湩，則蒙古太祝升詣第一座，呼帝后神諱以致祭年月日，數牲齊品物，致其祝語。以次詣列室，皆如之。禮畢，則以割奠之餘撒於南櫺星門外，名曰拋撒茶飯。蓋以國禮行事，尤其所重也。

卷七十四、七十五他處，並有相似之記載。卷七十四祭祀三又云：

其祖宗祭享之禮，割牲，奠馬湩，以蒙古巫祝致辭，蓋國俗也。

元史卷三憲宗紀，憲宗七月丁巳（一二五七）：

秋，駐蹕準諾爾，釃馬乳祭天。（新元史卷六作駐蹕於軍腦兒，餘相同。）

馬湩又爲一般飲料。元史卷一六三趙炳傳記至元十六年（一二七九）秋炳自關西還京，世祖「飲以上尊馬湩」（新元史卷一六七）。元史卷一一六后妃，記世祖皇太子眞金之妃伯藍也怯赤未嫁太子之前：

先是，世祖出田獵，道渴，至一帳房，見一女子緝駝茸。世祖從覓馬湩。女子曰：「馬湩有之，但我父母諸兄皆不在，我女子，難以與汝。」世祖欲去之，女子又曰：「我獨居此，汝自來自去，於理不宜。我父母即歸，姑待之。」須臾，果歸，出馬湩飲世祖。世祖既去，歎息曰：「得此等女子爲人家婦，豈不美耶？」後與諸臣謀擇太子妃，世祖俱不允。有一老臣嘗知向者之言，知其未許嫁，言于世祖。世祖大喜，納爲太子妃。（參看新元史卷一〇四徽仁裕聖皇后傳）

此處所言帳房，即今言之蒙古包。眞金太子早逝，但生前較共中國儒士（如姚樞、竇默、王恂等人）接近，故此處所述眞金妃之故事或者不無藻飾，饒有中國史書色彩。按眞金妃弘吉剌氏，亦出蒙古望族，其所居必非尋常帳幕，蓋所謂行幄也。惟世祖忽必烈喜飲馬湩，則仍可於元史他處記載證之。卷一六八許國禎傳言國禎精於醫術：

世祖過飮馬湩，得足疾。國禎進藥，味苦，却不服。

馬湩者生時則人嗜飲之，死則用爲祭享。卷七十二祭祀一又言世祖中統二年（一二六一）四月，「躬祀天於舊桓州之西北，灑馬湩以爲禮。皇族之外無得而與，皆如其初。」卷一百二十二昔兒吉思傳言「昔兒吉思之妻爲皇子乳母，於是皇太后待以家人之禮，得同飲白馬湩。時朝廷舊典白馬湩非宗戚貴冑不得飲也。」昔兒吉思妻唆火台本爲拖雷（太祖第四子，太宗母弟）侍女，皇子即世祖也，故傳又言「世祖尤愛之」。飲馬湩即或爲一般飲料，然灑馬湩則與薩滿教之宗教行事有密切關係，可無庸置疑。①

宗教信仰莫不知祈禱，祈禱而欲知神意預示，則有占卜。薩滿之信仰亦如之。元史卷三憲宗紀云：

> 〔憲宗〕酷信巫覡卜筮之術，凡行事必謹叩之，殆無虛日，終不自厭也。

如在軍中，或燒羊胛骨以卜。太祖成吉斯汗，拖雷（憲宗時追謚廟號曰睿宗）皆擅長爲之。元史卷一四九郭寶玉傳附郭德海傳云：

> 〔太宗三年，一二三一〕辛卯春正月，睿宗軍自洛陽來，會于三峯山。金人溝地立軍圍之。睿宗令軍中祈雪，又燒羊胛骨卜，得吉兆。

卷一四六耶律楚材傳云：

> 帝（按，太祖）每征討，必命楚材卜。帝亦自灼羊髀以相符。②

求其相符，必耶律楚材之卜法別有不同。楚材傳又言太宗十三年辛丑「冬十一月四日，帝將出獵，楚材以太乙數推之，極言其不可」，可爲一證。太乙數爲漢代以來術數家衍歷數之書，用以占內外災禍水旱兵喪饑饉疾疫，甚至窺歷世之治亂興亡之端倪者。唐開元時王希明有太乙金鏡式經，頗參古法，北宋時人又多增益。李燾續資治通鑑長編言西夏主元昊通蕃漢文字，嘗推太乙金鑑，足見其爲關心治術操德刑二柄者之所究心。耶律楚材生爲契丹貴冑之裔，然三世俱嘗仕金。其佐元太祖太宗，廷爭力諫，言與涕俱，即太宗亦謂其爲「欲爲百姓哭」者。觀於其太祖十九年甲申（一二二四）在東印度假異獸（名角端）之言好生惡殺勸太祖班師，則知太乙數之運用，或有如傳所謂自貶損以行權者矣。

巫覡所奉之神，未知其名，史傳亦稱其爲「蒙古巫者所奉神」，如元史卷三十五文宗紀四，至順二年（一三三一）正月乙巳「封蒙古巫者所奉神爲靈感昭應護國忠順王，號其廟曰靈祐，給衞士萬人，歲例鈔人八十錠，內以他物及粟折五之一」③。以一廟而給衞士萬人，似令人駭異。惟究其原，則神靈之有護衞，固先由於祖宗宗廟之有護衞，而宗廟之護衞，則又由於生時以行幄爲殿堂之遊牧部落之建制使之然也。如卷二十九泰定帝紀一，泰定二年（一三二五）「六月，己卯朔皇子生，命巫祓除于宮」（新元史卷十九言皇子小薛生，但未及祓除事）。此有甍棟之殿宇也。然七月「庚戌，遣阿失伯祀宅神于北部行幄」，則其神又必祀於蒙古包中無疑。以生人之行事例之，則吾人於元史卷二〇四宦者傳言元代「亂亡之所由，而初不自奄人出」又可略徵其痕迹：

> 太祖選貴臣子弟給事內廷，凡飲食冠服書記上所常御者，各以其職典之，而命四大功臣世爲之長，號四集賽。故天子前後左右，皆世家大臣及其子孫之生而貴者。

此又可證之於卷九十九兵志二，宿衞一節所敍述：

> 方太祖時，以木華黎、赤老溫、博爾忽、博爾朮爲四怯薛，領怯薛歹，分番宿衞。

怯薛者，猶言番直宿衞也。兵志二續云：「其它預怯薛之職而居禁近者，分冠服弓矢食飲文史車馬廬帳府庫醫藥卜祝之事，悉世守之。雖以材能受任使，服官政，貴盛之極，然一日歸至內庭，則執其事如故，至於子孫無改。非甚親信不得預也。」

此廬帳蓋即遊牧部落領袖大酋集中辦公之核心，蒙古巫覡固亦居其禁近。其他近支之人，即或不同宿幄內，亦必聚族而居即在附近之蒙古包中，以收羽翼拱衞守望相助之效。兵志二又言「然四怯薛歹自太祖以後，累朝所御斡耳朶其宿衞未嘗廢。是故一朝有一朝之怯薛，總而計之，其數滋多。每歲所賜鈔帑，動以億萬計」。此惟遊牧部落始有此現象也。

元史卷三十五文宗紀四，至順二年正月又言「國制：累朝行帳設衞士，給事如在位時。近嘗汰其冗濫，武宗仁宗兩朝各定爲八百人，英宗七百人……」，新元史文字差同④。然上一年八月，「中書省樞密院御史臺言：「臣等比奉旨裁省衞士。今定大內宿衞之士每宿衞不過四百人，累朝宿衞之士各不過二百人，…… 四怯薛當留者各百人」……，制可」，兩處記載相隔不過百餘日，所述未免牴牾。四怯薛即四宿衞，上下文變用其名稱，所謂「當留者各百人」，指「舊給事人有失職者詔復其百人」（此上引至順二年正月一段文字……未引之下文），其事不難了解。然累朝宿衞之士初則定各二百人，後又益爲七、八百。而本紀同年（至順二年）二月，又載「丙寅，以太祖四大行帳世留朔方不遷者，其馬駝孳畜多死損，發鈔萬錠，命內史府市以給之。……庚午，給宿衞士歲例鈔，詔毋出定額萬人之外。」此處之宿衞士不知其僅指大內宿衞之士，或累朝宿衞之士，抑所指爲兩者之總和，然以常理衡之，無論如何不至萬人。然據詔書所言，似其實數或竟不止萬人者。元史卷三十三，文宗紀二，天曆二年（一三二九）二月，「壬子，命有司造行在帳殿」；同年四月，「賜衞士萬三千人鈔，人八十錠。四番衞士舊以萬人爲率，至是增三千人」。此事在至順二年正月之前僅約兩年。然則兩年之後至順二年二月詔所謂「毋出定額萬人之外」者大約仍指大內之四宿衞，則所謂裁省之詔，形同虛話，何況更有累朝所御斡耳朶之宿衞，各處蒙古巫者所奉之神廟之宿衞，以及其他行幄帳殿新舊之立，其制彌紊，其事彌繁，而史傳所得而勾稽者纔其二三。

孟子滕文公上云「飽食煖衣，逸居而無教，則近於禽獸」，此指中國古代洪荒世界之獷悍生活而言。遊牧部落時代之蒙古族視此差勝，然亦限制於部落社會逐水草而居之生活習慣，與夫氈幕中長幼尊卑之同居共處，即使在稍漢化部分地接受中國傳統教化之融陶若干年之後，其帝室貴冑及若干掌權者男女關係之不依通常一般文明社會之禮俗，恬不爲怪，亦幾至於駭人聽聞。然此或正其遊牧部族社會之禮俗也。甚至由大漠入主中原，遷入城市鄉鎮建制之中國本部，統治者驕恣自適，上無道揆，此在中國歷朝幽闇荒淫之主亦復有之，而風氣所及，淫亂之外，又復至於立法則剝皮封肉罪及妻孥，攻掠則屠城越貨剽奪無忌，斯益爲歷史上人類之浩劫，史無前例，而遠近聞之者亦爲之怵目驚心者矣。其倫常之錯亂，足爲今日研究社會學人類學之資料者，可於下舉諸例證之：

元史卷三十，泰定帝紀二，三年（一三二六）六月，「己亥，納皇姊壽寧公主女撒答八剌于中宮」。

元史卷一〇六后妃表，撒答八剌、撒答巴剌之名凡兩見，皆帝姊壽寧公主女。同表，太祖之皇后自大斡耳朵至第四斡耳朵各有多名，世祖之情形與之相似而稍殺。史臣云「其居則有曰斡耳朵之分，沒復有繼承守宮之法。位號之淆，名分之瀆，則亦甚矣。累朝常詔有司修后妃傳而未見成書，內廷事秘，今莫之考。則其氏名之僅見簡牘者，尚可遺而不錄乎？」則所遺漏者必多，尚難分究其身分關係也。⑤

新元史卷一一五特薛禪傳，叙納陳之子斡羅陳以父死「襲萬戶，尚完澤公主。公主卒，繼尚囊家眞公主。……斡羅陳爲〔其弟〕只兒瓦台所殺。……斡羅陳又一弟曰帖木兒，繼尚囊家眞公主，至元十八年襲萬戶。二十四年乃顏叛，從車駕親征。……明年，從成宗及玉昔帖木兒討哈丹禿魯干，……卒，葬末懷禿，子桑哥不剌幼。至元二十七年，以其弟蠻子台襲萬戶，亦尙囊家眞公主。

此處所謂「其弟」指帖木兒之弟。元史卷一一八文字大致與此處所引同，惟漏去帖木兒繼尙囊家眞（按，作囊加眞）公主事，亦無斡羅陳爲另一弟只兒瓦台所殺一節。按，至元十四年（一二七七）只兒瓦台叛，挾斡羅陳北去，並竊太祖所賜誓劵，俱見新元史此傳，皆舊史所無。疑帖木兒繼尙囊家眞公主事亦舊史漏載。囊家眞據新元史則嫁兄弟三人，據舊史則嫁二人。此亦漢人尙禮法者所未聞。蒙古人收兄嫂，亦所謂國俗也。

元史卷一一八孛禿傳言，孛禿先娶太祖之妹帖木倫，帖木倫薨，復娶太祖之女火臣別吉。同傳附忽憐傳云「忽憐尙憲宗女伯牙魯罕公主。後脫黑帖木兒叛，世祖命忽憐與失列及等討之。大戰終日，脫黑帖木兒敗走，帝嘉之，復令尙憲宗孫女不蘭奚公主」，如斯之例，胥不能用中國禮法衡之。

妻女姊妹亦可以獻人。如元史卷十二，世祖紀九，至元十九年（一二八二）四月「丙辰，敕以妻女姊妹獻阿合馬得仕者黜之」，蓋阿合馬於是年上一月爲人以銅鎚狙擊斃命，死後追究其姦，因有是敕。否則，以妻女姊妹獻人，是否亦屬於合法的貢獻禮物之一種，實難質言。蓋元代初年實嘗公開提倡饋獻，其時人命賤於雞犬豕，女性之地位恐亦未必高於貨財也。

既乖倫常，賄賂又盛，居高位貴寵一時驕奢淫逸罔顧綱常者實繁有徒，而其事概可以武宗時寵拔多時，又曾兩次迎立文宗，戰功赫赫之燕鐵木兒之淫亂事蹟，作一具體之例證。元史卷一三八燕鐵木兒傳云：

燕鐵木兒自秉大權以來，挾震主之威，肆意無忌。一宴或宰十三馬。取泰定帝后爲夫人，前後尙宗室之女四十人，或有交禮三日遽遣歸者。而後房充斥，不能盡識。一日，宴趙世延家，男女列坐，名鴛鴦會。見座隅一婦，色甚麗。問曰：「此爲誰？」意欲與俱歸。左右曰：「此太師家人也！」至是荒淫日甚，體羸溺血而薨。（參看新元史卷一七九土土哈傳附燕鐵木兒傳）

按，元史卷一一四后妃傳，泰定后僅八不罕一人，爲弘吉剌氏，按陳之孫斡留察兒之女。另有妃二人，「一曰必罕，一曰速哥答里，皆弘吉剌氏，兗王買住罕之女也。文宗天曆初俱安置東安州」。按，按陳係特薛禪三子中之長子，事蹟略見新元史卷一一五（元史卷一一八），斡留察兒之名惟見后妃傳。據元史卷一〇六后妃表則泰定之后自八不罕以降共十一人，撒答八剌等已見前文，八不罕皇后則言爲兗王買住罕之女，與后妃傳所云爲斡留察兒之女之說異。兩妃必罕及速哥答里，后妃表皆言係皇后八不罕之妹，又與后妃傳言二人爲買住罕之女之說同。后妃嬪燕鐵木兒者不知何人，但兩妃既經在文宗即位後安置，或非爲燕鐵木兒所納，餘人則仍有可能。燕鐵木兒因荒淫而至於體羸流血以死，直開後世金瓶梅小說西門慶血盡而亡敘述之先河。

古之言仁政者恒言罪人不孥，元世之刑政則適得其反。元史卷十二世祖紀九，至元十九年（一二八二）十一月戊寅，耶律鑄言：

前奉詔殺人者死，仍徵燒埋銀五十兩。後止徵鈔二錠，其事太輕。臣等議依蒙古人例，犯者沒一女入仇家，無女者徵鈔四錠，從之。（新元史卷一〇三刑法志燒埋銀作二十兩，非五十。）

耶律鑄爲楚材之子。新元史刑法志此條之前，載同一年和禮和孫（按，即和禮霍孫）言「敢以匿名書告事，重者處死，輕者流遠方。能發其事者給犯人妻子，仍以鈔賞之」，詔從之。則以犯人妻子給人，或沒女入仇家，其例甚多，或尚不始自此時。其事之慘，實有堪令人髮指者。如元史卷三十二文宗紀一，天曆元年（一三二八）十月（此時王禪在上都，共大都之間有爭皇位性質之內戰）：

燕鐵木兒引兵至通州，擊遼東軍，敗之，皆渡潞水走。遣脫脫木兒等將兵四千西援紫荊關；調江浙兵萬人西禦潼關。紫荊關潰卒南走保定，因肆剽掠。同知路事阿里沙及故平章張珪子武昌萬戶景武等率民持梃擊死數百人。……壬辰，也先捏以軍至保定，殺阿里沙等及張景武兄弟五人，並取其家貲。

是月，詔遂「以張珪女歸也先捏」。按，此即妻孥奉詔沒入仇家之一例。元初張柔即張弘略、弘範之父，張珪為其孫，景武等為其曾孫。柔及弘範等在元初曾建殊勛。今第言抗暴一事，張景武等率民衆抵抗亂兵，旨在保護人民生命財產，實不當論為有罪。故當時御史臺臣即曾婉轉諷諫：

近北兵奪紫荊關，官兵潰走掠保定之民。本路官與故平章張珪子景武五人率其民擊官軍死，也先捏不俟奏聞，輒擅殺官吏及珪五子。珪父祖三世為國勳臣，設使珪子有罪，珪之妻女又何罪焉？今既籍其家，又以其女妻也先捏，誠非國家待遇勳臣之意。（同卷）

丙午，「中書省臣言凡有罪者既籍其家貲，又沒其妻子，非古者罪人不孥之意。今後請勿沒人妻子」。文宗皆可其議，於張珪女事，並「命中書革正之」；實皆表面文章。何以言之？同卷十二月，「御史臺臣言：『也先捏將兵，所至擅殺官吏，俘掠子女貨財。』詔刑部鞫之，籍其家，杖一百七，竄于南寧。命其妻歸父母家。」此處所言也先捏妻固未敢斷其必為張珪之女，而罪人不孥之旨，證以下端所舉諸例，疑又未嘗實行。元史卷三十三文宗紀二，天曆二年正月：

中書省臣言：「近籍沒欽察家，其子年十六，請令與其母同居。仍請繼今臣僚有罪致籍沒者，其妻其子他人不得陳乞，亦不得沒爲官口。」從之。

欽察參與上都諸王及用事臣兵犯京畿被殺，事在泰定四年（一三二七）八月，泰定已崩，文宗尚未入京師之前，見上卷文宗紀一。天曆二年六月，「辛亥，陝西行臺御史孔思迪言：『人倫之中，夫婦爲重。比見內外大臣得罪就刑者，其妻妾即斷付他人，似與國朝旌表貞節之旨不侔，夫亡終制之令相反。況以失節之婦配有功之人，又與前賢所謂娶失節者以配身是已失節之意不同。今後凡負國之臣籍沒奴婢財產，不必罪其妻子。當典刑者則孥戮之，不必斷付他人。庶使婦人均得守節，請著爲令。』」（卷三十三）思迪之奏無下文，新元史卷二十一直未錄此奏，大約以其僅有奏議，實未收行政上之成效也。此類情形，大約延綿至元代之末，反對之意見亦未嘗有實際上拘束之能力，至多禁者自禁，行者自行而已。此至順帝時猶然。元史卷一八七逯魯曾傳云：

〔魯曾〕除樞密院都事，上言「前伯顏專殺大臣，其黨利其妻女，巧誣以罪。今大小官及諸人有罪止坐其身，不得籍其妻女。郯王爲伯顏構陷，妻女流離，當雪其無辜，給復子孫。」從之。

郯王即徹徹禿，至順二年（一三三一）由武寧王進封，見元史卷一○八諸王表。其賜死在順帝至元五年（一三三九），見元史卷一三八伯顏傳，新元史卷一一二玉龍答失傳，惟伯顏傳作徹徹篤。奪人妻女或沒入仇家本遊牧部落舊俗，古人言食色性也，況又益之以利藪之所在，宜其無從禁絕。

蒙古軍屠城之事，中外史籍載之纍纍。其旨則元史卷一四六、新元史卷一二七耶律楚材傳云：

國制：凡攻城，城中一發矢石，即爲拒命。既克，必屠之。

此爲屠城之不成理由之理由。自元史中舉例，如：

〔太祖十四年（一二一九）秋〕，穆呼哩克嵒、嵐、吉、隰等州，進攻絳州。拔其城，屠之。（元史卷一，太祖紀。新元史卷三，同年十一月，「木華黎克晉安府，屠之。」）

〔至元十年（一二七三）正月〕，遂破樊城，屠之。（卷一六一，劉整傳。卷八世祖紀五，僅云「阿里海牙等大攻樊城，拔之」。卷一二八阿朮傳謂破樊城在至元九年十二月，並可參。）

遊牧民族文化程度較遜者，每攻拔一城，必擄工匠，而匠人亦因此得全活。如元史卷一六三張雄飛傳言「國兵屠許（按，指許州，此在蒙古與金交戰時期），惟工匠得免。有田姓者，〔雄飛父〕琮故吏也，自稱能爲弓，因詐以雄飛及〔琮之妾〕李氏爲家人，由是獲全」。卷二〇三方技傳附工藝言渾源人孫威善造甲，嘗製蹄筋翎根鎧以獻，太祖親射之，不能穿，於是得幸。威「每從戰伐，恐民有橫被屠戮者，輒以蒐簡工匠爲言而全活之」，皆其例。其不以智取惟力諫乞止殺者，則或得免或否。元史一四八嚴實傳言「初彰德既下，又破水柵。帶孫（按，帶孫爲木華黎之弟，太祖二十年乙酉（一二二五）帶孫攻下彰德。新元史卷一二〇帶孫有傳，附木華黎傳下）怒其反覆，驅老幼數萬欲屠之。實曰：『此國家舊民，吾兵力不能及，爲所脅從，果何罪耶？』帶孫從之。繼破濮州，復欲屠之。實言『百姓未嘗敵我，豈可與執兵刃者同戮？不若留之，以供芻秣。』濮人免者又數萬。其後於曹、楚丘、定陶、上黨皆然」。執兵刃者即敵人，雖降亦死，然殺百姓何意？舍鐵騎縱橫耀武揚威滿足其勝利者驕縱之心理外，則元史卷一六三李德輝傳德輝所言「利其剽奪而快心於屠城也！」卷一五八姚樞傳：「太宗歲乙未（七年，一二三五）南伐，詔樞從〔楊〕惟中即軍中求儒道釋醫卜者。會破棗陽，主將將盡坑之。樞力辯非詔書意，他日何以復命？乃蹙數人逃入篁竹中脫死」，則其情固可憫，然其效實亦甚微。惟此役姚樞得救援趙復北歸，使程、朱理學在北方得以流傳，在儒教發展史中為一大事，姚公茂之所獲亦可謂甚大⑥。烏古孫澤係女眞人，至元十四年（一二七七）隨元帥唆都收福州，進攻興化，拔之。元史卷一六三烏古孫澤傳云：

唆都怒其民反覆，下令屠城。澤屢諫不聽，復言說曰：「〔張〕世傑不虞我軍遽至，方急攻泉州，謀固其植。我新得泉州，民志未固，旦暮且失守。比我定興化，整兵而南，彼樹植將日固矣。莫若開其遺民，使走泉南扇動之。世傑將膽落而走，是我不戰而完泉州，捷於吾兵之馳救也。」唆都喜，開南門縱民去，因得脫死者甚衆。

烏古孫澤固是金遺民，其勸唆都雖以智取，所言蓋亦謀略中之可從者；故唆都然之。若言如今人之所謂人道主義，惟身歷其境者始知亂世流離遭遇之慘苦，亦惟身歷其境者始知拯溺之當亟。史籍所錄，僅不過其緒餘耳。

以上愚略述元代蒙古人之生活習尚，由巫覡之信奉而神道設教，奠定其後容易接受西藏佛教信仰之基礎。由於其以氈幕行幄為殿堂，遊獵成習部落羣居之生活，而容易有倫常越軌而不知制限之習慣。又以騎兵縱橫，殘民以逞，殺人盈城，則不惟不知禮法，抑且不知保民而王，終蹈馬上得之而不能馬上治之弊。雖然，此遊牧部落民族僅有積威暴力而不知如何統馭其所征服之土地與民衆之結果也。元史於蒙古之二三明主，如世祖、仁宗之屬，仍不無褒辭者，則以其嘗側席儒術，針對現實，在某種程度上不無傾心漢化之故。一究其實，則元代之整個統治階層，包括其較開明之世祖忽必烈在內，縈繞其腦中之基本意識，仍不外天蒼蒼，野茫茫，風吹草低見牛羊之境，與夫盤馬關矢射蒼鶻之能而已！在此之上而曰能稍知民瘼者，十不得一，亦往往一曝十寒。至言其能在政治上對整個征服後之局勢作長治久安之打算者，蔑如也！此無他，遊牧文化與城市鄉鎮文化之格格不入是也。愚嘗細覈元史所見君臣間之對話，頗有可爲愚此說作佐證者，姑以世祖、武宗時一二事實之：

盧世榮者，史所謂言財利之臣也，元史入卷二〇五姦臣傳（新元史卷二二三云「盧懋，字世榮，以字行」）。世榮嘗奏事世祖之前，云：

「臣之行事，多爲人所怨、後必有譖臣者，臣實懼焉。請先言之。」世祖曰：「汝言皆是。惟欲無人言者，安有是理？汝無防，朕飲食起居間，可自爲防。疾足之犬，狐不愛焉，主人豈不愛之？汝之所行，朕自愛也。彼姦僞者，則不愛耳！汝之職分既定，其毋以一二人從行，亦當謹衞門戶。」遂諭丞相安圖增其從人。

此處文字從元史，新元史略有刪節。安圖即安童。此一段文字雖易明瞭，然紀錄仍病其過簡。衡之以下半諭安童爲世榮增其從人之言，則上文所言「汝無防」者，猶言「你不要害怕，〔我會保護你〕，我自己起居飲食之間，也會自己防衞」⑦，是則世榮所隱慮者尚不止譖言而已。安童雖任中書右丞相多年，其在內廷之另一職使則爲領宿衞，至至元三十年（一二九三）正月安童病歿，其子兀都帶即襲長宿衞。此猶蒙古部落時舊風。安童年纔十三時即爲世祖召入長宿衞，蓋安童爲霸突魯之長子，而木華黎之四世孫⑧，其先世皆有舊勳也。觀乎世祖答世榮之語，其以犬狐視大臣，猶是狩獵馳馬射箭者之故態。元史卷一二六安童傳，至元「四年（一二六七）三月，安童奏內外官須用老成人，宜令儒臣姚樞等入省議事」，世祖則答以「此輩雖閒，猶當優養，其令入省議事」。由是觀之，元史卷十七世祖紀十四，史臣之贊語謂其能「以夏變夷」，得無有增飾之美？頰上添毫，似皆不及此處一二語之傳神也。元史卷一七三崔彧傳，彧諫世祖暫勿拘刷水手及造海船及緩東征：

世祖以爲不切。曰：「爾之所言如射然，挽弓雖可觀，發矢則非是矣。」⑨

崔彧係弘州人（弘州在今山西，爲遼、金故地），當係當時所謂漢人，且有小字拜帖木兒，宜其稍知統治者之氣質與心理矣，而其言與世祖之意旨圓鑿方枘如是。

元史卷一一七禿剌傳言禿剌爲察合台四世孫，於大德十年（按，當作十一年，一三〇七）成宗崩後，左丞相阿忽台等潛謀立安西王、中外洶洶之際，嘗佐仁宗（武宗之弟）定亂。武宗即位後，禿剌以功封越王，並以紹興路爲其封地⑩。然禿剌仍不滿意。本傳言其：

居常怏怏，有怨望意。至大元年（一三〇八）秋，武宗幸涼亭，將御舟，禿剌前止之。帝曰：「爾何如？朕欲登舟。」禿剌曰：「人有常言：『一箭中麋，毋曰自能；百兔未得，未可遽止。』」此蓋國俗儕輩相靳之語，而禿剌言之。武宗由是銜焉。……

所謂國俗相靳之語，所言原文必係蒙古口語白話。其所以表現遊牧勇士暴戾恣睢之態，固亦情見乎辭。以上所舉世祖及禿剌之言語，皆君臣談吐不假修飾自然流露而偶識於史册者。除此之外，餘如泰定帝之白話即位詔書（元史卷二十九泰定帝紀一），後至元六年（一三四〇）順帝自上都答御史請行告廟祭祀之「俟到大都親自祭也」之詔（卷七十七祭祀志「至正親祀太廟」條），皆可謂不文已甚，然皆錄入正式官牘。此種粗獷質野之作風，上行下效，其言不雅馴之情態又可見諸百年間若干文武羣僚之名諱。如以漢人南人縉紳之仕版衡之，其類似音譯之失，旨在傳眞者，如你咱馬丁（元史卷二十七英宗紀一，河南行省參知政事），公主不答昔你（卷三十泰定帝紀二）之類，可以無論矣。然如醜驢答剌罕（卷二十六仁宗紀三，安遠王），黑驢（同卷，江浙行省丞相），張驢（卷二十五仁宗紀二，中書平章），買驢（卷二十七英宗紀一，江浙行省平章政事），咬驢（卷三十三文宗紀二，給事中），咬咬

（卷四十四順帝紀七，河南行省平章政事），衆家奴（同卷，知樞密院事），歪哥（同卷，監察御史），黑厮（同卷，中書平章政事）之屬，謂非遊牧部落文化之遺，不可得也；而此文化在中國本土之盈虛消長，又有其橫暴放縱之武力專制，爲之羽翼。武力所以立威，百年來刑政之暴，亦爲元代所有突出之措施，史乏前例者。即以世祖時而論，如至元二十二年（一二八五）十一月，「有旨誅〔盧〕世榮，刲其肉以食禽獺」；阿哈馬死後，牽引所及，剝其妾引住等四人皮以徇，俱見元史卷二○五；誅阿合馬第三子阿散，仍剝其皮以徇；誅阿合馬長子忽辛，第二子抹速忽於揚州，皆醢之，俱見卷十二世祖紀九，其餘酷刑無法無天之事例甚多，亦非元史卷一○二刑法志一所謂「頗傷嚴刻」四字所能包括⑪。例如趙孟頫於至元二十三至二十四年（一二八六—八七）間入大都，次年六月授兵部郎中。其本傳云：

桑哥（按，桑哥時主尚書省）鐘初鳴時，即坐省中。六曹官後至者則笞之。孟頫偶後至，斷事官遽引孟頫受笞。（元史卷一七二）

其後孟頫入訴之於葉李，葉李之言尚爲世祖所器重，故葉李得以告桑哥士大夫不可辱，其事稍解。按桑哥於至元二十五至二十八年間主尚事省，葉李爲右丞。二十八年二月桑哥以罪罷，五月尚書省罷。是孟頫之受笞，必在此數年內。然桑格（僧格）又嘗毆罷兵部尚書呼圖克岱爾及捶撻御史，俱見卷二○五本傳。桑哥爲國師丹巴之弟子，其橫已甚。然亦必蒙古舊有此笞法，而後桑哥可得而行，如傳中言至元二十四年十一月桑哥奏言「臣前以諸道宣慰司及路府州縣官吏稽緩誤事，奉旨遣人遍笞責之」之情形是也⑫。遊牧部落文化之風尚如此，其鐵騎縱橫蹂躪強悍之作風又如彼，是以其與中國本土傳統文化相衝盪相摩擊之結果，既未嘗完全征服被統治者之身心，亦未肯降志以從虛心學習如何處理城市鄉鎮各種迫切及困擾之問題。自此觀點言之，其漢化之程度乃不及遼、金，而世祖、仁宗諸帝對中國事物及傳統文化之了解，較之其他外族統治中國之時期，即如史言「太和十年（四八六）已後，詔冊皆帝之文」（魏書卷七，下）一節言之，更遠輸北魏孝文帝拓跋宏萬萬也。

二、論蒙古初入侵中國時在制度方面之摸索

元代蒙古人統治中國以前，中國廣土衆民亦嘗有數次部分地淪於外族，其於蒙古時期尤近者，則爲契丹人之遼與女眞人之金。遼、金發跡之地皆在東北。勁風多寒，隨陽遷徙，是以遼「居有宮衞，謂之斡魯朶；出有行營，謂之捺鉢」（遼史卷三十一營衞志上）；金則黑水舊俗，亦無室廬，「負山水坎地，梁木其上，覆以土。夏則出隨水草以居，冬則入處其中，遷徙不常」（金史卷一，世紀），在其未有城郭居室以前，實與蒙古部落之廣漠沙磧，僅有程度上之比較，初無本質上之差別也。契丹與女眞本皆係薩滿敎：金時巫能道神語，又能降魂，見金史卷六十五烏古出傳；而金之拜天、射柳、擊毬之戲，無不從遼俗（金史卷三十五，禮志八），即官制除漢官部分外，亦大率皆循遼之舊（金史卷五十五，百官志一）。金俗之陋者，如婦女寡居，宗族接續之（金史卷六十四后妃傳下，睿宗貞懿皇后李氏條），亦頗同於蒙古。然遼、金之統治，其在治術上猶勝於蒙古不止一籌者，則以其認識漢化對於統治此歷史悠久且爲城市鄉鎮封建社會之中國之重要性，在積極方面爲對此一種較自己之遊牧部落文化爲高級之另一種文化之傾慕，在消極方面其好學深思之士亦當明瞭全賴武力征服之不智，而在制度及文物方面如能盡量學習或吸收漢文化之優點，其功能或可較鐵馬金戈之純粹以武力高壓榨奪爲能較得人心，或可收長治久安之效。姑以女眞爲

例：金世宗非眞能傾心漢化者，其共唐括安禮議論山東猛安貧戶時，即言「女直與漢，其實則二。朕即位東京，契丹、漢人皆不往，惟女直人偕來」（金史卷八十八唐括安禮傳）；又嘗對賀揚庭言「漢人性姦，臨事多避難」（卷九十七賀傳）；又言「燕人自古忠直者鮮，遼兵至則從遼，宋人至則從宋，本朝至則從本朝。其俗詭隨，有自來矣」（卷八世宗紀下，大定二十三年（一一八三）六月）可見。按詭隨爲被征服地方之人民權宜圖活忍辱苟全之計，世宗能燭其隱。然即在世宗之世，猛安職位之承襲人已有只習漢字不習女眞字者，見金史卷七十三宗尹（阿里罕）傳。太子及諸王，亦「自幼惟習漢人風俗，不知女直純實之風，至於文字語言，或不通曉」（卷七，世宗本紀中，大定十三年四月）。大定十三年五月，又「禁女直人毋得譯爲漢姓」；二十七年十二月，再禁「女直人不得改稱漢姓，學南人衣裝，犯者抵罪」（卷七及卷八）。章宗泰和七年（一二〇七）九月，又重申此禁（卷十二，章宗紀四）。凡此皆漢化之實，皆非由政府所提倡者。若朝廷議論，則紇石烈良弼曾對世宗問，言女直、契丹人須是曾習漢人文字，然後可任庶職（卷八十八紇石烈良弼傳），而禁女眞改漢姓及學南人衣裝之章宗，於大定二十九年（一一八九）閏五月其祖父世宗崩纔數月尚未改元之際，又「詔學士院，自今誥詞並用四六」（卷九，章宗紀一）。此可見漢化之推廣，雖然必須政治力，然漢民族文化本身亦必有甚强之吸引力足以誘導契丹女眞人之心，而契丹女眞本身，亦必須有足夠之文化程度足以接受此漢化之薰習於不自覺。愚今作此論，非必謂蒙古民族在接受漢化之能力方面之必不如契丹與女眞也。然契丹遠在阿保機時代於入塞攻陷城邑俘其人民之後，往往「依唐州縣，置漢城以居之」⑬，漢化之開始甚早。金則承襲遼已建立之規模，對蒙古之防禦，更於北邊爲邊堡界壕，蓋以城鎭耕稼文化之民族自居⑭。蒙古則於入侵之前，無此環境上及精神上之準備，草原大漠，其雄圖惟利在攻掠，故其舉措又與遼金不同。

蒙古早期在其所統治之中國本土，幾無制度可言，吾人至少亦可以批評之爲制度紊亂。此固極不利於統治者也。軍政之事，詔諭之傳，即在世祖至元十五、六年（一二七八—七九）間，亦即滅南宋前一年左右，似乎尙無一明晰健全之文書制度，遑論其前？元史卷一八〇耶律希亮傳言：

〔世祖〕駐驛察納兒台之地。希亮至，奏對畢，董文用問大都近事。希亮曰：「囹圄多囚耳！」世祖方欹枕而臥，忽寤，問其故。希亮奏曰：「近奉旨：漢人盜鈔六文者殺，以是囚多。」帝驚問孰傳此語？省臣曰：「此旨實脫兒察所傳。」脫兒察曰：「陛下在南坡，以語蒙古兒童。」帝曰：「前言戲耳，曷嘗著爲令式？」乃罪脫兒察。希亮因奏曰：「令旣出矣，必明其錯誤，以安民心。」帝善其言，即命希亮至大都諭旨中書。

此蓋偶然發現世祖之左右偶因其一言遽逕傳其口諭以居功者，令之所及，或已枉死多人。然若非因董文用與耶律希亮（按，耶律鑄之子，楚材之孫）閒話，其錯誤或始終不被發現。此處記載字裏行間又可令吾人知悉雖然在世祖以前早有文書管理（見下文鎭海部分），當時至少一部分命令之傳達非用文書而只憑口諭，否則，脫兒察之所爲或當先見諸文書紀錄而可以及時更正，即世祖之修改前令，亦不必俟希亮至大都始諭旨中書。

蒙古遊牧部落之軍旅政務，或有文書傳達者，在太祖西征乃蠻國⑮以前，尙不知用印章。元史卷一二四塔塔統阿傳言塔塔統阿係畏兀人，深通本國文字，乃蠻大敭可汗尊之爲傅，使掌其金印及錢穀。「太祖西征，乃蠻國亡（按，在一二〇四年），塔塔統阿懷印逃去，俄就擒。帝詰之曰：『大敭人民疆土，悉歸於我矣。汝負印何之？』對曰：『臣職也，將以死守，欲求故主授之耳，安敢有他？』帝曰：『忠孝人也。』問『是印何用？』對曰：『出納錢穀，委任人材，一切事皆用之以爲信驗耳。』帝善之，命居左右。是後凡有制旨，始用印章，仍命掌之」。則自征乃蠻後蒙古開始用畏兀文字並稍稍創立簡單之文書制度至此時脫兒察妄傳世祖口諭七十餘年間，國家規模之建制實尚未臻理想，可以斷言。

文書制度雖重要，其管理之不善，尚係蠹民秕政之小者。其以遊牧部落民族之思想蘊於腦中，食古不化，幾於釀成大禍者，則爲太宗時近臣別迭等之悉空漢地之主張。元史卷一四六耶律楚材傳云：

近臣別迭等言：漢人無補於國，可悉空其人〔之地〕，以爲牧地。

幸得耶律楚材之阻諫，謂「南伐軍需宜有所資，誠均定中原地稅、商稅、鹽酒鐵冶山澤之利，歲可得銀五十萬兩，帛八萬疋，粟四十餘萬石」，於是始立燕京等十路徵收課稅使，事在太宗二年（一二三〇）十一月（參看卷二太宗紀）。次年秋，太宗至雲中，十路咸進廩籍及金帛。此楚材於元初阻止空漢人故地以爲牧場之企圖者也。然在此以前，如卷一二〇鎭海傳所言，蒙古軍破金之燕京後，太祖命於城中環射四箭，凡箭所至園地邸舍之處悉以賜鎭海；此即所謂圈地，酬庸以獎有功之人。金亡之前，鎭海從太宗攻河中、河南、均州及蔡州，又以功賜鎭海恩州一千戶。「先是，收天下童男童女及工匠，置局弘州。既而得西域織金、綺紋工三百餘戶，及汴京織毛褐工三百戶，皆分隸弘州，命鎭海世掌焉」，類此之舉，皆專制帝王憑一己之愛惡恣爲舉措者，視百姓如魚肉，視被征服地之子女如罪俘如寇讎。此在其他朝代亦或有之，惟蒙古入侵中原，其所佔之燕雲故地，以及山東河南，不論其爲遼爲金之裔，早已深受中原城市鄉鎭文化之影響而苟安於一種封建社會較有鞏固性之制度者。遊牧文化之征服者對此不能欣賞，亦即不能蘇民之困。欲謀其建立一種與勝國相似或至少相近之制度，如耶律楚材之所爲，啗之以利，使其不爲已甚，不過爲急先務之一端。

太宗六年甲午（一二三四），亦金亡之歲，議籍中原人民。大臣忽都虎等遂議以丁爲戶。耶律楚材執不可，言「丁逃，則賦無所出，當以戶定之。爭之再三，卒以戶定」，事見元史耶律楚材傳。忽都虎等何以有此主張？新元史卷一二七楚材傳記忽都虎等人：

皆曰：「本朝及西域諸國法如此！豈有捨大朝成法，而襲亡國之政者？」

則以丁爲戶固蒙古舊有之措施也。新元史卷一二六忽都虎傳言「詔括戶口，命忽都虎領其事。忽都虎括中州戶，得一百四萬以上。」兩元史楚材傳皆云太宗八年丙申（一二三六）秋七月，忽都虎上民籍，其數目疑即前引之一百四萬。然元史卷二太宗紀，則云八年夏六月「復括中州戶口，得續戶一百一十餘萬」，所言似與前引者相矛盾。太宗紀中未嘗言先有括戶口之事，此言「復括」，得「續戶」，頗疑不能明。然若總此兩次之和爲二百餘萬，其數或太巨，不如以本紀所記爲對忽都虎傳之修正爲較合理也。⑯民籍既至，太宗即議以眞定民戶奉太后湯沐，更裂州縣賜親王功臣貴戚。蓋其時將相大臣有所驅獲，往往寄留諸郡，役力之以爲私。太宗之觀念，正所以反映蒙古親貴大臣大掠後所得之人民橐駞皆其所屬之觀念也。耶律楚材復加抗議：

楚材曰：「裂土分民，易出嫌隙。不如多以金帛與之。」帝曰：「已許，奈何？」楚材曰：「若朝廷置吏，收其貢賦，歲終頒之，使毋擅科徵可也。」帝然其計，遂定天下賦稅。……既定常賦，朝議以爲太輕。（元史卷一四六耶律楚材傳，參看卷二太宗紀八年丙申。）

其賦稅之額，所謂五戶絲、地稅、商稅、鹽價之科，楚材傳有簡略說明（通常中國通史之類已多引之），卷九十三、九十四食貨志稅糧、科差、鹽法、商稅，及卷九十五歲賜各節更有細述，玆不贅陳。楚材曾向太宗條便宜一十八事，其言郡宜置長官牧民，設萬戶總軍⑰，使勢均力敵，以遏驕横，亦與此處所云置吏收貢賦使毋擅科徵之意相同。然蒙古人在中國者，最初不知納稅。太宗三年（一二三一）楚材任中書令，「又奏諸路民戶疲乏，宜令蒙古、回鶻、河西人分居諸路者，與民戶一體應輸賦役，」（新元史卷一二七楚材傳），條陳十八事中亦有蒙古、回回等人種地不納稅者死之議⑱，建議雖接納，其成效究竟如何，吾人尚須作細密之考察也。距此不過五年前（太祖二十一年丙戌，一二二六），太祖征西夏，楚材從諸將下靈州，諸將爭取子女玉帛。楚材傳言「〔太祖〕自經營西土，未暇定制。州郡長吏，生殺任情，至孥人妻女，取貨財，兼土田。燕薊留後長官石抹咸得卜尤貪暴，殺人盈市」（元史卷一四六，新元史卷一二七文字稍刪簡）。太宗即位初期之政情未必便優於此，即有煌煌政令，在位者爲外族親貴統治階層，又夙以武力攻掠屠劫侵凌爲事者，此種局面，究能改善至若何程度，或楚材之建議能否普遍施行，亦殊難質言也。例如楚材傳云「自庚寅（太宗二年，一二三〇）定課稅格，至甲午（六年，一二三四）平河南，歲有增羨。至戊戌（十年，一二三八）課銀增至一百一十萬兩。譯史安天合者⑲，諂事鎭海，首引奧都剌合蠻撲買課稅，又增至二百二十萬兩。楚材極力辨諫，至聲色俱厲，言與涕俱，……力不能止。」撲買，即今人所謂包稅，元時西域商賈回回蓋獨擅其姦利者。新元史卷四太宗紀：十一年己亥（一二三九）富民劉廷玉等（按，亦有西域人劉忽篤馬等夥同）請以銀一百四十萬撲買中原課稅，「中書令耶律楚材奏罷之」。是楚材根本反對撲買之舉，惟楚材能止漢人之請撲買，而無以抗西域商之撲買耳。兩元史太宗紀俱記太宗十一年奧都剌合蠻撲買中原銀課二萬二千錠，以四萬四千錠爲額，從之，及十二年正月以奧都剌合蠻充提領諸路課稅所官，惟元史主名作溫都爾哈瑪兒，雖然楚材傳作奧都剌合蠻，與新元史之作奧都拉合蠻僅差一字。新元史稱奧都拉合蠻本寠人，且曾犯例幾罹死罪，爲太宗所全活。史稱：

國法：春夏浴水中者死。帝（按，太宗）與皇兄察合台出獵，見奧都拉合蠻浴，察合台欲斬之。帝曰：「彼遺金，沒而求之，非浴也」，乃免死，令給事左右。後日見親信，遂恣爲姦利焉。（卷四，太宗紀）

利之所在，雖賢善如耶律晉卿者尚無以諫阻太宗對奧都剌合蠻之親信；撲買，斡脫錢⑳……之類名稱，亦與元世同其始終，而元初因遊牧文化與城市鄉鎮耕稼文化更相衝盪迭乘，相刃相靡之結果所產生之若干政治經濟以至生活上不相調和之繁複問題，終元之世亦復方興未艾也。

元代兵士及官吏，初無俸給，其事甚異，亦不合於漢、南人被統治者之習慣。契丹漢化較早，自得燕雲十六州後，其「南面朝官」多踵唐制，固無論矣，即在北院部族，亦以貨產懋遷之需要，不能無俸、羊之觀念㉑。金又接踵，不惟官有俸給，且有罰俸之紀錄㉒。蓋兩者雖皆由遊牧部落而興，其所居住之地理環境，生活要求，尚有異於蒙古之在遼闊荒莽之大漠也。早期元代無俸祿，元史卷一五八姚樞傳，叙世祖在潛邸時召樞，樞陳救時之弊爲條三十，其一曰「班俸祿則贓穢塞」。卷一五六董文炳傳言伐宋之前，世祖嘗召文炳密謀取宋方略，文炳條陳二事，其一爲：

……又將校素無俸給。連年用兵，至有身爲大校，出無馬乘者。臣即所部千戶私役兵士四人，百戶二人，聽其僱役，稍食其力。帝皆從之，始頒將校俸錢，以秩爲差。

此時約爲至元二年至七年（一二六六——七一）之間。愚疑中央政府文官之班俸祿，亦當在此時前後。蓋史載至元八年三月，「許衡以老疾辭中書機務，除集賢大學士，國子祭酒。衡納還舊俸，詔別以新俸給之」（元史卷七世祖紀四）。此必許衡出中書，世祖念其老，仍給以較厚之原俸，衡納還，詔始別支以新俸也。同年十二月乙巳，又減百官俸（同上），其背景雖不得而知，然此時中央官吏之有俸祿，似無可置疑者矣。惟地方官吏之俸給如何，則又因時地之異而所施不盡相同。如至元十三年（一二七六）興國軍以籍兵器致亂㉓，陳天祥（趙州寧晉人）奉命權知本軍事，馳往平亂。卷一六八天祥傳云：

時州縣官吏未有俸祿。天祥從便規措而月給之，以止其貪，民用弗擾。

至元二十一年（一二八四）六月，「增官吏俸，以十分爲率。不及一錠者，量增五分。」（卷十三，世祖紀十）此時滅宋已五載，然俸給實尚未有全國普遍之措畫，所謂增官吏俸者，亦不過一部分之措施耳。甚至至元二十九年（一二九二），距十六年宋亡之歲已十三年，程鉅夫向世祖條陳五事，其一尚爲「給江南官吏俸」（卷一七二程鉅夫傳）。次年二月，元史卷十七世祖紀十四更有「詔上都管倉庫者，無資品俸秩，故爲盜詐。宜於六品七品內委用，以俸給之」之記載。又次年正月，世祖即崩。是終世祖在位之時期，全國文武官吏將校之俸祿，似尚未嘗有整個建制也。官吏無常祿，則多肆意自爲，貪墨成風。如耶律楚材傳所言太祖時「官吏多聚斂自私，資至鉅萬，而官無儲偫」，正其實況。當軸雖有刑政，繩之以法，如世祖至元十九年（一二八二）九月，「敕官吏受賄，及倉庫官侵盜，臺察官知而不糾者，驗其輕重罪之。中外官吏贓罪輕者杖決，重者處死；言官緘默與受贓者一體論罪」（元史卷十二，世祖紀九），然以版圖之廣，吏治之窳，高壓政策之下殘民以逞非法妄爲之事歷至元三十年間之統治時時有之，人懷慘楚，到處酸心，史編所紀特其見於公牘者而已。舉其事之大者，如至元十年（一二七三）十月，御史臺沒入贓罰爲鈔一千三百錠；十三年正月，大名路達魯花赤小鈐部坐姦贓伏誅，沒其家；十六年九月，同知揚州總管府事董仲威坐贓罪，行臺方按其事，仲威反誣行臺以他事，詔免仲威官，仍沒其產十之二；十九年四月，御史臺臣言見在贓罰鈔三萬錠；同年五月，瀘州管軍總管李從坐受軍士賄，縱其私還，致萬戶爪難等爲賊所殺伏誅；二十八年三月，桑哥妻弟八吉由爲燕南宣慰史，以受賂積贓伏誅；詔言江淮豪家多行賄權貴爲府縣卒吏，容庇門戶，遇有差賦，惟及貧民，敕江淮行省嚴禁；同年五月，桑哥妻黨湖廣行省平章要束木伏誅㉔；十月，塔剌海㉕、張忽辛、崔同知並坐理算錢穀受贓論誅；二十九年三月，納速剌丁、滅里以盜取官民鈔一十三萬餘錠，忻都以徵理逋負，迫殺五百二十人，皆伏誅，並誅王巨濟㉖；中書省與御史臺共定贓罪十三等，枉法者五，不枉法者八，罪入死者以聞；八月，福建行省參政魏天祐獻計，發民一萬鑿山鍊銀，歲得萬五千兩，天祐賦民鈔市銀輸官，而私其一百七十錠，臺臣請追其贓而罷鍊銀；三十年十一月，孫民獻嘗附桑哥，助要束木爲惡。及同知上都留守司事，又受贓，減諸從臣糧。詔籍其家貲妻孥，復因潭州呂澤訴其刻虐，械送民獻至湖廣，如澤所訴窮治之；以上皆分見世祖本紀，其餘贓穢，紀所未載者，蓋更僕難數矣。事以賄成，所聞固弗止元代一朝，貪婪之烈，後世亦有遠勝元代者，然多爲個別性質之案件。至於因無制度或制度之混亂而使全國普遍的成此無法無天之局，無一人不罹其中，無一人不遭其害，則惟統治階層之爲遊牧部落缺乏建國之規模與理想當獨尸其咎耳。舍吏政不修之外，元代制度之陋者更有貢獻一事，殆亦蒙古國俗，中原本土前代所無者。事雖發於元初，禍則延綿而至數世，甚至明代末葉地方上尚有扇其餘燄者，不可不略紀其端緒㉗。元史耶律楚材傳向太宗陳便宜一十八事，已言「貢獻禮物，爲害非輕，深宜禁斷」。帝悉從其他議：

唯貢獻一事不允。曰：「彼自願饋獻者，宜聽之。」楚材曰：「蠹害之端必由於此。」帝曰：「凡卿所奏，無不從者。卿不能從朕一事耶？」

是貢獻之舉，早開於未暇經理中原之時。及入中原，蒙古舊俗固在，所謂饋獻，豈僅限於賄遺之苞苴？獻田貢地者固夥，以室女妻孥爲貨財者亦實繁有徒，而贓穢遂幾同於常課。益以中外興利之臣用事，括田益稅，民不聊生，楚材所獻替固所謂枉尺直尋不得已之補救，而世祖幄幕中若干儒生老臣之所事，亦正所謂知其不可而爲之。新元史有忠義傳無姦臣傳，然於卷二二三阿合馬等傳末，膠西柯先生論之曰：

蒙古有中原五六十年，政無綱紀，遺黎殆盡。世祖踐阼，思大有爲於天下。黔首喁喁，正延頸歸命之時。乃用貪狠匹夫，鑽膏剔髓，以斵民命。迨窮姦稔惡，始嬰顯戮，而蒼生之禍已烈矣。

然卷十二世祖紀論贊，先生仍言其「踐阼之後，混壹南北。紀綱法度，燦然明備。政治之隆，庶幾貞觀」，則似不如阿合馬傳所敍之直切。元代之失，其實正坐其政無紀綱無制度之失也。其所以從表面觀之，亦似乎有制度有法令尚能維持一强有力之政權於不墮者，則若干漢人南人於其開國時獻替之功，而其他契丹女眞西域人之稍讀書且漢化開明者亦與有力焉；然其政象亦僅而至此，不復能更進於理想之道矣。漢人南人之基本貢獻，即所謂漢化之開端。以今日之術語言之，亦可謂兩種不同性質之文化之搏合，惟其搏合非由融化，而爲另一有悠長力量之文化對一表面上佔勢力之遊牧文化作積極的或消極的反抗而已。書缺有間，好學深思之士，宜窮其本而疏其條鬯，以窺其用心之微也。

三、論漢、南人儒生老臣之用心

近世研究歷史者，有所謂國史擴大綿延之觀察。如姚從吾先生東北史論叢之「代序」，即言「我們詳考契丹（遼朝），女眞（金朝），蒙古（元朝）的發展史，他們反而都自動的採行中原儒敎文化。他們初入長城以後，想出一套兩元政策（以番法治番人，以漢法治漢人。），後來即乾脆相率成爲廣義的中華民族。換句話說，即是自動的，漸進的〔接〕受中原漢唐遺留下來的政治組織，如建立中央組織的三省制度，變更立君習慣，改爲立嫡長子；用人一本選賢與能，實行考試制度；勵行孝友倫常習慣等。他們不但沒有利用戰勝者的地位，破壞漢地的社會組織，反而曲意仿效，誠心歸化，全部的或部分的接受了中原人民生活方式。」㉘斯言也，如就後世漢胡混合華梵同化之情況而言，未嘗不可謂爲有相當理由，且深可以中國傳統制度中若干經過歷史實驗較爲明達可行之措施，竟爲異族統治者所採納，因而可以稍紓民困爲自幸。然在當時胡騎縱橫予取予攜之際，則眞所謂水深火熱，民生其間，直是中國有史以來未有之慘境㉙。生靈塗炭，此時人民心目中所渴望者，則所謂解倒懸而登之衽席之上而已。救死惟恐不贍，奚暇治禮義？此蓋耶律晉卿、姚公茂、許仲平等人沉鬱之心情，未可以承平時期論者也。

不得已而仕亂世，華夷雜處，元以前則遼、金、宋相齕之局爲近，而契丹遼且上躋於五代晚唐。契丹橫虐，石敬瑭利其援以抗後唐，遂有燕雲十六州之獻。敬瑭亦胡人，其父番名臬捩雞（舊五代史卷七十五高祖紀一）。天祐十三年（九一六，㉚）李存勗與梁將劉鄩戰於淸平，爲鄩部所掩，敬瑭以十餘騎橫槊馳擊救出存勗。史稱「莊宗（存勗）拊其背而壯之，手啗以酥。啗酥夷狄所重，由是名動軍中。」（新五代史卷八上，晉本紀高祖上）是敬瑭之獻地，亦頗如後來元世之有獻田也。前述元太宗納耶律楚材條陳便宜多事，而不能絕奉獻，意此必胡俗之習慣者，研究社會學人類學者或可對此部落習慣加以比較，然不能律之以效死而民弗去之中國禮義也。契丹雖多用漢人，有城郭邑屋廛市，能耕種植五穀，又能創文字，制耕稼，置官號，然遊牧部落之習慣未忘。後晉出帝開運四年（九四七）正月癸巳，耶律德光入居晉宮，「以契丹守諸門，門廡殿庭皆磔犬掛皮以爲厭勝。甲午，德光胡服視朝于廣政殿。乙未，被中國冠服，百官常參起居如晉儀，而氈裘左衽，胡馬奚車羅列階陛，晉人俯首不敢仰視」（新五代史卷七十二，四夷附錄一）。及德光離汴北歸，途中言「我在上國，以打圍食肉爲樂。自入中國，心常不快。若得復吾本土，死亦無恨。」（同上）行至欒城，得疾，道卒。是契丹此時之强，仍賴武力，旨在侵掠，未嘗能以文化力懷柔衆民也。據四夷附錄所載，德光滅晉後，遣其部族酋豪及其通事爲諸州鎭刺史節度使，括借天下錢帛以賞軍。胡兵人馬不給糧草，日遣數千騎分出四野劫掠，人民號爲「打草穀」，東西二三千里之間，民被其毒，遠近怨嗟。揚州梁暉殺契丹守將，閉城距守。德光引兵攻破之，城中男子無少長皆屠之，婦女悉驅以北。是則蒙古入侵時金、宋若干州縣遭遇之屠城，又不啻契丹攻掠殺人盈城之重版也。在蒙古以前，漢人士大夫之仕遼、金者，如遼之用韓延徽，邢抱質、抱朴，張礪，金之有楊朴，韓企先，劉彥宗，多北方舊人，中原隔絕後南方勢力所未嘗到者。如邢抱質、抱朴之母陳氏，營州人，父陘，五代時累官司徒。陳氏甫及笄，涉遍經義，有女秀才之稱，年二十，歸於邢簡（遼史卷一〇七）；如劉彥宗，於伐宋圍汴京時戒宗翰、宗望曰：「蕭何入關，秋毫無犯，惟收圖籍；遼太宗（按，即耶律德光）入汴，載路車法服石經以歸，皆令則也」（金史卷七十八彥宗傳）。彥宗大興宛平人，遠祖怦，唐盧龍節度使，石晉以幽薊入遼，遂六世仕遼。諸人蓋多謀以保存爲事者也㉛。然與虎謀皮，談何容易。例如張礪，磁州人，初仕後唐。會石敬瑭起兵，礪隨趙德鈞援張敬達軍於河東。及敬達敗，礪入契丹。太宗耶律德光見礪剛直有文采，擢翰林學士。遼史卷七十六礪本傳云：

礪臨事必盡言，無所避，上益重之。未幾，謀亡歸，爲追騎所獲。上責曰：「汝何故亡？」礪對曰：「臣不習北方土俗，飲食居處，意常鬱鬱，以是亡耳。」上顧通事高彥英曰：「朕嘗戒汝善遇此人，何乃使失所而亡？礪去可再得耶？」遂杖彥英而謝礪。會同初（九三七左右）陞翰林承旨，兼吏部尚書。從太宗伐晉入汴，諸將蕭翰，耶律郎五，麻答輩肆殺掠。礪奏曰：「今大遼始得中國，宜以中國人治之，不可專用國人及左右近習。苟政令乖失，則人心不服，雖得之，亦將失之。」上不聽。改右僕射兼門下侍郎平章事。頃之，車駕北還，至欒城崩。時礪在恒州，蕭翰與麻答以兵圍其第。礪方臥病，出見之。翰數之曰：「汝何故於先帝言國人不可爲節度使？我以國舅之親，有征伐功，先帝留我守汴以爲宣武軍節度使，汝獨以爲不可。又譖我與解里好掠人財物子女，今必殺汝。」趣令鎖之。礪抗聲曰：「此國家大禮，安危所繫，吾實言之。欲殺即殺，奚以鎖爲？」麻答以礪大臣，不可專殺，乃救止之。是夕，礪恚憤卒。

事亦見舊五代史九十八礪傳，末云「鎭州節度使滿達勒尋解其鎖」，滿達勒蓋麻答之異譯。解里即耶律解里，見遼史卷七十六。蕭翰亦契丹諸部之長，舊五代史九十八翰傳言其父阿巴之妹「爲安巴堅妻，則契丹主德光之母也。翰有妹亦嫁于德光，故國人謂翰爲國舅。契丹入東京，以翰爲宣武軍節度使。契丹比無姓氏，翰將有節度之命，乃以蕭爲姓」。按，安巴堅即遼史卷一太祖紀上之太祖阿保機。舊五代史卷一三七外國列傳一言安巴堅之妻舒嚕氏，蕭姓大約爲舒嚕之切音㉜。舊五代史張礪傳言礪「在布衣時，或覩民間爭競，必爲親詣公府，辨其曲直」，蓋血性中人。其抗聲對蕭翰，辭氣不屈，固取禍之道，然所議論者，亦國家大端，且亦所以保漢人種姓者也。張礪不善爲詭隨，是以其初陷契丹時逃亡爲追騎所獲。舊五代史卷一二六馮道傳，注引談苑言天福二年（九三七）間馮道使契丹，「契丹主甚喜，遂潛諭留意。道曰：『南朝爲于外，豈有分別哉！』道在契丹凡得所賜，悉以市薪炭。徵其意，云北地苦寒，老年所不堪，當爲之備，若將久留者。契丹感其意，乃遣歸。道三上表乞留，固遣乃去，猶更住館中月餘。既行，所至留駐，凡兩月方出境。左右語道曰：『當北土得生還，恨無羽翼，公獨宿留，何也？』道曰：『縱急還，彼以筋脚馬一夕即追及，亦何可脫？但徐緩即不能測矣。』衆乃服。四年二月始至京師。」此或可爲張礪傳作注脚。道以事四朝相六帝，又於乾祐三年（九五〇）撰長樂老自叙爲後世所詬病。然自叙言「曾陷番而歸中華，非人之謀，是天之祐」；傳又載其「在常山見有中國士女爲契丹所俘者，出橐裝以贖之，皆寄于高尼精舍」，又嘗以俳語對耶律德光，謂「此時百姓佛再出救不得，惟皇帝救得」，兩五代史皆言契丹不夷滅中國之人，賴道此一言之善。若談苑所載非訛，彼馮瀛王尚不可全謂爲「爲機變之巧者」也。㉝

耶律楚材事元太祖、太宗，及姚樞、許衡等在世祖朝之況味，雖未必全同於遼、金時仕北方之漢人，亦大體似之。蓋其所欲維護之扶掖之使勿墮勿失者同爲傳統之中原文化，質言之，即以儒教爲中心，並以含容並蓄包羅佛道二家爲羽翼，而以傳統之政治經濟制度及禮俗習尚爲之貫串脈絡之生活模式是也。楚材雖爲契丹東丹王突欲八世孫，突欲爲阿保機長子，然楚材之父祖俱嘗委質事金，父履爲金世宗所深眷，任終尚書右丞，楚材於金亡前亦嘗由金進士辟爲掾，開州同知，復爲完顏承暉辟爲左右司員外郎，留守燕。契丹亦東胡，應可共蒙古沆瀣一氣者。然楚材之家世及其本身之學問修養，以及此時契丹女眞知識階層之傾向，則漢化已深，殊未能再以打圍食肉千里焚剽之生活爲滿意，而未曾有制度文物以前之蒙古，其粗獷質樸之程度，則更甚於早期之遼金。雖然，楚材用世之懷，果有如何弘闊奇偉之抱負耶？試檢楚材湛然居士文集諸篇，則見其所流露之心情，隱忍負重時多，「唯思仁義濟蒼生」（卷二，用前韻感事二首其二）之念亦時復有之，然亡國孑遺之人之隱痛，更未嘗曲諱。其「爲子鑄作詩三十韻」（卷十二），「子鑄生朝潤之以詩爲壽予因繼其韻以遺之」（卷十四）固多章明其馨香光赫之身世矣，而「送房孫重奴行」一絕云「汝亦東丹十世孫，家亡國破一身存。而今正好行仁義，勿學輕薄辱我門」（卷十一），更感慨繫之，則知諸詩文中所有戴明主頌聖朝者，縱弗出諸强迫，亦係時代環境使然，未必悉爲其心聲之透露也。「和馮揚善韻」一篇，上半贊馮之憂道不憂貧，下半乃自貶語，情至眞切，非所謂門面話，如句云：「自笑髯中書，有過仍不悛。三代不同禮，勉欲相襲沿。賢人正隱退，强起居官聯。冰炭豈共器，安可渾愚賢？可惜和氏姿，庸工浪雕鐫。不能作大器，取次成棄捐。潛龍喻君子，或躍或在田。未遂馬周志，好墾揚雄廛。伏臘粗酒脯，旦夕充羹饘。窮途不足泣，弔影無自憐。人生一瞬息，日月如璣旋。學道如牧羊，後者爲之鞭。離羣謝富貴，遁世安林泉。勿學躁進人，扼腕長呼天。」繼宋德懋韻三首，其二頸聯云「疲俗不許新疾苦，濫官難撫舊瘡痍」，俱可謂毫無虛飾之實況。

雖然，楚材固志在用世之人也。新元史楚材傳云「太祖克中都，訪遼宗室，聞其名，召詣行在。」楚材「懷古一百韻寄張敏之」（湛然居士文集卷十二）云「自天明下詔，我知素通著」，是楚材蓋以卜人薦，醫卜儒釋道，固皆元初軍中所訪求者也。兩元史俱已載楚材卜著爲元主所信仰之實例。文集卷一「和冀先生韻東垣士大夫以興王聖德詩見寄用酬雅意」首句「運出三爻兌」自注云「以太乙推之而得」；卷十「扈從冬狩」詩末二句云「獨有中書倦遊客，放下氈簾誦周易」；所言亦卜筮也。卷四「和武川嚴亞之見寄」首二句言「當年西域未知名，四海無人識晉卿」，自謂年三十歲隨太祖初入西域時地位卑微，固也。然「扈從冬狩」詩作於癸巳，即太宗五年（一二三三），時楚材已任中書令兩年，然楚材仍在穹廬中爲之卜，此固可見如元史卷九十九兵志二所言居禁近者卜祝之事悉世守之，此卜祝者蒙古神巫，惟能易數之大臣如楚材者或亦可與同列，亦可見太宗心目中所謂中書令，實與能卜筮者同科，無甚軒輊，則以旣迷信神權，神之地位自高於一切，能通於神明者使居禁近不爲屈辱，或且視爲優待也。元史楚材本傳言「楚材生三歲而孤，母楊氏教之學。及長，博極羣書，旁通天文地理律曆術數……」；新元史本傳言「楚材嘗言西域歷五星密於中法，乃作麻答把曆。又以日食躔度與中法不同，以大明曆浸差故也，乃定其父所撰乙未元曆，以行於世云」。麻答曆今不傳，乙未元曆後易名爲庚午元曆，其要見元史卷五十六、七，曆志八、九。湛然居士文集卷八有「進西征庚午元曆表」，蓋合准科學性之曆法與術數之推測預言爲一爐而言者。楚材居西域久，西域曆數星算多有可爲比校者，故蒙古主以爲驗異耳。楚材又通六壬術，癸巳秋曾爲司天判官張居中撰之六壬祛惑鈐作序（文集卷八）。愚非諳科學技術史之人，錄此以見鳳蓀先生之言非溢美耳。

吾人今讀兩元史，則知楚材在太祖時爲近臣，在太宗三年辛卯（一二三一）以後號曰中書令。中書令之職守「典領百官，會決庶務」，太宗時以相臣爲之，世祖時以皇太子兼之者（元史卷八十五，百官志一），然元初時體制未建，政務蕩然，權責弗稱，未可以恒情量者也。楚材以別迭等人言漢人無補於國，欲悉空其地以爲牧地，始建言立燕京等十路徵收課稅使（已見前），並用士人較寬厚者爲之。至辛卯秋，各路廩籍咸具，金帛盈廷，太宗劇賞之，「即日拜〔楚材〕中書令，事無鉅細皆先白之」。是楚材之獲任用，爲其能聚財充實國用。此又有嫌於興利聚斂，尙非調鼎鼐變陰陽命世之賢之所宜也。然而楚材所以降志辱身，不爲桀溺之避世者，則以生丁亂世，目覩人民水深火熱之痛苦，欲爲稍紓其難，庶免載胥及溺耳。楚材之長，其顯著者一爲能針對蒙古之國俗而爲口齒之便給。愚前文固嘗言蒙古初年一般君上之意識情態矣，其實不惟世祖忽必烈僅可喻於弓馬田獵之談，即他人亦多稱是。太祖十五年庚辰（一二二〇）西征回國，元史楚材傳云：

夏人常八斤以善造弓見知於帝，因每自矜。曰：「國家方用武，耶律儒者何用？」楚材曰：「治弓尚須用弓匠，爲天下者，豈可不用治天下匠耶？」帝聞之甚喜，日見親用。

太祖有八子，其早期之配偶光獻皇后生四子，長朮赤，次察和台，次太宗窩闊台，次拖雷。太祖征西域前，曾召諸子問儻有不測諸子中以何人爲嗣？察和台素輕其兄朮赤，斥爲蔑兒乞種不可以辱社稷（按，光獻后曾一度被蔑兒乞人所掠，返時途中舉子），致兄弟相搏。察和台遂請立太宗，事見新元史卷一〇六朮赤傳。新元史卷一〇八拖雷傳上云：

二十年（一二二五）太祖分封諸子，拖雷分斡難河上源，及合剌和林之地。太祖四大斡兒朵所在也。其後皇孫闊出（按，太宗第四子）等來求賞。太祖曰：「吾產業已盡與拖雷，彼家主也，可向拖雷索之。」國俗：少子守父遺產，故太祖獨以舊居之地與拖雷云。二十二年太祖崩於靈州，諸皇子奉梓宮北還。葬畢，各歸本部，拖雷監國以待立君。又明年春，召集忽里勒塔，譯言大會議也。國俗：承大位者，必經忽里勒塔之議定。太宗雖有太祖之前命，猶遵國俗，召諸王駙馬及諸大將會議。衆議多擁戴拖雷，太宗亦固辭，於是猶豫不決者四十餘日。已而斡赤斤與察合台決計遵太祖前命，乃扶太宗即位。

按，忽里勒塔即 quriltai 之漢譯，斡赤斤大王爲太祖之四弟，見元史卷一〇七宗室世系表（新元史卷二十二略同）。楚材以近侍舊臣，亦與聞其事。新元史本傳云：

太宗將即位，宗王會議未決。楚材言於睿宗（拖雷）曰：「此宗社大計，宜早定。」睿宗曰：「事未集，宜別擇吉日。」楚材曰：「過是無吉日矣！」乃定策，撰禮儀。告皇兄察合台曰：「王雖兄，位則人臣，禮當拜；王拜，則莫敢不拜矣。」察合台然之，率宗王大臣拜於帳下。既退，察合台撫楚材背曰：「眞社稷臣也！」蒙古尊屬有拜禮自此始。部長來朝，以冒禁應死者衆。楚材奏曰：「陛下新登寶祚，願無汚白道子。」從之。國俗尙白，故楚材之言如此。（參看元史卷一四六）

元史本傳楚材陳時務十策，皆切於時務，太宗「悉施行之」，新元史則曰「帝雖不能盡用，亦擇而行之」，後者較近實際。墨子大取篇云「斷指以存腕，利之中取大，害之中取小也」，斯義也，楚材甚能得之，蓋先哲之智慧，人類處於不利環境之下所以謀自存兼以葆種姓者也。下文所舉之例最可見之：

元史楚材傳云：「中貴可思不花奏採金銀役夫及種田西域與栽葡萄戶。帝命於西京宣德徙萬餘戶充之。楚材曰：「先帝遺詔：山後民質朴無異國人，緩急可用，不宜輕動。今將征河南，請無殘民以給此役。」帝可其奏。

新元史可思不花作中使苦木思不花，傳文云：

中使苦木思不花奏撥山後一萬戶，以爲採金銀、種葡萄等戶。楚材言：「太祖遺詔：山後百姓與蒙古人無別，緩急可用，不如將河南俘戶貸而不誅，使充此役，且以實山後之地。」從之。

此二段文字須併看，方可互爲補充。採金銀鑛及種葡萄種田，須向西域移殖，此賴元史首數句可以說明。但當時從宣德（河北宣化）遠徙萬餘戶平民往西域，交通給養生活條件俱有嚴重問題，其擾民騷動，不言可喻。新元史更補充言楚材奏將河南俘戶貸而不誅，使充此役。俘戶之當誅者本皆待死之囚，被俘理由或者不一，徙民實質上亦等於流放充軍，然流徙者尚可以免死，徐圖救濟。此蓋楚材兩害取其輕從權之計，微新元史之記載吾人幾不識楚材之深心。

其他事件如別迭等主張空漢人之地爲牧場之議失敗後，太宗又嘗「欲收民間牝馬。楚材曰：『漢地宜蠶桑五穀，非產馬之地，異日必爲民害。』」，事亦竟寢。太宗九年（一二三七），聽楚材議稍用儒臣，乃「命宣德州宣課使劉中隨路校試，以經義、詞賦、論分三科。士俘爲奴者，亦令應試，其主匿弗遣者死。凡得士四千三百人，免爲奴者四之一。」（以上皆新元史本傳，元史略同。）前者爲釜底抽薪之策，漢地如種五穀，養蠶樹桑，即可永遠免除牧地之威脅；後者係對大批知識份子之救贖方策。戰爭時知識份子之命運至酷，即使不被屠滅，亦常有編入匠籍或俘戶之危險。如元史卷一四七張柔傳，言柔軍既破金之汝南，「下令屠城。一小校縛十人以待，一人貌獨異。柔問之，狀元王鶚也。解其縛賓禮之。」卷一六〇鶚傳言「萬戶張柔聞其名，救之，輦歸，館于保州（河北清苑）。甲辰（一二四四）冬，世祖在藩邸訪求遺逸之士，遣使聘鶚」，蓋已在蔡州汝南陷後十年。入匠籍者可以貸一死，其待遇亦優於奴俘，然非人人可幾。觀王鶚及本篇前文所敘趙復未遇姚樞楊惟中前之遭遇，吾人當可深鑑楚材之苦心矣。

元代貪暴之風始作俑者實皆貴族或勢家。前文已引元史楚材傳言石抹咸得卜殺人盈市。咸得卜者，石抹明安之子，而明安則太祖時金降將也（元史卷一五〇，新元史卷一三五）。元史楚材傳云楚材拜中書令後：

又舉鎮海、粘合均與之同事，權貴不能平。咸得卜以舊怨尤疾之，譖於宗王曰：「耶律中書令率用親舊，必有二心，宜奏殺之。」宗王遣使以聞。帝察其誣，責使者，罷遣之。

新元史所載與此略同而加詳，言譖之者譖於宗王皇叔，且曰「楚材多用南朝舊人」。按，鎮海即前文言太祖命於燕京城中環射四箭圈地以賜酬庸之人，爲怯烈台氏，事太宗爲十七投下之一（新元史卷二十八，氏族表上）；粘合均即粘合鈞，元史卷一四六、新元史卷一三三俱作粘合重山，係金源貴族女奚烈氏，初爲質子，金亡遂委質太祖，授必闍赤，直宿衞。據上引紀錄，謂兩人爲楚材舊識，或有可能，指爲南朝舊人則不能也。皇叔或可能爲斡赤斤大王，亦楚材所識者，然記載不得其詳。

鎮海、粘合兩人，兩元史皆有傳。元史卷一四六粘合重山傳云：

〔太宗〕立中書省，以重山有積勳，授左丞相。時耶律楚材爲右丞相，凡建官立法任賢使能，與夫分郡邑定課賦通漕運足國用，多用楚材，而重山佐成之。太宗七年（一二三五）從伐宋，詔軍前行尚書省事，許以便宜。師入宋境，江淮州邑望風款附，重山降其民三十餘萬，取定城、天長二邑，不誅一人。復入中書視事……（新元史卷一三三本傳略同）

太宗七年遣太子闊出率師伐宋，德安（湖北安陸等地）「以嘗逆戰，其民數十萬皆俘戮無遺」（元史卷一八九儒學一），是江淮一帶得粘合之不嗜殺，已爲萬家生佛矣。行軍前中書省事之權必甚大，用可排除阻力，救濟生黎。粘合重山於伐宋後不久即死，太宗十年詔其子江淮安撫使粘合南合嗣其父之職。「時大將察罕圍壽春，七日始下，欲屠其城。南合曰：『不降者獨守將耳，其民何罪？』由是獲免。」是南合亦頗有父風。惟粘合重山之所爲，不知有多少成分係受楚材影響者。察罕係西夏人，於太祖二十一年（一二二六）從征西夏時其父曲也怯律爲夏守甘州，欲共城外通款，爲人襲殺。城破，察罕諫太祖勿盡阬城中人，只戮襲殺其父及弟者。二十二年太祖崩後，諸將承其遺命殺夏主，又議屠中興府，察罕力諫止，全活甚衆，俱見元史卷一二〇、新元史卷一二六察罕傳。是察罕亦非眞嗜殺者。

新元史卷一三三鎭海傳云：

太祖崩，受顧命，奉太宗踐阼，拜中書左丞相，後尚右，又改右丞相。凡中書省文書行於西域、畏兀兒諸國者，用畏兀文，鎭海主之。行於中國及契丹、女眞者用漢文，耶律楚材主之；然仍於年月之前，鎭海書畏兀字曰付與某人，用相參驗。帝受天下符節，獨鎭海符節聽留。……太宗崩，六皇后稱制，素不喜鎭海，罷其官。定宗即位，復拜右丞相。定宗以寢疾不事事，事多決於鎭海與喀達克。

鎭海爲太祖顧命大臣，奉太宗踐阼，楚材在宗王會議時亦擁護太宗，故太宗時兩人同掌中書省之權，而粘合重山則忠厚長者，可以引與共任權衡者也。兩元史粘合傳皆言其嘗諫太宗內宴。以女眞人，其所統與史天澤、劉黑馬所轄皆爲漢軍，而楚材則契丹之裔也。三人之中，自以鎭海之權爲最大，文書兵符俱爲其所掌，楚材雖曾任中書令，度無總綰之實權，其眞正總綰內外者鎭海也。六皇后即乃馬眞，先爲蔑兒乞部長脫黑脫阿長子忽禿之妻。太祖滅蔑兒乞，以后賜太宗，生一子即定宗貴由。鎭海則早歲曾以百戶從太祖，於部落戰爭太祖部衆潰散時，曾共太祖之衆同飲巴勒渚納河水㉞共誓甘苦同享者（癸亥，一二〇三，新元史卷二太祖紀上及鎭海傳），其可能倚老賣老，致爲六皇后所忌，固意料中事，然而太宗於鎭海之眷固未嘗移也。乃馬眞稱制後亦不喜楚材。然則終太宗之世，楚材所以周旋於當時所謂元老重臣者其志蓋甚大，而爭諫折衝之際，賴鎭海、粘合等人之調護，所得而彌補者亦必甚多。

讀史者未能窺其底蘊，顧可微見其迹耳。非止蒙古金源之老臣也，即橫暴如石抹咸得卜且疾楚材欲奏殺之者，楚材亦曲有之，不爲已甚，知此時通漢化識大體依違其間如不容若楚材者之心情爲何如矣。元史楚材傳云：

屬有訟咸得卜不法者，帝命楚材鞠之。奏曰：「此人倨傲，故易招謗。今將有事南方，他日治之未晚也。」帝私謂侍臣曰：「楚材不較私讎，眞寬厚長者，汝曹當效之。」

楚材如此作法，固可謂以德報怨。然石抹咸得卜之勢力，其實甚大，兄弟（弟忽都華，亦見新元史卷一三五石抹明安傳）分掌蒙古漢軍統帥要職。耶律楚材之讎實非私讎而爲公憤，楚材不敢與之較，蓋揆情度勢，知其有所不能，故曲容之以全大局而已，豈得已哉？太宗謂其爲私讎，聞其不較，逕以寬厚許之，亦正見其利諸親貴之橫暴掠奪，而不知其害，寧假楚材以不較之美名耳。此觀於其親許奧都剌合蠻撲買課稅一事而益信。

兩元史中載楚材力諫，或至泣下，或至聲色俱厲，若不畏死者。此不可僅以往古歷史中之直諫大臣之行徑擬之，蓋楚材所處之朝廷爲一遊牧外族統治專橫之朝廷，且在其政權草創初立之時，其統治人民之行政手段往往爲不講理的多於講理的，而楚材則一徹底漢化之契丹人，其人念念不忘自己爲遼東丹王之後裔，而又飽受儒家及佛教思想之薰陶者也。漢人（包括契丹女眞在內）民衆呻吟溝壑無人爲之說話，楚材以其關係儘可能爲之鳴不平，其聲調乍聞之似是歌頌蒙古統治者之聲調，其調護則漢人民衆之生存權利及所賴以生存之若干經濟命脈也。例如太祖經營西域時，中國本土部分無定制，州郡長吏肆虐，孥人妻女，取貨財，兼土田，武將如石抹咸得卜者尤貪暴，史言：

楚材聞之泣下，即入奏：請禁州郡非奏璽書，不得擅徵發。囚當大辟者，必待報，違者罪死。於是貪暴之風稍戢。（元史卷一四六楚材傳）

太宗十年戊戌（一二三八）譯史安天合等引奧都刺合蠻撲買課稅，由一百十萬增倍至二百二十萬兩事，已略見前文。此事鎮海固可能有連，太宗其實亦獎勵之。楚材諫至聲色俱厲，言與涕俱：

帝曰：「爾欲搏鬥耶？」又曰：「爾欲爲百姓哭耶？姑令試行之！」（同上）

新元史楚材傳更言「楚材每陳天下利病，生民休戚，詞氣懇切，言與泣下。帝曰：『汝又欲爲百姓哭耶？』」，是楚材垂涕而道，蓋不止一二次，而每次其所諫阻者，必秕蠹之政統治者假以病民而自肥者耳。太宗在世時，曾以事繫楚材，繼而自悔，命釋去。蓋以楚材執法正而繩及中貴諸人也。至皇后乃馬眞稱制時，楚材又有斷手之威脅。元史楚材傳云：

皇后乃馬眞稱制，崇信姦回，庶政多紊。奧魯刺合蠻（按，當作奧都刺合蠻）以貨得政柄，廷中悉畏附之。楚材面折廷爭，言人所難言，人皆危之。……

在此時期（一二四三），因乃馬眞立定宗貴由非太宗遺命事，諸王斡赤斤等以大衆趨和林，勢近威脅，而貴由及拔都等俱遠征在外，朝廷倉皇，正欲西遷。楚材勸持鎭靜，後數日乃定（楚材傳及新元史卷五定宗紀）。然乃馬眞寵用奧都刺合蠻正方興未艾：

后以御寶空紙付奧都刺合蠻，使自書塡行之。楚材曰：「天下者先帝之天下，朝廷自有憲章。今欲紊之，臣不敢奉詔。」事遂止。又有旨：凡奧都刺合蠻所建白，令史不爲書者斷其手。楚材曰：「國之典故，先帝悉委老臣，令史何與焉？事若合理，自當奉行。如不可行，死且不避，況截手乎？」后不悅。楚材辨論不已，因大聲曰：「老臣事太祖太宗三十餘年，無負於國。皇后亦豈能無罪殺臣也？」后雖憾之，亦以先朝舊勳，

深敬憚焉。（元史楚材傳）

新元史楚材傳所記大體悉同，惟易「國之典故」句爲「軍國之事」，又言奧都剌合蠻以賄得執政大臣，「惟憚楚材沮其事，以銀五萬兩賂之，楚材不受。」蓋事以賄成之人，亦樂他人與之同流合汚也。及楚材歿（一二四三），尙有譖楚材者，言其在相位久，「天下貢賦半入其家」，疑亦奧都剌合蠻等製爲蜚語，欲以中傷此老臣者也。楚材有「寄德明」詩句云：「有道且同麋鹿友，談玄能說虎狼仁」（湛然居士文集卷六）。嗚呼！楚材之竟得以令終，僅矣！

如楚材所自言，事太祖太宗三十餘年，在如此繁複動盪之環境下，彼果以何種力量能長期支撐此局面，且究竟不無建白耶？楚材蓋「幼而學儒，晚而喜佛」者（西遊錄卷下。㉟）。湛然居士文集卷六有「寄用之侍郎」詩，其小序云：「用之侍郎遺書，誡以無忘孔子之教。予謂窮理盡性，莫尙佛法；濟世安民，無如孔教。用我則行，宣尼之常道；舍我則樂，釋氏之眞如；何爲不可也？因作詩以見意云」，是儒、佛同於楚材有影響者也㊱。楚材撰「萬松老人評唱天童覺和尚頌古從容菴錄序」，言其初從燕京聖安寺澄和尚，繼侍萬松之經過云：

昔予在京師時，禪伯甚多。惟聖安澄公和尙，神氣嚴明，言詞磊落。予獨重之，故嘗訪以祖道，屢以古昔尊宿語錄中所得者扣之。澄公間有許可者，予亦自以爲得。及遭憂患以來，功名之心束之高閣，求祖道愈亟，遂再以前事訪諸聖安。聖安翻案不然所見，予甚惑焉。聖安從容謂予曰：「昔公位居要地，又儒者多不諦信佛書，惟搜摘語錄，以資談柄，故予不敢苦加鉆鎚耳。今揣君之心，果爲本分事以問予。予豈得猶襲前衍，不爲苦口乎？予老矣，素不通儒，不能教子。有萬松老人者，儒釋兼備，宗說精通，辯才無礙，君可見

之。」予既謁萬松，杜絕人迹，屏斥家務，雖祁寒大暑，無日不參。焚膏繼晷，廢寢忘飡者幾三年。（湛然居士文集卷八）

萬松即萬松行秀，雪巖滿法嗣，金末曹洞宗之龍象也。楚材之外，李純甫（屏山）固曾皈依，而元初主持著名僧寺者如福裕、至溫、從倫，亦其弟子㊲。楚材譽萬松於宗門中能綜各家之長：「決擇玄微，全曹洞之血脈；判斷語緣，具雲門之善巧；拈提公案，備臨濟之機鋒，潙仰、法眼之爐韛，兼而有之，使學人不墮於識情莽鹵廉纖之病。」（萬松老人萬壽語錄序，同前，卷十三）斯言或非過譽。楚材「釋氏新聞序」云：

昔仰嶠叢林，爲燕然之最。主事僧輩歷久不更，執權附勢，搖動住持人。泰和中（按，金章宗時，一二〇一——〇八）本寺奏請萬松老人住持，上許之。萬松忻然奉詔。人或勸之曰：「師新出世，彼易師之生少，彼不得施其欲，必起風波。無遺後悔乎？」師笑而不答。既住院，師一遵舊法，無所變更，惟拱默而已。夏罷，主事輩依例辭職。師因其辭也，悉罷之。師預於衆中詢訪耆德爲衆推仰者數人，至是咸代其職。積歲頹風一朝頓革，遠近翕然，稱吾師素有將相之材矣。（同前，卷十三）

秀和尚之所爲，或有謂爲其中有殺活手段者。然其爲湛然居士集作序，則言湛然居士年二十七，受顯訣於萬松：

其法忘死生，外身世，毀譽不能動，哀樂不能入。

湛然集中卷二「和裴子法韻」末四語云：

贈君一句直截處：祇要教君能養素，但能死生榮辱哀樂不能羈，存亡進退盡是無生路。

此意境亦非後世佐世祖諸賢所能至者也。㊳

愚論耶律楚材之事竟，自太宗朝以至世祖中統之末（一二六三）三十餘年間，其擾攘之局勢及中原士人之心情亦大抵如是；其後更開三十年，則世祖前至元之局也。至元前後漢、南人之當政及與聞文治者，近賢頗有論列㊴，其中頗多析論，爲此文所不及。若欲知其略，則劉秉忠、張文謙（兩人皆邢州人，且同學，並見元史及新元史卷一五七）、張易、王恂（元史卷一六四，新元史卷一七一恂傳；參看同卷郭守敬傳。守敬之祖父郭榮命守敬從秉忠學，劉及二張並王恂俱同學也）、竇默、姚樞（並見元史卷一五八，新元史卷一五七）、許衡（元史卷一五八，新元史卷一七〇）、楊惟中（元史卷一四六，新元史卷一三三。惟中曾在乃馬眞稱制後代楚材爲中書令，又嘗偕姚樞覲太宗於和林）諸人，皆當時重要之知識份子。觀夫諸人之活動，亦可知彼時朝野間之休戚興替，與一般人士之想法。其中更有不可徒用僩單之是非觀念論列者，如史言竇默曾面斥王文統久居相位必禍天下而薦許衡，見兩元史默傳，檢元史卷一二六、新元史卷一五五廉希憲傳，則知薦王文統者劉秉忠、廉希憲、張易。竇、劉諸人皆史所謂廟廊之臣也。舉此一例，以見衡量當時人事臧否之難。劉秉忠等舉文統爲人材，蓋對世祖伐宋圍鄂州時（一二五九）問安得如賈似道者而用之之言，未必不能知文統之忌刻（新元史卷二二二文統傳）。文統終以通山東李璮反事被誅，元史入叛臣傳，世祖且因文統之變，而疑儒生不可用。覈其實，則至元八年（一二七一）以後之建國號，改官制，以及若干行政系統之改進，亦可謂漢化之漸，而上述諸人，皆頗與有力焉者也。雖然，此一時期之漢化，主要者爲先正其名，俗語所謂留得青山在，不怕沒柴燒者，亦即此意，於是若干去皮存骨之儒教化新猷，其與軍政大局無害者，亦逐漸與若干蒙古習慣之措施，互重平行。及其至也，則少數之蒙古人亦有醉心中原傳統文化者。然吾人如謂此類漢化之成就，概爲歷史上中原文化數千年來積蘊深厚之力量，足以吸引統治當局之傾慕，則未免貪天之功以爲己功，更忽視至元初諸賢之懷抱與其可以自見之業績者矣。許仲平（衡）固元初諸儒中之南人且老臣也。今請略述仲平祭酒之襟懷，以概其餘。

元初諸儒生，許衡、劉因、吳澄㊵之地位皆極重要。但許衡在政治上較有關係，劉靜修則不樂仕進而甘隱退，且嘗以文字諷許衡爲以術欺世及以術自免（見「退齋記」，收靜修先生文集卷十八），而吳澄則在學術上之貢獻較大，而於政治上之進退，則出入較少也。雖然，國族之念，今昔之感，誰不有之？耶律楚材「再用韻感古」句云：「宋朝南渡尤天水，遼室東傾罪海濱」（湛然居士文集卷三）已不無興亡之歎矣；吳文正集卷六十一「題宋列聖御容」且署「遺民之子吳澄」，卷六十「跋朱文公帖」（慶元乙卯致金華呂子約）云「覩夫天定勝人之所極，則安能不爲後世無涯之悲恨」，語尤明顯。許魯齋遺書（四庫珍本四集）所留文字無多，然亦有可供勾稽者，以其嘗立世祖朝，備位諮詢，頗有獻替可否之機會，而書中文字亦頗質直，或可供研史者玩當時廊廟間與經筵上之氣象也。

許衡爲儒生，其他在廟廊之上侃侃而談治道，退而上書數千百言論典章禮樂法度，三綱五常之教者亦爲儒生（元史卷一五七劉秉忠傳）。雖然，在元代世主之心目中，所謂儒生者果爲何如人耶？高智耀爲河西人，世仕夏國，登夏國進士。太宗時曾訪求河西故家子女之賢者，衆以智耀對，智耀不許，遽辭歸。皇子闊端（太宗次子）鎮西涼，儒生「皆隸役。智耀謁藩邸，言儒者給復已久，一旦與廝養同役，非便，請除之。皇子從其言。」（元史卷一二五智耀傳）史又言：

憲宗（蒙哥）即位（一二五一），智耀入見，言「儒者所學堯、舜、禹、湯、文、武之道，此古有國家者，用之則治，不用則否。養成其材，將以資其用也。宜蠲免徭役以敎育之。」帝問：「儒家何如巫醫？」對

曰：「儒以綱常治天下，豈方技所得比？」帝曰：「善，前此未有以是告朕者。」（同前）

前文愚曾言蒙古南下軍中求儒道釋醫卜者（元史卷一五八姚樞傳）。巫、醫在蒙古國俗中地位非低，而西番喇嘛教之莊嚴寶相此時亦漸爲蒙古當局者所崇奉膜拜，則置儒、道於其列亦不能逕謂爲侮慢。然推其所奉，則以儒門之觀點言之，此實以一千七百年來家絃戶誦禮義衣冠之傳統文化，降黜而僅視爲同於若干種宗教信仰中之一支，即使其爲一枝葉條暢欣欣向榮之一支，亦且不甘承受，況且下同於巫醫，而巫醫在孔門中人眼光中之地位決不如蒙古國俗之崇者乎？雖然，儒生而能脫俘籍免役，固計之得㊶，而衣食迫人，在儒之傳統地位在新朝未能完全恢復以前，苟仍能歆動人主嚮往之興趣，使得部分的在建制上維持儒生過去之地位，例如禮樂、學校、選舉（科舉）以及「我愛其禮」之經筵、祭祀之類門面貨，以漸進於參政論道之坦途，又誰敢謂其非名存即實存乎？故儒門此時之所當爭者，處處爲其在宗法封建制度之下向來參與政治之尊榮，其學爲修、齊、治、平之學，其道爲放諸四海而皆準之道，然無與於祈福延壽等宗教性之慣習也。惟世主之意態既仍爲宗教的，而不能對儒家作進一步之瞭解，則儒教亦非與宗教之一面（如禮儀祭祀）完全絕緣，即在某種程度下對統治階層作宗教性之妥協，於實際亦無大礙。例如元好問（元裕）於耶律楚材已在太宗朝任中書令三年之後（癸巳，一二三三）曾上書楚材，請對若干生活困難之儒生，加以援手，略云：

誠以閣下之力，使脫指使之辱，息奔走之役，聚養之，分處之，學館之奉不必盡具。饘粥足以糊口，布絮足以蔽體，無甚大費。然施之諸家，固已骨而肉之矣。他日閣下求百執事之人，隨左右而取之，衣冠禮樂，紀綱文章，盡在於是。將不能少助閣下蕭〔何〕、曹〔參〕、丙〔吉〕、魏〔相〕、房〔玄齡〕、杜〔如晦〕、

姚〔崇〕、宋〔璟〕之功乎？（「癸巳歲寄中書耶律公書」，遺山先生文集卷三十九）

此書之前半固已淒楚，然讀其後半，培養儒生，即所以爲國家培植領袖人材，其意呼之欲出。更推廣此義，如將全國儒生在精神上集合爲一至大之儒教團體，而乞政治當道爲之護法，一如佛教之有活佛、國師，道家之有玄教大宗師，惟此儒教之大領袖將爲身任征服者之人主，其地位尤高於活佛與天師，實爲在此現實世界上具有最高無上生殺予奪之威權者，則此芸芸羣生之前途與生計，豈不更有安全之保障與日見尊寵之地位乎？張德輝於金亡後北渡，從史天澤。元史卷一六三張德輝傳記世祖於丁未年（定宗二年，一二四七）曾在潛邸召見之，討論儒教之道，德輝並舉薦魏璠、元裕、李治等二十四人。次年春釋奠，德輝又致胙於世祖，史稱：

世祖曰：「孔子廟食之禮何如？」對曰：「孔子爲萬代王者師。有國者尊之，則嚴其廟貌，修其時祀。其崇與否，於聖人無所損益，但以此見時君崇儒重道之意何如耳。」世祖曰：「今而後此禮勿廢。」……壬子（憲宗二年，一二五二），德輝與元裕北覲，請世祖爲儒教大宗師，世祖悅而受之。因啟累朝有旨蠲儒戶兵賦，乞令有司遵行，從之。仍命德輝提調眞定學校。世祖即位，起德輝爲河東南北路宣撫使。

元統三年即後至元元年（一三三五），歐陽玄奉勅撰許衡神道碑，賜其子師敬，仍述及世祖爲儒教大宗師一事，蓋儒門得意之筆也。其言曰：

世祖龍潛，諸儒請上其號，曰儒教大宗師。嗚呼！漢、唐、宋創業之主，烏得而有是號哉？此天以道統屬之世祖也。先生出際斯運，一時君臣心以堯舜爲心，學以孔、孟爲學。（魯齋遺書卷十三）

許衡於世祖未即位前曾任懷孟路提學，世祖即位後許衡到京師爲國子祭酒，以病辭歸，又返任，往返數次，至元八年爲集賢大學士國子祭酒，十三年兼領太史院事共王恂定新曆，終其身完全以老儒身分在朝廷服務。如前文所言，劉靜修曾譏諷許衡，而楊俊民（靜修之私淑弟子安熙之學生）作靜修祠堂記亦言「文正（許衡）得時行道，大闡文風，衆人宗之如伊、洛。先生斥之曰：『老氏之術也。』」（宋元學案卷九十一引），似乎許衡爲一伈伈睍睍之人。甚至讀魯齋遺書者，見至元三年（一二六六，蒙古元建國號之前五年）二月二十六日世祖在檀州北李家莊後山諭許衡之言（遺書卷七），亦可能懷疑許衡模稜兩可不盡其言之態度。蘇天爵元朝名臣事略卷八許衡傳引考歲略，紀錄上述之同一事件，謂世祖云：

竇漢卿（默）獨言王以道（文統），汝何爲不言？豈孔子敎法使汝若是耶？汝不遵孔子敎法自若是耶？

遺書更記載當時世祖告許衡云「是云是，非云非；可者行，不可者勿行」，而名臣事略更言世祖斥許衡云「謂汝言老未至老，謂汝言小不爲小」，其視許衡如童騃不明白事理之人，形情如畫。

大約因世祖之責備，是年四月許衡遂上陳時務五事：曰立國規摹，中書大要，爲君難，農桑學校，愼微。自言「自甲寅（一二五四）至今十有三年，凡八被詔旨」，而「國家自壬辰（蒙古圍汴，金主出奔之年，一二三二）以後，便當詢求賢哲，商論歷代創業垂統之宜，參酌古今，稍爲定制」，但實際上則「日習宴安，以爲不可，而其委任，又多殘民蠹國之流」。奏中痛斥「所委之人，唯能刻薄官民，阿附近要，肆爲欺蔽，竊據寵權，又烏知事之所以辦，民之所以安乎？自壬寅（蒙古入侵宋，渡淮，陷揚、滁、和、通州之年，一二四二）以後，民以困苦，至於己酉庚戌（一二四九——五〇），民之困苦極矣。虐政所加，無從控告。先皇帝（憲宗蒙哥）在潛，固知此弊，及其繼統，不惟不見黜逐，且遽復大權而委任之，於此見欺」。由此觀之，許衡亦非完全不說老實話之人也。其論政治制度之宜漢化，亦見立國規摹一節，兩元史皆載之，略云：

自古立國，有大規模。規模既定，然後治功可期。……前代北方之有中夏者，必行漢法，乃可長久。故後魏十六帝，百七十年；遼九帝，二百有八年；金九帝，百二十年，皆歷年最多。其他不行漢法，如劉、石、姚、苻、慕容、赫連等，專尚威力，劫持鹵莽，皆不過二三十年，而傾敗相繼。夫陸行宜車，水行宜舟，反之則不能行。幽燕食寒，蜀漢食熱，反之則必有變。以是論之，國家既自朔漠入中原，居漢地，主漢民，其當用漢法無疑也。然萬世國俗，累朝勳舊，一旦驅之從臣僕之謀，改就亡國之俗，其勢有甚難者。夫寒之與暑，固爲不同。然寒之變暑也，始於微溫，而熱，而暑，百有八十二日而寒始盡。暑之變寒，其勢亦然。是亦積漸之驗也。苟能漸之，摩之，待以歲月，心堅而確，事易而常，未有不可變者。以北方之俗，改用中國之法，非三十年不可成功。在昔平金之日，即當議此，顧乃遷延歲月，養成尾大之勢。祖宗失其機於前，陛下繼其難於後。雖曰守成，實同刱始，規模又難於曩時。惟亟亟講求得失而法戒之，不雜小人，不責近效，不恤流言，則周、漢不難復，遼、金不難躐也。（新元史卷一七〇許衡傳）

在漢地則行漢法，用漢法治漢民，而後統治之基始固。許衡所言從臣僕之謀，就亡國之俗，藉以略紓壬寅以來人民所遭劫難之痛苦，此蓋亡國士大夫之心聲，未可以虛憍僨張之情論之者也。

耶律楚材「過燕京和陳秀玉韻五首」（湛然居士文集卷三）其第三首下半云：「君子云亡眞我恨，斯文將喪是吾憂。尚期晚節回天意，隱忍龍庭且强留。」此隱忍强留之念，亦頗流露於許衡之言論中。如論語雍也有「予所否者，天厭之，天厭之」之言，許衡於講論中，試嘗論之，云：

聖人之心，固天地之心也。然其處事接物，必以禮義制之，初不問彼之天命何如也。若以孔子之不與者，遽爲天之所厭，則其說反似過高，而有難充其類者。如不見趙簡子（按，見史記孔子世家及家語困誓篇），而趙氏之世方興；請討陳恒（按，論語憲問），而陳氏之族方盛。若以趙氏田氏而爲不義，則可也；若遽以天厭言之，則有礙矣……應事接物，恐止以己義判之，不必要彼以天之厭不厭也。（遺書卷八，「論語『所否者』」）

以狹義的國族之義言之，蒙古元亦當時人民之「所否者」，而無力量遽爲否定之反抗之者也。逐漸使之漢化，使之尙同於義，爲此時朝廷士大夫階層所最腐心操慮之課題，而許衡與竇默、姚樞諸人所共懷者也。其與竇默之私函有云：

命之所在，時也；時之所向，勢也。勢不可爲，時不可犯，順而處之，則進退出處窮達得失，莫非義也。……或者橫加己意，欲先天而開之，拂時而舉之，是揠苗也，是代大匠斲也。揠苗則害稼，代匠則傷手。（遺書卷九，「與竇先生」）

王惲㊷秋澗先生大全集卷四十五「政問」，記王惲於至元九年（一二七二，即蒙古改國號爲元之次年）以御史滿秩，除平陽路判官，謁許衡。許告之曰：

臨政譬之二人對弈。機有淺深，不可心必於勝。因其勢而順導之，同僚間勿以氣類匪同而有彼此，或有扞格，當以至誠感發，無所爭矣。

因其事而順導之，即前引文所謂「順而處之」，「必以禮義制之」之義。此氣類匪同之同僚，蓋有左傳成公四年所謂非我族類者矣。以上皆可見許衡當時之作法及態度。

雖然，此時期之士大夫階層之所以敢於力勸行漢法，並對蒙古統治橫暴之行時作消極之抵抗者，則以當時上層社會中，除蒙古氏族受漢文教育者外，尚有若干漢化之色目人，遙爲之桴鼓之應也。高智耀事前已敘之矣，今更就此問題略舉其重要之人，如：

西夏：高智耀，已見前。

朶兒赤，「年十五，通古注論語、孟子、尚書。帝（太祖）以西夏子弟多俊逸，欲試之，召見於香閣。」（元史卷一三四朶兒赤傳）其父斡扎簀，世掌西夏國史，太祖時降蒙古。

李楨，西夏國族子，金末以經童中選。既長，入爲質子，侍太宗。太宗十年（一二三八）從大將察罕下淮甸，楨任軍前行中書省左右司郎中，「奏尋訪天下儒士，令所在優贍之。」（元史卷一二四楨傳）

康里：

不忽木，祖上世爲康居部大人，其父燕眞六歲時即爲蒙古所虜，遣侍世祖於藩邸。世祖即位不久，燕眞卒，不忽木「給事裕宗（按，眞金）東宮，師事太子贊善王恂。恂從北征，乃受學於國子祭酒許衡，日記數千言，衡每稱之，以爲有公輔器。世祖嘗欲觀國子所書字，不忽木年十六，獨書貞觀政要數十事以進。帝知其寓規諫志，嘉歎久之。」（元史卷一三〇不忽木傳）至元十三年（一二七六）不忽木與國子同舍生堅童（按，闊闊之子，見後）、太答、禿魯（按，疑即元史卷一三四之禿忽魯）等上疏，列舉魏道武帝、晉武、隋文、唐高祖、太宗、高宗振興儒學之業績，繼言「臣等嚮被聖恩，俾習儒學。欽惟聖意，豈不以諸色人仕宦者常多，蒙古人仕宦者尚少，而欲臣等曉識世務以任陛下之使令乎？然以學制未定，朋從數少。譬猶擇嘉禾於數苗，求良驥於數馬，臣等恐其不易得也。爲今之計，如欲人數衆多，通習漢法，必如古昔徧立學校然後可。若曰未暇，宜且於大都弘闡國學，擇蒙古人年十五以下十歲以上質美者百人，百官子弟與凡民俊彥者百人，俾廩給各有定制；選德業充備足爲師表者，充司業、博士、助教而教育之……爲之講解經傳，授以修身齊家治國平天下之道。其下復立數科，如小學、律、書、算之類，……仍以義理爲主，有餘力者聽令學作文字……數年以後，上舍生學業有成就者，乃聽學官保舉：蒙古人若何品級，諸色人若何仕進……其終不可教者，三年聽令出學……續立郡縣之學，求以化民成俗，無不可者。」（卷一三〇）文末更請世祖「下臣此章，令諸老先生與左丞，王贊善等商議，條奏施行。」（同上）按，元史卷八十一選舉志一，至元七年（一二七〇）有侍臣子弟十一人入學時之國子學，其中童子四人從王恂，不忽木或即其一。王贊善即王恂，至元十三年左丞之名，疑爲闊闊，宰相年表失考。

禿忽魯，康里亦納之孫，亞禮達石第九子。「自幼入侍，世祖命與也先鐵木兒，不忽木，從許衡學。帝一日問其所學，禿忽魯與不忽木對曰：『三代治平之法也！』帝喜曰：『康秀才，朕初使汝往學，不意汝即知此！』……」（元史卷一三四禿忽魯傳）

畏吾：

布魯海牙，畏吾人。曾拜肅政廉訪史，命下，其子希憲適生，故子孫皆姓廉。（見元史卷一二五布魯海牙傳）「希憲篤好經史，手不釋卷。一日，方讀孟子，聞召，急懷以進。世祖問其說，遂以性善義利仁暴之旨對，世祖嘉之，目曰廉孟子，由是知名。」（卷一二六希憲傳）此時世祖或尙爲皇弟，廉希憲大約年亦不到二十。希憲「暇日從名儒若許衡，姚樞輩，諮訪治道，首請用衡提舉京兆學校，教育人材爲根本計。」（同上，希憲傳）

蔑里吉氏：

闊闊，本蔑里吉氏部族，爲蒙古族部落之一，後舉族內附。「世祖居潛邸，選闊闊爲近侍。歲甲辰（一二四四，乃馬眞后稱制之第三年），世祖聞王鶚賢，避兵居保州，遣使徵至，問以治道。命闊闊與廉希憲皆師事之。……歲庚戌（一二五〇，憲宗即位前一年），憲宗復召鶚至和林，仍命闊闊從之。」（元史卷一三四闊闊傳）

闊闊之子堅童，「甫十歲即從王鶚遊，既長，奉命入國學，復從許衡遊。」（同上）

蒙古人中，闊闊、堅童等人外，世祖之子眞金，嘗從姚樞，竇默，王恂，見元史卷一一五裕宗傳，新元史卷一一三皇太子眞金傳。元史云「〔至元〕二十二年（一二八五）以長史耶律有尙爲國子司業。中庶子伯必以其子阿八赤入見〔太子，太子〕諭令入學，伯必即令其子入蒙古學。逾年，又見太子。〔太子〕問讀何書？其子以蒙古書對。太子曰：『我命汝學漢人文字耳，其亟入冑監！』」事甚有趣，亦足見眞金之確乎樂從漢南儒士遊也。按，眞金卒於至元二十二年十二月，此處逾年之說恐誤。元史卷一四三巙巙傳（不忽木之子）記順帝時康里巙巙追述所聞太子眞金及世祖樂近儒生之逸事，娓娓不倦如面談：

達官有怙勢者言曰：「儒有何好，君酷愛之？」巙巙曰：「世祖以儒足以政治，命裕宗學於贊善王恂。今秘書所藏裕宗倣書，當時御筆於學生之下親署御名習書謹呈，其敬愼若此。世祖嘗暮召我先人，坐寢榻下，陳說四書及古史治亂，至丙夜不寐。世祖喜曰：『朕所以令卿從許仲平學，正欲卿以嘉言入告朕耳！卿益加懋敬，以副朕志。』今汝言不愛儒，寧不念聖祖神宗篤好之意乎？且儒者之道，從之則君仁臣忠，父慈子孝，人倫咸得，國家咸治。違之，則人倫咸失，家國咸亂。汝欲亂而家，吾弗能禦。汝愼勿以斯言亂我國也。儒者或身若不勝衣，言若不出口，然腹中貯儲有過人者，何可易視也？」達官色慚。

然於許衡關係最深，且能支持許衡使能以儒生老臣處朝廷上不致隕越者，安童也。安童爲木華黎四世孫，霸突魯之長子（元史卷一二六安童傳，㊸）。世祖時，安童有年少老成之譽。至元二年（一二六五）十月：

召許衡至〔京師〕，傳旨令衡入〔中書〕省議事，衡以疾辭。安童〔時任中書右丞相〕即親候其館，與語良久。旣還，念之不釋者累日。〔至元〕三年，帝諭衡曰：「安童尙幼，未更事，善輔導之。汝有嘉謨，當先告之以達朕，朕將擇焉。」衡對曰：「安童聰敏，且有執守，告以古人所言，悉能領解。臣不敢不盡心，但慮中有人間之，則難行；外用勢力納人其中則難行。臣入省之日淺，所見如此。」四年三月，安童奏內外官須用老成人，宜令儒臣姚樞等入省議事。帝曰：「此輩雖閒，猶當優養。其令入省議事。」（元史安童傳，參看新元史卷一一九。）

安童卒於至元三十年（一二九三），年四十九。用舊曆推，當生一二四五（定宗立前一年），則至元二年時安童年甫冠，長宿衞又向喜共老成人語，宜其親近許、姚諸人。至元二年在建國號元之前不過數年，而姚樞輩世祖尙視之爲閒員，其最初未能完全傾倒於儒敎可知，許衡所言漸之摩之，待以歲月之術，亦正猶昔人之所謂浸潯衍益，苟假以時日，未必定無補益耳。元史卷六世祖紀三：「安童言：比者省官員數，平章左丞各一人。今丞相五人，素無此例。臣等議擬設二丞相，臣等蒙古人三員；惟陛下所命。詔以安童爲長，史天澤次之，其餘蒙古、漢人參用，勿令員數過多。又詔宜用老成人如姚樞等一二員，同議省事。」並可參。讀此可見姚、許等人在此時期似居高位，實僅備員。然雖備員，未必毫無識見，納之固可稍收輔弼之用。是則蒙古、色目諸人之有眼光有見識者如安童等之所爲，固可謂器度宏遠，能有開濟之心者矣。元史卷一一二宰相年表一云至元二年置丞相五人，三年亦五人，爲安童，忽都察兒，史天澤，耶律鑄及伯顏。許衡於至元三年在檀州爲世祖面質時，第言「安童聰悟，且有執持，告之古人言論，悉能領解，臣所以知者盡告之」（魯齋遺書卷七），與安童傳所記，語氣頗有出入，疑遺書所叙或更近實耳。

安童後仍爲姦人所讒構，未悉展其所長。然至元時期儒臣之聘用，制度之興革，隱約間爲漢化之助力者，蒙古色目少數知中原文化之爲可用者實居其功；漢、南人之努力，亦所謂七年之病求三年之艾也。許衡至元十八年（一二八一）卒，仁宗皇慶二年（一三一三）從祀孔廟，然後世尚有議之者。偶讀朝鮮許篈於明萬曆二年甲戌（一五七四）以書狀官隨使者入中國，其六月二十七日日記記其在遼陽館舍共生員賀盛時姚繼孝辯論許魯齋、劉誠意〔伯劉基〕二人優劣，明士人頗祖劉而短許。許篈云：

> 魯齋之時，天地易位，人類將滅。苟無魯齋扶持之力，則民其魚肉矣，豈有今日哉？（荷谷先生朝天記上，葉五十五。㊹）

荷谷之言，不惟魯齋，元初漢、南人儒生老臣皆可以當之。

四　論漢化究竟有若干成效

元代漢化措施之表面者，其最顯著者爲尊孔：如設國子監；蒙古、色目人入漢國子學；衍聖公之封典；禮樂祭祀之採用；孔、顏、孟子後裔之教育並授官職；孔子之父母封王，顏、曾、思、孟、二程俱封公；宋儒及許衡從祀孔廟等，不一而足。試檢元代世祖以下九帝本紀，並可發見若干其他附麗之事，如鄉縣學，文廟之興建恢復之類。猗歟盛哉，是眞文教之邦也！然夷考其實，則元代亦尊崇其他各種宗教。釋教中之喇嘛密宗，道教中之全眞，正一及其他派別，畏吾兒僧，也里可溫，答失蠻，頭陀禪，白雲宗，皆長期或至少有一時期在國家優容之列，儒教未嘗獨尊。儒門本非宗教，此對憲宗、世祖等人似皆未易詳細辨別。世祖在朝久，又頗用儒臣，時有令「儒臣老者同議」之溫諭。然於佛教不辨「宗」、「教」，常持重教而輕禪之態度，此固曾引起對江南禪寺之若干干擾，而徒單公履因欲奏行科舉，遂言「科舉類教，道學類禪」，以冀世祖之贊助科舉而重開士人入仕之途徑（元史卷一四八董文忠傳），結果又反使世祖對儒生之事引起若干程度之懷疑。

世祖既經常與中原儒臣相處，左右亦不無其他蒙古、色目通中國典籍之人，其本人對漢民族悠久之文化，宜有若干程度之了解；惟此了解自尚欠深刻，且不能觸及比較抽象及有相當高度理念之事物，如續指月錄卷四、佛祖歷代通載卷二十二所記徑山寺雲峯妙高在世祖前共仙林所作之辯論，疑皆不了了之，無法遽爲作是非曲直之判斷。惟對僧人爭廟產護祖庭之事，以及較早與西番僧有聯絡之中原一部分僧衆對南方收復地區各禪寺之壓迫，不能不表示關懷與安撫耳。雖然，就其個人能力範圍內言之，世祖固亦常追求漢族文化之知識者：

〔中統〕四年（一二六三），世祖問堯、舜、禹、湯為君之道。〔徐〕世隆取書所載帝王事以對。帝喜曰：「汝為朕直解進讀，我將聽之。」書成，帝命翰林承旨安藏譯寫以進。（元史卷一六〇徐世隆傳）

〔焦養直〕入侍帷幄，陳說古先帝王政治，帝聽之每忘倦。嘗語及漢高帝起自側微，誦所舊聞。養直從容論辨，帝即開納，由是不薄高帝。（卷一六四焦養直傳）

〔至元五年十月〕庚寅，敕從臣禿忽思等錄毛詩、孟子、論語。（卷六，世祖紀三）

〔至元十四年，翰林待制王思廉〕嘗進讀通鑑，至唐太宗有殺魏徵語，及長孫皇后進諫事。帝命內官引至皇后閤，講衍其說。后曰：「是誠有益於宸衷，爾宜擇善言進講，愼勿以瀆辭煩上聽也。」（卷一六〇王思廉傳）

不惟世祖也。即元代後世帝位之承繼者，其修養教導中亦包括一般漢族文化常識在內。世祖之嫡子皇太子眞金在東宮時，王惲撰承華事略二十篇以進（元史卷一六七王惲傳，參閱注四十二），可無論矣。史籍他處所見，如：

〔至元〕二十七年（一二九〇），隆福宮太后在東宮，以〔董〕文用舊臣，欲使文用授皇孫經，具奏上，以帝命命之。文用每講說經旨，必附以朝廷故事，丁嚀譬喩，反覆開悟，皇孫亦特加敬禮。（卷一四八董文用傳）

皇孫鐵穆耳即成宗，眞金之第三子。隆福太后即眞金太子妃，成宗之母，史稱徽仁裕聖皇后，本居舊太子府，成宗即位，改舊太子府為隆福宮，見元史卷十八成宗紀一。成宗所習者當為漢語漢文，蓋董文用漢人，嫻詞賦，且於至元元年在甘肅瓜沙等州時曾抗議軍隊之縱橫需索得罪諸王只必鐵木兒（闊端太子之子），高呼「我漢人生死不足計」者也。成宗時，「武宗、仁宗皆未出閣，徽仁裕聖皇后求名儒輔導」，李孟遂被薦爲太子師傅，見卷一七五李孟傳，所授當然亦是漢文。然宮廷講授亦有用蒙古語講故事者。如陳顥，清州人，「遊京師，登翰林承旨王磐、安藏之門。磐熟金典章，安藏通諸國語，顥兼習之。安藏乃薦顥入宿衞，尋爲仁宗潛邸說書。……仁宗奉母后出居懷、慶，顥從行」（卷一七七陳顥傳），則仁宗必蒙、漢兼采矣。在宮廷講書，其正式者，則謂之經筵。講經者多宿儒宏博，引經據典，無法不用漢文，然實際上往往蒙漢通譯，頗如今日上庠偶請外籍人士講演之用翻譯者然。元史卷一八一虞集傳云：

泰定初（約一三二四）……天子幸上都（開平），以講臣多高年，命集與集賢侍讀學士王結，執經以從。自是歲嘗在行經筵之制，取經史中切於心德治道者，用國語漢文兩進讀。潤譯之際，患夫陳聖學者未易於盡其要，指時務者尤難於極其情。每選一時精於其學者爲之，猶數日乃成一篇。集爲反覆古今名物之辨以通之，然後得以無忤。其辭之所達，萬不及一，則未嘗不退而竊歎焉。

朶爾直班爲木華黎七世孫，順帝時獨以經術侍帝左右。至正元年（一三四一）罷學士院，經筵亦歸翰林，仍命朶爾直班知經筵事。史稱：

是時康里巎巎以翰林學士承旨，亦在經筵，在上前敷陳經義。朶爾直班則爲翻譯，曲盡其意，多所啟沃。（卷一三九朶爾直班傳）

朶爾直班立朝，以扶持名教爲己任；薦拔人才，而不以爲私恩。留心經術：凡伊、洛諸儒之書，未嘗去手。……其在經筵，開陳大義爲多。間採前賢遺言，各以類次，爲書凡四卷……帝覽而善之，賜名曰治原通訓，

藏于宣文閣。（同前）

〔康里巙巙〕嘗以聖賢格言講誦帝〔文宗〕側，裨益良多。順帝即位（一三三三）之後，……思更治化，巙巙侍經筵，日勸帝務學，帝輒就之習授。……凡四書六經所載治道，爲帝紬繹而言，必使辭達，感動帝衷，敷暢旨意而後已。若柳宗元「梓人傳」，張商英「七臣論」，尤喜誦說。嘗於經筵力陳商英所言七臣之狀，左右錯愕，有嫉之之色。然素知其賢，不復肆愠。帝暇日欲觀古名畫，巙巙即取郭忠恕比干圖以進，因言商王受不聽忠臣之諫，遂亡其國。帝一日覽宋徽宗畫稱善，巙巙進言：「徽宗多能，惟一事不能。」帝問：「何謂一事？」對曰：「獨不能爲君耳！身辱國破，皆由不能爲君所致。」（卷一四三巙巙傳）

康里子山幼隸業國學，習儒術得許衡及父兄家傳，長襲宿衞，史稱其「風神凝遠，制行峻潔，望而知其爲貴介公子。其遇事英發，掀髯論辨，法家拂士不能過之」。卒於至正五年（一三四五），未及見廿餘年後元代之危亡矣。

順帝亦嘗命太子習漢文及畏吾兒文。元史順帝紀各條摘錄如下：

〔至正八年二月〕命太子愛猷識理達臘習讀畏吾兒文字。（卷四十一順帝紀四）

〔九年七月〕命太子愛猷識理達臘習學漢人文書，以李好文爲諭德，歸暘爲贊善，張仲爲文學。李好文等上書辭，不許。（卷四十二順帝紀五）

〔十月〕丁酉，命太子愛猷識理達臘自是日爲始，入端本堂肄業。命脫脫領端本堂事，司徒雅普化知端本堂事。端本堂虛中座以俟至尊臨幸，太子與師傅分東西向坐授書。其下僚屬以次列坐。（同上）

李好文力辭不獲，則取孝經、大學、論語、孟子、中庸爲摘要，又取史傳及先儒論說有關治體協經旨者，仿眞德秀大學衍義之例，成書十一卷，曰端本堂經訓要義，令太子習讀。又集歷代帝王故事百有六篇，以爲太子問安餘暇之助。又編歷代授受國祚久速治亂興廢爲一書，曰大寶錄；帝王是非善惡之所當法當戒者爲一書，曰大寶龜鑑，皆錄以進。（卷一八三李好文傳）然元史卷四十六順帝紀九，至正二十二年（一三六二）十二月，云：

皇太子常坐清寧殿，分布長席，列坐西番、高麗諸僧。皇太子曰：「李好文先生教我儒書多年，尚不省其義。今聽佛法，一夜即能曉焉。」于是頗崇尚佛學。

此末代太子習漢人文書之情況。其餘帝王勤惰不同，其漢文知識自亦各視其天分及培養之環境。㊺

帝王而外，其他貴冑廷臣之漢文知識，讀史者亦可稍加注意。蓋漢化必須有可以與爲善之人，苟習漢文之程度不足，自亦無心探求漢民族文化之底蘊，並一般生活習慣，亦未遑加之意。而漢、南人之於蒙古文字，其情形亦正相髣髴也。例如安童，前已叙其頗受許衡薰陶者，其漢文知識頗廣博，已可用之於政事。例如元史卷八世祖紀五，至元十年（一二七三）正月，赴安南使者還言安南國王陳光昞受詔不拜，中書省移文責問，其覆牒文字，見卷二〇九安南傳，略云：

比歲奉使還者言：王每受天子詔令，但拱立不拜。與使者相見或燕席，位加於使者之上。今覽來書，自謂「既受王爵，豈非王人乎？」。考之春秋，叙王人於諸侯之上。釋例云：「王人，蓋下士也。」㊻夫五等邦君，外臣之貴者也。下士，內臣之微者也。以微者而加貴者之上，蓋以王命爲重也。後世列王爲爵諸侯之尤貴者，顧豈有以王爵爲人者乎？王寧不知而爲是言耶？抑辭令之臣誤爲此言耶？至於天子之詔人臣當拜受，此古今之通義，不容有異者也。乃云「前奉詔書，『並依舊俗』」；本國遵奉而行，凡受詔令奉安於正殿而退避別室，此舊典也。」讀之至此，實頓驚訝。王之為此言，其能自安於心乎？前詔旨所言，蓋謂天壤之間，不啻萬國，國各有俗，驟使變革，有所不便，故聽用本俗。豈以不拜天子之詔而為禮俗也哉？且王之教令行於國中，臣子有受而不拜者，則王以為何如？

此處所謂考之春秋，蓋用莊公六年經「王人子突救衞」注疏釋經之義。子突乃微臣下士，經美之曰王人，蓋以王命為重。安南王所自謂王人，蓋自比人王，不惟强辭奪理，實不知經傳中另有王人一詞之涵義也。撰此覆牒者援用經義頗熟，其人定為安童，時為中書右丞相，而左相則忽都察兒也。然自安童以後，歷朝輔弼蒙古朝臣之通漢文者漸微，世臣子弟識漢字者亦少。朶爾直班前文已言其在經筵為翻譯，方其幼時，「年十四，見文宗。適將幸上都，親閱御衣，命錄于簿。顧左右無能書漢字者。朶爾直班引筆書之，文宗喜曰：『世臣之家乃能知學，豈易得哉？』命為尚衣奉御。」（卷一三九朶爾直班傳）阿魯圖為博爾朮四世孫，至正四年（一三四四）以脫脫辭相位，薦為中書右丞相，兼修遼、金、宋三史總裁。五年，三史成，「阿魯圖等既以其書進，……復與平章政事帖木兒塔識、太平上奏：『太祖取金，世祖平宋，混一區宇，典章圖籍皆歸秘府。今陛下以三國事績，命儒士纂修，而臣阿魯圖總裁。臣素不讀漢人文書，未解其義。今者進呈，萬機之暇，乞以備乙覽。』……」（卷一三九阿魯圖傳）。然鐵木兒塔識尚曾補國子監諸生，伊、洛諸儒之書，深所研究者（卷一四〇鐵木兒塔識傳）；太平本係漢人，賜蒙古姓，而受業於趙孟頫、呂弼（同上，太平傳），自非不通漢文者。三史之修，漢、南人外，蒙古色目參與其役者尚有巙巙（卷一四三）、廉惠山海牙（卷一四五本傳）、泰不花（卷一四三本傳）、余闕（同前，本傳），雖其參加之時間及工作輕重殊難遽為質言，而各人之政治地位亦互異，要之，亦皆能讀漢籍者也。

欲求獲得中原漢族文化治術之精粹，能誦讀原書而外，翻譯固一重要傳遞知識之法門，其捷速於學習語文數倍。前文言世祖命安藏譯寫徐世隆所講古帝王爲君之道，即是譯文之一例。其餘之書，重要者如孝經：大德十一年（一三〇七）八月「辛亥，中書右丞孛羅鐵木兒以國字譯孝經進。詔曰：『此乃孔子之微言，自王公達於庶民皆當由是而行。其命中書省刻板模印，諸王而下皆賜之。』」（元史卷二十二，武宗紀一。此時成宗已崩，武宗當位。）大學衍義則爲朝廷所注意之另一著述。世祖爲親王時，已令「蒙古生十人從〔趙〕璧授儒書，勅璧習國語，譯大學衍義」（卷一五九趙璧傳）。武宗即位，弟仁宗爲皇太子。大德十一年六月「遣使四方旁求經籍，識以玉刻印章，命近侍掌之。時有進大學衍義者，命詹事王約等節而譯之。帝（按，仁宗）曰：『治天下此一書足矣。』因命與圖象孝經、列女傳並刊行賜臣下。」（卷二十四仁宗紀一）然至延祐四年（一三一七）四月，翰林學士承旨忽都魯都兒、迷失、劉賡等又譯大學衍義以進。仁宗覽之，「謂羣臣曰：『大學衍義議論甚嘉，其令翰林學士阿憐鐵木兒譯以國語。』」（卷二十六，仁宗紀三；四月係據新元史卷十七仁宗紀下）一書一譯再譯，不知是否仍爲節本。如係全譯，眞德秀此書共四十三卷，工作殊不簡單也。延祐五年九月，以江浙省所印大學衍義五十部賜朝臣（同上），則似係漢文原本。七年十二月，時仁宗已死，英宗在位，「翰林學士忽都魯都兒譯進宋儒眞德秀大學衍義。帝（英宗）曰：『修身治國，無踰此書。』賜鈔五萬貫」（卷二十七英宗紀一）；又以大學衍義印本，頒賜羣臣（同上）。此外，貞觀政要，資治通鑑，亦係帝王臣工佐治之要籍。元史卷一七九楊朶兒只傳言仁宗「讀貞觀政要，朶兒只侍側。帝顧謂曰：『魏徵，古之遺直也。朕安得用之？』……」，因而聽從朶兒只之言赦御史納璘言事忤旨之愆。仁宗又爲令譯此書之主動者。至大四年（一三一一）六月，時武宗已崩，仁宗「覽貞觀政要，諭翰林侍講阿林鐵木兒曰：『此書有益於國家，其譯以國語刊行，俾蒙古色目人誦習之。』」（卷二十四仁宗紀一）文宗至順三年（一三三二）四月，又「命奎章閣學士院以國字譯貞觀政要，鋟板模印以賜百官。」（卷三十六文宗紀五）元史卷一七二曹元用傳敘元用亦曾奉旨譯貞觀政要爲國語，書成行於時，其事大約在泰定、天曆間；則政要譯本曾流通可知也。資治通鑑則爲人注意者更早。元史卷一五三賈居貞傳，言中統三年（一二六二）居貞授中書左右司郎中，從世祖北征，每陳說資治通鑑。卷一五五史天澤傳云「天澤年四十，始折節讀書，尤熟於資治通鑑」。世祖共皇后議論通鑑故實，已見前引之王思廉傳。然元史中述及翻譯通鑑者，僅見於泰定四年（一三二七）六月，泰定帝紀二：「辛未，翰林侍講學士阿魯威，直學士燕赤等進講，仍命譯資治通鑑以進。」（卷三十）通鑑篇幅龐大，疑此或亦節譯也。

帝王貴冑之漢文知識，固有直接學習漢文及讀譯文兩方面，且其中一部分君主，可能有自行閱讀漢籍之能力，然翻譯文件之事，仍時時爲之；多數帝王仍賴讀譯文以明白事理，所謂自由瀏覽，時或未免增飾。如仁宗，出就傅甚早，愚嘗目爲可能蒙、漢兼采者，仍僅就大體而言。如元史仁宗紀一（卷二十四）：「帝諭集賢學士忽都魯都兒迷失曰：『向召老臣十人，所言治政，汝其詳譯以進；仍諭中書悉心舉行。』」此處所謂老臣十人，所操必漢語，或且夾方音。仁宗聽之未必能詳悉，其節略大概仍有傳譯之必要也。

在此數十年蒙古統治中國之時期內，世祖中統、至元之三十餘年間更較其他時間爲重要。在鞏固統治之方面言之，此爲一創業締造之時期，就漢化言之，則爲漢化萌芽之時期，且爲朝廷在制度及措施上，容納若干所謂「蒙古人未之知也」（世祖語）之政策及獻議之時期，而爲以後之逐漸漢化，闢一新道路。此漢化之過程非一坦途，乃一曲折繁複枝節橫生之道路，而爲之伐惡木，刈穢草，變榛莽爲路徑者，則中統、至元間若干漢人南人儒生之努力艱難困苦所獲致之結果也。雖其收獲並不甚大，然吾民得以蘇困生息，且在一般心理上影響蒙古人者，亦有數端，而制度方面之措施，特不過其迹而已。其一曰嗜殺心理之漸泯。兵凶戰危，凡有戰爭無不殺人者，而屠城之禍則蒙古軍隊所以威懾震撼人心無所不至者也。前文所叙姚樞於太宗七年在棗陽共軍帥辨論謂盡坑城中人民「非詔書意」，及烏古孫澤於至元十四年拔福建興化時告唆都之語，不過謀救濟於一時，未必遽能說動人主使能普遍的實行止殺之政策也。雖然，漸之一字，謂事物之有變移徐而不速，言之者鍥而不舍，而其收效遂竟達於人主之心，不啻自其口出，蓋於斯言可以證之矣。元史卷一五八姚樞傳云憲宗壬子（一二五二）夏，樞從世祖征大理，至曲先腦兒之地。「夜宴，樞陳宋太祖遣曹彬取南唐，不殺一人」。㊼此時世祖固已心動矣。至元間此類記載遂屢見：

〔至元十一年，一二七四，七月〕伯顏等陛辭，帝諭之曰：「古之善取江南者唯曹彬一人，汝能不殺，是吾曹彬也。」（元史卷八，世祖紀五；參看卷一二七伯顏傳。）

〔至元十二年四月，宋〕湖北制置副使高達……出降。……以高達爲參知政事，仍詔慰諭之。……〔五月〕庚辰，詔諭參知政事高達曰：「昔我國家出征，所獲城邑，即委而去之，未嘗置兵戍守，以此連年征伐不息。夫爭國家者，取其土地人民而已。雖得土地而無民，其誰與居？今欲保守新附城壁，使百姓安業力農，蒙古人未之知也。爾熟知其事，宜加勉旃！」（卷八，世祖紀五。）

〔至元十三年正月，宋潭州守將李芾、轉運使鍾蜚英、都統陳義力屈，皆自殺。〕其將劉孝忠以城降，諸將欲屠之。阿里海牙曰：「是州生齒數百萬口，若悉殺之，非上諭伯顏以曹彬不殺意也。其屈法生之。」復發倉以食饑者。（卷一二八阿里海牙傳。按，阿里海牙係畏吾兒人，爲貫雲石之祖父。）

〔至元十八年正月〕命日本行省右丞相阿嚟罕，右丞范文虎，及實都、洪茶丘等率十萬人征日本。二月，諸將陛辭。帝敕曰：「……朕聞漢人言，取人家國欲得百姓土地，若盡殺百姓，徒得地何用？……」（卷二〇八日本傳）

據伯顏傳阿里海牙傳所言，可見世祖已將他人獻議者之所云云，變爲其本人之言論，且嘗曉諭之於部將矣。阿里海牙所言姑屈法以生之，可知屠城仍爲蒙古舊制，此刻則逐漸改變，使用較和平之政策也。

前文已叙及天曆初中書省臣請以後有罪者勿沒人妻子之議（事在天曆元年十月，元史卷三十二，文宗紀一），事已制可，然實行仍有困難，其事至順帝至元初，可能仍行奴沒也如故。惟至元六年（一三四〇）九月丙寅，順帝確有「今後有罪者毋籍其妻女以配人」之詔（卷四十順帝紀三），此在元末方國珍起兵前八年，劉福通、徐壽輝等起兵前約十一年，其時其他方面之漢化趨勢亦在逐漸發展，蒙古之威力已漸殺，如違法籍沒之舉竟得以稍減，或者亦可謂非孤立性之事物。

罪人不孥，昉自極早之儒家思想。雖然歷史上之事例或有例外，然大體言之，此固傳統思想中較近民主之一點也。儒家之思想盛，而後此類意見得以深透入社會人心。而在儒教與佛道二教競爽之時際，孝道自亦成爲傳統社會禮法中極重大之一綱目。此孝經一書雖在元代學者（例如吳澄）之心目中，容有章句之失，而旣早在成宗大德間，政府曾以國字譯本頒賜諸臣㊽，加以民間通常禮俗中，不孝爲倫常上甚大之罪愆，而孝行則屢獲朝野之贊美表彰，寖假而此類遵守孝道之行爲，亦影響及於蒙古、色目，以及遼金後裔之所謂漢人。其事當伊始於元代中葉。

首曰父母喪丁憂。元史卷三十泰定帝紀二，致和元年四月㊾，「塔失帖木兒，倒剌沙請凡蒙古人色目人效漢法丁憂者，除名。從之。」（參看新元史卷十九）此政府禁蒙古、色目人爲公務員者用漢俗也。度在此以前，漢、南人風俗必已有蒙古、色目人遵守之者，始有此禁令。然同年改元天曆後，十二月即有詔「蒙古色目人，願丁父母憂者，聽如舊制。」（卷三十二文宗紀一。）次年，即天曆二年（一三二九）又有詔云「蒙古色目人願丁父母憂者聽。」（卷八十三選舉志三。）順帝元統二年（一三三四）六月，「詔蒙古、色目人行父母喪」（卷三十八，順帝紀一；參看卷八十一選舉志一。）是守制之事由禁止而聽任，更由聽任而至由當局提倡矣。未足十年，而變化之烈如是。

丁憂者有父母喪者也，父母在堂，則請假歸省承歡，唐時早有之，亦實行孝道之一端。文宗至順二年（一三三一）十二月，河南河北道廉訪副使僧家奴言：「古律諸職官，父母在三百里，於三年聽一給定省假二十日，無父母者五年聽一給拜墓假十日。以此推之，父母在三百里以至萬里，宜計道里遠近定立假期，其應省覲匿而不省覲者坐以罪。若詐冒假期規避以掩其罪，與詐奔喪者同科。」帝命「中書省禮部刑部及翰林集賢奎章閣議之。」（卷三十五，文宗紀四）僧家奴之奏章，言「自古求忠臣於孝子之門」。其事似無下文，但卷八十三選舉志三，至大三年（一三一〇）詔早有「銓選官員，父母衰老，氣力單寒者，得就近遷除」之言，而順帝至元四年（一三三八）正月，「詔內外廉能官，父母年七十無侍丁者附近銓注，以便侍養」（卷三十九，順帝紀二），又申前令。卷一〇二刑法志一，言「諸遠方官員，親年七十以上者，許元籍有司保勘，量注近闕便養，冒濫者坐罪。」然後者皆偏於法令，似不及僧家奴所言，饒有儒家意趣也。

守廬墓爲東漢以還民俗中一大事，然後世風氣已漓，亦不致有如漢時青州趙宣葬親不閉埏隧，居中行服二十餘年，而服中生五子之異聞。元史卷一九七孝友傳，色目、蒙古及遼金後裔中居喪廬墓者，乃有興中石抹昌齡，蒙古、色目氏納魯丁，赤思馬，改住，阿合馬，拜住，木八剌，玉龍帖木兒，鎖住，唐兀歹，晏只哥，李朶羅歹，塔塔思歹，畢也速答立迷裏氏等多人。各人皆少詳細事略，惟「至大間（一三〇八——一一）河中梁外僧親喪廬墓，兄那海爲奧魯官。自以嘗遠仕，不得養其親，即棄職，舉外僧代之。人稱外僧能孝，那海能義。」志又言「又有畏吾氏秋秋……皆以侍親不願仕」。案，侍親不仕，未必全出於儒家主張之薰陶，惟廬墓自爲儒教提倡之一端。

蒙古舊俗乖倫常，前已論及。元史卷一八七烏古孫良楨上疏，以「國俗：父死，則妻其從母，兄弟死則收其妻，父母死無憂制」，遂言「綱常皆出於天而不可變，議法之吏乃言國人不拘此例，諸國人各從本俗。是漢、南人當守綱常，國人、諸國人不必守綱常也。名曰優之，實則陷之。外若尊之，內實侮之。推其本心，所以待國人者，不若漢、南人之厚也。請下禮官有司及右科進士在朝者會議，自天子至於庶人，皆從禮制，以成列聖未遑之典，明萬世不易之道。」此疏大約上於順帝至正四年（一三四四）之前，疏上，不報。（參看新元史卷一七三本傳）然後至元六年（一三四〇）七月，先有禁色目人勿妻其叔母之詔，十一月「監察御史世圖爾言，宜禁答失蠻、回回、主吾人等叔伯爲婚姻」（卷四十順帝紀三），同年九月，又曾有「今後有罪者勿籍其妻女以配人」之詔，前文已引及之，則知漢、南人牢不可破之綱常觀念，或已有影響及於「國人、諸國人」者矣。烏古孫良楨爲烏古孫澤之子，後者即前文世祖至元十四年在福建勸唆都勿屠城之女眞人。

烏古孫良楨之奏既未生效，其後至正十五年（一三五五），即朱元璋已渡江取太平，韓林兒稱帝之歲，正月又有大斡耳朶儒學教授鄭咺之建言。鄭咺言：「蒙古乃國家本族，宜教之以禮，而猶循本俗，不行三年之喪。又收繼、庶母、叔嬸、兄嫂，恐貽笑後世，必宜改革，繩以禮法。」不報。（卷四十四順帝紀七）惟卷一〇三刑法志二，有「諸漢人、南人，父歿，子收其庶母，兄歿，弟收其嫂者禁之」條，此指名爲漢、南人而設者。另有諸兄收弟婦，諸居父母喪姦收庶母者亦有禁條，則未言是否專指漢、南人。疑此可能亦禮不下庶人之反也。

蒙古、色目人既於此違禮悖法之行無禁，似乎在此一方面，可以免受漢化之影響矣。然而不然。亦有蒙古人之母爲漢婦者，如拜降母徐氏，盛年守節（卷一三一拜降傳）。守節亦有全非漢人者，如塔出卒年三十七，其妻「明理氏以貞節稱，旌其門閭」（卷一三五塔出傳）；阿沙不花（康里國人）繼室哥倫氏「寡居三十年，未嘗妄言笑，身不服華綵」（卷一三六阿沙不花傳）；拜住五歲而孤，其母「怯烈氏年二十二，寡居守節」（卷一三六拜住傳，拜住爲安童之孫）之屬，其中或間有個人的原因，然不能謂漢、南人禮俗於漠北西域毫無衝擊也。

即在蒙古人士中，亦偶有不幸罹籍沒或收繼之刼而抵死不從者，其事之一鱗半爪亦偶見諸史籍，入列女傳。蓋在情感上，其事多至難堪，而又無可避免，若全例以漢族文化之所謂殉節，吾人或亦未免有王仲任所謂「爲言不益，則美不足稱」之嫌。或可謂歷史上確曾有如此情形發生，而史書所載，則不過其輪廓而已。元史卷二百列女傳云：

貴哥，蒙古氏，同知宣政院事羅五十三妻也。天曆初（一三二八——二九），五十三得罪，貶海南，籍其家。詔以貴哥賜近侍卯罕。卯罕親率車騎至其家迎之。貴哥度不能免，令婢僕以飲食延卯罕於廳事，如厠自經死。

天曆朝僅二年。此條可證他處記載天曆間或有取消籍沒人妻子之議，果未嘗施行也。同卷他條云：

脫脫尼，雍吉剌氏，有色，善女工。年二十六，夫哈剌不花卒。前妻有二子，皆壯，無婦，欲以本俗制收繼之。脫脫尼以死自誓，二子復百計求遂。脫脫尼恚且罵曰：「汝禽獸行，欲妻母耶？若死，何面目見汝父地下？」二子慚懼謝罪，乃析業而居三十年，以貞操聞。

此條之時代失考。脫脫尼二繼子所欲行者，正當時所謂國俗，而脫脫尼至以禽獸行目之。然廟廊之上，經習儒術之臣多年之呼籲懇請尚未能去此一陋俗，則知兩種層次不同之文化之搏合，在武力高壓統治之下之困難，且此類行為，復甚有利於暴戾恣睢者之荒縱也。

元代之實行科舉考試，雖云係踵遼金時代之所行，然亦可謂為漢化之一端。且其間經過頗多困躓，不可不略述於此：

科舉之興，最早之要求蓋由於行政方面之需要。太宗時，耶律楚材條陳便宜，如言「郡宜置長吏牧民，設萬戶總軍」，蓋鑒於斷事官之驕橫與無行政效率。然太宗初之試儒士，主要者仍為課稅，兼及他務，而辦事時仍不免時與舊勢力相衝突者也。元史卷二太宗紀云：「九年（一二三七）……秋八月，命𢼸和納、劉中試諸路儒士，中選者除本貫議事官，得四千三十人」。卷八十一選舉志一則言「下詔令斷事官求忽解與山西東路課稅所長官劉中歷諸路考試……其中選者復其賦役，令與各處長官同署公事。得東平楊奐等凡若干人，皆一時名士，而當世或以為非便，事復中止。」卷一五三楊奐傳云「戊戌（太宗十年），太宗詔宣德稅課使劉用之試諸道進士。奐試東平，兩中賦、論第一，從監試官北上謁中書耶律楚材。楚材奏薦之，授河南路徵收課稅所長官，兼廉訪使。」觀於楊奐然所授之官職，與考試官之職位相埒，便知當時制度之紊，及楚材用才之亟。然奐言「願假以歲月，使得撫摩瘡痍，以爲朝廷愛養基本萬一之助」，則又知楚材選士之用心。楊奐於金末擧進士不中，在元初則賦、論俱魁，更可比較兩次考試項目之大致內容也。

選擧志一續云：「世祖至元初年，有旨命丞相史天澤條具當行大事，嘗及科擧，而未果行。四年（一二六七）九月，翰林學士承旨王鶚等請行選擧法，……以爲『貢擧法廢，士無入仕之階：或習刀筆以爲吏胥，或執僕役以事官僚，或作技巧販鬻以爲工匠商賈。以今論之，惟科擧取士，最爲切務。』帝曰：『此良法也，其行之。』中書左三部（按，吏、戶、禮）與翰林學士議立程式。〔鶚〕又請依前代立國學，選蒙古人諸職官子孫百人，專命師儒教習經書，俟其藝成然後試用，庶幾勳舊之家，人材備出，以備超擢。」（參看元史卷六世祖紀三）選擧志一又云：「十一年（一二七四）十一月，裕宗（眞金）在東宮時，省臣復啟云：『去年奉旨行科擧，今將翰林老臣等所議程式以聞。』奉令旨准蒙古進士科及漢人進士科，參酌時宜，以立制度。事未施行。」至二十一年（一二八四）九月，「丞相火魯火孫（和禮霍孫）與留孟炎等言：『十一月（按，月字疑誤）中書省臣奏，皆以爲天下習儒者少，而刀筆吏得官者多。』帝曰：『將若之何？』對曰：『惟貢擧取士爲便……。』帝可其奏。繼而許衡亦議學校科擧之法，罷詩賦，重經學，定爲新制。事雖未及行，而選擧之制已立。」（同上，選擧志一。）卷十三世祖紀十，二十一年十月云：「丁卯，和禮霍孫請設科擧，詔中書省議。會和禮霍孫罷，事遂寢。」至仁宗皇慶二年（一三一三）十月，「中書省臣奏：『科擧事世祖、裕宗累嘗命行，成宗、武宗尋亦有旨，今不以聞，恐或有沮其事者。夫取士之法，經學實修己治人之道，詞賦乃摛章繪句之學。自隋唐以來，取人專尙詞賦，故士習浮華。今臣等所擬，將律賦省，題詩小義皆不用，專立德行明經科，以此取士，庶可得之。』帝然之。十一月乃下詔。」（選舉志一，參看卷二十四仁宗紀一。）

由至元初發動，至皇慶幾五十年而後科舉始克設立者，其間主要之爭執爲辭賦與理學家所持經義之爭。玆篇所論側重其漢化之傾向，故不多涉及其他問題，然科舉之興，誠宋元理學家宗考亭（朱熹）者一派之勝利，則可以爲定論者也。科場每三年一次。皇慶三年（即延祐元年）八月考試，次年二月會試京師，蒙古色目人與漢、南人不同：蒙古色目人試四書五條，用朱註，爲第一場；又策一道，以時務爲題，至少五百字，爲第二場。漢、南人則第一場試四書三百字外，另有專一經五百字，詩經用朱註，尚書用蔡沈，周易用程、朱註，以上三經並可兼用古註。春秋用三傳及胡安國，禮記用古注疏。第二場試古賦，詔誥，章表，第三場策經史時務，需一千字。章表仍需四六文，參用古體，可能係理學派對辭賦派之妥協，然大體言之，蒙古、色目人應試者至少亦需習四書集註，故漢化者在政治觀點方面必常有同於經生，而通詩賦者則文字修養必更高，可進而爲文學彬彬之士矣。

會試成績蒙古、色目及漢、南兩榜分列，故俗有兩榜進士出身之諺。第一名進士及第從六品，第二名至二甲皆正七品，三甲正八品。蒙古、色目人願試漢人南人科目者，加一等注授，則爲漢文通順之非漢族儒士，其銓叙資格又稍勝。在全國範圍內先取鄉試中試者三百人，計蒙古、色目、漢、南各七十五人，皆有定額。會試取進士百人，蒙古、色目、漢、南人各得二十五人。此名額分配之大凡也。實際上則延祐二年僅取五十六名，其餘延祐五年（一三一八），至治元年（一三二一），泰定元年（一三二四），四年（一三二七），天曆三年（即至順元年，一三三〇），所取皆未及百名之數。元統元年癸酉（一三三三）爲唯一足額百名之一科，然其後三年遂又起波瀾，而興罷科舉之爭。

科舉成爲制度，漢、南人循此制度而入仕途者雖不太多，然得以進士薦者必爲高級知識分子，而蒙古、色目人之稍通漢文者因讀書及交往薰習之關係亦必與漢、南人儒臣接近，此在若干特權高張而不樂漢化之廷臣，往往易起反感，積漸遂有不能忍者。元史卷一四二徹里帖木兒傳云：

〔後至元〕元年（一三三五）〔徹里帖木兒〕拜中書平章政事，首議罷行舉，又欲損太廟四祭爲一祭。監察御史呂思誠等列其罪狀劾之，帝不允。

卷三十八順帝紀一言呂等十九人共劾之，帝「不聽，皆辭去，惟陳允文以不署名留。」卷一八五呂思誠傳則言「與斡玉倫徒等劾中書平章政事徹里帖木兒，變亂朝政。章上，留中不下。思誠納綬印殿前，遂出僉廣西廉訪司事。」元史續云：

詔徹里帖木兒仍出署事。時罷科舉詔已書，而未用寶。參政（按，參知政事）許有壬入爭之。太師伯顏怒曰：「汝風臺臣言徹里帖木兒耶？」有壬曰：「太師以徹里帖木兒宣力之故，擢寘中書。御史三十人不畏太師而聽有壬，豈有壬權重于太師耶？」伯顏意解。有壬乃曰：「科舉若罷，天下人才觖望。」伯顏曰：「舉子多以贓敗，又有假蒙古、色目名者。」有壬曰：「科舉未行之先，臺中贓罰無算，豈盡出於舉子？舉子不可謂無過，較之於彼則少矣。」伯顏因曰：「舉子可任用者，唯參政耳。」有壬曰：「若張夢臣、馬伯庸、丁文苑輩，皆可任大事。又如歐陽元功之文章，豈易及耶？」伯顏曰：「科舉雖罷，士之欲求美衣美食者，皆能自向學，豈有不至大官者耶？」有壬曰：「所謂士者，初不以衣食爲事，其事在治國平天下耳！」伯顏又曰：「今科舉取人，實妨選法。」有壬曰：「古人有言：立賢無方。科舉取士豈不愈於通事、知印等出身者？今通事等天下凡三千三百二十五名，歲餘四百五十六人。玉典赤，太醫，控鶴皆入流品。又路吏及任子，其途非一。今歲自四月至九月，白身補官受宣者七十二人，而科舉一歲僅三十餘人。太師試思之，科舉於選法果相妨耶？」伯顏心然其說，然其議已定，不可中輟。（卷一四二；參看新元史卷二一〇徹里帖木兒傳）

有壬與伯顏之爭，主要爲科舉進士之人奪去若干他人入仕之機會，其實此亦不過爲藉口。張夢臣即張起巖，延祐二年狀元（元史卷一八二），馬伯庸即馬祖常（元史卷一四三），馬世爲雍古部人，乃色目。歐陽元功即歐陽玄（亦見元史卷一八二）。有壬所舉知印、玉典赤（中書省掾屬之一）皆見百官志一；控鶴爲太子之衞隊，見卷八十九百官志五，卷九十九兵志二宿衞。太醫院散官如保和郎（正六品）、醫正郎（從七品），位置皆不高，而科舉出身之人，其官階與之相類，實未必有妨選法。有壬所論實至平允，故伯顏亦心然其說也。徹里帖木兒傳言徹里在江浙（新元史卷六十四言在河南）行省平章政事任上，「令行科舉，驛請考官供張甚盛，心頗不平，故其入中書，以罷科舉爲第一事。先論學校貢士莊田租可給怯薛衣糧，動當國者，以發其機，至是遂論罷之」，是其蓄憤已非一日。後至元元年十一月爭論科舉時左右丞相、平章政事、右丞無一漢、南人，左丞爲王結、耿煥，王時年老方養病（元史卷一七八結傳），耿煥是月方上任（參看元史卷一一三宰相年表下；煥傳見新元史卷一四三耿繼元傳），有壬爲參知政事，勢亦甚孤。惟呂思誠等十九人劾徹里帖木兒，同署者尚有斡玉倫徒，可見同情其想法者，亦不止一二漢、南人而已也。

元代科舉之得復，最初崇宋學者額手相慶。如鄧文原，主考江浙行中書省鄉試，以朱子當年所撰學校貢舉私議（朱文公文集卷六十九）揭示於門。（參看黃溍金華黃先生文集卷二十六，「文肅鄧公神道碑銘」。）程端禮讀書分年日程亦引朱子貢舉私議，「令應舉人每占兩家以上……將來答義即以本說爲主，而旁通他說，以辨其是非。則治經者不敢妄牽己意，而必有據依矣。」（卷三）後漸知其多弊端，且科舉所出人才並不盛。後至正六年（一三四〇）脫脫爲右相當國，詔始復行科舉。㊿至正二年（一三四二）廷試以後之情況，見元史卷九十二，百官志八選舉附錄。雖可謂爲制度漢化之進一步鞏固化，然不數年而戰亂頻仍，二十餘年後元室既屋，蒙古人之漢化問題其情形及需要又與以前相異矣。

五　論元代漢化成敗之關鍵

兩種不同文化，固可有比較，亦容有高下。然如以一種遊牧部落文化與城市鄉鎮之耕稼文化較，即使後者爲一吾人所謂封建宗法之社會，若以當時環境及生活條件言之，固可譬諸今日言未發展或落後國家之與現世紀末具有最進步之現代化機能之國家較也。此不待智者，亦知其漢化可以求進步。然而元代數十年間漢化之成就終於仍不如理想者，則其窒礙固有下列數端。

一曰制度實未嘗能漢化也。第從表面情形言之，蒙古元草創之際，萬戶掌軍旅，斷事官治政刑，課稅又有十路宣課司。金人來歸，行省元帥則以行省元帥授之。凡此之類，初尚未嘗創立一套合理及有系統層次之官制也。世祖以後，參用漢、南儒臣之建議，於是有近似中國舊制之官制及行政區畫。中書省有中書令（實不常設），下置右、左丞相，下爲平章政事，右丞左丞，更下爲參知政事，六部。又有尙書省，樞密院，御史臺，寺、監、衞、府之類。尙書省或設或廢，以其職掌權柄不清，故與中書時相衝突。外路則行省，行臺，宣慰司，廉訪司，以及路、府、州、縣亦自成一體系。（以上略據元史卷八十五，百官志一，參卷一一二——三宰相年表。）新元史卷五十五百官志一批評此一代制度之弊端，言：

至一事而分數官，一官而置數員。秩位濫於遙授，事權隳於添設，率大德（一二九七——一三〇七）之所增益，不盡爲世祖舊制也。

其實元代制度之最弊失者，爲自入侵以來，慣於治一事則成立獨立之差遣單位，包含此事之四面八方。如世祖至元十一年（一二七四）伯顏伐宋，行中書省於襄陽，尋以別將分省鄂州，爲荆湖等路行中書省（元史卷九十一，百官志七）。行中書省者，「凡錢糧兵甲屯積漕運軍國重事，無不領之。」（同上）至元二十年征日本，「命高麗王置省，典軍興之務」（同上），皆其例也。另一弊病，爲財賦收入，工業，亦可以各頭分管，中書未必能加控制。故中央政府所掌握者，實只一部分權力，其餘後來逐漸添上之機構，如儲政院、徽政院之類，其職掌工作之龐大皆形似一國家。至於以某種收入，或某一區某項利益賜某人者，亦爲置府（卷八十九，百官志五）。其以租稅收入爲皇室之揮霍，劃定某處爲某人湯沐邑之類而未必置府者，更早已有之。(51)

元代西番喇嘛敎之奉最盛，建佛寺亦各置權力獨尊之規運提點所，規運所，甚至鎭遏提舉司。田畝如劃定爲營寺之用，即設機構，既營其寺，又管其田。此類組織本身固極複雜，自然亦爲半獨立之單位。有時在一地區內，分劃若干部分歸不同機構管理，而地區之名相同，故名同而實異之機構甚多。有時又有名大於實者：如江淮等處財賦都總管府，實掌宋謝太后、福王獻產，及賈似道、劉堅之地（卷八十九，百官志五）；馬安山大峪寺石灰煤窰辦課，奉皇太后位下（同上）；鄂州等處民戶水陸事產提舉司，「掌太子位下江南園囿地土莊宅人戶」（同上）是。至治元年（一三二一）置承徽寺，「掌答兒麻失里皇后位下錢糧營繕等事」（卷九十，百官志六，參卷二十七英宗紀一）；至治三年置長寧寺，「掌英宗速哥八剌皇后位下戶口錢糧營繕等事」（同前）。天曆二年（一三二九）「立寧徽寺，掌明宗皇后宮事，以鈔萬錠、幣帛二千疋供后宮費用」（卷一一四后妃傳）。如此之類，有一機構即發展爲若干小單位，包攬多種事務，且常在同一地區內，與其他機構平行，與接爲搆，相亂相靡。

機構如此龐雜，控制指揮，自難如意。則所謂漢化之官制，乃有由以蒙古遊牧部落生活之構想而來之如許其他機構或駕凌而上之，或架牀疊屋。更如柯鳳蓀先生所言：「上自中書省，下達郡縣親民之吏，必以蒙古人爲之長，漢人南人貳之。終元之世，奸臣恣睢於上，貪吏掊克於下。痛民蠹國，卒爲召亂之階。」（新元史卷五十五，百官志一）。此制度之未臻理治者也。

二曰漢人南人活動實受限制也。早在至元初，雖有若干漢、南儒臣之活動，在制度上並非無限制。世祖至元二年（一二六五）二月，規定「以蒙古人充各路達魯花赤，漢人充總管，回回人充同知，永爲定制。」（元史卷六，世祖紀三）五年三月，又「罷諸路女直、契丹、漢人爲達魯花赤者。回回、畏兀、乃蠻、唐兀人仍舊」（同上）。茲更舉一二實例：董俊，眞定槀城人，蓋舉家皆曾獎王室者也。其子文炳以平宋功，至元十四年（一二七七）世祖委以「簽書樞密院事中書左丞」之任，敕云「中書省樞密院事無大小，咨卿而行」，其寵任可知。然文炳至大都，「更日至中書，不署中書案」（卷一五六董文炳傳）。蓋以其時平章政事阿合馬方恃寵用事，文炳漢人，懼讒行則身危也。至元十五年元兵征宋張世傑、帝昺海上，授張弘範蒙古漢軍都元帥。弘範陛辭，奏曰：「漢人無統蒙古軍者。」（卷一五六，弘範傳）弘範，張柔第九子。柔，易州定興人，本仕金，後降元，前文所叙之張珪則其孫也。此亦可覘其畛域鴻溝之畫分矣。

蒙漢限制之外，南北亦有區別。元史卷一七二程鉅夫傳言鉅夫於至元二十三年（一二八六）提議「御史臺，按察司並宜參用南北之人。帝嘉納之。二十四年立尚書省，詔以爲參知政事；鉅夫固辭。又命爲御史中丞。臺臣言：『鉅夫南人，且年少。』帝大怒曰：『汝未用南人，何以知南人不可用？自今省部臺院必參用南人。』遂以鉅夫仍爲集賢直學士，拜侍御史，行御史臺事。奉詔求賢於江南，初書詔令皆用蒙古字，及是，帝特命以漢字書之。」程鉅夫即程文海，其先自徽州徙郢州，後家建昌。其叔飛卿嘗以建昌城降，鉅夫入爲質子，頗爲世祖所賞。此條似見世祖之豁朗大度，實則反可說明蒙漢以至漢南人之別，在爾時情形下，殊無法泯除也。南人與漢人間亦時有隔分。元史卷一八一元明善傳言明善與虞集初相得甚驩，至京師，乃復不能相下。董士選（按，董文炳次子，有傳在元史卷一五六）自中臺行省江浙，二人送出都門外。董屬虞先還，明善更送至二十里外，入邸舍。董舉酒屬明善云：「復初（明善）與伯生（虞集）他日必皆光顯，然恐不免爲人搆間。復初中原人也。仕必當道。伯生南人，將爲復初推折。……」元明善大名清河人，其先蓋拓跋魏之裔。是蒙漢隔閡外，漢、南人又自爲障礙也。

元時大約蒙古人之外，漢、南人皆不得窺脫卜赤顏（Monggol-un niuča tobča'an）之內容，今所謂蒙古秘史是也。文宗至順二年（一三三一）四月，「奎章閣以纂修經世大典，請從翰林國史院取脫卜赤顏一書，以紀太祖以來事蹟。詔以命翰林學士承旨押不花，塔失海牙。押不花言脫卜赤顏事關秘禁，非可令外人傳寫，臣等不敢奉詔。

從之。」（卷三十五，文宗紀四）關限重重如是，欲其蒙古色目漢南之吻合，如水乳交融，何可得耶？順帝至正十二年，郭子興已舉兵據濠州，三月有旨云：「省院臺不用南人，似有偏負。天下四海之內，莫非吾民。宜依世祖時用人之法，南人有才學者，皆令用之。」卷九十二百官志八云：「自是累科南方之進士始有爲御史，爲憲司官，爲尚書者矣。」其實，如以制度爲漢化言之，元代蒙古之漢化，固有遜於遼、金，而漢人南人諸儒臣，及西域河西色目飽飫中原漢文化之諸人[52]在艱屯之環境下之布施，及其立意促其漢化以蘇民困解吾倒懸之懷，即在至元八年（一二七一）建國號曰元之詔書中亦可略窺其倪。蓋能取易經乾元之義，即隱含不廢六經，涵育漢文化之讀書種子。若「孚休惟永，尚不負於投艱」之言，當時之通事、譯史諸公，恐尚難洞悉諸儒臣之用心也。

眞西山之大學衍義，前已言在元時頗爲朝廷所賞。明邱仲深（濬）作大學衍義補，卷一四四「內夏外夷之限」條云：

國初平定，凡蒙古、色目人散處諸州者，多已更名易姓，雜處民間，……久之固已相忘相化，而亦不易以別識之也。唯永樂以來，往往以降夷寘之畿甸之間，使相羣聚，而用其首長。時有征討，起以從行，固亦賴其用矣。然而己巳之變（按，正統十四年（一四四九）瓦剌入寇，英宗親征，師潰被虜），虜犯近郊，其中亦有乘機易服以劫掠平民，甚至乃有爲虜嚮道者。此其已生之效，可爲明鑑者也。當是時臣親目覩其事。臣竊以爲晉之諸胡，經三朝歷數百年，尚不忘其故俗。況今入中國，未有百年，而其衣服語言，猶循其舊俗者乎？

邱瓊山之時，蒙漢民族間之關係，實已賓主易位。然亦可從知漢化之功未深，少數民族擾攘之危機，仍復存在。彼韃靼、瓦剌，蓋亦梁任公先生所謂「雖見擯出塞，猶能保持其特性」者也。㊿

附注：

①：白馬湩外，又有黑馬湩。元史卷一二八土土哈傳言土土哈之父班都察「率欽察百人從世祖征大理伐宋，以强勇稱。嘗侍左右，掌尚方馬畜。歲時挏馬乳以進，色淸而味美，號黑馬乳。因目其屬曰哈剌赤。」

②：羌人之俗亦有用羊髀卜者。元史卷一六七張庭珍傳附張庭瑞傳，羌「酋長棄槍弩羅拜曰：『我近者生裂羊髀卜之，視肉之文理何如，則吉其兆……』」，與拖雷之燒羊胛骨又有生熟之不同。

③：元史卷三十三，文宗紀二，天曆二年（一三二九）三月，「命明理董阿爲蒙古巫覡立祠」，疑即其事，歷兩載至此時而廟成。此類祠廟，當不止一處。

④：新元史文宗本紀中未言其事，惟卷九十八兵志一內言之，誤繫在天曆二年下，文字與元史此處所錄差同。惟新元史於正文之後，有夾行注引舊史本紀云云，謂與此處記載彼此牴牾，未知誰是。細檢元史天順二年或天曆二年，俱未見柯先生注引舊史本紀之文。柯注所云與此處牴牾之文字實出至順元年八月（卷三十四）。

⑤：元史卷一一四后妃傳太祖后部分最後云「其餘后妃有四斡耳朵四十餘人，不記氏族，其名悉見於表」。近歲

Morris Rossabi著「忽必烈可汗及其家庭內之婦女」(Khubilai Khan and the Women in His Family)一文，收Studia Sino-Mongolica (Festschrift fur Herbert Franke), Wiesbaden, 1979, pp. 153-180, 並有可參。

⑥：元史卷一八九儒學、趙復傳云：「太宗乙未歲命太子闊出率師伐宋，德安以嘗逆戰，其民數十萬皆俘戮無遺。時楊惟中行中書省軍前，姚樞奉詔即軍中求儒道釋醫卜士，凡儒生掛俘籍者輒脫之以歸，復在其中。樞與之言，信奇士。以九族俱殘，不欲北，因與樞訣。樞恐其自裁，留帳中共宿。既覺，月色皓然，惟寢衣在。遽馳馬周號積屍間，無有也。行及水際，則見復已被髮徒跣，仰天而號，欲投而未入。樞曉以徒死無益，汝存，則子孫或可以傳緒百世。隨吾而北，必可無他。復强從之。先是南北道絕，載籍不相通。至是，復以所記程、朱所著諸經傳註，盡錄以付樞。自復至燕，學子從者百餘人。」參閱陳榮捷「元代之朱子學」一文，收朱學論集，台灣學生書局，一九八二，頁二九九—三二九。此篇中文本係萬先法君譯稿，原作係英文，'Chu Hsi and Yüan Neo-Confucianism　收入 Hok-lam Chan and Wm. Theodore de Bary (ed.), Yüan Thought, Columbia University Press, 1982, pp. 197-231.

⑦：元史卷九十八兵志二宿衞云「……預怯薛之職而居禁近者，分冠服、弓矢、食飲、文史、車馬、廬帳、府庫、醫藥、卜祝之事，悉世守之。雖以才能受任，使服官政，貴盛之極，然一日歸至內庭，則執其事如故，至於子孫無改。非甚親信，不得預也」。此處所言「可自爲防」者，謂有親信子弟執事，馭之不難，可自爲防也。

⑧：木華黎之世系，略爲：其子名孛魯，孛魯有六子，長曰塔思，塔思有二子，次子爲霸都魯，即安童之父，其詳可看新元史卷一一九木華黎上。元史卷一一九誤記孛魯有七子，蓋誤竄霸都魯之名入其中，而於塔思死時，敘

「子碩篤兒幼，弟速渾察襲」，根本不見霸都魯名。其後又出霸突魯傳，爲安童之父，雖此卷卷首言安童爲木華黎四世孫，照其所記，實僅得三世；當從新元史。參閱下文注四十三。

⑨：蒙古遊牧民族心目中之英雄爲善射者，觀於元朝秘史中若干人之嘉名（綽號）常曰篾兒干（mergen），如豁里察兒・蔑兒干（Qorichar-mergen），孛兒只吉歹・蔑兒干（Borjigidai-mergen）之類，不一而足可知。（參看 Dr Igor de Rachewiltz 近歲之英譯 'The Secret History of the Mongols', Chapter One, Papers on Far Eastern History, 4, Department of Far Eastern History, Australian National University, Canberra, 1971, p. 118. 譯者更有 Index to The Secret History of the Mongols, Indiana University Publications, Uralic & Altaic Series, Vol. 121, 1972 一書，甚便檢查。）篾兒干之含義，西方學者多釋以「聰明的，技術高妙的」等美稱。姚從吾先生嘗撰「說元朝秘史中的篾兒干」一文（刊台北大陸雜誌第二十一卷第一、二期，又收入大陸雜誌社印遼金元史研究論集，史學叢書第二輯第三册，頁一六八—一七二），自元朝秘史中舉出若干例子加以推測，以爲在十三世紀時篾兒干之原有涵義，當爲「精巧的射手」或「能幹的善射者」，而「聰明」僅爲一種附帶之品性。愚於姚先生所作之推測，或不能完全釋疑，然姚先生文中曾舉元史卷一二四忙哥撒兒傳，言其祖父掬阿「精騎射，帝（按，太祖）甚愛之，號爲默爾傑，華言善射之尤者也」一條，則爲 mergen 指善射者之確證（元史譯文證補卷四朮赤補傳有默兒根，新元史卷一〇六朮赤傳有墨爾根，皆不同之音譯），實不假更求他處疑似之旁證也。此處所言元世祖愛舉弓矢之事爲喩，亦遊牧部族領袖崇拜善射者之一證。

⑩：參看元史卷一〇七宗室世系表，「察合台太子位」條下，卷一〇八諸王表，「越王」條。

⑪：至元二十年（一二八三）崔彧以刑部尚書上書言時政十八事：「八曰憲曹無法可守，是以奸人無所顧忌，宜定律令以爲一代之法」（元史卷一七三）。刑法志一則言「元興，其初未有法守，百司斷理獄訟，循用金律，頗傷嚴刻」（卷一〇二）。其後始有至元新格（參看元史卷十六世祖紀十三，至元二十八年何榮祖所輯），風憲宏綱（仁宗時，參看卷一八〇趙世延傳），及大元通制（卷二十八英宗紀二，至治三年（一三二三）二月頒布；參看卷一七六曹伯啟傳）。然元史卷一七八梁曾傳言曾於大德元年（一二九七）除杭州路總管，「請禁莫（暮）夜鞫囚，遊街，酷刑」；卷一七二鄧文原傳言仁宗延祐間（約當延祐六年，一三二〇）江東道徽、寧國、廣德三郡「轉運司聽用鄉里譁狡，動以犯法誣民，而轉運司得專制有司，凡五品官以下皆杖決，州縣莫敢如何」，諸如此類之記載，是則有法等於無法，或一地官吏隨時專斷其條例，作威作福，朝廷不能干涉，亦皆由統治階層之漫無風紀。

⑫：朝廷遣使笞地方長官事，遲至順帝至正十年（一三五〇）前後，仍復有之。如卷一八五韓鏞傳云「有旨以織幣脆薄，遣使笞行省臣及諸郡長吏」，即其一例。同卷李稷傳亦言「茶鹽鐵課，責備長吏，動受刑譴」，便知此時作官況味。

⑬：參看姚從吾「說阿保機時代的漢城」，國學季刊第五卷第一號，一九三五，收入其所著東北史論叢上冊，台北，一九四九，頁一九三—二一六。

⑭：參看王國維「金界壕考」，觀堂集林卷十五，頁十三—二六。王靜安先生謂金之界壕完成於章宗承安三年（一一九八），惟「壕塹之成甫十餘年，而蒙古入寇中原，如入無人之境」（頁十七）。是金時女眞人之有邊

患，亦正如女眞所模仿之漢族人之有邊患也。

⑮：乃蠻（Naimans）實爲一部落，在西蒙古近阿爾泰山方面。

⑯：括民戶口旨在徵稅或服役，此不待言。新元史卷四太宗紀系此括戶口之記載於八年四月，云「復詔忽都虎括中原戶口，得一百一十餘萬」，言「復詔」，而以前亦未嘗載先有括戶口一事。然新元史此一紀錄，雖與元史太宗紀之數字相同，却與其本身忽都虎傳所言相違。

⑰：元史卷八十五百官志一敘太祖崛起時，「部落野處，非有城郭之制。國俗淳厚，非有庶事之繁。惟以萬戶統軍旅，以斷事官治政刑，任用者不過一二親貴重臣耳。」故萬戶之職實早有之，惟此處楚材所議，乃部落政治進入城市以後之事。

⑱：元史卷一四六作「蒙古、回鶻、河西諸人，種地不納稅者死」，此從新元史，頗有刪節。

⑲：譯史與通事職掌稍異，前者大約爲翻譯公牘文件之人，參看新元史卷六十七選擧志四「考課」部分。

⑳：斡脫係土耳其語謂夥同之意。新元史卷七十三食貨志六，有「斡脫官錢」條：「斡脫官錢者，諸王妃主以錢借人，如期，並其子母徵之，元初謂之羊羔兒息。時官吏多借西域賈人銀以償所負，息累數倍，至沒其妻子，猶不足償。耶律楚材奏令本利相侔，永爲定例。中統三年（按，一二六二）定諸王投下取索，債負人員須至宣撫司，彼此對證，委無異詞，依一本一利還之，毋得將欠債官民人等强行拖曳人口頭匹准折財產，攪擾不安；違者罪之。至元八年（一二七一）立斡脫所，以掌其追徵之事。……」斡脫者蓋累息數倍放重利剝削之事，諸王妃主爲之，西域賈人亦爲之，並爲之經營。觀乎楚材所請本利相侔者其利已至百分之百，逾此者其巧取豪奪更

不待論矣。同卷舉此類豪奪而經平反者二例：大德二年（一二九八）諸王阿只吉索斡脫錢，命江西行省籍負債者之子婦。又大德六年，札忽眞妃子，念木烈大王位下遣使人燕只哥歹等追徵斡脫錢物，不由中書省，亦無元借斡脫錢數目，止云借斡脫錢人不魯罕丁等三人，輾轉相攀，牽累一百四十餘戶。斡脫之爲害如此。其所以置所代爲追徵，且屢上及中書省，則以事涉權豪，他人更不能辦也。斡脫錢更有夾帶他人營運者。「攬擾」二字，正可以狀元代百年間民間苦痛之局。呂誠之先生（思勉）燕石續札（一九五八）有「羊羔利」一條，並可參看。

㉑：如遼聖宗乾亨二十三年（北宋眞宗景德二年，一〇〇五）北院天王耶律室魯以俸羊多闕，部人貧乏，請以羸老之羊及皮毛，易南中之絹，見遼史卷六十，食貨下。此時正澶州之盟之次年。

㉒：金史卷四十五刑法志：「監察御史梁襄等，坐失糾察，罰俸一月。」（事在世宗大定二十三年，一一八三）

㉓：籍兵即沒收兵器。興國軍屬湖廣，次年即陞爲興國路。大約駐兵爲漢軍，變動之際軍士無寸鐵尺杖，無以捍衞鄉井，並見元史卷一六八陳天祥傳。

㉔：要束木有小傳附新元史卷二二三桑哥傳末，死後籍其家得黃金四千兩。

㉕：此塔剌海係另一人，不同於曾侍世祖皇太子眞金，後於武宗時拜丞相之塔剌海也。後者有傳附新元史卷一二一月赤察兒傳後。

㉖：據是年二月月兒魯等奏，「納速剌丁、滅里、忻都、王巨濟黨比桑哥，恣爲不法楮幣，銓選、鹽課、酒稅，無不更張變亂之。銜命江南理算者皆嚴急。輸期，民至嫁妻賣女，禍及親鄰。維揚、錢塘受害最慘，無故而隕其

生五百餘人」，至是徹查，王巨濟無贓，「帝以與忻都同惡，並誅之」，見元史卷十七世祖紀十四。元史中另一忻都，乃阿合馬第四子，已於至元十九年五月被誅，非此處伏誅之人。納速剌丁於本年（二十九年）三月伏誅後，本紀十月又載「庚寅，兩淮運使納速剌丁坐受商賈賄，多給之鹽，事覺，詔嚴加鞫問」，則又一納速剌丁也。

㉗：明史卷二九二黎弘業傳下附馬如蛟傳，叙馬於崇禎間為御史出按四川，發現「蜀中奸民悉以他人田產投勢家」。此條早見呂誠之先生燕石續札「元時獻田」一條。呂先生謂投獻之猖獗，「與苦賦役之重獻地大戶者不同。一獻己之所有，一則妄指他人之所有；一猶包庇之以避賦役，一則純為剝取耳。」（頁二十四）元代之奉獻，其方式初亦為獻己之所有，初不論其為自動求庇護抑由於强迫，後則有冒以他人有主之田為荒地奉獻者，所至騷動。此在元時後世政府已知其弊，然此風固始於元初也。

㉘：東北史論叢，上册，台北，一九四九，頁十一。

㉙：末二句借用錢賓四先生論五代時中原民衆疾苦之語，見國史大綱，上册，上海，一九四八，頁三六九。

㉚：唐祚至昭宗之子昭宣帝天祐四年（九〇七）四月被廢遂亡，但內戰中沙陀一系統者仍尊用天祐年號至十九年。此處之天祐十二年即後梁貞明二年（九一六）。

㉛：當然漢人之仕遼、金亦有為利祿所啗，或其他原因者。例如北宋末之施宜生，政和四年（一一一四）擢上舍第，試學官，授潁州教授。金兵入汴梁，宜生入江南，復以罪北走齊，為大總管府議事官。失意於劉麟（案，劉豫之子，見金史卷七十七），左遷彰信軍節度判官。齊國廢，仍仕金。天德二年（一一五〇）海陵王召為翰

林直學士，正隆元年（一一五六）出知深州，召爲尚書禮部侍郎，遷翰林侍講學士。四年冬，爲宋國正旦使。宜生自以得罪北走，恥見宋人力辭，不許。宋命張燾館之都亭，因間以首丘風之。宜生顧其介不在，旁爲廋語曰「今日北風甚勁」。又取几間筆扣之，曰「筆來！筆來！」於是宋始警。其副使耶律闢離剌使還以聞，坐是烹死，見金史卷七十九宜生傳。首丘即禮記檀弓所云「狐死正首丘」之義，宋人諷以狼狽死者尚不忘本，宜生果以此報宋。雖所託或乖，亦可謂終明風概者矣。

㉜：遼史卷一一三逆臣傳中仍有蕭翰傳，與此處之蕭翰非一人。然言其從車駕入汴，爲宣武軍節度使，疑與此處之事蹟相混，宜釐正之。

㉝：近人研究馮道文字，可參看王賡武教授 Prof. Wang Gungwu, 'Feng Tao: An Essay on Confucian Loyalty' Arthur F. Wright & Denis Twitchett (ed.), Confucian Personalities, Stanford University Press, 1962, pp. 123-45, 346-51.

㉞：此巴勒渚納河近歲學者考證知其爲在北緯五十一度，東經一百十三——十四度間之湖泊 Lake Belezino, 其詳可參閱 Igor de Rachewiltz, 'The Secret History of the Mongols', 前引，Papers on Far Eastern History, 16, 1977, p. 58, on Section 182; Francis W. Cleaves, 'The Historicity of the Baljuna Covenant', Harvard Journal of Asiatic Studies, XVIII, 1955, 及袁國藩「元太祖班朱尼河飲水誓衆考略」，收元明史研究論集，大陸雜誌史學叢書第一輯第六册，頁一—一四。

㉟：關於西遊錄之版本及研究，參看向達校注西遊錄（共陸峻嶺校注異域志合刊），中外交通史籍叢刊，中華書局，

一九八一；姚從吾「耶律楚材西遊錄足本校註」，收遼金元史研究論集，前引，頁六一—一一〇；及 Igor de Rachewltz, 'The Hsi-yu Lu by Yeh-lüCh'u-ts'ai', Monumenta Serica, Vol. XXI, 1962, pp. 1-128. 後者附錄影印日本宮內廳書陵部藏西遊錄鈔本全文。

㊱：用之當爲劉中之字。元史卷八十一選舉志一：「太宗始取中原，中書令耶律楚材請用儒術選士，從之。九年（一二三七）秋八月，下詔令斷事官朮忽觪與山西東路課稅所長官劉中，歷諸路考試」；參看卷二太宗紀。卷一五三楊奐傳云：「戊戌（一二三八），太宗詔宣德稅課使劉用之試諸道進士。奐試東平，兩中賦、論第一」，可證劉中與劉用之爲一人。參看孫克寬「湛然居士集中的中原儒士初考」，收元明史研究論集，前引，頁六十八。

㊲：參看冉雲華教授 Prof. Jan Yün-hua, 'Chinese Buddhism in Ta-tu: The New Situation and New Problems', 收入 Yüan Thought, 前引，pp. 375-417 及野上俊靜著遼金の佛教，京都平樂寺書店，一九五三，頁一九九。

㊳：關於耶律楚材儒釋兼采及其思想有關之問題，可看 Igor de Rachewiltz, 'Yeh-lü ch'u-ts'ai (1189-1243): Buddhist Idealist and Confucian Statesman' 收入前引之 Confucian Personalities, pp. 189-216, 361-67. 耶律楚材之傳記，可參閱王國維耶律文正公年譜，收海寧王靜安先生遺書第三十二冊，及陳援菴先生（垣）「耶律楚材之生卒年」，燕京學報第八期，一九三〇，頁一四六九—七二。

㊴：例如陳學霖教授 Prof. Hok-lam Chan, The Historiography of the Chin Dynasty: Three Studies, Wiesbaden, 1970 研究金元之際元好問、劉祁等人：'Liu Ping-chung (1216-74), A Buddhist-Taoist Statesman at the Court of

Khubilai Khan', T'oung Pao, 53, 1967, pp. 89-146 研究劉秉忠..'Wang O(1190-1273)', Papers on Far Eastern History, 12, 1975, pp. 43-70 爲王鶚之傳記..'Yang Huan (1186-1255)', Ib., 14, 1976, pp. 38-59爲楊奐之傳記..'Yao Shu (1203-1280)', Ib., 22, 1980, pp. 17-50爲姚樞之傳記。

㊵..杜維明教授 Prof. Tu Wei-ming, 'Towards an Understanding of Liu Yin's Confucian Eremitism' 收入 Yüan Thought, pp. 233-78; Prof. David Gedalecia, 'Wu Ch'eng's Approach to Internal Self-cultivation and External Knowledge-seeking', 收入同書 pp. 279-326 並可參閱。

㊶..憲宗命月乃合贊卜只兒斷事官事，以燕故城爲治所。「……歲壬子（一二五二），料民丁於中原。凡業儒者，試通一經即不同編戶，著爲令甲。儒人免丁者實月乃合始之也。」（元史卷一三四月乃合傳）按，月乃合先人屬雍古部，後遷臨洮，又遷遼東。「曾祖帖木爾越哥仕金，爲馬步軍指揮使。官名有馬，因以爲馬氏。」（同上）月乃合之曾孫馬祖常，仁宗朝科舉鄉試會試皆爲舉首。

㊷..近年德國 Herbert Franke 教授對王惲曾作較詳細之研究，見所著 'Wang Yün (1227-1304): A Transmiter of Chinese Values' 收入 Yüan Thought, 前引，pp. 153-196.

㊸..元史卷一一九木華黎傳..木華黎之子曰孛魯，孛魯之第三子曰霸都魯。霸都魯當即霸突魯，傳中下文亦作霸突魯。參閱 Igor de Rachewiltz, 'Muquli, Bōl, Tas and An-t'ung', Papers on Far Eastern History, 15, 1977, pp. 45-62. Tas 爲孛魯之長子塔思。

㊹..收燕行錄選集，上函，漢城成均館大學校影印，一九六二，頁三十二。

㊺‥研究此一問題有興趣者，更可看 Prof. Herbert Franke, 'Could the Mongol Emperors read and write Chinese?', Asia Major, New Series, 3,（1952-53）pp. 28-41.

㊻‥按，此處釋例，實未引原文。原文見春秋左傳注疏卷八；覆牒蓋撮大意言之。

㊼‥世祖在潛邸時，曾謀一見李治。李治爲金遺民，與元裕、張德輝時人號爲龍山三老者。李治曾勸世祖，言曹彬伐江南未嘗妄殺一人，見元史卷一六〇李治傳。憲宗二年（一二五二）世祖時方圖征雲南，以問徐世隆，世隆亦以孟子言不嗜殺人者能一之告之，見同卷世隆傳。是則姚樞之言，因過去李、徐等人之議論在世祖心中已稍有底子，至此時逐漸醞釀遂發酵也。

㊽‥邊塞外族入中國統治，翻譯孝經更不始自元朝。例如北魏孝文帝時，侯伏侯可悉陵曾譯孝經爲鮮卑語，見隋書卷三十二經籍志。

㊾‥致和爲比較麻煩之一年。致和元年（一三二八）七月，泰定帝死。九月，倒剌沙立泰定之子，改元天順。不久政變，懷王（文宗）先即位改元天曆，明年讓位其兄。從計算方法言之，致和、天順實皆同天曆元年，羅振玉重訂紀元編卷中，對此紀錄較詳。董彥堂先生（作賓）中國年曆總譜下編，僅記天曆年號，未詳及此類曲折；或以其在技術上實一年耳。

㊿‥元史卷一四三巙巙傳云：「時科舉既輟，巙巙從容爲帝言：『古昔取人材以濟世用，必有科舉。何可廢也？』帝採其論，尋復舊制。」是受漢化較深之人當時之意見，亦爲漢、南人張目也。

51‥卷二太宗紀，八年（一二三六），「秋七月……詔以眞定民戶奉太后湯沐。」卷一二三直脫兒傳：「〔太宗〕

四年，收河南關西諸路，得民戶四萬餘，以屬莊聖皇太后爲脂粉絲線顏色戶。八年，建織染七局於涿州。」

52：關於元代西域人華化之研究，除陳援菴先生之元西域人華化考外，可參閱蕭啟慶教授著西域人與元初政治，台灣大學文學院，一九六六版。

53：梁啟超中國歷史研究法，上海商務印書館，一九二六第五版，頁一九八。

略論漢書所載錄的辭賦

何沛雄

一

賦是一代文學，已毋待贅言，但漢代辭賦的繁興，則至少可從下列三點得到證明：

㈠、正史中祇有「漢書」、「隋書」、「舊唐書」、「新唐書」、「宋史」和「明史」有「藝文志」或「經籍志」，而在這幾本史書之中，又祇有「漢書藝文志」特立賦類。①「漢書藝文志詩賦略」，列賦於前，詩反居後；賦分屈原賦之屬、陸賈賦之屬、荀卿賦之屬、主客賦（雜賦）四類，而詩則無分類；論賦包括它的起源、演變和著名作家，說詩則僅三言兩語。②「詩賦略」所錄賦家，凡七十八人，作品一千零四篇，③非歷朝所及。同時這些作家、作品，僅止於班固時代，嗣此以後，「作者鼎沸」（見下文），賦製不知凡幾！

㈡、班固「兩都賦序」云：「大漢初定，日不暇給。至於武宣之世，乃崇禮官，考文章，內設金馬、石渠之署，外興樂府、協律之事，以興廢繼絕，潤色鴻業。……故言語侍從之臣，若司馬相如、吾丘壽王、東方朔、枚皐、王褒、劉向之屬，朝夕論思，日月獻納；而公卿大臣、御史大夫倪寬，太常孔臧，太中大夫董仲舒，宗正劉德，太子太傅蕭望之等，時時間作。或以抒下情而通諷諭，或以宣上德而盡忠孝，雍容揄揚，著於後嗣，抑亦雅頌之亞也。故孝成之世，論而錄之，蓋奏御者千有餘篇，而後大漢之文章，炳焉與三代同風。」④「奏御者千有餘篇」，那麼沒有獻上的作品，更不可勝數了。

㈢、張衡「論貢舉疏」說：「古者以賢取士，諸侯歲貢。孝武之世，郡舉孝廉，又有賢良文學之選，於是名臣皆出，文武竝興。漢之得人，數路而已。夫書畫辭賦，才之小者，匡國理政，未有能焉。陛下即位之初，先訪經術，聽政餘日，觀省篇章，聊以游藝，當代博弈，非以教化取士之本，而諸生競利，作者鼎沸，其高者頗引經訓風喩之言，下則連偶俗語，有類俳優，或冒竊成文，虛冒名氏。臣每受詔於盛化之門，差次錄第，其未及者，亦復隨輩，皆見拜擢。旣加之恩，難復收改，但守俸祿，於義已加，不可復理。」⑤當時作賦的人，不管成績好壞，一概錄用，給予俸祿。在這種情形之下，難怪「作者鼎沸」了。

班固是一位卓越的史學家，也是一位傑出的辭賦家；⑥重視歷史價值，也重視辭賦的作用，⑦所以，在「藝文志詩賦略」裏紀錄了這麼多的賦家和他們作品的篇數，但整本「漢書」，除了在「敍傳」中載錄自己一篇「幽通賦」外，祇選了其他五位作者、十三篇辭賦，⑧與「藝文志」所記的相去很遠，這是什麼緣故呢？本文首先考識這六位作家的賦篇，然後試探班固特別選錄那十多篇辭賦在「漢書」的用意。

二

在「漢書」的紀、表、志、傳之中，祇有「傳」載錄辭賦，而七十傳中，僅「賈誼傳」、「司馬相如傳」、「揚雄傳」、「外戚傳」和「敍傳」，載錄賈誼、司馬相如、揚雄、漢武帝、班倢伃、班固（依賦文在「漢書」的出現先後次序排列）的作品。現在首先將這幾位作者的賦篇分別考識於後：

(一) 賈誼（公元前二〇一——一六九）

「漢書藝文志」載：「賈誼賦七篇。」根據現存文獻，知見賈誼所作賦，僅得四篇（賦文出處，僅記最早資料，晚出而有參考價值者，則在附註中說明。以下各家亦是。）：

1.「弔屈原賦」——見於「史記屈原賈生列傳」、「漢書賈誼傳」、「文選」卷六十、「藝文類聚」卷四十。

2.「鵩鳥賦」——見於「史記屈原賈生列傳」、「漢書賈誼傳」、「文選」卷十三、「藝文類聚」卷九十二。

3.「旱雲賦」——見於「古文苑」卷三。

4.「虡賦」——見於「藝文類聚」卷四十四、「初學記」卷十六、「太平御覽」卷五八二。

以上四賦，俱載於「漢魏六朝百三家集」中的「賈長沙集」和「全上古三代秦漢三國六朝文」中的「全漢文」，二書亦根據上述材料輯錄而已。「旱雲賦」最早見於「古文苑」，眞僞莫辨；「虡賦」殘缺不全，同時「藝文類聚」、「初學記」、「太平御覽」所錄，幾乎文字不一，句子前後顚倒無次序。⑨「弔屈原賦」和「鵩鳥賦」，同載於「史記」、「漢書」、「文選」，而文字微有出入。蕭統「文選」，把「弔屈原賦」改爲「弔屈原文」，歐陽詢「藝文類聚」和嚴可均「全漢文」，盲從「文選」，以「賦」爲「文」，都是錯誤的。⑩

(二) 司馬相如（公元前一七九——一一七）

「漢書藝文志」載：「司馬相如賦二十九篇。」根據現存文獻，知見他的賦作，僅有八篇（「子虛賦」、「上林賦」應作一整篇看）：

1.「子虛．上林賦」——見於「史記」、「漢書」本傳，「文選」卷七、八，「藝文類聚」卷六十六。

2.「哀秦二世賦」——見於「史記」、「漢書」本傳，「藝文類聚」卷四十。
3.「大人賦」——見於「史記」、「漢書」本傳，「藝文類聚」卷七十八。
4.「美人賦」——見於「古文苑」卷三，「藝文類聚」卷十八，「初學記」卷十九。
5.「長門賦」——見於「文選」卷十六，「藝文類聚」卷三十。
6.「魚葅賦」——見於「北堂書鈔」卷一四六。⑪
7.「梨賦」——見於「文選・魏都賦注」。⑫
8.「梓桐山賦」——見於「玉篇」石部。⑬

以上各篇，俱收入「全漢文」；首五篇同載於「司馬文園集」。「魚葅賦」已佚，「梨賦」殘餘一句，「梓桐山賦」僅剩兩字。「子虛・上林賦」、「哀秦二世賦」、「大人賦」都是司馬相如的作品，向無異議，但「美人賦」和「長門賦」的眞僞問題，至今還沒有定論。⑭

㈢　漢武帝（劉徹）（公元前一四〇——八八在位）

「漢書藝文志」載：「上所自造賦二篇。」現「漢書外戚傳」及「藝文類聚」卷三十四載有漢武帝「悼李夫人賦」一篇；「文選」有他的「秋風辭」，蕭統把它列入「辭」類，不以「賦」稱。其實，漢代初年，騷賦不分，辭賦更不分，但「秋風辭」只有九句，⑮在漢賦中沒有特殊地位。

㈣　班倢伃（約公元前四八——六）

「漢書藝文志」沒有紀錄班倢伃的賦篇，她有多少作品，已不可考。現存的，有「自悼賦」一篇，載於「漢書外戚傳」及「藝文類聚」卷三十；另「擣素賦」一篇，載於「古文苑」卷三，但眞僞莫辨。

㈤ 揚雄（公元前五三——公元一八）

「漢書藝文志」載：「揚雄賦十二篇。」根據現存文獻，知見揚雄所作賦共有八篇：⑯

1.「甘泉賦」——見於「漢書」本傳、「文選」卷七、「藝文類聚」卷三十九。
2.「河東賦」——見於「漢書」本傳、「藝文類聚」卷三十九。
3.「羽獵賦」——見於「漢書」本傳、「文選」卷八、「藝文類聚」卷六十六。
4.「長楊賦」——見於「漢書」本傳、「文選」卷九。
5.「蜀都賦」——見於「古文苑」卷四、「藝文類聚」卷六十一。
6.「覈靈賦」——散見於「文選」注及「太平御覽」卷一「天部」。⑰
7.「太玄賦」——見於「古文苑」卷四。
8.「逐貧賦」——見於「古文苑」卷四、「藝文類聚」卷三十五、「初學記」卷十八、「太平御覽」卷四八五。

以上各篇賦文，俱收入「全漢文」，而一、二、三、四、七、八六篇則載於「揚侍郎集」。他的「甘泉」、「河東」、「羽獵」、「長楊」四賦，向無疑問。「覈靈賦」殘闕不全，亦不可考；「蜀都」、「逐貧」兩賦，或以爲僞作，但我相信它們皆出自揚雄之手。⑱「太玄賦」的文辭風格，不似子雲，爲後人所僞託，亦未可料。⑲

㈥ 班固（公元三二——九二）

班固自己撰寫「漢書」，可能不便把個人作賦的篇數紀下來，所以「藝文志」沒有他的份兒，僅在「敍傳」

中載了一篇弱冠時所作的「幽通賦」。根據現存資料，知見班固所作賦共有六篇：

1.「幽通賦」——見於「漢書敍傳」、「文選」卷十四、「藝文類聚」卷二十六。

2.「兩都賦」——見於「後漢書」本傳、「文選」卷一。

3.「終南山賦」——見於「古文苑」卷五、「初學記」卷五。

4.「覽海賦」——見於「文選」中潘岳「西征賦」注所引。⑳

5.「竹扇賦」——見於「古文苑」卷五。

6.「白綺扇賦」——見於「初學記」卷二十五。

以上各篇，俱收入「全後漢文」；「班蘭臺集」除收錄一至五篇外，更載有「覽海賦」（按：文長約二百字，與「文選」注所引不同。）和「遊居賦」。這兩篇賦文，都是班彪所作，張溥誤收入「班蘭臺集」中。㉑「白綺扇賦」已佚，「終南山賦」和「竹扇賦」，篇幅甚短（前者約一百五十字，後者約七十餘字。）文義首尾不銜接，似非原作。

三

「漢書藝文志」紀錄的漢代賦家，共有七十八人，班固祇選了其中四人（班使伃不在七十八人之內）——賈誼、司馬相如、漢武帝、揚雄，另加班使伃一人，分別在列傳中，載錄他們的賦篇。究竟這五位作家有什麼代表性呢？在漢賦的發展歷史上有什麼地位呢？而班固在「敍傳」中載錄自己的「幽通賦」又有沒有特殊意義呢？現在試分析、探索、討論於後。

出現漢初文壇而著於世的，是才高學富的賈誼。他的遭遇，跟屈原有點相似，所以司馬遷撰「史記」，把他們二人合傳。賈誼有卓越的政治識見，他的「論時政疏」和「過秦論」，充份表現他的深識遠見，爲歷代學者所稱道。漢文帝召他爲博士的時候，在朝中年紀最少，但「每詔令議下，諸老先生不能言，賈生盡爲之對，人人各如其意所欲出。」㉒一年之間，升遷爲太中大夫。不久，文帝欲委之以公卿之位，當時朝中元老周勃、灌嬰、張相如、馮敬等人，妒忌他的才華和遷升迅速，共同讒害他。結果，賈誼做公卿不成，出爲長沙太傅；四年後，調回京師，任梁懷王（文帝少子）太傅。其後梁懷王墜馬而死，賈誼自感未盡太傅的職責，哭泣有年，哀傷而死，年僅三十三歲。

漢賦形成的初期，賈誼無疑是一位傑出的作家，張溥「賈長沙集題辭」，推許他爲西漢騷賦作家之首。㉓漢初辭賦，深受「楚辭」影響，故有「騷賦」之稱。現存漢賦，能夠確知其寫作年代，最早的就是賈誼的「弔屈原賦」和「鵩鳥賦」。㉔「漢書」本傳說：

「天子（文帝）後亦疏之，不用其議，以誼爲長沙王太傅。誼既以適去，意不自得。及渡湘水，爲賦以弔屈原。……誼爲長沙傅三年，有服（鵩）飛入誼舍，止於坐隅。服似鴞，不祥鳥也。誼既以適居長沙，長沙卑濕，誼自傷悼，以爲壽不得長，乃爲賦以自廣。」

「弔屈原賦」的體裁和風格，近似「楚辭」。全文爲屈原被讒見逐的遭遇而說話，深怨小人得志，傷痛忠賢受黜。其實，這是賈誼宣洩自己的遭遇和抒發個人的感慨。劉勰稱「弔屈原賦」說：「賈誼浮湘，發憤弔屈，體同而事覈，辭情而理哀。」㉕王芑孫稱賈誼「湛思邈慮，具有屈心。」㉖劉熙載也說：「讀屈、賈賦，不問而知其爲志士仁人。太史公之合傳，陶淵明之合贊，非徒以其遇，殆以其心。」㉗屈、賈同心，「弔屈原賦」，體近「楚辭」，是可以理會的。

賈誼在長沙住了三年後所寫的「鵩鳥賦」，文辭風格，跟「弔屈原賦」稍有不同。全文採用問答體，寫成有韵的散文，整篇差不多全用四言，去掉「楚辭」中的「兮」字，讀來節奏流動疏暢，把辭賦開始脫離騷體的形式。內容方面，蘊含道家的人生思想，㉘開拓了漢賦中的「哲理賦」。㉙劉勰稱它「致辨於情理」，㉚是十分恰當的。

賈誼的「弔屈原賦」和「鵩鳥賦」，是「楚辭」的變體，也是漢賦的先驅，在漢賦的發展史上，佔有重要的地位，班固把它們收錄在「漢書」裏，是十分適當的。

由漢武帝至漢成帝時代，是漢賦的全盛時期。這時的賦篇，脫離了「楚辭」的形式，建立自己的獨特風貌：贍麗的辭藻、誇飾的鋪陳、鉅長的結構。內容方面，擴展到「體物」的描寫。這時候，著名的賦家是司馬相如、枚皐、東方朔、吾丘壽王、劉向、王褒、張子僑等人。其中名望最高，影響最大，無疑是司馬相如，所以班固獨選他一人，收錄他四篇作品在本傳裏，是理所當然的。

司馬相如最初事漢景帝爲武騎常侍，不久到梁孝王處作客，有機會跟當時的辭賦家枚乘、莊忌、鄒陽等人相交遊。在梁國居住的時候，大約受了枚乘的影響，寫了一篇「子虛賦」，㉛後來因爲這篇「子虛賦」得見漢武帝，於是作了一篇「天子游獵賦」。「史記」本傳備載其事：

「上（漢武帝）讀『子虛賦』而善之，曰：『朕獨不得與此人同時哉！』（楊）得意曰：『臣邑人司馬相如自言爲此賦。』上驚，乃召問相如。相如曰：『有是，然此乃諸侯之事，未足觀也，請爲天子游獵賦。賦成，奏之。』上許，令尚書給筆札。相如以子虛，虛言也，爲楚稱；烏有先生者，烏有此事也，爲齊難；無是公者，無是人也，明天子之義。故空藉此三人爲辭，以推天子諸侯之苑囿。其卒章歸之於節儉，因以風諫。奏之天子，天子大說。」

「天子游獵賦」（即「子虛」「上林」賦的合稱）是司馬相如嘔心瀝血之作，「西京雜記」說：「司馬相如爲子虛上林賦，意思蕭散，不復與外事相關，控引天地，錯綜古今，忽然而睡，煥然而興，幾百日而後成。」㉜可見他寫此賦時的專注和用心。

「子虛上林賦」（應合成一篇看），藉着子虛、烏有先生、亡是公三人的對話，聯結成文。子虛誇言楚國雲夢之盛，烏有先生斥他言過其實，反稱齊國之美。亡是公聽了他們二人的談話後，以爲齊、楚之事，皆不足道，於是極稱天子上林苑的宏偉、宮殿的華麗、畋獵的壯觀、遊娛的豐盛，但天子崇儉戒奢，罷獵改制，興道遷義，斥責「諸侯之細，而樂萬乘之所侈」，百姓必受其害。結果，子虛和烏有先生，「愀然改容，超然自失」，謝過受命。

「子虛賦」寫得精巧，從土、石、東、南、西、北、上、下多方面繪寫雲夢，瑰詞麗語，連疊排比，五光十色，炫人耳目；寫鄭女曼姬，把她們的形象、動作、衣飾、姿態，一一刻劃入微。「上林賦」寫得宏肆，描繪上林苑的水、山、草木、鳥獸、宮室、臺觀、珍寶和天子的校獵、宴遊等等，確是鋪張揚厲，場面壯闊，令人目不暇給。「子虛上林賦」，在結構、運辭、用字、聲調、節奏幾方面，都有獨特的風格，論者推爲漢賦的典型。

建元二年（公元前一三九年），武帝到長楊射獵，自擊熊彘，馳逐野獸，司馬相如上疏以諫。武帝接納他的勸告，罷獵回鑾，路經宜春宮秦二世的葬地，司馬相如隨後奏上「哀秦二世賦」，指出秦二世之失，在於「持身不謹，信讒不寤。」希望武帝以此爲鑒。

司馬相如見武帝深愛「子虛上林賦」，擬再作賦獻上。那時，他看見武帝好仙道，追求長生不老之術，㉝於是作了一篇「大人賦」獻上。㉞本來相如以爲：「列仙之傳居山澤間，形容甚臞，非帝王之仙意」（「大人賦」），勸諫武帝不可迷信仙道，但他的賦文，描寫虬龍騰躍，姿態昂揚；神仙（賦中所說的仙人名字很多㉟）逍遙，嬉遊雲間；景象空靈，眩醉心目。結果，漢武帝讀後，感到「飄飄有凌雲之氣，似遊天地之間。」㊱

「哀秦二世賦」和「大人賦」的形式和字彙，頗近騷體；前者更和賈誼的「弔屈原賦」底風格相似，可見「楚辭」演變成爲漢賦的層次；後者雖然帶有騷體的痕跡，但開創了以「神仙」爲題材的客觀描寫，擴大漢賦的寫作範疇。

司馬相如賦，眞是「合纂組以成文，列錦繡而爲質」，辭藻瑰麗，聲色優美，後人無以復加；內容方面，具有諷諫涵義，㊲可謂匹亞詩人之作。論者以爲，這是典型漢賦的特點。

一代文學的繁興，有賴君王貴族的提倡。漢初的幾位封王貴族，如吳王劉濞、梁孝王劉武、淮南王劉安，都雅好文藝，招致四方文士。一時俊彥，如鄒陽、嚴忌、枚乘、淮南小山、公孫勝、韓安國、司馬相如之流，都出其門下。他們都是漢賦的始創者。武帝喜愛辭賦，「爲太子時，聞（枚）乘名，及即位，乘年老，廼以安車蒲輪徵乘。」㊳即位後，讀司馬相如「子虛賦」，謂恨不得與之同時（見上文）。他自己也能作賦，李調元「雨村賦話」引「漢武故事」說：

「漢武好辭賦，每所幸及鳥獸異物，輒命司馬相如等賦之，上亦自作詩賦數百篇。」㊴

雖然「漢武帝故事」未必可以確信，但參看其他文獻，武帝熱愛辭賦，是絕無疑問的。

武帝在位的時候，嚴助、朱買臣、吾丘壽王、司馬相如、主父偃、徐樂、嚴安、東方朔、枚皋等，都受其親幸，成爲「言語侍從之臣」。他們「朝夕論思，日月獻納」，寫了很多辭賦。武帝以後，以辭賦得幸而入仕的，有宣帝時的王褒、張子僑，成帝時的揚雄，章帝時的崔駰，和帝時的李尤。可見文人以賦入仕的例子，是由武帝首先設立的。「上有爲者，下必有甚焉。」武帝對漢賦的發展、興盛，居功至偉。

漢武帝的「悼李夫人賦」，載於「漢書外戚傳」。李夫人是李延年的妹，美麗善舞，甚得武帝寵幸，可惜命短早死。武帝對她思念不已，令畫工圖其像置於甘泉宮，以誌不忘。當時有齊國方士少翁，說能召喚李夫人神靈，於是「夜張燈燭，設帷帳，陳酒肉」作法，武帝坐在別一帷帳，彷彿遠處看見李夫人，一時感觸悲戚，寫了一篇賦來哀悼她。㊵

「悼李夫人賦」，體近「楚辭」，通篇隔句用兮字，卒章有亂，但沒有比興寄托，祇是狀物抒情，一申追思愁苦之懷，寫來感染動人，漢代帝王，無此佳作。

班倢伃是我國歷史上著名女才人之一，知書識禮，文采出衆。成帝即位，選她入宮，寵幸有嘉，很快封爲「倢伃」。㊶有一次，成帝遊於後庭，欲與她同輦，班倢伃對他說：

「觀古圖畫，賢聖之君皆有名臣在側，三代末主乃有嬖女，今欲同輦，得無近似之乎？」㊷

結果，成帝「善其言而止」。太后知道這件事，很高興地說：「古有樊姬，今有班倢伃。」㊸對她十分讚賞。

鴻嘉（公元前二〇——一七）以後，李平（後賜姓衞，封爲衞倢伃）、趙飛燕得幸，班倢伃失寵，而趙飛燕更向成帝進讒，誣說她在後宮祝詛王上。經過查問，成帝知道確無此事，對她產生憐愛之心，賜予黃金百斤。班倢伃在後宮，深怕再受趙飛燕的讒害，要求奉侍太后於長信宮。成帝准許她的請求，讓她離開後宮。班倢伃到了長信宮，感懷今昔，作了一篇「自悼賦」，盡吐蓄蘊之情。

「自悼賦」的文辭，接近騷體，通篇隔句用兮字，先說自己的淑德，得到帝王的寵幸，能夠奉侍主上於後宮；繼說自己謹守禮法，但遭讒害，但求在長信宮渡過餘生；最後申述在深宮裏的寂寞生活，孤冷幽清，想起舊日得寵的日子，不禁涕淚橫流；想到人生短促，過若浮萍，不如借酒銷愁好了。㊹

漢代辭賦大盛，女性辭人也不少，班倢伃可視爲一代表。同時她的「自悼賦」，反映出漢代千百後宮美女失寵後或甚至一生未嘗得寵的孤寂心境，寫來情眞語切，在漢賦中別有風貌。

揚雄是繼司馬相如而起的一個重要漢賦作家，載在「漢書」本傳裏的四篇辭賦——「甘泉賦」、「河東賦」、「羽獵賦」、「長楊賦」，都是模仿相如的作品而成的。「漢書揚雄傳」說：

「雄少而好學，不爲章句訓詁通而已，博覽無所不見。……自有大度，非聖哲之書不好也；非其意，雖富貴不事也。顧嘗好辭賦。先是時，蜀有司馬相如作賦甚弘麗溫雅，雄心壯之，每作賦，常擬之以爲式。」

又「漢書揚雄傳贊」說：

「雄之自序云爾。……以爲經莫大於易，故作太玄；傳莫大於論語，作法言；辭莫麗於相如，作四賦，皆斟酌其本，相與放依而馳騁云。」

元延元年（公元前十二年）正月，揚雄隨成帝到甘泉拜祭天地，祈求繼嗣。甘泉本來是秦朝離宮別館所在地，武帝增建了通天、高光、迎風三臺，洪厓、旁皇、儲胥、弩阹、石關、封巒、枝鵲、露寒、棠梨、師得十館，奇麗瑰瑋。成帝寵幸趙昭儀，每到甘泉，車騎甚盛，又多携彼同往。揚雄以爲，這樣不會感動天地、祈賜後嗣的，於是奏上「甘泉賦」以諷，隱言齋戒肅穆之事。

同年三月，成帝率領羣臣，浩浩蕩蕩，橫渡黃河，齊集於汾陰，祭祠后土。回程經過介山、安邑、龍門、鹽池、歷觀、西岳等地，想起唐、虞之盛，有心焉嚮往之感。揚雄以爲，「臨淵羡魚，不如歸而結網」，於是上「河東賦」以勸。又同年十二月，成帝到上林苑狩獵。這時的上林苑，經過武帝的開拓、建設，變得「游觀侈靡，窮妙極麗」，而成帝射獵的時候，也誇麗畋車、戎馬、器械之盛。揚雄以爲，那不是古代聖帝明王校獵的本意，於是奏上「羽獵賦」以諷。

元延二年（公元前十一年），成帝行幸長楊宮，召集當地農民進入南山，張設網罘，捕捉熊羆、虎豹、狐兔、麋鹿，把牠們放進長楊宮裏的射熊館，使胡人徒手搏獵，自己親臨觀看。恰巧那時農作斂收，揚雄因有所感，乃上「長楊賦」以諷。

揚雄這四篇賦，寫在一兩年間，雖說模擬相如之作，但用字、遣辭相異之處頗多。㊺大抵相如作賦，用字瑰麗，辭藻繁豔；子雲寫賦，用字奇瑋，構思湛深。劉勰說：「子雲屬意，辭人最深，觀其涯度幽遠，搜選詭麗，而竭才以鑽思，均能理贍而辭堅矣。」㊻確是的論。

揚雄賦最大的特點，是顯明地表示「作賦以諷」。根據「史記」、「漢書」的記載，最早「作賦以諷」的，是司馬相如，但祇隱約其詞，到了揚雄，則清楚地表明了。於是「體物寫志，作辭以諷」成爲漢代文人作賦的圭臬。㊼同時揚雄又開創了辭賦的「郊祀」類，增加漢賦的寫作題材。㊽所以，在漢賦的發展歷史上，揚雄佔有重要的地位。

班固繼承父志撰寫「漢書」，在「敍傳」中，主要敍述自己的先世和寫「漢書」的目的，其中載錄了他弱冠時所作的「幽通賦」。

「幽通賦」主要是「陳吉凶性命，遂明一己之意。」㊾全文句法，倣效「離騷」，由首至尾，七言、六言成句，奇句用兮字，偶句用韻語。不同的地方有二：第一，「離騷」抒情，「幽通」說理；第二，前者辭藻華茂，後者文字雅樸。「幽通賦」首先敍述自己的遠祖，是顓頊之後，先世有美業，但到了父親的一代，因爲遭時世亂，祇有獨善處仁，自己不幸弱冠而孤，恐怕不能克紹箕裘，繼承前代的偉業。其次學例述說古代聖賢，遇着世亂時艱，也不免困於窮厄，但是先祖有大功德的，其後代定必蕃昌。繼而指出：神明有道，命運難言，但個人的行爲，也會招致禍福。最重要的，是遵守聖人的「至論」，不以其道而得富貴則不居，處世而得其節雖敗亡而不避；成功則實至名歸，失敗則歿而不朽。最後贊歎天道罔極，性命難測，惟有德的人必得其助，且精誠可以動天地，率性守道，殆可通於神明。「宋書謝靈運傳論」，謂「班固長於情理之說」；陸棻評「幽通賦」說：「名曰幽通，實爲顯悟。其刻意鍛鍊，如歐冶之劍，寒光灼然，是則賦固能以詞達理者也。」⑩很明顯「幽通賦」屬於哲理賦類。

其實，班固最著名的賦作，是「文選」列爲首篇的「兩都賦」。劉勰說：「孟堅懿雅，故裁密而思靡。」又說：「孟堅兩都，明絢以雅贍。」⑪這篇賦文，的確寫得堂皇華麗，可說揉合司馬相如和揚雄的筆法而成。「西都賦」的鋪排，恰似「子虛上林」的鋪排；「東都賦」的議論，恰似「長楊」、「羽獵」的議論。無怪陸棻說：「（兩都賦）前篇以藻腴勝，而極烹鍊之工；後篇以簡實勝，而盡旋析之法。筆力勁，姿態豐，雖脫胎揚、馬，固已出其範圍矣。」⑫

「兩都賦」作於明帝在位時期（公元五八——七五）⑬，年份不可考。根據「後漢書班固傳」的記載，班固自永平（明帝年號公元五八——七五）中受詔撰「漢書」，潛精積思二十餘年，至建初（章帝年號公元七六——八四）中完成。⑭他既然較早時候獻上「兩都賦」就不必把它收錄在「漢書」，再呈上帝王了。

四

總括上文所述，我以爲班固在「漢書」所載錄的辭賦——賈誼「弔屈原賦」、「鵩鳥賦」，司馬相如「子虛上林賦」、「哀秦二世賦」、「大人賦」，漢武帝「悼李夫人賦」，班倢伃「自悼賦」，揚雄「甘泉賦」、「河東賦」、「羽獵賦」、「長楊賦」，他自己的「幽通賦」，是經過細心選擇和具有一定的涵義。

從賦家方面來說，賈誼是西漢初年的代表，司馬相如是中期的代表，揚雄是後期的代表。㊺武帝是西漢「帝王能賦」的代表，㊻班倢伃是「婦女能賦」的代表。㊼

本來漢初辭人，以枚乘最著名，武帝爲太子時，也聽過他的令譽；即位之後，竟以「安車蒲輪」徵召他。那麼班固爲甚麼不選錄他的辭賦呢？我的推斷是：第一，他在吳王濞處做官，在梁孝王處作客，他所作的賦，可能沒有流傳入京師，㊽或是到了班固時代，他的賦篇已經散佚殘闕；孟堅撰「漢書」，就沒有機會把它們收錄了。第二，枚乘「七發」，雖屬賦體，但無賦名，而漢代作者，如傅毅、崔駰、李尤、崔琦之流，也以「七」作文體，㊾似乎「七」與賦分家，成爲獨立的一種文體。「漢書枚乘傳」，祇收錄他的「諫吳王書」，沒有收錄他的「七發」，可能是這個原因。

從文體方面來說，賈誼的「弔屈原賦」和「鵩鳥賦」，很清楚顯示出漢賦從「楚辭」演變而來，尤其是前者，以屈原被讒放逐爲題材，藉以自況；用比喻，用華藻，隔句用兮字，節奏紆緩，風格與騷體相近。後者則幾乎全用四字句，藉問答以成文，省掉兮字，節奏疎暢，開始脫離「楚辭」的形式。司馬相如「子虛上林賦」，確立了漢賦的獨特形式與風格，無論結構、用字、遣辭、聲調、節奏，都與「楚辭」不同。但司馬相如的辭賦，還有另外的一面，那是仍然利用「楚辭」的形式寫成，例如「哀秦二世賦」和「大人賦」就是。換言之，辭賦到了司馬相如的時候，變成雙線發展：有循「楚辭」舊路推進，有向漢賦新途發展。漢代著名賦家，多能兼善二體。㊿班固特選影響最深，成就最大的司馬相如爲代表，而武帝的「悼李夫人賦」、班倢伃的「自悼賦」、他自己的「幽通賦」，都屬於「騷賦」的一類作品；揚雄的「甘泉賦」、「河東賦」、「羽獵賦」、「長楊賦」則屬於「漢賦」的一類作品。

兩類賦體，截然分明。

從題材方面來說，「弔屈原賦」是「覽古」或「哀弔類」，61「鵩鳥賦」是「鳥獸」或「哲理」類，62「子虛上林賦」是「畋獵」或「蒐狩」類；63「大人賦」屬於「曠達」或「抒情」類，64「哀秦二世賦」屬於「弔」或「抒情」類，65「悼李夫人賦」屬於「哀傷」或「美麗」類，66「自悼賦」屬於「怨」或「言志」類，67「甘泉賦」、「河東賦」屬於「郊祀」或「典禮」類，68「羽獵賦」、「長楊賦」屬於「畋獵」或「蒐狩」類，69「幽通賦」屬於「言志」或「抒情」類。70

「漢書」所錄的辭賦，包括了不少題材，雖未能盡蓋漢賦各類，也可略知時人寫賦取材的梗概了。71

從漢賦的發展歷史來看，「弔屈原賦」、「鵩鳥賦」可代表漢賦形成初期的作品，「子虛上林賦」是漢賦確立時期的作品，也可說是漢賦的典型，成爲後代作者模擬的對象。在漢賦興盛時期，像揚雄的「甘泉賦」、「河東賦」、「羽獵賦」、「長楊賦」，甚至班固的「兩都賦」，都是模仿「子虛上林賦」的。司馬相如的「哀秦二世賦」、「大人賦」，是源自「楚辭」演變成騷賦發展而來的，武帝的「悼李夫人賦」，班倢伃的「自悼賦」和班固的「幽通賦」，都是這類辭賦的延續。由此可見，漢賦分兩路發展；或循騷體而「寫志」，或沿新制而「狀物」。

漢代辭賦特盛，「漢書」所載錄的賦篇，說理、抒情、狀物、覽古、畋獵、郊祀、悱怨、哀弔，盡在其中；作家包括帝王、朝廷大夫、後宮妃嬪、言語侍從之臣、文士等等，當時「奏御者千篇」，「作者鼎沸」，誠非虛語。

最後值得一提的，雖然近世賦學衰微，西方學者研究漢賦者尤少，但「漢書」所載錄的十三篇辭賦，很奇怪，都由西方漢學家分別翻譯成英文、法文和德文。72他們絕對不是爲了研究「漢書」所載錄的辭賦而翻譯，假如不是巧合，就是這些賦篇對西方漢學家有特殊吸引力了。

附註

①：「隋書經籍志」、「舊唐書經籍志」、「新唐書藝文志」、「宋史藝文志」、「明史藝文志」都沒有詩賦略，更沒有賦類。錢大昕撰、魏源修的「元史新編」，內有「藝文志」，其中集類有「騷賦類」，但所載錄的賦，僅郝經「皇朝古賦」一卷，虞廷碩「古賦準繩」十卷，祝堯「古賦辨體」八卷，與「漢書藝文志」所載，某家有賦若干篇，截然不同。

②：「漢書藝文志詩賦略」論賦云：「傳曰：『不歌而誦謂之賦，登高能賦，可以爲大夫。』言感物造耑，材知深美，可與圖事，故可以爲列大夫也。古者，諸侯卿大夫交接鄰國，以微言相感，當揖讓之時，必稱詩以諭其志，蓋以別賢不肖而觀盛衰焉。故孔子曰：『不學詩，無以言』也。春秋之後，周道寖壞，聘問歌詠，不行於列國，學詩之士，逸於布衣，而賢人失志之賦作矣。大儒孫卿及楚臣屈原，離讒憂國，皆作賦以風，咸有惻隱古詩之義。其後宋玉、唐勒，漢興枚乘、司馬相如，下及揚子雲，競爲侈麗閎衍之詞，沒其風諭之義。是以揚子悔之曰：『詩人之賦麗以則，辭人之賦麗以淫。如孔氏之門人用賦也，則賈誼登堂，相如入室矣，如其不用何！』」但同篇論詩則曰：「自孝武立樂府而采歌謠，於是有代趙之謳，秦楚之風，皆感於哀樂，緣事而發，亦可以觀風俗，知薄厚云。」（中華書局「二十四史點校本」〔以下所用版本相同〕頁一七五五——一七五六。）

③：「漢書藝文志詩賦略」載：「屈原賦之屬二十家，三百六十一篇；陸賈賦之屬二十一家，二百七十四篇；孫卿

賦之屬二十五家，百三十六篇；客主賦（雜賦）十二家，二百三十三篇。」（「二十四史點校本，頁一七四八——一七五三）合共七十八家，一千零四篇。

④：「文選」（香港、商務一九三六年版）上册，頁一至二。

⑤：「張河間集」（台北、新興書局一九七六年版）卷二頁三五上至三五下。

⑥：劉勰以荀卿、宋玉、枚乘、司馬相如、賈誼、王褒、班固、張衡、揚雄、王延壽十家爲辭賦之英傑。見「文心雕龍詮賦篇」（香港、商務一九六〇年版，頁一三五。）近人劉大杰也認爲班固是漢賦四傑之一，見「中國文學發達史」（台灣、中華一九五二年版，上册，頁一一八。）

⑦：班固以爲，賦的作用是：「或以抒下情而通諷諭，或以宣上德而盡忠孝。」（原文見註四）

⑧：「漢書」所載錄的賦，有賈誼「鵩鳥賦」、「弔屈原賦」，漢武帝「悼李夫人賦」，司馬相如「子虛賦」、「上林賦」、「哀秦二世賦」、「大人賦」，揚雄「甘泉賦」、「河東賦」、「羽獵賦」、「長楊賦」，班倢伃「自悼賦」，班固「幽通賦」，共十三篇。反觀「後漢書」、「三國志」、「晉書」等史籍，載錄辭賦，遠較班書爲多。

⑨：「藝文類聚」卷四十四（北京、中華一九六五年版，頁七九〇）載「虡賦」僅數句：「牧太平以深志，象巨獸之屈奇，妙彫文以刻鏤，舒循尾之采垂，舉其鋸牙，以左右相指，負大鐘而欲飛。」大抵節錄原文而成。「初學記」卷十六（北京、中華一九六二年版，頁三九七）僅載五句：「妙雕文以刻鏤兮，象巨獸之屈奇兮，載高角之峩峩，負大鐘而顧飛，美哉爛兮，亦天地之大式。」「太平御覽」卷五八二（北京、中華一九六〇年版，

頁二六二六）僅載兩句：「櫻攣拳以蟉虬，負大鐘而欲飛。」

⑩：「史記」、「漢書」本傳都說：「誼爲長沙王太傅，既以謫去，意不自得，及渡湘水，爲賦以弔屈原。」

⑪：「北堂書鈔」僅記：「司馬相如有魚葅賦。」（台北、藝文印書館，一九六八年版，冊七，頁八下）今此賦已佚。

⑫：「魏都賦」劉逵注引此賦一句：「唰嗽其漿。」（「文選」上冊，頁一二八）

⑬：顧野生「大廣益會玉篇」僅記此賦二字，原文云：「司馬相如梓桐山賦云：巃嵸。」（「四部叢刊本，冊三，頁六下）

⑭：參攷簡宗梧「美人賦辨證」（「大陸雜誌」卷四十六第一期，頁四九至五二）及「長門賦辨證」（「大陸雜誌」卷四十六第二期，頁五七至六〇）David R. Knechtges, "Ssu-ma Hsiang-ju's 'Tall Gate Palace Rhapsody'," Harvard Joural of Asiatic Studies Vol.41, NO.1 (June, 1981), pp. 47-54

⑮：漢文帝「秋風辭」：「秋風起兮白雲飛，草木黃落兮雁南歸。蘭有秀兮菊有芳，攜佳人兮不能忘。泛樓舡兮濟汾河，橫中流兮揚素波，簫鼓鳴兮發棹歌。歡樂極兮哀情多，少壯幾時兮奈老何。」（「文選」下冊，頁九九四。）

⑯：「漢書」本傳，謂揚雄嘗作「反離騷」、「廣騷」、「畔牢愁」、「解嘲」、「解難」等篇。（按：班固以「畔牢愁」、「廣騷」文多不錄，今已佚，而「解嘲」、「解難」俱載於本傳，故能流傳迄今。）假如把這幾篇也視作賦類，加上「甘泉」、「河東」、「羽獵」、「長楊」、「蜀都」、「覈靈」、「太玄」、「逐貧」八篇，共得十三篇，超過「漢書藝文志」所記的十二篇。同時「漢書游俠列傳」（陳遵傳）記揚雄作「酒箴」，

而「藝文類聚」卷七十二、「初學記」卷二十六、「太平御覽」卷七五八，均記揚雄作「酒賦」。加起來，子雲作賦共有十四篇了。顧實「漢書藝文志講疏」以「甘泉」、「河東」、「羽獵」、「長楊」、「反離騷」、「廣騷」、「畔牢愁」、「蜀都」、「太玄」、「逐貧」、「覈靈」、「酒」爲「揚雄賦十二篇」，共「藝文志」所記吻合，可備一說。

⑰：「文選陸倕石闕銘」注引三句：「太易之始，河序龍馬，雒貢龜書。」「太平御覽天部」引五句：「自今推古，至於元氣始化，古不覽今，名號迭毀，請以詩、春秋言之。」又四句：「太易之始，太初之先，馮馮沈沈，奮博無端。」

⑱：參看拙著「康達維『揚雄賦研究』評介」（「香港中文大學中國文化研究所學報」卷九上冊，頁二六八至二六九。）

⑲：參看David R. Knechtges, The Han Rhapsody: A Study of the Fu of Yang Hsiung (53 B.C-A.D.18), Cambridge University Press, 1976, p. 117

⑳：「文選」潘岳「西征賦」注引兩句：「運之修短，不豫期也。」

㉑：參攷嚴可均「全上古三代秦漢三國六朝文」（北京、中華一九六五年版冊一，頁六〇七。）1965, p.27及Burton Watson, Chinese Rhyme-prose: Poems in the fu form from the Han and Six dynasties periods, Columbia University Press, 1971, p.25「鵩鳥賦」作於單閼之年，即漢文帝六年（公元前一七四年）。賈誼居長沙三年，然後寫「鵩鳥賦」；他往長沙，渡湘江，爲賦以弔屈原，當在文帝三年或四年（公

㉒：「史記賈誼列傳」（「二十四史」點校本，册八，頁二四九二。）

㉓：張溥「賈長沙集題辭」云：「騷賦辭清而理哀，其宋玉、景差之徒歟！西漢文章，莫大乎是，非賈生其誰哉！」（北京、一九六〇年人民文學出版社出版，頁一。）

㉔：參攷 James R. Hightower, Topics in Chinese Literature (revised edition), Harvard University Press. 1965, p. 27 及 Burton Watson, Chinese Rhyme-prose: Poems in the fu form from the Han and Six dynasties periods, Columbia University Press, 1971, p. 25「鵩鳥賦」作於單閼之年，即漢文帝六年（公元前一七四年）。賈誼居長沙三年，然後寫「鵩鳥賦」；他往長沙，渡湘江，爲賦以弔屈原，當在文帝三年或四年（公元前一七七或一七六）。

㉕：「文心雕龍哀弔篇」（香港、商務、一九六〇年版，頁二四一。）

㉖：「讀賦卮言」（「淵雅堂外集」本）頁一下。

㉗：「藝概」（台北、廣文書局一九六四年版）卷三，頁三下。

㉘：「西京雜記」說：「賈誼在長沙，鵩鳥集其承塵。長沙俗以鵩鳥至人家，主人死。誼作鵩鳥賦，齊生死，等榮辱，以遣憂累焉。」（「漢魏叢書」本，卷五，頁八下）何焯「義門讀書記」也說：「此賦原本道家之言，多用老莊緒論。」（「四庫全書珍本二集」本，卷四十五，頁二九上）

㉙：參看劉大杰「中國文學發達史」，頁一〇九。金秬香「漢代詞賦之發達」，分漢賦爲三類：攄情、騁詞、記事析理。（上海、商務，一九三四年版，頁一六——一七）「鵩鳥賦」入攄情類。

㉚：「文心雕龍詮賦篇」（頁一三五）。

㉛：參看拙作「司馬相如子虛上林賦與枚乘七發的關係」（人生）卷三十二，第十二期，頁二四——二八。又拙作"The Seven Stimuli of Mei Sheng" The Chu Hai Journal, No.11, Hong Kong, 1980, pp.205-216

㉜：「西京雜記」卷二，頁四下。

㉝：自元鼎（公元前一一六至一一〇）至征和（公元前九二至八九）年間，武帝多次行幸東萊，又發船使人到海外尋求蓬萊仙人；在長安鑿太液池，池中建築蓬萊、方丈、瀛洲、壺梁，象海中仙山。詳見「漢書郊祀志」（冊四，頁一二一五——一二四八）

㉞：「西京雜記」說：「相如將獻賦，未知所爲，夢一黃衣翁（或作黃鬢翁）謂之曰：可作大人賦，遂作大人賦，言神仙之事以獻之。」（卷三、頁六上）又「史記」本傳說：「天子既美子虛之事，相如見上好僊道，因曰：上林之事未足美也，尚有靡者，臣嘗爲大人賦，未就，請具而奏之。」（冊九，頁三〇五六）

㉟：「大人賦」裏所說的仙人有五帝、陵陽、玄冥、含靁、陸離、潏湟、伯僑、羨門、歧伯、祝融、句芒等等。

㊱：「史記」冊九，頁三〇五六。

㊲：「史記司馬相如傳贊」說：「相如雖多虛辭濫說，然其要歸，引之節儉，此與詩之風諫何異？」（冊九，頁三〇七三）

㊳：「漢書」冊八，頁二三六五。

㊴：清李調元撰、何沛雄編訂「雨村賦話」（香港、萬有圖書公司一九七六年出版）頁五五。

㊵：「漢書外戚傳」（冊十二，頁三九五一——三九五二）

㊶：倢伃是漢代女官名，武帝初置，位視上卿，爵比列侯。倢，言接幸於上；伃，美稱的意思。

㊷：同註四〇，頁三九八三——三九八四。

㊸：見註四二。

㊹：古代女子，借酒銷愁是罕見的，但班倢伃的「自悼賦」說：「酌羽觴兮銷憂，惟人生兮一世，忽一過兮若浮。」

㊺：參看 David R. Knechtges, The Hau Rhapsody: A Study of the Fu of Yang Hsiung (5B D.C.-A.D.18), pp.63 & 74-77

㊻：「文心雕龍才略篇」（頁六九九）

㊼：參看拙著"A Study of the Didactic Function of Han Fu on Hunts and on Capitals", Journal of Oriental Studies, Vol.xIV, No.2, (July, 1976),Hong Kong University, pp.172-182

㊽：「漢書」沒有收錄揚雄的「蜀都賦」，假如這不是僞作，就是漢代第一篇「京都賦」了。「太玄賦」雖與「鵩鳥賦」同屬哲理賦類，但「鵩鳥」是道家之言，而「太玄」則是儒家之說。揚雄實有不少創新之作。

㊾：「漢書敍傳」：「（固）弱冠而孤，作幽通賦以致命遂志。」劉德注云：「致，極也。陳吉凶性命，遂明己之意。」（冊十二，頁四二一三）。

㊿：「賦格」（陶秋英「漢賦之史的研究」上海、中華一九三九年版，頁一五九引）按：港九公私圖書館，未備陸棻「賦格」，故轉引之。

⑸：「文心雕龍體性篇」（下册，頁五〇六）。又「詮賦篇」（上册，頁一三五）。
⑸：同注五〇，（頁一五八）。關於「西都賦」的詳細分析，請看拙作「班固西都賦與漢代長安」（「大陸雜誌」卷三十四，第七期，頁一一——一九）。
⑸：「文選」卷一「兩都賦」題下注，以爲班固作此賦呈獻給和帝。原文云：「自光武至和帝，都洛陽，西京父老有怨。班固恐帝去洛陽，故上此詞以諫，和帝大悅。」英國學者許愉士（E.R. Hughes）推斷班固上此賦給章帝（公元七六——八八在位）（Two Chinese Poets, Princeton University Press, 1960, p.19）。我認爲「文選」注和許氏的推斷都是錯誤的，詳見本人考證，載於「東方文化」（香港大學出版）卷十四，第二期拙著"A Study of the Didactic Function of Han Fu on Hunts and on Capitals"注十三（頁一七四）。
⑸：「後漢書」册三，頁一三三四。
⑸：司馬相如生於武帝時代，是西漢鼎盛時期；揚雄生於成帝至新莽時代，是西漢末期。劉勰「文心雕龍詮賦篇」云：「陸賈扣其端，賈誼振其緒，枚馬同其風，王揚騁其勢。」（上册，頁一三四）。
⑸：現存文獻，沒有紀錄漢代帝王曾作辭賦，有的祇是武帝一人。武帝除作「悼李夫人賦」外，還有「秋風辭」和銘、鼎、刻石、書信等文章，詳見嚴可均輯「全漢文」（頁一四八——一五一）。
⑸：班倢伃文才出衆，既能作賦，又能寫詩；她的「怨歌行」（或作「紈扇詩」），爲歷代學者所稱道。
⑸：司馬相如「子虛賦」，因得到蜀人宮廷裏的狗監楊得意的巧妙安排，才能傳到漢武帝閱覽。枚乘生於景帝時代，景帝不好辭賦，枚乘賦就算流傳入宮廷，也不會產生作用。

59：參看許世瑛「枚乘七發與其摹擬者」（「大陸雜誌」卷十六，第八期，頁十一——一七）。

60：除了司馬相如外，漢賦大家能兼二體的也不少，例如劉向的「圍棊賦」、「九歎」，劉歆的「甘泉宮賦」、「遂初賦」，王褒的「洞簫賦」、「九懷」，揚雄的「羽獵賦」、「太玄賦」，班彪的「冀州賦」、「悼騷賦」，班固的「兩都賦」、「幽通賦」，張衡的「兩京賦」、「思玄賦」，蔡邕的「圓扇賦」、「檢逸賦」等等，都表現了兩種辭賦的不同風格和形貌。

61：陳元龍「御定歷代賦彙」（日本京都、中文出版社一九七四年影印本）卷一一二（頁一五四一）列此賦爲「覽古」類；蕭統「文選」（下册，頁一三〇二）改此賦爲「弔屈原文」，入「弔文」類。

62：「文選」（上册，頁二七六）及「歷代賦彙」（頁一七六四）均列此賦爲「鳥獸」類，實有未妥（請看拙作「文選選賦義例論略」〔「書目季刊」卷十一，第二期，頁五——十二〕）。劉大杰「中國文學發達史」視之爲「哲理」類（頁一〇九），似較合理。

63：「文選」（頁一五三、一五九）列之爲「畋獵」類；「歷代賦彙」（頁八四七、八四九）列之爲「蒐狩」類。

64：「歷代賦彙」（外集，頁一九九七）列之爲「曠達」類；金秬香「漢代詞賦之發達」（頁二八）列之爲「抒情」類。

65：「藝文類聚」（頁七二八）列之爲「禮部」中的「弔」類；「漢代詞賦之發達」（頁三〇）列之爲「抒情」類。

66：「藝文類聚」（頁五九九）列之爲「哀傷」類；「歷代賦彙」（外集，頁二〇四四）列之爲「美麗」類。

67：「藝文類聚」（頁五四二）列之爲「怨」類；「歷代賦彙」（外集，頁一九一九）列之爲「言志」類。

⑱：「文選」（頁一四一）列之爲「郊祀」類。（按：「文選」未收「河東賦」，但兩賦性質相似，可視爲同類。「歷代賦彙」（頁七一八、七四四）列之爲「典禮」類。

⑲：「文選」（頁一七〇、一七九）列之爲「畋獵」類；「歷代賦彙」（頁八五一、八五四）列之爲「蒐狩」類。

⑳：「文選」（頁二九二）及「歷代賦彙」（外集，頁一八七六）均列之爲「言志」類；「漢代詞賦之發達」列之爲「抒情」類。

㉑：關於辭賦的分類，請參看拙作「辭賦分類略說」（「人生」卷三十二，第九、十期合刊本，頁二二——二五）。

㉒：「弔屈原賦」見於G. Margoulies, Le Kou-wen chinois (Paris,1926), pp.66-67, reprinted in Anthologie raisonnee de la littenature chinoise (Paris, 1948), pp.206-207; Burton Watson, Records of the Grand Historian of China I (New York, 1958), pp.510-511, reprinted in Cyril Brich ed. Anthology of Chinese Literature (Columbia University Press, 1965), pp.140-141; D.K. Knechtges, "Two Studies on the Han Fu", Parerga I (1968, pp.10-13)「鵩鳥賦」見於James R. Hightower, "Chia Yis'Owl Fu'", Asia Major 8 (December, 1959), pp.127-129, reprinted in Anthology of Chinese Literature, pp.138-140; H.A. Giles, Adverseria Sinica (Shanghai,1914), pp.1-10; Records I, pp.512-515,reprinted in Burton Watson, Chinese Rhyme-Prose: Poems in the Fu Form from the Han and Six Dynasties Periods (Columbia University Press, 1971), pp.25-28
「子虛上林賦」、「哀秦二世賦」、「大人賦」分見於Records II' PP. 301-321 & 331-335; Yves Herv-

ouet' "Le Chapitre 117 du Che ki : Biographie de Sseu-ma Siang-Jou", Biblio theque de l' Institute des Hautes Études Chinoise Vol. XXIII (Paris Presses Uuiversitaires de France 1972) PP. 111-142' PP. 181-184' & PP. 186-203。「子虛賦」又見於E. Vonzach' "Tzu-hsü fu", De Chineesche Revue 2 (January, 1928) PP. 76-93, reprinted in Die Chineesche Anthologie I (Harvard Uuiversity Press, 1958) PP. 103-107; Chinese Rhyme-Prose, PP. 30-37。「上林賦」又見於Burton Watson, Early Chinese Literature (Columbia University Press, 1962) PP. 273-284; Chinese Rhyme-Prose, PP. 37-51,

「悼李夫人賦」見於Burton Watson, "Li fu-jen fu" Courtier and Commer in Ancient China: Selections From the History of the Former Han (Columbia Univirsity Press, 1974), pp. 249-251.

「自悼賦」見於Burton Watson, "Two Imperial Ladies of Han," Renditions I (Chinese Univesity of Hong Kong, 1973), pp11-13.

「甘泉賦」、「河東賦」見於Elma E. Kopetsky, "Two Fu on Sacrifices by Yang Hsiung", Jounral of Oriental Studies 10 (University of Hong Kong, 1972) pp. 104-114; David R. Knechtqes, The Han Rhapsody: A Study of the Fu of Yang Hsiung, (Cambridge Uuiversity Press, 1976), pp. 45-62.

「羽獵賦」、「長楊賦」見於Die Chineesche Anthologie I, pp. 117-125 & 127-131; The Han Rhapsody, pp. 63-73 & pp. 80-85.

「幽通賦」見於Die Chineesche Anthologie I, pp. 211-216.

讀兩唐書李渤傳書後

孫國棟

李渤字濬之，父鈞，殿中侍御史，以不能養母，廢於世。渤恥之，堅苦不仕，勵志於學，隱於嵩山。摭古之高蹈者楚接輿、老萊子、黔婁先生、於陵子、王儒仲、梁鴻六人圖象讚其行以自儆。憲宗元和初，戶部侍郎李巽、諫議大夫韋況交章薦之。徵爲右拾遺。渤託病不拜。韓愈遺書勸諭之，始出家東都。每朝廷有闕政，輒上章論列。元和九年，以著作郎徵。歲餘，拜右補闕。以連上章忤旨及得罪貴臣皇甫鎛，乃謝病東歸。元和十五年，穆宗立，召爲考功員外郎。十一月，定京官考。渤自宰相以下皆加考語，上奏請定宰相蕭俛、段文昌、崔植、翰林學士杜元穎等中下考；其餘三品以上各有升黜，考詞嚴正，風骨稜稜。新唐書記其事云：

「渤上奏曰：『宰相俛、文昌、植，陛下即位，倚以責功，安危治亂繫也。方陛下敬大臣，未有昵比左右自驕之心，而天下事一以付之，俛等不推至公，陳先王道德，又不振祓舊典，復百司之本。政之興廢在賞罰，俛等未聞慰一首公，使天下吏有所勸；黜一不職，使尸祿有所懼。士之邪正，混然無章。陛下比幸驪山，宰相學士皆股肱心腹，宜皆知之，不先事以諫，陷君於過。俛與學士杜元穎等請考中下。御史大夫李絳、左散騎常侍張惟素、右散騎常侍李益諫幸驪山，鄭畋等諫畋游，得事君之禮，請考上下。崔元略當考上下，前考于翬不實，翬以賄死，請降中中。大理卿許季同，任翬者，應考中下；然頃陷劉闢，棄家以歸，宜補厥過，考中中。少府監裴通職修學，考應中上；以封母，捨嫡而追所生，請考中下」①。

奏入，不報。議者以渤「越職釣名，非盡事君之道」②。未幾，渤以墜馬傷足，請假，馮宿領考功。馮宿上言：據考課令考功郎中校京官四品以下考，三品以上爲清望官，應進名聽內考，非有司所得而專。李渤之表，違朝廷制。於是渤議遂廢。會魏博節度使田弘正表請以渤爲副使。杜元穎劾奏渤賣直售名，干進不已，外交方鎮，不宜在朝，出渤爲虔州刺史。究竟李渤考評宰相及三品以上親貴，是否違令越職言事？此有關唐代之法制與政風，故稍論之。據唐六典述考功郎中之職掌云：

「考功郎中之職，掌內外文武官吏之考課……其親王及中書門下與京官三品已上，外官五大都督，並以功過狀奏聽裁。」③

新唐書百官志亦云：

「考功郎中、員外郎……掌文武百官功過善惡之考法……親王及中書門下，京官三品以上、都督、刺史、都護、節度、觀察使則奏功過狀以覈考行之上下。」④

又文獻通考選舉十二云：

「凡考皆集於尚書省，唱第然後奏，親王及中書門下、京官三品以上、都督、刺史、都護、節度、觀察使則奏功過狀以覈考行之上下。」⑤

皆言「奏功過狀」，所謂「功過狀」者，必考功列舉宰相及三品以上之功過，進奏君主裁定。則李渤所奏，當屬宰臣及三品以上官之功過狀無疑。又據考課令：

「三品以上及同中書門下平章事並奏取裁」⑥。

所謂「並奏取裁」者，想即六典所謂「並以功過狀奏聽裁」也。且舊唐書李渤傳載李渤奏狀之結語云：

「今愚臣守官，請書宰相學士中下考，上愛聖運，下振頹綱，故臣懼不言之爲罪，不懼言之爲罪也。其三品官考，伏緣限在今月內進，輒先具如前。其四品以下官，續具條疏聞奏。」⑦

明言三品官考限於今月內進，則必非徒列姓名可知。馮宿畏避宰相貴臣，不敢判考語，正爲當時之「頹」風，李渤所謂「下振頹綱」正指此類。

李渤馮宿二人之是非，當時人並無定論，或右李渤，或袒馮宿⑧，蓋兩人各有所據——李渤所據，乃中唐以前之官常，即六典所述之規制；馮宿所據，乃中唐以後相沿之風習。此種風習亦由來已久，其原因約有兩端：一由於吏部權力之衰落，一由於政風之敗壞與考功之不得其人。

吏部權力之衰落，最大表徵在銓選任用權之日漸萎縮。高宗麟德以前，吏部掌五品選事。太宗使盧承慶、高宗使楊弘武掌五品選事可以爲證⑨。則天以後，吏部職權紊亂。則天務收攬人心，不問賢愚，大置試官以處之，又以鄧元挺、許子儒爲侍郎，無所藻鑑，委成令史，依資平配。其後諸門入仕者猥衆，不可禁止⑩。開元四年，廿六司員外郎、各級御史、起居郎、補闕、拾遺等改由宰相任用，不經吏部銓選⑪。開元廿四年奪考功員外郎主貢擧之權予禮部侍郎⑫。肅宗即位於靈武，以强寇在野，命中書以功狀除官，不由吏部⑬。代宗大曆六年，元載爲宰相，以別敕授文武六品以下官，吏部不得檢勘⑭。故肅代以後，不但五品以上官之功過任用，吏部不得過問，即六品以下要官，吏部亦不得過問。德宗時沈既濟力陳銓選之弊，建議任用五品以上羣司長官，吏部得參議⑮，而終未能實行。可見吏部銓選權之廢墮。

考功之職權與銓選息息相關。銓選之權既落，考課自不受重視。諸司長官，不別賢愚，循例申報，考功亦無從審核。德宗貞元初考功奏：

「准諸司皆據功過論其考第，自至德後至今三十年，一例申中上考，今請復其能否，以定升降。從之。」⑯

中上考在貞觀時甚爲難得。貞觀六年，馬周上疏：謂比年以來，考課高第不過中上，未有得上下以上考，請放寬程限，以資獎勸⑰。睿宗時李朝隱爲長安令，蒞官剛正有聲，爲睿宗所賞，下詔褒美，比之古之遺直，特賜中上考⑱。玄宗時，張說爲中書令，備受玄宗倚重，特褒升爲中上考⑲，可見中上考之難得。豈料至德以後三十年，各司一律申報中上考。德宗貞元時稍稍改進，故貞元六年，趙宗儒領考功，「定百官考績，右司郎中獨孤良器、殿中侍御史杜倫各以過黜之，尚書左丞裴郁、御史中丞盧紹皆考中上，宗儒貶之中中；秘書少監鄭雲逵考同官孫昌裔入上下，宗儒復入中上。凡考之中上者不過五十人，餘多減入中中。」⑳一時朝廷耳目爲之一新。然宗儒所黜陟者，全爲四品以下官，對宰相及三品以上親貴，不及一辭。可見宗儒仍不敢奏功過狀。元和中興，政事稍上常軌，元和十四年十一月考功奏：

「自今以後，應請考狀，但直言某色行能，某色異政……某色事便書善惡，不得再有虛美閑言。」㉑

明年（元和十五年）李渤判考功，進奏宰臣及三品以上官之功過狀，不意竟因此得罪。馮宿繼李渤判考功，不僅推翻李渤之奏狀，更上言：「翰林學士職居內署，事莫能知，請依前書上考；諫官御史亦請仍舊並書中上考。」㉒又依循肅代以來之陋制。於是馮宿獲賞識，加「知制誥」㉓。按翰林學士乃職而非官，並無品秩，其本官多在四品以下，然親貴侔於宰相，故馮宿依舊例一律予以上考；諫官御史除御史大夫及散騎常侍之外，其餘俱爲四品以下官，然亦接近君主。馮宿亦依舊例，一律予以中上考。可見考功規避權勢，已成慣例，非有獨立特行，守正不阿之士，不敢逆時風衆勢。如李渤之判考功，奉官守職，偘偘獨步於公卿權貴之間，中唐以後，一人而已。

李渤之表上於元和十五年十一月。由元和元年至十四年，憲宗平定跋扈諸鎭——元和元年討平西川節度使劉闢及夏綏留後楊惠琳，二年平定鎭海節度使李琦，五年擒昭義節度使盧從史，七年魏博節度使田弘正擧六州歸朝，十二年誅淮蔡吳元濟，十三年盧龍節度使劉總奉朝請、成德王承宗歸順，十四年討平青淄李師道。於是全國藩鎭順命。元和十五年正月，憲宗遇弒，穆宗繼位，蕭俛、段文昌、崔植、杜元穎相繼入相。明年長慶元年，河朔三鎭盧龍、成德、魏博再叛，各鎭爭相效尤，以迄唐亡不能戢止。中興局面，由此瓦解。故元和十五年實爲中唐盛衰之分界線。蕭、段、崔、杜身任宰輔，庸才誤國，責無旁貸。其處置失宜，使河朔再叛，最嚴重者三事：

一爲處置幽州盧龍之失當。幽州盧龍節度使劉總於元和十五年奏請出家爲僧㉔，請將所屬九州分割爲三道㉕；又盡擇麾下伉健難制者朱克融等送京師，乞加獎拔，使燕人有慕朝廷祿位之志；又獻征馬一萬五千匹，然後削髮委去㉖。劉總之意，以幽州盧龍領九州之地，勢大難制，加以燕人桀驁，自安祿山之後不尊王命八十年，故分州、獻馬、驅逐難制者以弱盧龍之勢，其爲朝廷之計至爲周善。不意宰相崔植、杜元穎無遠略，不知安危大體，惟分割二州，其餘七州委張弘靖爲節度使。朱克融輩久羈旅京師，以至假丐衣食，日詣中書求官，崔植、杜元穎不之省，勒朱克融輩歸幽州本軍驅使。克融輩皆憤怨㉗。張弘靖復與幽州人情不洽，朱克融遂作亂，囚張弘靖，幽州再失㉘。

二爲處置田弘正易鎭之失當。元和十五年，成德節度使王承宗死，朝議徙魏博節度使田弘正爲成德節度使。左金吾將軍楊元卿上言，以爲魏博成德兩帥臣易置非便，又詣宰相深陳利害㉙。而宰相庸陋不省。田弘正受詔改鎮成德，自以曾兩度與成德戰，與成德人有父兄之仇。乃以魏博兵二千從赴鎮，因留以自衞，奏請度支供其糧賜，朝廷無遠慮，不肯給。弘正四上表，不報。不得已，遣魏博兵歸，都知兵馬使王庭湊遂作亂，殺田弘正及僚佐將吏三百餘人，於是成德再失。成德、盧龍、魏博三鎮互爲表裏數十年，盧龍、成德既叛，魏博人心已動搖。朝命以弘正子田布爲魏博節度使以討成德。魏博人心不齊，史憲誠輩逼田布自殺㉚，朝廷庸懦，竟授史憲誠節鉞。又以討朱克融王庭湊無功，並朱克融王庭湊亦授節鉞。於是河朔三鎮再失。

三爲消兵政策之失當。穆宗即位之初，全國藩鎮奉命。蕭俛、段文昌以爲天下已太平，漸宜消兵，密詔天下軍鎮有兵處每歲百人之中限八人逃死，於是軍士落籍者多，皆聚山澤爲盜。及朱克融、王庭湊作亂，一呼而亡命皆集，朱克融、王庭湊所以勢力驟盛㉛。

以上三端，影響晚唐政局極大。此事之發生，雖在長慶元年，然其結胎實在元和十五年蕭俛、段文昌、崔植、杜元穎秉政之時。李渤上表雖未及見三鎮再叛，然蕭俛等之相業卑下，庸才無識，固在李渤洞鑒之中，所以考評爲中下，可謂切當。而反爲宰相所劾，外放虔州。余既重李渤其人，高其行誼，復哀其屢以直言見擯；尤哀世之當權者，每多庸才竊位，或權奸害國，以至生民常饑溺塗炭。悲夫！

一九八三年十二月於美西武德斯都鎮。

註釋：

①：新唐書卷一一八李渤傳。

②：舊唐書卷一七一李渤傳。

③：唐六典卷二。

④：新唐書卷四十六百官志。

⑤：文獻通考卷三九選舉十二。

⑥：册府元龜卷六三六、唐會要卷八一、文獻通考卷三九均引貞元七年考功所依據之考課令。

⑦：舊唐書卷一七一李渤傳。

⑧：册府元龜卷六三六銓選部考課二錄李渤馮宿所奏不同後，繼錄當時人評語曰：「國朝考課令凡較考以一年善惡爲上下，郎中較京官四品以下，得隨意昇黜；三品以上，通名淸望官，每歲進名內定，不在有司。渤雖欲振擧官業，然事無故實。又通擧他年事以爲褒貶，不達者以爲朝廷盛事。」此評語人必爲穆宗以後人，其論調乃袒馮宿，並指右李渤爲「不達者」。可見李、馮二人之是非，當時並無定論。李渤之表，有涉及以他年事爲褒貶者，如論許季同，不發生於元和十五年，李渤引此，實爲不當。但不得謂李渤考評宰臣及三品以上官爲失當也。

⑨：舊唐書卷八十一盧承慶傳：「承慶爲兵部侍郎，仍知五品選事。承慶辭曰：『選事職在尙書，臣今掌之，便是越局』。太宗不許。」又卷七十七楊纂傳附族子弘式傳：「擢拜司戎少常伯（兵部侍郎），從駕還，高宗特令

弘式補授吏部選人五品以上官。」唐吏兵兩部掌文武官之銓選，常互相兼知。從上兩條資料，可見五品選事仍在兵吏部。

⑩：見通典卷十五選擧三。

⑪：見通典卷十五選擧三及通考卷三十七選擧十。

⑫：見通典卷二十三職官志五，唐會要卷五十八。

⑬：見通考卷三十七選擧十。

⑭：同上注。

⑮：見通典卷十八選擧六雜議論。

⑯：唐會要卷五十八、通考卷三十九選擧十二、新唐書卷一五一趙宗儒傳及册府元龜卷六三六銓選部均略同。

⑰：見唐會要卷八十一考上、册府元龜卷六三五銓選部考課一及通考卷三十九。

⑱：舊唐書卷一〇〇李朝隱傳：「三遷長安令，有宦官閭興貴詣縣請託，朝隱命拽出之。睿宗聞而嘉歎。廷召朝隱勞曰：『卿爲京縣令，能如此，朕復何憂。』乃下制曰：『……長安縣令李朝隱，德義不回，清強自遂，亟聞嘉政，累著能名……古稱遺直，復見於今，思欲旌其美行，遷以重職……用表剛烈，可太中大夫，特賜中上考。』」

⑲：舊唐書卷九十七張說傳：「代張嘉貞爲中書令，玄宗親爲詔曰：『動惟直道，累聞獻替之誠；言則不諛，自得謀猷之體；政令必俟其增損，圖書又藉其刊削。才望兼著，理合褒升考中上。』」

⑳：新唐書卷一五一趙宗儒傳。
㉑：册府元龜卷六三六考課二。
㉒：舊唐書卷一六八馮宿傳。
㉓：馮宿於元和十五年末代李渤判考功，長慶元年「知制誥」見舊唐書卷一六八馮宿傳。
㉔：盧龍節度使劉總於元和五年毒殺其父劉濟及兄劉緄而領軍政。朝廷不知其姦，詔爲節度使。劉總既殺其父兄，心常自疑，數見其父兄爲祟，常於府舍飯僧數百，使晝夜爲佛事，每視事退，則處其中。或處他室，則驚悸不敢寐。晚年恐懼尤甚。長慶元年正月奏乞棄官爲僧。（見新唐書卷二一二藩鎮盧龍列傳及通鑑卷二三八元和五年及卷二四一長慶元年。）
㉕：劉總奏請將盧龍所屬九州分爲三道：以幽、涿、營三州爲一道，請除張弘靖爲節度使；平、薊、嬀、檀四州爲一道，請除薛平爲節度使；瀛、莫二州爲一道，請除盧士玫爲觀察使。（見通鑑卷二四一長慶元年。）
㉖：見通鑑卷二四一長慶元年。
㉗：同上注。
㉘：張弘靖移鎮盧龍，先是河北節度使皆親冒寒暑，與士卒均勞逸。弘靖雍容驕貴，肩輿於萬衆之中，燕人訝之。弘靖莊默自尊，涉旬乃一出坐決事，賓客將吏罕聞其言，情意不接，政事多委之幕僚，而所辟判官韋雍輩多年少輕薄之士，嗜酒豪縱，出入傳呼甚盛，或夜歸燭火滿街，皆燕人所不習。詔以錢百萬緡賜將士，弘靖留其二十萬緡充軍府雜用。韋雍輩復裁刻軍士糧賜，繩之以法。數以反虜詬責吏卒。謂軍士曰：『今天下太平，汝曹能

挽兩石弓，不若識一丁字。』由是軍中怨怒。長慶元年秋七月，韋雍出，逢小將策馬衝其前導。雍命曳下，欲於街中杖之。河朔軍士不慣受杖，不服。雍以白弘靖，弘靖命軍虞候繫治之。是夕，士卒連營呼譟作亂，將校不能制，遂入府舍，掠弘靖貨財婦女，囚弘靖於薊門館，殺幕僚韋雍等。（見通鑑卷二四一、二四二長慶元年）。

㉙：通鑑卷二四二長慶元年七月。

㉚：通鑑卷二四二長慶二年：「初田布從其父弘正在魏，善視牙將史憲誠，稱薦至右職。及爲節度使，遂寄以腹心。以爲先鋒兵馬使，軍中精銳，悉以委之。憲誠之先奚人也，世爲魏將，魏與幽（盧龍）鎮（成德）本相表裏，及幽鎮叛，魏人固心搖。布以魏兵討鎮，軍於南宮，上屢遣中使督戰，而將士驕惰無鬥志。又屬大雪，度支饋運不繼，布發六州（魏博六州）租稅以供軍，將士不悅曰：『故事軍出境，皆給朝廷，今尚書刮六州肌肉以奉軍，雖尚書瘠己肥國，六州之人何罪乎！』憲誠陰蓄異志，因衆心不悅，離間鼓扇之……癸卯，布復召諸將議出兵，諸將益偃蹇曰：『尚書能行河朔舊事，則死生以之，若使復戰，則不能也。布無如之何。歎曰：『功不成矣。』即日作遺表具其狀，略曰：『臣觀衆意，終負國家，臣既無功，敢忘即死。』……乃入啟父靈，抽刀而言曰：『上以謝君父，下以示三軍。』遂刺心而死。」

㉛：見通鑑卷二四二長慶二年。

荀學價值根源問題的探討

唐端正

荀學主張性惡善僞，天生人成，無論就性惡而言，或就性是無善無惡的本始材樸而言，都可以說性中沒有善。但荀學的目的，却要積善成德，然則善從何來？價值根源在那裏？便成爲荀學中一個問題。

一般人認爲荀子所言之天，只是個不爲堯存，不爲桀亡的自然之天，而所言之性，只是些好利惡害、懷生畏死的自然之性，因此，無論荀子所言之性與天，都不足以爲價值的根源。既然性天皆不足以爲價值根源，人們便很容易想到荀學的價值根源是客觀外在的。於是有人把荀子的禮義之統視作外在的權威，甚至把荀子禮義之道的根源，歸之於人道之極的禮義本身。但以禮義之道爲外在的權威，不能在人性中有恰當的說明，則禮義之道便成爲非理性的。如果理義之道的根源在禮義之道本身，那麼我們便會問：作爲價值根源的禮義之統本身，又以何者爲根源，它本身的存在又是如何產生的？

有人爲了解決荀子價值根源的問題，不但說禮義之道由禮義之統來，而且賦予禮義之統以形上實在的意義。因而認爲我們不應再追問禮義之統從何而來。

把荀子的禮義之統從人的心性中外推出去，成爲只是一個客觀的存在，我們認爲是很值得商榷的。而且荀子自己在說明了「今人之性惡，必將待師法然後正，得禮義然後治」以後，曾提出「人之性惡，則禮義惡生」的問題。

可見荀子並沒有迴避這個問題，而且在性惡篇對這個問題作出了回答。他說：

問者曰：「人之性惡，則禮義惡生？」應之曰：凡禮義者，是生於聖人之僞，非故生於人之性也。故陶人埏埴而爲器，然則器生於工人之僞，非故生於人之性也。故工人斲木而成器，然則器生於工人之僞，非故生於人之性也。聖人積思慮，習僞故，以生禮義而起法度。然則禮義法度者，是生於聖人之僞，非故生於人之性也。

荀子在以上一段文字中，對「禮義惡生」的問題的回答是：「凡禮義者，是生於聖人之僞」。按這段文字，雖說禮義非生於人之性，但却決不是說禮義原是個客觀的存在或形上的實在。所謂禮義生於聖人之僞，禮義還是由於聖人的創造才存在的，聖人憑藉本始材樸的性，積思慮、習僞故，以生禮義而起法度，就正如陶人埏埴而生瓦，工人斲木而成器一樣。瓦和器雖然不是天生的，不是性中本有的，但也決不是個不能追問其從何而來的客觀存在。陶人埏埴生瓦，工人斲木成器，和聖人化性起僞，都是同類的。埴、木是性，埏、斲是僞。但所謂僞，亦只是人爲的意思。埴、木不能離開陶工之埏斲而成瓦器，人亦不能離開積思慮習僞故而生禮義起法度。因此把禮義法度視爲人性所本有固然不對，把禮義法度視爲完全外在於人性，也是不對的。

可是，說禮義法度生於聖人之僞，究竟聖人是如何制禮義而起法度的呢？如果人性中本無仁義，人如何能制禮義而起法度？如果人性中本有仁義，何以荀子却要說性惡？這些問題雖然很費分疏，但如果我們稍爲粗心大意，對荀學的了解都是難得平正的。

首先我們要說明的，就是荀子雖然沒有說禮義法度是生之所以然的性，但他決不是說人性只有懷生畏死，好利惡害等動物性和認識客觀事實的認識心。在肯定人之動物性和認識心之外，荀子是同時肯定人有制禮義而起法度的先天根據的。這些先天根據，不等於禮義法度本身，只是制作禮義法度的能力，所以荀子並不以之爲善。荀子雖然並不主張心即理，性即理，但心性之中，自有知善知惡的道德能力，好善惡惡的道德感情和道德願望，以及爲善去惡的道德意志。只是這些能力、感情、願望與意志，對成善而言，都是主觀的可能，而非客觀的現實。要由主觀的可能化爲客觀的現實，必須通過「伏術爲學、專心一志、思索熟察、加日縣久、積善而不息」等後天的努力。性只是一些本始材樸，不能說是善，而僞的文理隆盛才是善的。所以荀子才說「人之性惡，其善者僞也。」

人們往往從荀子性惡論出發，認爲性既然是惡的，則荀子所謂性，只限於懷生畏死，好利惡害等動物性而言。於是把可以知道的心，也劃在性之外，變爲心性分途。但荀子在解蔽篇說「人生而有知」，「心生而有知」，因此，按照荀子「生之所以然者謂之性」，「不可學不可事而在天者謂之性」的定義而言，心當然也是性。把心劃在性以外，顯然不合荀子性僞之界說。一般人了解荀子的心，只從解蔽篇所說的虛壹而靜的大清明心去了解。因而認爲荀子的心，是個只能認識客觀事實的認知主體，而非能樹立主觀價值理想的價值主體。因此不能是一個可以生禮義而起法度的價值根源。

關於這一點，我們在未說明荀子的心不只是個認識心之前，首先說明把荀子的心，只了解爲一認知心是不對的。即使我們認爲荀子的價值根源是認知的對象和客觀的存在，也不能解決荀學中價值根源的問題。因爲如果荀子的心只是個認識主體，則當人在認知禮義法度時，亦只能把禮義法度作爲一些客觀事實或認知對象來認識。作爲客觀事實或認知對象的禮義法度，和偏險悖亂等客觀事實和認識對象，就其同屬客觀事實而言，是毫無分別的。人如果只有認知主體而沒有價值主體，不能在認知客觀事實的同時，知善知惡，好善惡惡，爲善去惡，則對荀子爲什麼會在衆多客觀事實中，不取法自然的事實，不取法桀跖的事實，而必以人道爲法，必以聖王爲法，並能擇善固執，守死善道，便無從索解。

荀子所以能擇善固執，以聖王爲法，決非思想上的偶然，而必有一定之理由，而這理由，亦只能在人的生命主體中找。因爲荀子說「道者，非天之道，非地之道，人之所以道也，君子之所道也。」（儒效）故要追尋荀子所謂道的來源，不能從人以外去找。如果道不能從人的動物性與認識心找根據，則我們對荀子所講的心性，必須別求善解。

要善解荀子，首先不能認爲荀子思想的中心在性惡，不能從性惡論說明荀子的系統。由荀子言性惡之理論，則只證明荀子之視性爲待變化者。然其所以當變化之理由何在？及變化之力自何來？與荀子整個政治文化之思想，全不能由其性惡觀念以引出，則謂荀子之思想中心在性惡，最爲悖理。對荀學整個系統的了解，首先我們要指出的是：荀子懷將聖之心，對人生文化有極懇切的終極關懷，他一方面勸學修身，講不苟之行，榮辱之分，要我們積善成德，知道行道，以求達致成人、聖人、大人、大儒的理想。一方面又盡倫盡制，講君臣父子之道，王霸强亡之等，要我們關懷民物，爲天下生民長慮顧後，以求達致羣居和一，天下皆寧的境地。因此，荀學的大根大本，不在言性惡，而在如何能知道行道，成聖成王。人們認爲荀子的心只是個認知心，荀學之目的只在成就知識，這便不能把握到荀學的宏綱巨目與根本精神。荀學固然要成就知識，但他要開發人的大清明心，以求成就知識，其終極目的依然在於成就道德，成就人生文化的種種價值理想。這是荀子所以爲儒家的根本理由所在。

荀子的心所以不能只是個認知心，其理由之一，是荀子的認知活動，一直都受着一些價值意識所規範。荀子並不是爲知識而知識，而是爲成德而求知的。解蔽篇云：

凡以知，人之性也；可以知，物之理也。以可知人之性，求可以知物之理，而無所疑止之，則沒世窮年不能偏也。其所以貫理焉雖億萬，已不足以浹萬物之變，與愚者若一，學，老身長子，而與愚者若一，猶不知錯，夫是之謂妄人。故學也者，固學止之也。惡乎止之？曰：止諸至足。曷謂至足？曰，聖王。（「王」本作「也」，今據梁啟超改）聖也者，盡倫者也，王也者，盡制者也；兩盡者，足以爲天下極矣。

由上可知，荀子的知性活動，是受着德性的節制的，因而也可以說荀子在認知心以外，還肯定一個德性心，並且這個德性心還駕馭着、主宰着認知心的活動。因此，不受德性心節制的純知活動，都是荀子所不取的。爲了肯定荀子在認知心以外，存在着一個德性心，以下我們試從荀子肯定人有爲善去惡的道德意志、有好善惡惡的道德感情和道德願望、有知善知惡的道德良知諸端去加以說明。

人在知道以外，還要行道，道既兼爲所知與所行，故人不獨只有一知識心，亦當有一意志行爲心。所謂意志行爲心，就是要躬行實踐所知之道，使之實有諸己，去亂成治，而達致內聖外王的道德意志。故荀學不但要我們博學、審問、愼思、明辨，還要我們篤行。所謂篤行，就是要我們誠心守仁，誠心行義，使目非是無欲見，使耳非是無欲聞，使口非是無欲言，使心非是無欲慮。及至積善成德，便不但可以有權利不能傾，羣衆不能移，天下不能蕩，生乎由是，死乎由是之德操，而且也能形著明動變化，成己成物，參於天地。故荀子一面要我們知道，一面要我們體道。解蔽篇云：「察、知道，行，體道者也。」荀子認爲生之所以然的本始材樸不是美善的，必須經過後天人爲的努力才能達致美善的境地。因此，人若沒有强烈的道德意志去誠心守仁，誠心行義，便不可能達致生乎由是，死乎由是的德操。荀子在解蔽篇中，除了說心如槃水，可以淸明鑒物外，還說心是形之君，神明之主，可以裁官萬物，制割大理，出令而無所受令；有自禁、自使、自奪、自取、自行、自止的特性。這樣一個意志行爲心，就是一個要我們貫徹始終地爲善去惡的道德心。對於認知心，荀子要我們「養之以淸」（解蔽），對於意志行爲心，荀子却說「養心莫善於誠」。可見荀子的道德心，不但要我們知善知惡，也要我們通過精誠的踐履，去爲善去惡的。

關於人有好善惡惡的道德感情和道德願望一點，荀子也是加以肯定的。他不但在彊國篇說：「桀紂者，善爲人之所惡也；而湯武者，善爲人之所好也。人之所惡何也？曰：汙漫爭奪貪利是也。人之所好何也？曰：禮義辭讓忠信是也。」而且性惡篇也說：「人之欲爲善，爲性惡也。」人之欲善惡惡，好禮義辭讓忠信，惡汙漫爭奪貪利，何以證明其爲天生之性而不是後得之僞呢？因爲人之欲爲善，和人之好禮義辭讓忠信，都是個全稱命題，是斷說人的一種普遍性，這一普遍性，只能是不可學不可事而在天者之性，而不可能是可學而成，可事而成之在人者的僞。而且荀子說「人之欲爲善」，是要證明惡是人之性，而不是人之僞，如果「人之欲爲善」是僞而不是性，則他由「苟無之中者，必求於外」所能推出的結論，亦只能是「爲僞惡也」，而不能是「爲性惡也」。今荀子既要推證性惡，因此「人之欲爲善」，亦只能是性，不是僞。荀子一面主張性惡，一面又說人有欲爲善之性，因此我們在解釋荀子的意向時，便不能不特別小心。

以下我們再看看荀子論制作禮樂所憑藉的道德感情和道德願望。禮論篇云：

人生而有欲，欲而不得則不能無求，求而無度量分界則不能不爭，爭則亂，亂則窮，先王惡其亂也，故制禮義以分之。

樂論篇云：

人不能不樂，樂則不能無形，形而不爲道，則不能無亂，先王惡其亂也，故制雅頌之聲以道之。

荀子論禮樂之興，都是扣緊人的生命主體而言的。聖王制禮作樂，一方面，是爲了好治惡亂，另一方面，是爲了養人之欲，道人之情。由於人生而有欲，欲而無禮則亂，先王一方面有惡亂之情，一方面要養人之欲，因而制禮。故曰「禮者理也」，「禮者養也」。由於人不能不樂，樂而不爲道則亂，先王一方面有惡亂之情，一方面要導人之情，因而作樂。故曰「樂者和也」，「樂者樂也」。可見禮樂都不能離開人惡亂之情與要養人之欲，導人之情的心去了解，禮樂是爲了實現生命主體的這些道德感情和道德願望而創造出來的，離開了生命主體的這些感情與願望，把禮樂看成只是個自古固存的客觀存在，則禮樂便會成爲非人道的，不近情理的。而荀子論禮，要「稱情而立文」，論樂則要「情深而文明」，都是扣緊人的情性而言的。

人有吉凶憂愉之情，發於顏色，而有說豫娩澤，憂戚萃惡之色；發於聲音，而有歌謠謸笑，哭泣啼號之聲；發於飲食，而有稻粱酒醴、𩜁鬻酒漿之味；發於衣服而有黼黻文織，菲繐菅屨之衣；發之於居處而有牀第几筵、席薪枕塊之居。這些吉凶憂愉之情，雖然不能說是一些道德感情，但至少是禮樂所要對治所要文飾的主觀素材。何況聖人制禮作樂，就是要對人的自然情欲等主觀素材「斷之續之，博之淺之，益之損之，類之盡之，盛之美之，使本末終始，莫不順比純備，足以爲萬世則。」（禮論）可見禮樂的制作，是不能離開生命主體的道德感情和道德願望的。

荀子在禮論篇要我們祭天地，祭先祖，祭君師。理由是「天地者，生之本也；先祖者，類之本也；君師者，治之本也。」因此我們所以要行祭祀之禮，不是因爲祭祀之禮是客觀的存在或形上的實在，而是因爲我們的生命主體原有報本反始之心，追養繼孝之情，崇德報功之念。故曰：「祭者，志意思慕之情也，忠信愛敬之至矣，禮節文貌之盛矣。」人如果沒有志意思慕之情，忠信愛敬之至，便不會有禮節文貌之盛。而所有這些報本反始、追養繼孝、崇德報功、志意思慕、忠信愛敬之情，不能不說是一些道德的感情。禮樂就是以這些道德感情爲其根源的。所以荀子說：「樂也者，和之不可變者也；禮也者，理之不可易者也。樂合同，禮別異，禮樂之統，管乎人心矣。」如果我們把「管乎人心」的禮樂之統，了解爲完全離開人心的客觀存在，使荀學完全失落了在人性中的價值根源，這應該是一個非常嚴重的誤解。

荀子的心，除了有爲善去惡的道德意志，好善惡惡的道德感情和道德願望外，還有知善知惡的道德良知。荀子在解蔽篇除了說「人生而有知」、「心生而有知」外，也說「心不可以不知道」、「人何以知道？曰：心。」性惡篇也說：「塗之人也，皆有可以知仁義法正之質，皆有可以能仁義法正之具。」荀子在這裏所謂人有知道之心與可以知仁義法正之質，都不是指人的認知心而言，而是指人有知善知惡的良知而言。因爲荀子所知的道與仁義法正，並非指道與仁義法正之爲客觀事實或知識對象而言，而是指道與仁義法正之爲道德價值而言。人有知善知惡的能力，這是荀子肯定的。如果人心沒有知善知惡的能力，只有理智上的計慮權衡，則我們也不知道心在權衡時，究竟權衡的什麼。其實，荀子所權衡的，是如何能使天下生民之屬長慮顧後而保萬世的價值標準。他是在權衡何者爲實現我們的價值理想的最佳途徑。所以知道何者是我們的價值理想，是作理智權衡的先決條件。荀子在非相篇云：

人之所以爲人者，非特二足而無毛也，以其有辨也。夫禽獸有父子而無父子之親，有牝牡而無男女之別，故人道莫不有辨。辨莫大於分，分莫大於禮，禮莫大於聖王。

王制篇也說：

水火有氣而無生，草木有生而無知，禽獸有知而無義，人有氣有生有知亦且有義，故最爲天下貴也。力不若牛，走不若馬，而牛馬爲用，何也？曰，人能羣，彼不能羣也。人何以能羣？曰：分。分何以能行？曰：義。

荀子在以上兩段文字，清楚地標示着人是不同於禽獸的。而人和禽獸的不同，也不止是類不同，而是有着本質上的差別。這差別在：人是有道德意識和價值意識的道德主體與價值主體。「二足而無毛」是人和禽獸類不同的地方。但人禽之辨，「非特二足而無毛也，以其有辨也。」荀子所謂辨，不重在說知識之辨，而重在說道德之辨。故曰「辨莫大於分，分莫大於禮，禮莫大於聖王。」因此王制篇便索性說人禽之辨，在於人有義，而禽獸無義。荀學之最大目的是能羣，能達致羣居和一。但荀子在這裏却毫不含糊地指出人之所以能羣，在於人有義。羣居和一是荀學追求實現的一大價值，此一價值根源在義，而義又是人之所以異於禽獸的本質之性。如果我們順此思路去了解荀子，將會調適而上遂。奇怪的是人們總喜歡說荀子所講的人性只是動物性。動物性不能解釋禮義的創生，於是又求之於荀子的心，而說心性分途。而且將荀子的心理解爲只是認識心。於是不能不把禮義法度推出去，成爲認知心所對的客觀對象。筆者認爲這樣去理解一位懷將聖之心，立人道之極，對人生文化有極强烈的終極關懷的大儒，總有格格不入之感。荀子對人性的了解，決不限於動物性與認識心，在一定意義下，還有一個德性心。人們往往不能體會這一點，是受他性惡論的影響。因此，在承認荀子的心能知善知惡、好善惡惡、爲善去惡的同時，如何疏導其性惡說，也是很重要的。

荀子一方面主張性惡，一方面主張人有知善、好善、爲善的道德良知，道德感情和道德意志，究竟是不是矛盾呢？我們認爲並不矛盾。首先要指出的，荀子所謂性惡，只是說生之所以然之性，並不是完善的，必須天生之，人成之，然後才能達致完善的境地。但性雖然不是現實地完善的，只要我們加上後天的努力，是可以使之完善的。而後天努力之所以可能的先天根據，就是人有道德的良知、道德的感情和道德的意志。不過荀子並不叫這些是善的。因爲這些知情意只是些主觀的能力，我們能否憑這些主觀能力實現我們的價值理想，還要看我們後天的努力。塗之人皆有可以知仁義法正之質，皆有可以能仁義法正之具，原則上塗之人皆可以爲禹，然事實上人未必能爲禹，因此荀子嚴格地分開可以和可能，認爲可以未必可能。性惡篇說：

聖可積而致，然而皆不可積，何也？曰：可以而不可使也。故小人可以爲君子，而不肯爲君子；君子可以爲小人，而不肯爲小人。小人君子者，未嘗不可以相爲也，然而不相爲者，可以而不可使也。故塗之人可以爲禹則然；塗之人能爲禹，未必然也。夫工匠農賈，未嘗不可以相爲事也，然而未嘗能相爲事也。用此觀之，然則可以爲，未必能也；雖不能，無害可以爲。然則能不能之與可不可，其不同遠矣，其不可以相爲明矣。

由於荀子認爲人雖然有作道德實踐的先天根據，但因爲那只是「可以」，而非「可能」，即只有可能性而無現實性，所以荀子依然說人性非善。所謂性之惡，是對照僞之善而言的，恰當的了解，荀子所謂性，無所謂善，亦無所謂惡，而只是些非善非惡的本始材樸。但當我們說荀子之性非善非惡時，並不是說荀子不肯定人有作道德實踐的先天根據，只因荀子對善的定義，不從可能說，而從現實說。因此，荀子一面說人有爲善的能力，一面說人現實上並不是善，這應該是很容易理解的，而且也沒有矛盾可言。荀子說：

> 性者，本始材樸也；僞者，文理隆盛也，無性則僞之無所加；無僞，則性不能自美，性僞合然後成聖人之名，一天下之功於是就也。故曰：天地合而萬物生，陰陽和而變化起，性僞合而天下治。天能生物，不能辨物也；地能載人，不能治人也，宇中萬物，生人之屬，待聖人然後分也。

荀子在富國篇說「天地生之，聖人成之」，這裏說天能生物，不能辨物，地能載人，不能治人，這是把繼天成善，化性成德的關鍵，都落在人的分上說，把人的地位提升爲三才之一，成爲辨治之根，價值之源。故荀子一面說「法者治之端也，君子者法之原也。」（君道）一面又說「禮者所以正身也，師者所以正禮也。」（修身）都是把禮法的根源落在人的主體上。然而，近人讀荀子，竟把荀子視爲三才之一的人，貶抑爲只有動物性，只有認識心，這眞是件不可思議的事。

荀子的善是扣緊客體講而不是扣緊主體講的。他說：「凡古今天下之所謂善者，正理平治也；所謂惡者，偏險悖亂也，是善惡之分也。」（性惡）可見荀子所謂善，不是我們主觀上有欲善的意願、與可以知善、可以爲善的能力便算，必須善用我們的能力，找出能實現這些善良意願的正確途徑與達致正理平治的有效方法，才能說是善。這和孟子「乃若其情，則可以爲善矣，乃所謂善也。」（孟子告子上）顯然對善字的解釋，有不同的取義。

善若不從主觀的意願與能力講，而扣緊它的實現講，便必須於重視道德之外，更重視知識。因爲善的實現必涉及知識問題，實現不只是自事其心，求心之所安，而是要把主觀的價值理想客觀化於現實世界，如果我們對客觀世界的事理不明，縱有許多悲懷宏願，亦只能退藏於密，不能達致正理平治的目的。所以荀子往往不感慨人的道德衰敗，而感慨人的知識淺陋。榮辱篇云：

為堯禹則常安樂，為桀跖則常危辱，為堯禹則常愉佚，為工匠農賈則常煩勞，然而人力為此而寡為彼，何也？曰：陋也。……陋也者，天下之公患也，人之大殃大害也。

孟子和荀子的不同，不在於孟子講義內，荀子講義外，而在荀子在知道什麼是應該做的之外，更重視到如何做的問題。在如何做的問題上，便牽涉到知識的問題。因此荀學才特別重視知識，要我們在有了主觀的價值理想後，還要找出實現這些理想的合理途徑與有效方法。不過，荀子重視知識，不等於不重視道德。近人把孟子的心判別為德性心，把荀子的心判別為認識心，就其偏重而言，還是可說的，但因此誤認孟子的心完全沒有知識意義，荀子的心，完全沒有道德意義，都難免推論過當之譏。

荀子所謂「禮義法度生於聖人之偽」，並非謂禮義法度的生起與人性無關，只是說性中雖有知善、好善、為善的能力，如果我們不能養之以清，養之以誠，伏術為學，專心一志，思索孰察，加日縣久，積善而不息，則亦不可以通於神明，參於天地，亦不可以制禮義而起法度。故所謂「禮義法度生於聖人之偽」，實無異說禮義法度生於人之能善盡其心，善盡其性。不過荀子認為善盡其心、善盡其性的事，都是「可學而能，可事而成之在人者」之偽，而非「不可學不可事而在天者」之性而已。孟荀用詞，各有取義，只要我們不以詞害意，則我們決不致將荀子禮義法度的根源推出去成為一個非理性的權威或只是個客觀的實在。應該說禮義法度的根源，還是在我們的生命主體。（拙著先秦諸子論叢「荀子善偽論所展示的知識問題」一文，可資參閱。）

最後我們來討論一下荀子所講的天，一般人認為荀子所講的天，只是個沒有道德意義的自然之天，正如他們認爲荀子所講的性只是個沒有道德意義的自然之性一樣。實則這樣去理解荀子所講的性天，都是有問題的。荀子爲了重視後天人爲之僞，以性天爲不足，須以後天人爲的努力補足之，因而說天生人成，性惡善僞都是不錯的。但荀子在榮辱篇說：「天生烝民」，富國篇說「天地生之」，賦篇說：「皇天隆物」，大略篇說：「天之生民，非爲君也，天之立君，以爲民也。」其中所說的天之生，不止是個毫無道德意義的自然現象，而是一種德性。天之生就是天之德。故不苟篇云：「君子大心，則敬天而道。……變化代興，謂之天德。」而禮論篇更要我們對生之始的天地行祭祀。人對天地行祭祀，是爲了報本反始，感恩戴德，可見荀子並非只以天爲一認知的對象或被治的對象，更認爲天是個敬事的對象。這和易傳說「天地之大德曰生」，並無二致。

荀子所講的天，有所生的現象和生生的本體之別。生生的本體，雖然能使列星隨旋，日月遞炤，四時代御，陰陽大化，風雨博施，使萬物各得其和以生，各得其養以成，但却不見其事而只見其功，皆知其所以成，而莫知其無形。因爲這些天職天功都是不爲而成，不求而得的，故雖深不加慮，雖大不加能，雖精不加察，這便叫做不求知天，不與天爭職。

天職天功之所以然，我們雖不求知，但天職既立，天功既成以後，人有了天官、天君，聖人便當淸其天君，正其天官，備其天養，順其天政，養其天情，以全其天功。但人要全其天功，便要對可以期必，可以生息，可以從事，可以爲治的種種有常的自然現象加以記識，然後物畜而制之，制天命而用之，應時而使之，騁能而化之，理物而勿失之，總之是以恰當的人道應之，如是則天不能貧，天不能病，天不能禍，這便叫做知天。荀子所謂知天，不是要我們知道「不見其事而見其功……皆知其所以成而莫知其無形」的本體之天，而是要我們明於天人之分。而所謂明於天人之分，就是要我們知道「天有其時，地有其財，人有其治」，要我們不可「舍其所以參而願其所參」，不可慕其在天者，而當敬其在己者。故荀子天論篇的重點，依然在人道而不在天道。但荀子既要我們明於天人之分，則在人道所能控制的自然現象之外，決然另有一本體之天道在，這樣一個本體的天道，只能是一個敬事的對象，而非知識的對象，則荀子在肯定所生之自然現象以外，對傳統上具備生生之德的天道，還是加以肯定的。因此，荀子雖然重視認識心，未嘗不講德性心，雖重自然之天，未嘗不講德性之天，性天既然都有道德意義，則聖人本於性天而起僞，本於性天而制禮義起法度，應該是順理成章的事。可見性天依然是荀子的價值根源所在。

以上所論，多與時賢往哲不合，非敢立異，實有不得已於言者，幸方聞君子，不吝敎之。

漢賦與漢政

——論司馬相如辭賦之鳴國家之盛

胡詠超

一 引言

時人每短漢賦，以爲麗靡無實。又以無行薄長卿。此安足以知是且非耶？漢賦繼軌雅頌，一代文章之寄，皇皇鴻業，何可輕議？善乎班孟堅之言：「賦者，古詩之流也。昔成、康沒而頌聲寢，王澤竭而詩不作。大漢初定，日不暇給，至於武、宣之世，乃崇禮官，考文章，內設金馬、石渠之署，外興樂府、協律之事，以興廢繼絕，潤色鴻業。……言語侍從之臣，若司馬相如、虞丘壽王、東方朔、枚皐、王褒、劉向之屬，朝夕論思，日月獻納。而公卿大臣——御史大夫倪寬、太常孔臧、太中大夫董仲舒、宗正劉德、太子太傅蕭望之等，時時間作。或以抒下情而通諷諭，或以宣上德而盡忠孝，雍容揄揚，著於後嗣，抑亦雅頌之亞也。故孝成之世，論而錄之，蓋奏御者千有餘篇，而後大漢之文章，炳焉與三代同風。」（兩都賦序）而司馬長卿爲非常時代之非常人，爲非常之事——通西南夷，蜀人以爲寵；撰非常之文——遺札書言封禪事，天子以爲僉。其上林一賦，爲漢代第一鴻文，立意與文、周、孔、孟列聖之書辭無異。餘如大人賦，張拓邊之意也；喻巴蜀檄，勵急國難之教也，難蜀父老書，徠四夷之旨也；封禪文，敷文教之義也。此皆影響孝武一朝政事至深且鉅，豈所謂「洿行無節，但有浮華之辭，不周於用」（班固典引語）也哉？乃其人其文，為世所摒而蒙不白之羞，悲夫！

二　漢賦辨妄

漢賦之誣，由來已久，蓋自漢志詩賦略敍，已不達其旨，曰：

> 大儒孫卿及楚臣屈原，離讒憂國，皆作賦以風，咸有惻隱古詩之義。其後宋玉、唐勒，漢興枚乘、司馬相如，下及揚子雲，競為侈麗閎衍之詞，沒其風諭之義。是以揚子悔之曰：『詩人之賦麗以則，辭人之賦麗以淫。如孔氏之門人用賦也，則賈誼登堂，相如入室矣，如其不用何！』

此援引揚雄之言而斷章取義，法言吾子篇曰：

> 或問：『吾子少而好賦？』曰：『然。童子雕蟲篆刻。』俄而曰：『壯夫不為也。』或曰：『賦可以風乎？』曰：『風乎！風則已！不已，吾恐不免於勸也。』……或問：『景差、唐勒、宋玉、枚乘之賦也，益乎？』曰：『必也淫。』『淫則奈何？』曰：『詩人之賦麗以則，辭人之賦麗以淫。如孔氏之門用賦也，則賈誼升堂，相如入室矣！如其不用何？』

細察其言，初無一語薄長卿，但云孔氏之門不用賦，而為賈誼、相如惜耳。蓋子雲視二子之賦為「詩人之賦」者也，安得如漢志所云「競為侈麗閎衍之詞，沒其風諭之義」乎？西京雜記卷三載子雲尊隆長卿之賦云：「司馬長卿賦，時人皆稱典麗，雖詩人之作不能加也。揚子雲曰：『長卿賦不似從人間來，其神化所至邪？』子雲學相如為賦而弗逮，故雅服焉。」夫如是然後吾子篇「相如入室」一語始得其解也。

雖然，揚子雲於長卿之賦，似猶未達一間也。何則？彼之言曰：「雄以爲賦者，將以風之。必推類而言，極麗靡之辭，閎侈鉅衍，競於使人不能加也，既乃歸之於正，然覽者已過矣。往時武帝好神仙，相如上大人賦欲以風，帝反縹縹有陵雲之志。繇是言之，賦勸而不止明矣。」（漢書揚雄傳）不知長卿之賦，於風諭之外，主要尙有「勸」者存焉。質言之，其賦消極風諭之義少，而積極勸諭之義多，此其所以爲非常之文也。夫所謂「勸」者，乃發縱指示，揚大漢之天聲是也。而論者不深探其微旨所在，貿以「勸百風一」責之，失之遠矣。

馴至史通載文篇，譏史、漢載上林、甘泉等賦，無裨勸獎，有長奸詐。非覈論也。而劉大杰氏之撰中國文學發達史也，居然謂漢賦價値不高。曰：「漢代賦家，都在鋪采摛文一點上用工夫，其結果是詞雖麗而乏情，文雖新而無本。」並引劉勰文心雕龍詮賦篇爲證：

然逐末之儔，蔑棄其本，雖讀千賦，愈惑體要。遂使繁華損枝，膏腴害骨，無貴風軌，莫益勸戒。此揚子所以追悔於雕蟲，貽誚於霧縠者也。

不知彥和所指「逐末之儔」，乃宋齊以降之文士，非漢之賦家也。詮賦篇有云：

觀夫荀結隱語，事數自環；宋發巧談，寔始淫麗。枚乘兔園，舉要以會新；相如上林，繁類以成艷；賈誼鵩鳥，致辨於情理；子淵洞簫，窮變於聲貌；孟堅兩都，明絢以雅贍；張衡二京，迅發以宏富；子雲甘泉，構深瑋之風；延壽靈光，含飛動之勢；凡此十家，並辭賦之英傑也。及仲宣靡密，發端必遒（卣）；偉長博通，時逢壯采；太冲、安仁，策勳於鴻規；士衡、子安，底績於流制；景純綺巧，縟理有餘；彥伯梗概，情韻不匱；亦魏晉之賦首也。

所舉賦家十傑之中，漢居其八。而魏晉諸賢，並得好評。劉氏何鹵莽滅裂之甚耶？寔則漢賦誠如彥和詮賦所云「麗辭雅義，符采相勝，文雖新而有質，色雖糅而有本」，合於立賦之大體。魏晉諸作，亦不失其體要。殆至齊梁文人，競尚藻艷，淫辭害義，然後勸戒莫聞耳。此李調元賦話所謂「鄴中小賦，古意尚存，齊梁人爲之，琢句愈秀，結字愈新，而去古亦愈遠」是也。

劉氏又謂漢之賦家多爲宮廷御用文人，君主貴族飽食之餘，附庸風雅，皇帝以此取樂，作者以此得寵，辭賦成爲離開寔際社會生活之帝皇貴族娛樂品。並徵引史傳以說明辭賦地位之卑劣，有類俳優：

漢書東方朔傳中說：「而朔嘗至太中大夫，後常爲郎，與枚皐、郭舍人俱在左右，詼調而已。」

枚皐傳中說：「皐不通經術，詼笑類俳倡，爲賦頌好嫚戲，以故得媟黷貴幸。」

王襃傳中說：「上（宣帝）數從襃等放獵，所幸宮館，輒爲歌頌，第其高下，以差賜帛，議者多以爲淫靡不急。上曰：『不有博奕者乎？爲之猶賢乎已。辭賦大者與古詩同義，小者辯麗可喜。辟如女工有綺縠，音樂有鄭、衞，今世俗猶皆以此虞說耳目，辭賦比之，尚有仁義風諭，鳥獸草木多聞之觀，賢於倡優博奕遠矣。』」

此又不善讀書之過。宣帝明謂：「辭賦大者與古詩同義」；「有仁義風諭，鳥獸草木多聞之觀，賢於倡優博奕遠矣」。安得誣以鄙視辭賦哉？而漢書東方朔傳稱：「朔雖詼笑，然時觀察顏色，直言切諫，上常用之，自公卿在位，朔皆敖弄，無所爲屈。」又豈「詼調而已？」又漢書枚乘傳附皐傳曰：「初，衞皇后立，皐奏賦以戒終，皐爲賦善於朔也。」王先謙補注引何焯曰：「奏賦戒終，有詩人之則，非徒俳優戲也，故云善於朔。」今按枚臯爲賦是否善於朔，姑置勿論。然其奏賦戒終，有詩人之則，則可斷言也。至其自言「爲賦迺俳，見視如倡，自悔類倡。」無非自嘲之辭耳。此猶司馬子長之自稱「僕之先非有剖符丹書之功，文史星厤，近乎卜祝之間，固主上所戲弄，倡優所畜，流俗之所輕也。」（報任安書）豈堂堂天官太史，亦如子長所言爲主上所戲弄，倡優所畜歟？子長安敢辱沒其先人之甚哉？抑自悔類倡者，其非倡也必矣。其後揚子雲之追悔於雕蟲霧縠，亦當作如是觀也。夫詩有美言若懟，怨言若慕，誨言若愬，諷言若譽者，吾人固當以意逆志，毋以文辭害之也。

劉氏又譏評司馬相如之賦，但有主觀之諷諫意義，而乏客觀之寔用，成爲揚雄所稱之「勸百而諷一，曲終而奏雅。」獨賞張衡、蔡邕、禰衡、趙壹諸人之賦，許爲暴露醜惡，攻擊黑暗之利器，尤以趙元叔之刺世疾邪賦最具風骨云云。此又時人重動亂而輕久安之通病。夫國有否泰，世有汚隆，作者形言，本無定準。要亦爲時而著，緣政而作而已。揆諸詩有美刺之義，刺者固爲好，美者不爲不佳。昔韓昌黎論文有云：「凡物不得其平則鳴。或鳴國家之盛，或自鳴其不幸。」由是觀之，趙元叔之賦，自鳴其不幸者也；司馬相如之賦，鳴國家之盛者也。其哭也，有懷；其歌也，有思。安可妄分軒輊哉！抑漢賦爲一代文章之所寄，班孟堅以爲雅頌之亞，炳焉與三代同風。而「雅頌作於盛德」（魏邯鄲淳上受命述表語），此不可不察也。

三　相如辭賦與武帝政事之關涉

議者謂漢賦爲脫離寔際社會生活之皇室娛樂品，司馬相如之作，但有主觀之諷諭，而無客觀之寔用。此昧於史寔之言也。史稱：郡舉賢良對策百餘人，武帝善嚴助對，繇是獨擢助爲中大夫。後得朱買臣、吾丘壽王、司馬相如、主父偃、徐樂、嚴安、東方朔、枚臯、膠倉、終軍、嚴葱奇等，並在左右。是時征伐四夷，開邊置郡，軍旅數發，內改制度，朝廷多事，婁舉賢良文學之士。公孫弘起徒步，數年至丞相，開東閣，延賢人，與謀議朝覲奏事，因言國家便宜，上令助等與大臣辯論，中外相應以義理之文，大臣數詘。其尤親幸者：東方朔、枚臯、嚴助、吾丘壽王、司馬相如。（漢書嚴助傳）錢師賓四先生嘗論之曰：漢武以大有爲之君，處大有爲之世。年少氣銳，求欲一革文、景以來恭儉苟簡之風，其罷黜百家，表章六經，固已見其指意之所在。而武帝當時所以斡旋朝政，獨轉乾綱者，則在其以文學爲侍中。又曰：武帝內中於辭客之侈張，而外以經術爲附會。興明堂，建封禪。修郊祀，改正朔。內定制度，外攘四夷。凡所謂正禮樂，致太平者，皆導源於辭賦，而緣飾之以經術。（秦漢史第三章第二節武帝之政治）所言至爲精審確當，最得當日之眞相。時內朝諸臣，「相如特以辭賦得幸。」（資治通鑑語）其所作辭賦，漢志稱有二十九篇，今雖不能盡睹，而就書傳所存錄者而觀之，其於孝武一朝政事之發縱指示，歷歷可稽，請條之如次：

㈠天子遊獵賦——陳王業、定大一統之局

漢興，懲秦孤立之敗，以封建郡縣並治。諸侯王既獲裂土，遽欲效春秋戰國之餘習，故一再傳而後，小者淫荒越法，大者睽孤橫逆。賈誼、晁錯，殷殷有諸侯强大之慮。孝文采賈誼衆建諸侯而少其力之議以分齊、趙，孝景用晁錯之言而削吳、楚。殆及孝武施主父偃之策，下推恩之令，使諸侯王得分戶邑以封子弟，不行黜陟而藩國自析。作左官之律，設附益之法。諸侯惟得衣食稅租，不與政事。舉凡武帝强幹弱枝之爲，皆發縱指示於相如之天子遊獵

賦。（世稱上林賦）史稱相如事孝景爲武騎常侍，景帝不好辭賦，是時梁孝王來朝，從遊說之士齊人鄒陽、淮陰枚乘、吳莊忌夫子之徒，相如見而悅之，因病免，客遊梁，得與諸生遊，居數歲，乃著子虛之賦。武帝讀而善之，曰：朕獨不得與此人同時哉！狗監楊得意曰，臣邑人司馬相如自言爲此賦，乃召問相如，相如曰，此乃諸侯之事，未足觀也，請爲天子遊獵賦。賦成，奏之。以子虛、虛言也，爲楚稱；烏有先生者，烏有此事也，爲齊難；無是公者，無是人也，明天子之義。故空藉此三人爲辭，以推天子諸侯之苑囿，因以風諫。其辭曰：

楚使子虛使於齊，齊王悉發境內之士，備單騎之衆，與使者出田，田罷，子虛過詫烏有先生，而無是公在焉。……烏有先生問曰，今日田樂乎？子虛曰……僕樂齊王之欲夸僕以車騎之衆，而僕對以雲夢之事也。……王駕車千乘，選徒萬騎，田於海濱，列卒滿澤，罘罔彌山……射中獲多，矜而自功。顧謂僕曰，楚亦有平原廣澤，遊獵之地，饒樂若此者乎？……僕下車對曰：臣……聞楚有七澤，嘗見其一，……名曰雲夢。……方九百里，其中有山焉，其山則盤紆茀鬱，隆崇嵂崒，岑巖參差，日月蔽虧，交錯糾紛，上干青雲。……衆物居之，不可勝圖。……楚王乃駕馴駁之駟，乘雕玉之輿。……翺翔容與。……於是鄭女曼姬，被阿錫，揄紵縞，雜纖羅，垂霧縠。襞積褰縐，紆徐委曲。……楚王乃登陽雲之臺，泊乎無爲，澹乎自持，勺藥之和具，而後御之。不若大王終日馳騁而不下輿，脟割輪淬，自以爲娛。臣竊觀之，齊殆不如。於是王默然無以應僕也。烏有先生曰，是何言之過也？……足下不稱楚王之德厚，而盛推雲夢以爲高，奢言淫樂而顯侈靡，竊爲足下不取也。……且齊東有巨海，南有琅邪。……邪與肅愼爲鄰，右以湯谷爲界。秋田乎青丘，彷徨乎海外。呑若雲夢者八九，其於胷中，曾不蔕芥。若乃俶儻瑰偉，異方殊類，珍怪鳥獸，萬端鱗萃，充仞其中者，不可勝記。……何爲無用應哉！無是公听然而笑曰，楚則失矣，齊亦未爲得也。夫使諸侯納貢者，非爲財幣，所以述職也。封疆畫界者，非爲守禦，所以禁淫也。今齊列爲東藩，而外私肅愼，捐國踰限，越海而田，其於義故未可也。且二君之論，不務明君臣之義，而正諸侯之禮，徒事爭遊獵之樂，苑囿之大，欲以奢侈相勝，荒淫相越，此不可以揚名發譽，而適足以貶君自損也。

此數陳諸侯王失其職守，驕盈無厭，跨州兼郡，競爲窮奢極侈，荒淫越法也。而武帝推恩之令，蓋植根於是。夫然而後封建之勢力始盡，大一統之局告成。故繼之盛道上林之巨麗，以見漢之尊顯，不與諸侯同。曰：

且夫齊楚之事，又焉足道邪？君未睹夫巨麗也，獨不聞天子之上林乎？左蒼梧，右西極。丹水更其南，紫淵徑其北。終始霸、滻，出入涇、渭。酆、鄗、潦、潏，紆餘委蛇，經營乎其內。……崇山巃嵸，崔巍嵳峩。……視之無端，察之無崖。日出東沼，入於西陂。……離宮別館，彌山跨谷。高廊四注，重坐曲閣。華榱璧璫，輦道纚屬。步櫚周流，長途中宿。……於是乎背秋涉冬，天子校獵。……置酒乎昊天之臺，張樂乎膠葛之宇。……奏陶唐氏之舞，聽葛天氏之歌。千人唱，萬人和。山陵爲之震動，川谷爲之蕩波。

其後武帝，果於南山起上林苑，略如相如所言。此眞所謂勸也。而卒章歸之於仁義節儉，與民同樂。孝武一朝之復古更化，高慕唐、虞，表章六藝，建超古之業者，又具之於是焉。其辭曰：

朕以覽聽餘閒，無事棄日，順天道以殺伐，時休息於此，恐後世靡麗，遂往而不反，非所以爲繼嗣創業垂統也。於是乃解酒罷獵，而命有司曰：地可以墾辟，悉爲農郊，以贍萌隸。隤牆塡塹，使山澤之民得至焉。寔陂池而勿禁，虛宮觀而勿仞。發倉廩，以振貧窮，補不足。恤鰥寡，存孤獨，出德號，省刑罰，改制度，易服色，更正朔，與天下爲始。於是歷吉日以齋戒，襲朝衣，乘法駕，建華旗，鳴玉鸞。遊乎六藝之囿，騖乎仁義之塗，覽觀春秋之林。射貍首，兼騶虞，弋玄鶴，建干戚，載雲罕，揜羣雅，悲伐檀，樂樂胥。脩容乎禮園，翱翔乎書圃。述易道，放怪獸，登明堂，坐淸廟，恣羣臣，奏得失。四海之內，靡不受獲。於斯之時，天下大說，嚮風而聽，隨流而化，喟然興道而遷義，刑措而不用，德隆乎三皇，功羨於五帝。若此，故獵乃可喜也。若夫終日暴露馳騁，勞神苦形，罷車馬之用，抏士卒之精，費府庫之財，而無德厚之恩，務在獨樂，不顧衆應，忘國家之政，而貪雉兔之獲，則仁者不由也。

(二)大人賦——恢疆宇、建超古之武烈

相如既奏上林賦以風諭天子修明文德，奠大一統之局。進而上大人賦以勸武帝建立武功，使臻於全盛之境。而議者以爲「勸百而諷一」，導武帝於遊僊，此安知長卿之用心哉！史稱天子既美子虛之事，相如見上好僊道，因曰：上林之事，未足美也，尚有靡者，臣嘗爲大人賦，未就，請具而奏之。相如以爲列僊之傳，居山澤間，形容甚臞，此非帝王之僊意也。乃遂就大人賦。相如既奏大人之頌，天子大說，飄飄有凌雲之氣，似遊天地之間意。按其賦略云：

> 世有大人兮在乎中州，宅彌萬里兮曾不足以少留。悲世俗之迫隘兮朅輕舉而遠遊，垂絳幡之素蜺兮載雲氣而上浮。……使句芒其將行兮吾欲往乎南嬉，歷唐堯於崇山兮過虞舜於九疑。……徧覽八紘而觀四荒兮朅渡九江而越五河，經營炎火而浮弱水兮杭絕浮渚而涉流沙。……西望崑崙之軋沕洸忽兮直徑馳乎三危，排閶闔而入帝宮兮載玉女而與之歸。舒閬風而搖集兮亢烏騰而一止，低徊陰山翔以紆曲兮吾乃今目睹西王母。皬然白

首戴勝而穴處兮亦幸有三足烏爲之使，必長生若此而不死兮雖濟萬世不足以喜。……迫區中之隘陜兮舒節出乎北垠，遺屯騎於玄闕兮軼先驅於寒門。下峥嶸而無地兮上嵺廓而無天，視眩眠而無見兮聽惝恍而無聞，乘虛無而上假兮超無友而獨存。

此蓋長卿因武帝好虛無縹渺之僊，故因勢利導，奏此大人之頌以勸帝爲「中州大人」，作現寔之開疆闢土，以遂其「徧覽八紘而觀四海」之凌雲壯志。所謂「浮弱水」、「涉流沙」、「望崑崙」、「馳三危」也者，即通西域與西南夷之謂。而「出乎北垠」、「屯騎玄闕」、「先驅寒門」云云，殆指北伐匈奴而言。卒章之「乘虛無而上假兮超無友而獨存」，則明帝王之上假（登僊），在乎建超古之武烈，永垂不朽。而列僊之傳，若仙靈之最，皬然白首戴勝而穴處之西王母，則形容甚臞，雖濟萬世不足以喜。姚姬傳氏謂「此賦多取於遠遊，末六句與遠遊語同。然屈子意在遠去世之沈濁，故云至清而與太初爲鄰。長卿則謂帝果能爲仙人，即居此無聞無見無友之地，亦胡樂乎此邪？與屈子語同而意別矣。」所言誠是。世幸毋責長卿以怪力亂神，巧趨便辟，投人主之所好也。

㈢喻巴蜀檄——勸功賞、急國家之難

相如前此爲郎時，中郎將唐蒙使略通夜郎、西僰，大發巴、蜀吏卒民，用軍興法誅其渠帥，巴、蜀民大驚恐，武帝使相如責唐蒙，爲檄喻巴、蜀官民，已殷殷有事四夷之意。曰：

蠻夷自擅，不討之日久矣。時侵犯邊境，勞士大夫。陛下即位，存撫天下，輯安中國，然後興師出兵，北征匈奴，單于……屈膝請和。康居西域，重譯納貢。……移師東指，閩越相誅。右弔番禺，太子入朝。南夷之君，西僰之長，常效貢職。……喁喁然皆爭歸義……山川阻深，不能自致。夫不順者已誅，而爲善者未賞。

故遣中郎將往賓之，發巴、蜀士民各五百人，以奉幣帛，衞使者不然，靡有兵革之事，戰鬥之患。今聞其乃發軍興制，驚懼子弟，憂患長老。郡又擅爲轉粟運輸，皆非陛下之意也。

其尤要有爲教諭蜀人急國家之難，盡人臣之道，以邊城之習戰者風示之，使赤縣人民，咸知國恥，奮發興起，掃蕩胡塵，以盡國民之天職。曰：

當行者或亡逃自賊殺，亦非人臣之節也。夫邊郡之士，聞烽舉燧燔，皆攝弓而馳，荷兵而走，流汗相屬，唯恐居後，觸白刃，冒流矢，義不反顧，計不旋踵，人懷怒心，如報私讎。彼豈樂死惡生，非編列之民，而與巴蜀異主哉？計深慮遠，急國家之難，而樂盡人臣之道也。故有剖符之封，析珪而爵，位爲通侯，居列東第，終則遺顯號於後世，傳土地於子孫。……是以賢人君子，肝腦塗中原，膏液潤野草而不辭也。今奉幣役至南夷，即自賊殺，或亡逃抵誅，身死無名，謚爲至愚，恥及父母，爲天下笑。人之度量相趣，豈不遠哉？然此非獨行者之罪也。父兄之教不先，子弟之率不謹也。寡廉鮮恥，而俗不長厚也。……方今田時，重煩百姓，已親見近縣，恐遠所谿谷山澤之民不徧聞，檄到亟下縣道，使咸知陛下之意。唯毋忽也。

四難蜀父老書——徠四夷、揚大漢之天聲

相如還報。唐蒙已略通夜郎，因通西南夷道，發巴、蜀、廣漢卒，作者數萬人治道。士卒多物故，費以巨萬計。蜀民及漢用事者，多言其不便。相如乃著書，藉以蜀父老爲辭，而已詰難之，以諷天子。且因宣其使指，令百姓知天子之意。其辭曰：

漢興七十有八載，德茂存乎六世，威武紛紜，湛恩汪濊，羣生澍濡，洋溢乎方外。於是乃命使西征，隨流而攘，風之所被，罔不披靡。因朝冉從駹，定筰存邛。略斯榆，舉苞滿。結軼還轅，東鄉將報，至於蜀都。耆老大夫薦紳先生之徒，……進曰：蓋聞天子之於夷、狄也，其義羈縻勿絕而已。今罷三郡之士，通夜郎之塗，三年於茲，而功不竟。士卒勞倦，萬民不贍。今又接以西夷，百姓力屈，恐不能卒業。……使者曰：烏謂此邪？……請為大夫麤陳其略：蓋世必有非常之人，然後有非常之事。有非常之事，然後有非常之功。非常者，固常人之所異也。故曰：非常之原，黎民懼焉。及臻厥成，天下晏如也。……且夫賢君之踐位也，豈特委瑣握躪，拘文牽俗，循誦習傳。當世取說云爾哉？必將崇論閎議，創業垂統，為萬世規。故馳騖乎兼容并包，而勤思乎參天貳地。且詩不云乎？『普天之下，莫非王土。率土之濱，莫非王臣。』是以六合之內，八方之外，浸潯衍溢，懷生之物，有不浸潤於澤者，賢君恥之。……故北出師以討彊胡，南馳使以誚勁越。四面風德，二方之君，鱗集仰流，願得受號者以億計。故乃關沫若，徼牂柯，鏤零山，梁孫原。創道德之塗，垂仁義之統。將博恩廣施，遠撫長駕，使疏逖不閉，阻深闇昧，得耀乎光明。以偃甲兵於此，而息誅伐於彼，遐邇一體，中外禔福，不亦康乎！夫拯民於沉溺，奉至尊之休德，反衰世之陵遲，繼周氏之絕業，斯乃天子之急務也。百姓雖勞，又惡可以已哉！且夫王事固未有不始於憂勤，而終於佚樂者也。然則受命之符，合在於此矣。方將增泰山之封，加梁父之事。鳴和鸞，揚樂頌，上咸五（帝），下登三（皇）。

此無異為漢廷對外政策之宣言：振大漢之天聲，伸攘狄之大義。主導孝武一生之帝業而終始貫徹不懈者也。所云「世必有非常之人，然後有非常事。有非常之事，然後有非常之功。」寔深動帝心。錢師賓四先生謂：武帝承漢七十年之厚積，即位之初，已有拓邊以耀威德之心。故建元元年制詔賢良。有「何修何飭而德澤洋溢，施乎方外，延及羣生」之問。建元三年。閩越發兵圍東甌，東甌告急於漢，太尉田蚡以爲自秦時棄不屬，不足煩中國往救。而中大夫嚴助詰之曰：特患力不能救，德不能覆。誠能，何故棄之？且秦舉咸陽而棄之，何但越也？今小國以窮困來告急，天子不救，尚安所愬？又何以子萬國乎？上曰：太尉不足與計。是爲武帝初事開邊之第一聲。元光元年，策詔賢良，又曰：「德及鳥獸，教通四海。海外肅慎，北發渠搜，氐、羌來服。何施而臻此？」蓋武帝之欲廣徠四夷，以昭太平之盛業者，初未一日忘懷也。元光二年，即起馬邑之謀，與匈奴開衅。五年，發巴、蜀治南夷道。蜀人與大臣多言其不便，司馬相如乃爲文宣其使指，其言最足代表武帝一朝開邊之理論。所謂「反衰世之陵夷，繼周氏之絕業」者，蓋當時鄙薄秦廷規模，遠慕三代盛治。而務開邊以徠四夷者，徠四夷，即太平之徵。於是繼之以封禪而告成功。當時內廷詞臣見解率如此，亦惟此最足以深中武帝之所好。而外朝經生，重以詩、書古代爲之潤色，遂成一朝政治理論之中心。（秦漢史第三章第三節漢武拓邊之動機）所言深中肯綮。孰謂漢賦但有浮華之辭，不周於用哉！相如之書雖發布於元光六年，而其君臣朝夕論思，日月獻納，固別有在也。

或曰：征和四年，武帝下輪臺罪已之詔：「即位以來，所爲狂悖，使天下愁苦，不可追悔！」深責既往之咎，一反其初衷本懷，則又何說耶？按：此蓋武帝晚年，深悔一時孟浪，誤信巫蠱之言，迫反太子，以節發兵與丞相劉屈氂大戰長安，死者數萬人，太子自殺於湖。太子仁恕溫謹，每諫征伐四夷。帝傷太子無辜，乃作思子宮，爲歸來望思之臺於湖。會貳師將軍因與屈氂謀立昌邑王案發，妻子收吏，憂懼狐疑，違帝節度，引兵深入以要功自保，馴至兵敗降胡，軍士死略離散。因念曩者太子之諫，而深自引咎，遂罷輪臺田卒以安天下，由是不復出軍。封丞相車千秋爲富民侯，以明休息，思富養民。千秋本姓田，爲高廟衛寢郎，無他材能學術，亦乏伐閱功勞，特以上急變訟太子寃，一言宿意，立拜爲大鴻臚，數月遂代劉屈氂爲相，封富民侯，世未嘗有。此輪臺之詔之底蘊也。

復次，儒者忸於文德之教，每以用兵爲大戒。趙氏甌北謂：漢書武帝紀贊謂帝罷黜百家，表章六經，興太學，修郊祀，改正朔，定歷數，協音律，作詩樂，舉封禪，紹周後，號令文章，煥焉可述。後嗣得遵洪業，有三代之風。以帝之雄才大略，不改文、景之恭儉，雖詩、書所稱，何以加焉！是專贊武帝之文事，而武功則不置一詞。抑思帝之雄才大略，正在武功。統計武帝所闢疆土，視高、惠、文、景時，幾至一倍。西域之通，尚無與中國重輕。其餘所增地，永爲中國千萬年皆食其利。故宣帝時，韋元成等議以武帝豐功偉烈，奉爲世宗，永爲不毀之廟。乃班固一概抹煞，並謂其不能法文、景之恭儉，轉以開疆闢土爲非計者，蓋其窮兵黷武，敝中國以事四夷，當時寔爲天下大害。故宣帝時。議立廟樂，夏侯勝已有武帝多殺士卒，竭民財力，天下虛耗之語。至東漢之初，論者猶以爲戒，故班固之贊如此。（廿二史劄記卷二漢書武帝紀贊不言武功）然漢書叙傳則曰：「厥作伊何，有蠻是攘。恢我疆宇，外博四荒。武功既抗，亦迪斯文。述武紀。」又曰：「於惟帝典，戎、夷猾夏。周宣攘之，亦列風、雅。至於孝武，爰赫斯怒。王師雷起，霆擊朔野。宣承其末，迺施洪德，震我威靈，五世來服。述匈奴傳。」此皆美漢室之能恢疆攘夷也。

抑班孟堅封燕然山銘云：「遂踰涿邪，跨安侯，乘燕然。躡冒頓之區落，焚老上之龍庭。將上以攄高、文之宿憤，光祖宗之玄靈。下以安固後嗣，恢拓境宇，振大漢之天聲。茲可謂一勞而久逸，暫費而永寧也。」其頌揚竇憲之西征，亦云至矣。乃漢書匈奴傳，則又以秦皇、漢武之征伐爲非。以爲春秋有道：守在四夷。此聖王制御夷、蠻之常道。選守境武略之臣，修障隧備塞之具，厲長戰勁弩之械，不與約誓，不就攻伐。力言和親之無益，與征伐之失策。以爲約之則賞賂而見欺，攻之則勞師而招寇。深許嚴尤之論：漢武帝選將練兵，約齎輕糧，深入遠戍，雖有克獲之功，胡輒報之。兵連禍結三十餘年，中國罷耗，匈奴亦創艾，而天下稱武，是爲下策。秦始皇不忍小恥而輕民力，築長城之固，延袤萬里，轉輸之行，起於負海。疆境既完，中國內竭，以喪社稷，是爲無策。而食貨志尤力短武帝事四夷之勞擾天下，府庫爲虛。其言前後互異，彼此相迕，殆書成衆手之故歟？

元帝之世，西域副校尉陳湯斬郅支單于於康居，威震百蠻，武暢四海。呼韓邪單于壻漢自親，上書願保塞，請罷邊備塞吏卒，以休天子人民。郞中侯應習邊事，以爲不可。曰：

> 周、秦以來，匈奴暴桀，寇侵邊境。漢興，尤被其害。臣聞：北邊塞至遼東，外有陰山，東西千餘里，草木茂盛，多禽獸，本冒頓單于依阻其中，治作弓矢，來出爲寇，是其苑囿也。至孝武世，出師征伐，斥奪此地，攘之於幕北。建塞徼，起亭隧，築外城，設屯戍以守之，然後邊境用得少安。幕北地平，少草木，多大沙，匈奴來寇，少所蔽隱。從塞以南，徑深山谷，往來差難。邊長老言：匈奴失陰山之後，過之未嘗不哭也。……臣恐議者不深慮其終始，欲以壹次省繇戍。……卒有他變，……累歲之功，不可卒復。開夷、狄之隙，虧中國之固，非所以永持至安，威制百蠻之長策也。（漢書匈奴傳）

是知「守在四夷」，亦必當恃其險阻。使武帝不攘之幕北，漢將焉守之乎？漢書匈奴傳贊又謂武帝雖開河南之野，建朔方之郡，亦棄造陽之北九百餘里。言下似譏漢武之得不償失者。不知此基於山川形勢需要，不得不爾。贊者昧於軍要，妄加譏評，陋矣。

哀帝建平五年，匈奴單于上書願朝，公卿以爲虛費府帑。黃門郞揚雄上書諫曰：

匈奴……本北地之狄。五帝所不能臣，三王所不能制。……武帝即位，……深惟社稷之計，規恢萬載之策。乃大興師數十萬，……浮西河，絕大幕。破寘顏，襲王庭。窮極其地，追奔逐北，封狼居胥山，禪于姑衍，以臨瀚海。……且夫前世豈樂傾無量之費，役無罪之人，快心於狼望之北哉？以爲不壹勞者不久逸，不暫費者不永寧。是以忍百萬之師以摧餓虎之喙，運府庫之財塡盧山之壑而不悔也。……北狄……眞中國之堅敵也，三垂比之懸矣！前世重之茲甚，未易可輕也。（漢書匈奴傳）

此皆武帝征伐匈奴有功於天下後世之證。觀於武帝於征和二年，語大將軍衞青曰：「漢家庶事草創，加四夷侵陵中國，朕不變更制度，後世無法。不出師征伐，天下不安。爲此者不得不勞民。若後世又如朕所爲，是襲亡秦之跡也。」太子每諫征伐四夷。上笑曰：「吾當其勞，以逸遺汝，不亦可乎？」此長卿所謂「王事固未有不始於憂勤，而終於佚樂」之義也。漢武之征伐四夷，豈得已哉！何「所爲狂悖」之有乎？而漢自得匈奴昆邪王地，隴西、北地、河西益少胡寇，徙關東貧民以寔之，而減北地以西戍卒之半，以寬天下之繇。此不得如夏侯勝所言「無德澤於民」也。深恐失察者之泥於文德，害及大義。因及武帝輪臺之詔，不殫辭費，爲之辨章如上。庶幾乎長卿之賦旨得彰，而武帝之武烈得顯也。旨哉！劉申叔先生之言曰：「故觀子雲之書，則漢武出師，意在保民，非復窮兵黷武，黃帝滅四帝之旨也。讀侯應之議，則窮邊之地，設戍開屯，不可一日無兵，夏禹奮武衞之意也。讀長卿之檄，則八方之外，亦當兼容幷包，使疏逖不閉，春秋大一統之遺也。閱孟堅之銘，則戎虜不臣，大張撻伐，執訊旅歸，銘功勒石，詩人歌出車之續也。若夫武帝封燕，爰作策文，于薰鬻氏之虐，三致意焉。防狄之思，形于言表。此兩漢之武烈所由，非後世所克邁也。」（劉申叔先生遺書：兩漢學術發微論）而夏曾佑先生亦謂：「自秦以前，神洲之境，分爲無數小國，其由來不可得知，歷千百萬年，而並爲七國。其後六國又皆爲秦所滅，中原遂定於一。秦又北逐匈奴，南開桂林、象郡，規模稍擴矣。天祐神洲，是生漢武。北破匈奴，西幷西域，以及西羌，西南開筰、僰，南擴日南、交阯，東南滅甌、粵，東北平濊貊。五十年間，威加率土。於是漢族遂獨立於地球之上。而巍然稱大國。微此兩皇，中國非今之中國也。故中國之教，得孔子而後立。中國之政，得秦皇而後行。中國之境，得漢武而後定。三者皆中國之所以爲中國也。」（中國古代史第二篇第一章第一節）斯皆通達之論，眞能察見漢武之豐功偉烈，永爲中國千萬年皆食其利者。

㈤封禪書——宣文教、彰漢氏之休

長卿前因武帝好虛無縹渺之僊道而奏大人之頌，以勸其開疆闢土，剋定禍亂，致君於豐功偉烈。復因武帝惑於鬼神之祀，至於病免居家，爲封禪書勸以宣明文教，修德禮神，以竟王者丕業之全功。兢兢翼翼，永保鴻名。其遺忠主上，可謂賢矣。其書曰：

伊上古之初肇，自昊穹兮生民。歷撰列辟，以迄於秦。率邇者踵武，逖聽者風聲。……大漢之德，逢涌原泉，沕潏漫衍。……導一莖六穗於庖，犧雙觡共抵之獸。……符瑞臻茲，猶以爲薄，不敢道封禪。……夫修德以錫符，奉符以行事，不爲進越。故聖王弗替，而修禮地祇，謁款天神，勒功中嶽，以彰至尊。舒盛德，發號榮，受厚福，以浸黎民也。皇皇哉斯事，天下之壯觀，王者之丕業，不可貶也。願陛下全之，而後因雜薦紳先生之略術，使獲耀日月之末光絕炎，以展采錯事。猶兼正列其義，校飭厥文，作春秋一藝，將襲舊六爲七，攄之無窮。俾萬世得激清流，揚微波，蜚英聲，騰茂寔。前聖之所以永保鴻名，而常爲稱首者用此。

宜命掌故，悉奏其義而覽焉。於是天子沛然改容曰：愉乎！朕其試哉！乃遷思回慮，總公卿之議，詢封禪之事，詩大澤之博，廣符瑞之富。……披藝觀之，天人之際已交，上下相發允答。聖王之德，兢兢翼翼也。故曰：興必慮衰，安必思危。是以湯、武至尊嚴，不失肅祗。舜在假典，顧省厥遺。此之謂也。（史記司馬相如列傳）

此寔尙書太甲「先王惟時懋敬厥德，克配上帝，無安厥位，惟危，愼終于始」之遺也。流風所被，子雲、孟堅之儔，繼作美新、典引之篇，皇皇爲漢人之盛業。揚子雲云：「往時司馬相如作封禪一篇，以彰漢氏之休。臣常有顚眴病，恐一旦先犬馬塡溝壑，所懷不章，長恨黃泉，敢竭肝膽，寫心腹，作劇秦美新一篇，雖未究萬分之一，亦臣之極思也。」（文選四八符命劇秦美新論）班孟堅亦云：「相如封禪，……揚雄美新，……皆游揚後世，垂爲舊式。臣固才朽不及前人，蓋詠雲門者難爲音，觀隋和者難爲珍。不勝區區，竊作典引一篇，雖不足雍容明盛萬分之一，猶啓發憤滿，覺悟童蒙，光揚大漢，軼聲前代。然後退入溝壑，死而不朽。」（文選四八符命典引）皆殷殷以繼作爲大任。其後追風沿波者，代不乏人。文心雕龍封禪篇稱其：「戒愼以崇其德，至德以凝其化，七十有二君，所以封禪矣。……觀相如封禪，蔚爲唱首。……驅前古於當今之下，騰休明於列聖之上，歌之以禎瑞，讚之以介邱，絕筆茲文，固維新之作也。」長卿封禪之矜式羣英，其意量亦偉矣。雖然，二子之作，全取其頌揚之旨，而沒其諷諭之義。與長卿原意，稍違異己。惟太史公司馬子長深會長卿之旨，所撰史記封禪書，論次自古以來用事於鬼神者，具其表裏。而於武帝一朝之祀神求僊，恢恑憰怪，尤覼縷其事，纖芥弗遺。而終其言其無驗以著其妄，殷殷以「禮神以修德」爲戒，一書之中，三致其意，使後之君子，得以覽焉。乃議者不達其旨，盛加非難。馬氏貴與曰：

按文中子曰，封禪非古也，其秦、漢之侈心乎？而太史公作封禪書，則以爲古受命帝王，未嘗不封禪，且引管仲答齊桓公之語，以爲古封禪七十二家，自無懷氏至三代俱有之。蓋出於齊、魯陋儒之說，詩、書所不載，非事實也，當以文中子之言爲正。（文獻通考八四郊社考一七封禪）

蓋自南朝許懋，已深致其疑。梁高祖集儒學之士草封禪儀，將欲行焉。懋以爲不可，因建議曰：「舜幸岱宗，是爲巡狩。而鄭引孝經鉤命決云，封於太山，考績柴燎，禪于梁甫，刻石紀號。此緯書之曲說，非正經之通義也。……漢武宗信方士，廣召儒生，皮弁搢紳，射牛行事，獨與霍嬗俱上。既而子侯暴卒，厥足用傷。……不思古道，而欲封禪，皆是主好名於上，臣阿旨於下也。鄭玄有參、柴之風，不能推尋正經，專信緯候之書，斯爲謬矣。禮云，因天事天，因地事地，因名山升中於天，因吉土享帝於郊。燔柴岱宗，即因山之謂矣。故曲禮云，天子祭天地是也。誠敬之道，盡此而備。至於封禪，非所敢聞。」（梁書卷四十許懋傳）所言雖極明智，而於漢人封禪之義，猶有未達。梁玉繩氏似略知史遷之意已，而尚有微詞。曰：「三代以前無封禪，乃燕、齊方士所僞造。昉於秦始，侈於漢武。此書先雜引鬼神之事，比類見義，遂因其傅會，備錄於篇，正以著其妄，用意微矣。惟牽引郊社巡狩諸典禮，未免黷經。」（史記志疑十六封禪書案語）彼於漢人視爲「天下壯觀，王者丕業」之封禪，似茫然不解。故其史記志疑卷三六太史公自序傳「是歲天子始建漢家之封，而太史公留滯周南，不得與從事，故發憤且卒。」之案語云：

此，及下述談語，不免失言。封禪之誣，君子嗤之。即封禪書亦深譏焉。而乃以其父不與爲恨乎？愳聞錄曰：太史談且死，以不及與封禪爲恨。相如且死，遺封禪書以勸。當時不獨世主有侈心，士大夫皆有以啓之。杜子美天寶十三載獻封西嶽賦，勸玄宗封華山，帝未及行，明年祿山反，天下大亂。文人孟浪類如此。

日人中井積德且以爲漢儒之通病焉。曰：

按封禪書，武帝初，與諸儒議封事，命草其儀。及且封，盡罷諸儒不用，談之滯周南，以罷不用之故也。非疾。又曰：封禪出乎術士之妄，豈儒者所可言哉？談罷，可謂幸矣。乃發憤至死，何惑之甚？雖遷亦未知封禪之爲非也，是漢儒之通病矣。（史記會註考證卷一三〇太史公自序七十）

此誠何說耶？諸賢斤斤於封禪之淵源所自，與有無早晚之辨，而無一言及其義蘊者，無乃不急之察，無用之辯乎？班固白虎通德論封禪曰：「王者易姓而起，必升封泰山，何？教告之義也。始受命之時，改制應天。天下太平，功成封禪，以告太平也。」此封禪之義諦也。議者徒見封禪書載武帝得寶鼎，齊人公孫卿言黃帝得鼎僊登於天，漢興復當黃帝之時，寶鼎出而與神通，封禪則能僊登天矣。齊人丁公年九十餘，曰：封禪者，合（漢志作古）不死之名也。云云。因謂封禪出於齊、魯之陋儒與術士之妄，得無錯認爲眞乎？寔則誠如淩稚隆所云：「此書直書其事，而其失自見。有諷意，無貶辭，可爲作史紀時事者之法。」（史記會註考證卷二八封禪書第六）抑封禪書曰：

自齊威、宣之時，騶子之徒，論著終始五德之運。及秦帝，而齊人奏之，故始皇採用之。而宋毋忌、正伯僑、充尚、羨門高，最後皆燕人，爲方僊道，形解銷化，依於鬼神之事。騶衍以陰陽主運顯於諸侯，而燕、齊海上之方士，傳其術不能通。然則怪迂阿諛苟合之徒自此興，不可勝數也。

史遷已隱然歧騶衍與燕、齊方士爲二途：一主終始五德之運以論政，一主怪迂阿諛苟合以談僊。一如道家之與道教者然，雖同出於古道教，而一論精神妙道，一求肉體長生，其精粗深淺，自不可同日而語也。故方望溪又書封禪書後云：「是書義意尤隱深者，其稱或問禘之說。蓋謂禘雖典祀，然不知其義，禮不虛行，況以封禪致怪物與通神乎？禮之瀆！季氏嘗旅於泰山，孔子譏之，謂神弗享也。則以封禪合不死者，神其享之乎！漢興六十餘年，天下乂安，薦紳之屬，皆望天子封禪，改正度者，謂經禮雅樂，宜以時興也。豈謂其中於方士之怪迂語哉！」史記孟子荀卿列傳述騶衍之學云：

騶衍睹有國者益淫侈，不尚德，若大雅（思齊篇）整之於身，施及黎庶矣。乃深觀陰陽消息，而作怪迂之變終始大聖之篇十餘萬言。其語閎大不經，必先驗小物，推而大之，至於無垠。先序今以上至黃帝，學者所共術，大並世盛衰，因載其禨祥制度，推而遠之，至天地未生，窈冥不可考而原也。先列中國名山大川通谷，禽獸水土所殖，物類所珍，因而推之，及海外人之所不能睹。稱引天地剖判以來，五德轉移，治各有宜，而符應若茲。……然要其歸，必止乎仁義節儉，君臣上下，六親之施。始也濫耳。

錢氏大昕謂「騶衍之說，始雖泛濫，而要歸於仁義節儉耳。司馬相如傳云：相如雖多虛辭濫說，然其要歸引之節儉。語意相類。」是史遷屬辭比事，引物連類，隱然以見二者之殊世同科也。相如事景帝爲武騎常侍，因病免，客遊梁，與齊人鄒陽等同舍，居數歲，乃著子虛之賦。此相如得受齊學之證歟？鄒陽有言正（漢書本傳贊語）與抗直不橈（史記本傳太史公曰語）之譽，相如既悅其人而與之遊，諒必氣同聲比。今按其封禪一文，語語以修德興文，不忘肅祇爲勸，與方士以封禪爲不死之術，根本異趣。班氏典引稱其「至於疾病，而遺忠主上，求取其書，竟得頌述功德，言封禪事，忠臣効也。」其言至確。安得誣以「侈心」「孟浪」哉？至於呂思勉先生謂「武帝之崇儒，在其即位之初，而封泰山乃在其後二十年。改正朔，易服色，則又在其後，其非用儒家言可知。武帝蓋全惑於方士之言，其封泰山，亦欲以求不死而已。（秦漢史第四章第九節武帝求神仙）此亦緣混同方士所言之封禪與搢紳之屬所望之封禪所致。而淩約言氏又曰：「相如封禪書，議者謂其至死獻諛。然予觀太史公自序傳，其父談曰，天子接千歲之統封太山，而予不得從行，是命也夫！是知當時以登封爲盛，有事爲榮，蓋如此。相如自以文章擅當代，見武帝改正易服，定制度，興樂章，度其必封禪，以誇耀後世，當其時謂可秉筆託附不磨，由是草書將以上勸，而不幸病以死，則初意不獲遂也，然欲使帝之必知，於是屬其妻，身後上之。此其爲計，寔誇心之所致耳。」（史記會註考證卷一一七司馬相如列傳第五十七）氏既知封禪爲當時之盛業矣，又顚倒本末，妄詆相如之爲人。其亦知長卿之遊宦也，未嘗肯與公卿國家之事，稱病閒居，不慕官爵乎？夷考武帝使所忠往得其書而異之，時爲元狩五年，其後五歲始祭后土，八年遂禮中嶽，封泰山。且早於元光五年時，相如已著難蜀父老書，諷天子增泰山之封，加梁父之事。是武帝之封禪，不得不謂相如有以啓之也。於此，漢書兒寬傳具其本末云：

上（武帝）議欲放古巡狩封禪之事，諸儒對者五十餘人，未能有所定。先是司馬相如病死，有遺書頌功德，言符瑞，足以封泰山。上奇其書，以問寬。寬對曰：陛下躬發聖德，統楫羣元，宗祀天地，薦禮百神，精神所鄉，徵兆必報，天地並應，符瑞昭明。其封泰山，禪梁父，昭姓考瑞，帝王之盛節也。然享薦之義（儀），不著於經。……今將舉大事，優游數年，使羣臣得人（通鑑作人人）自盡，終莫能成。唯天子建中和之極，兼總條貫，金聲而玉振之，以順成天慶，垂萬世之基。上然之，乃自制儀，采儒術以文焉。

所言果一一如相如封禪書所逆料：「宜命掌故，悉奏其義而覽焉。於是天子沛然改容，曰：愉乎！朕其試哉！乃遷思回慮，總公卿之議，詢封禪之事。」而於漢人對封禪所懷之觀念，有較客觀之了解者，厥爲李長之先生，其於司馬遷之人格與風格一書中云：

封禪是一件大事，是士大夫和老百姓渴望了三十多年的大事。這不止是宗教上的大典，而且是政治上慶祝過去，更新將來的一種象徵。——至少那時的朝野是這樣想。

其識亦卓矣！以視諸賢之緒緒不休，而又無關閎旨，相去何啻霄壤耶！必明乎此，然後知何以服膺儒教之賈誼，亦以為漢興至孝文二十餘年，天下和洽，宜當改正朔，易服色，法制度，定官名，興禮樂，草具其儀法，奏之文帝。而太史公自序之「是歲天子始建漢家之封，而太史公留滯周南，不得與從事，故發憤且卒。……泣曰：……今天子接千歲之統，封泰山，而余不得從行，是命也夫！命也夫！」乃得其解也。然則，所謂封禪出乎術士之妄，豈儒者所可言云云，此安足以知漢儒之抱負哉！善乎洪氏頤煊之言曰：「世謂封禪之名不見於六經。案史記封禪書云，文帝使博士刺六經作王制，謀議巡狩封禪事。又云，上與公卿諸生議封禪，羣儒采封禪、尚書、周官、王制之望祀射牛事。又云，羣儒既已不能辨明封禪事，又牽拘於詩、書古文而不能騁。是六經未嘗無封禪也。太史公首引尚書歲二月東巡狩至于岱宗，柴望秩于山川，以為封禪之始。下又引周官冬日至祀天於南郊，夏日至祭地祇，論語或問禘之說為證。白虎通說封禪云，增泰山之高以配天，附梁父之基以報地。是封即周禮南郊祭天，禪即北郊祭地。古者天子巡狩所及，必祭天以告。……晚周巡狩不行，郊祀禮廢，秦皇，漢武議復封禪，諸生昧于所見，言人人殊，宜無怪其然。加以方士怪迂阿諛苟合之徒，附會符瑞之說，然後封禪之名乃大壞。其實南北郊日月星辰山川神鬼之祀，本見于周禮，並非鑿空之談。故始皇禪梁父，采太祝祀雍上帝所用。武帝封泰山，詔如郊祀太一之禮。太一者，即周禮冬至圜丘所祀北辰耀魄寶。是當日所用典禮，猶知釐正。故太史公撰封禪書，重舉郊畤之禮，而於方士荒誕之說，略致微辭，猶得六經本恉。而後世迂腐之儒，動訾封禪，其毋乃為方士所愚也哉！」（邃雅齋叢

書：筠軒文鈔卷一釋封禪）

四、餘論

近人論文，多傾心於個人主義文學，而鄙薄集團主義文學，在在與傳統異趣。王國維先生曰：

古今之大文學，無不以自然勝，而莫著於元曲。蓋元劇之作者，其人均非有名位學問也。其作劇也，非有藏之名山傳之其人之意也。彼以意興之所至爲之，以自娛娛人。關目之拙劣，所不問也。思想之卑陋，所不諱也。人物之矛盾，所不顧也。彼但摹寫其胸中之感想，與時代之情狀，而眞摯之理，與秀傑之氣，時流露於其間。故謂元曲爲中國最自然之文學，無不可也。（宋元戲曲史：元劇之文章）

周作人先生更謂：

文學是無用的東西。因爲我們所說的文學，只是以達出作者的思想感情爲滿足的，此外再無目的之可言。裏面，沒有多大鼓動的力量，也沒有教訓，只能令人聊以快意。（中國新文學的源流第一講關於文學之諸問題六、文學的用處）

又曰：

文學最先是混在宗教之內的，後來因爲性質不同分化了出來。分出之後，在文學的領域內馬上又有兩種不同的潮流：

（甲）——詩言志——言志派

（乙）文以載道——載道派

晚周，由春秋以至戰國時代，正是大紛亂的時候，國家不統一，沒有強有力的政府，社會上更無道德標準之可言，到處只是亂鬧亂殺，因此，文學上也沒有統制的力量去拘束它，人人都得自由講自己願講的話，各派思想都能自由發展。這樣便造成算是最先的一次詩言志的潮流。

文學方面的興衰，總和政治情形的好壞相反背着的。西漢時候的政治，在中國歷史上總算是比較好些的，然而自董仲舒而後，思想定於一尊，儒家的思想統治了整個的思想界，於是文學也走入了載道的路子。這時候所產生出來的作品，很少作得好的，除了司馬遷等少數人外，幾乎所有的文章全不及晚周，也不及這時期以後的魏、晉。（同上第二講中國文學的變遷）

按：王氏所言，蓋出於從吾所好，無可厚非。而周氏之說，幾全支配當世。影響所及，無不鄙薄漢賦。甚者謂漢賦爲權貴之娛樂品，有類俳優。即有所取，亦偏於諷刺之作。此蓋衰世學者之通病，錢賓四師所謂「惟知有變，不知有常」（中國史學名著評袁樞通鑑紀事本末語）是也。夫漢賦之價值，班氏孟堅論之審矣。（見前章引言）錢師復謂漢武內定制度，外攘四夷。凡所謂正禮樂，致太平者，皆導源於辭賦。此韓公所稱「鳴國家之盛」是也。善乎常燕生先生之言曰：

近來許多文學史家……都忽略了漢賦在中國文學史上的地位。然而我以爲漢賦正是民族集團精神壯旺時代的產品。……拿漢賦與魏、晉以後的小賦比較起來，形式自然笨拙些，內容自然單調些。然而其氣勢之偉大，篇幅之宏麗，卻遠非六朝頹廢纖巧的作品所能及，這是民族壯旺時代的產品。特別可以看得出來的是：漢賦

之中無所謂個人的感情，個人的哀怨，只有整個民族及社會的希望和歡欣。（生物史觀研究：對於現代中國個人主義文學潮流的抗議）

復次，漢賦之本於教化，形於治亂，尚可於學術源流一事徵之。漢書藝文志詩賦略敍曰：「傳曰：不歌而誦謂之賦。登高能賦，可以爲大夫。言感物造耑，材知深美，可與國事，故可以爲列大夫也。」按登高能賦之言，本於毛公詩傳，在君子九能之內。而所謂九能，不外乎作文，故總名曰德音。詩鄘風定之方中毛傳云：「故建邦能命龜，田能施命，作器能銘，使能造命，升高能賦，師旅能誓，山川能說，喪記能誄，祭祀能語，君子能此九者，可謂有德音，可以爲大夫。」毛公所言，蓋周、秦以前古說。足徵古代文章，類皆緣政而作，尤以詩賦爲然，故漢志舉以爲說。章學誠校讎通義漢志詩賦條云：「古之賦家者流，原本詩騷，出入戰國諸子。假設問對，莊、列寓言之遺也。恢廓聲勢，蘇、張縱橫之體也。排比諧隱，韓非儲說之屬也。徵材聚事，呂覽類輯之義也。雖其文逐聲韻，旨存比興。而深探本原，寔能自成一子之學，與夫專門之書，初無差別。」文史通義詩教下又云：「賦家者流，猶有諸子之遺意，居然自命一家之言者，其中又各有其宗旨焉。殊非後世詩賦之流，拘於文而無其質，茫然不可辨其流別也。是以劉、班詩賦一略，區分五類，而屈原、陸賈、荀卿，定爲三家之學也。……馬、班二史，於相如、揚雄二家之著賦，俱詳載於列傳。……漢廷之賦，寔非苟作。長篇錄入於全傳，是見其人之極思，殆與賈疏、董策，爲用不同，而同主於以文傳人也。是則賦家者流，縱橫之派別，而兼諸子之餘風，此其所以異於後世辭章之士也。」旨哉！言乎！西京雜記卷二稱「司馬相如爲上林子虛賦，意思蕭散，不復與外事相關。控引天地，錯綜古今。忽然如睡，煥然而興。幾百日而後成。其友人盛覽，字長通，牂牁名士，嘗問以作賦。相如曰：合綦組以成文，列錦繡而為質。一經一緯，一宮一商。此賦之迹也。賦家之心，苞括宇宙，總覽人物，斯乃得之於內，不可得而傳。覽乃作合組歌列錦賦而退，終身不復敢言作賦之心矣。」由是觀之，輕薄漢賦之徒，亦安足以知作賦之心哉！

而章太炎先生更進一解曰：

封禪七十二家，以無懷為最近，當是時也，天造草昧，榛薄四塞，雄虺長蝮，盡為烝民害，人主方教民佃漁，以避蛩征之螫，毒蟲漸夷，葷鬻東胡跨馬之寇，又時時溢邊圉，始作彈丸以禦不庭，此封禪者，必有職矣。古之華夏，河流分其中央，以岱為齊，轉東薄海，則蟠木堣夷所來賓；東北營州以外，肅愼守徼；自大白（唐時稱太白山，今曰長白山。）度海，輸絡東齊，南起為岱宗，朝會所均，斥候所及，帝王治神州，以是集瑞，渙其號令，而徵戍卒塡之，因以設險守固，其封大山者，于周禮則講封之典也，因大麓之阻，纍土為高以限戎焉，其制比于蒙古之鄂博。是故封禪為武事，不為文事。古者政令，假威鬼神，故文之以祭天以肅其志，文之以祀后土以順其禮，文之以秩羣神以揚其職。是其示威也，則猶偃伯靈臺者也。三王接迹，文肆而質離，本意浸微，而曰行以蒲車，惡傷山之土木者為仁物也。夫國有嶠嶞，不崇其高，塹之鑿之，赭之蕩之，以為魁陵糞土，即有大寇，其何以禦侮！為封域計，土石可傷邪。古者野廬幾竟，宿息井樹，單襄公有言：列樹以表道立鄙，食以守路。故至于俠溝叢樹，而車騎蹇矣。為封域計，草木可傷邪。夫其志有備守外，以仁物叫號于九圍，故封禪可為也。圜丘南郊，并百王而識其事，以忘忘故實。郊又祈穀，趣于使民疾耕，故郊丘可為也。儒者以郊丘不邇仙道，莫敢非議，獨竊竊然鄙夷封禪。封禪與郊丘者，上世誠皆有所為耳！後代岱宗不為朝集壇場，史官備文，而世系因革可知。耕以謀食，不待勸惰農者，雖勸亦不厲，是諸大禮一切當以巫咸方士妖蠱之說視之，安用抑揚焉！嗟乎，嬴、鏐之君，南縣越裳，而北逐引弓之民，其所經略，則跨越乎七十二家之域矣。去病以武夫知狼居胥之可封，而人不以僭越視之也。令漢世博士諸生識此，望祀射牛之議，可以息矣！（章氏叢書檢論卷六羣神祇祭）

此其發聾振聵、至當歸一之論。觀於封禪書「古者先振兵澤（漢志作釋）旅，然後封禪。乃遂北巡朔方，勒兵十餘萬，還祭黃帝冢橋山，釋兵須如。」與其後竇憲登燕然山，去塞三千餘里，刻石勒功，紀漢威德，令班固作銘曰：「躡冒頓之區落，焚老上之龍庭。上以攄高、文之宿憤，光祖宗之玄靈；下以安固後嗣，恢拓境宇，振大漢之天聲。茲所謂一勞而久逸，暫費而永寧者也。乃遂封山刊石，昭銘上德。……」章氏以封禪為武事，比于蒙古之鄂博（游牧部落之境界，無山河為識者，即壘石為高阜，上插旗杆，作為標誌，名曰鄂博。），上世皆有所為，舉霍去病封狼居胥山禪於姑衍登臨翰海為言，其識亦卓矣！秦漢而下，誰及此解？此章太炎之為章太炎也！

八三、九、六日初稿八四、五、廿八日重訂

宋代的經學當代化初探續（上）——王昭素、柳仲塗、胡周父、附黃敏求等的經學

金中樞

目次

宋代的經學當代化，自宋初聶崇義的三禮圖學以來，其爲開風氣之先驅的有很多人，像王昭素、柳開、胡旦及黃敏求等都是代表人物。就王氏言，從少年開始，即立志很高，好學不疲，爲人不苟，而不願做官。其學博通九經，對於莊子和老子也有研究，特別是易經。他認爲魏、王弼和晉、韓康伯的注及唐、孔穎達等疏周易都不一定完

全是對的，所以著易論三十三篇；對漢唐以來的注疏，已經發生懷疑，甚至加以否定，而開「撥棄傳注」的先河。此於古爲通經致用，於今可謂開經學當代化的先聲。

其次，言柳氏。他有開創學術新風氣的勇氣，不但完全拋棄了注疏，而且要實行以儒家爲傳統的經學；基於這種立場，去繼承文中子的續經工作，而從事補經。故宋代經學當代化，即經學之變古，柳氏實開風氣之先驅，像他「開有宋之新文運」是一樣的。

又次，言胡氏。他極聰明，有辯才，也有大志，雙目失明以後，還令人讀經給他聽，未嘗有間。他著漢春秋，切侔聖作；又著演聖通論六十卷，包括易、書、詩、禮記、春秋、論語等六部書，不惟校正五經，且有創見。故他於宋代經學之變古，亦是開風氣的一員，也就是希望經學當代化。

最後，言黃氏。他通經術，「摭諸家之說，是非者裁正之，」著九經餘義一百卷，計四百九十餘篇，有創說或微言。其書又經皇上以下的高級官員之推薦和評審，且云「甚有可採」，可見他也是開風氣之先驅的一員。

金中樞

七三、一、十六、於香港

(2)

宋代的經學當代化，自聶崇義以來，其爲開風氣之先驅，大有人在，像王昭素、柳開（仲塗）、胡旦（周父）、黃敏求等都是代表人物。

一、王昭素的經學

先就王昭素言，宋史卷四三一儒林傳、王昭素傳云：

王昭素，開封酸棗人，少篤學不仕，有志行，爲鄉里所稱。常聚徒教授以自給，李穆與弟肅及李惲皆常師事焉。……昭素博通九經，兼究莊老，尤精詩易，以爲王、韓注易及孔馬疏義，或未盡是，乃著易論二十三篇。開寶中，穆薦之朝；詔召赴闕，見於便殿，時年七十七，精神不衰。太祖問曰：「何以不求仕進？致相見之晚。」對曰：「臣草野惷愚，無以裨聖化。」賜坐，令講易乾卦，召宰相薛居正等觀之，至飛龍在天，上曰：「此書豈可令常人見？」昭素對曰：「此書非聖人出，不能合其象。」因訪以民事，昭素所言，誠實無隱。上嘉之。以衰老求歸里，拜國子博士，賜茶藥及錢二十萬，留月餘遣之。年八十九，卒於家。

按隆平集招隱逸和事略儒學傳均爲他立傳，①但不如此傳之精詳，知此傳當本於國史及他書。考玉海「開寶王昭素易論」……引書目云：「昭素以王韓注易，及孔馬義疏，或未盡，乃著此論；」②經義考引「中興書目」所言相同，知其是一書，③而爲此說的根源。又玉海引「崇文總目」云：「取諸家之善，參以其言折衷之。」（同注2）經義考亦引其說。（同注3）晁公武且說：「其書以注疏異同，互相詰難，蔽以己意。」④通考引其說。⑤又漢上易卦圖下：「夫京房學於焦贛，其說則源於易矣，自楊（揚）子雲、馬融、鄭康成、宋衷、虞翻、陸績、范望並傳此學，而昭素非之。」昭素又說：「注疏並違夫子之義。」⑥這些都可作爲此傳所說的生力軍。如此說來，知他對漢唐以來的注疏，已經發生懷疑，甚至加以否定，而開「撥棄傳注」的先河。則胡一桂說：「此書專辨注疏同異，……只是文義之學，」⑦豈其然乎？所當說明的，上引諸書均謂他「著易論三十三篇」，考長編、會要、太平治迹統類及事略本傳以及後來本長編之說的都相同，⑧且宋史卷二六三李穆傳亦作三十三篇，顯然宋史自相矛盾，知此說與宋王闢之及宋元學案補遺據姓譜同作「二十三篇」，均誤。⑨抑王說「通五經」，與此說亦異。又考長編開寶三年三月辛亥：「以處士王昭素爲國子博士致仕。」其原注云：「按穆開寶五年始召爲太子中允，此時方以洋州通判免官家居，則薦昭素者非穆也。僧文瑩湘山（野）錄亦言穆薦，又言對太宗，皆誤。」（同注8）又會要選擧十日同條據玉壺清話亦云：「李穆嘗師事之，至是穆薦於朝。」（同注8）清話原注又云：「一云薦於太宗。」⑩與與此謂「穆薦之朝」，亦均誤。長編辛亥同條又云：「上令講乾卦，至九五飛龍在天，則斂容曰：此爻正陛下今日之事，引援證據，因示諷諫微旨。」與此謂「令講易乾卦，至飛龍在天」云云，若合符節。朱文公語錄且云：『太祖一日，問昭素乾九五飛龍在天，利見大人，常人何可占得此爻？昭素曰：「何害？若臣等占得，則陛下是飛龍在天；臣等利見大人，是利見陛下。」此說得最好。以此觀之，解中說象占，必有可觀者。』⑪此於古爲「通經致用」，於今可謂開經學當代化的先聲。故呂中云：「古今言易者失之拘，……善言易者莫如昭素，」⑫就是這個意思。呂中又云：「處士非講官也，而得以召見。便殿非經筵也，而得以講易。太祖之好學也如此。」（同上）馬端臨也說：「昭素隱居求志，行義甚高，史臣以王烈、管寧比之。」（同注5）一君一臣，相得益彰，豈是之謂乎？

二、柳仲塗的經學

其次，言柳開、仲塗。隆平集卷一八本傳云：

柳開字仲塗，大名人，……幼警悟、豪勇，……及就學，講說能究經旨，開寶六年，登進士第，官至如京使，知忻州，徙滄州，未至，卒，年五十四。……五代學者，少尚義理，有趙生者得韓愈文數十篇，未達，乃攜以示開，開一見，遂知爲文之趣，自是屬辭必法韓柳。初名肩愈，蓋慕之也。著書號東郊野夫，又號補亡先生，作二傳以見意。……（頁六〔六八二〕）

補亡先生傳說：「補亡先生，舊號東郊野夫，……既著野史後，大探六經之旨，已而有包括揚孟之心，樂爲文中子、王仲淹，齊其述作，遂易名曰開，字曰仲塗，其意謂將開大聖賢之道於時也，將開今人之耳目，使聽且明也，必欲開之爲其塗大，使古今由於吾也，故以仲塗字之，表其德焉。」這是說明此謂「柳開字仲塗」的由來，然即此可見他開創學術新風氣的勇氣了。又此謂柳氏「屬辭必法韓柳」，拙著「宋代古文運動之發展研究」曾詳論之，那就是「文以明道」和「文以得道」；⑬與這裏所謂「講說能究經旨」，是一樣的意思。「經旨」即「道」是體，「講說」與「文」是用，雖有體用之分，而其目的則一。事略本傳依傍此說，宋史本傳則作「喜討論經義」。換句話說，就是拋棄漢唐以來的注疏。所謂「諸家傳解箋注於經者，多未達其義理，……吾他日終悉別爲注解矣。」⑭不但如此，他並且反對諸子百家。東郊野夫傳云：「司馬氏……先黃老而後六經，……吾所恥耳！」⑮又說：「吾本習經耳，反雜家流乎！」⑯故又爲「補亡先生傳」，謂……先生始盡心於詩書，以精其奧，每當卷歎曰：嗚呼！吾以是識先師之大者也。不幸其有亡逸者哉，吾不得見也，未知聖人之言，復加何如耳？尤於餘經，博極其妙，遂各取其亡篇以補之，凡傳有義者，即據而作之，無之者，復已出辭義焉，故號曰補亡先生。」⑰因此，知其補亡，完全以義爲依歸。不過，他對經義的看法，也有深淺的不同。嘗謂張景曰：「吾於書止愛堯、舜典，禹貢，洪範，斯四篇非孔子不能著之，餘則立言者可跂及矣。詩之大雅、頌，易之爻、象，其深焉，餘不爲深也。」⑱而且發揮新穎，茲舉例說明之。河東先生集卷二補亡先生傳云：

有講書以教後學者，先生或詣其精廬，適至虞書堯典篇曰：「日中星鳥，以正仲春。」說云：「春分之昏，南方朱鳥之星畢見，觀之，以正仲春之氣也。」先生乃問曰：「然，夫云日中星鳥，以正仲春者，是仲春觀朱鳥之星，以正其候也。」且云：「朱鳥者，南方之宿，以主於夏也，既觀其星，以正其候，即龍星乃春之星也。春主於東，方可觀之，以正其候也。今何不云是，而反觀朱鳥之星，何謂也?說者不能對，惟云傳疏若是，無他解矣。先生揮其座者曰：「起前，吾語汝，夫歲周其序，春居其始，四星各復其方，聖人南面而坐，以觀天下，故春之時，朱鳥之星當其前，故云觀之，以正仲春矣。」四座無不拜而言曰：「先生眞達於經者也，所以於補亡不謬矣。」（四部叢刊本頁六—七）

從這個例子來看，一若上云，他完全拋棄了注疏，而根據經文，斷以己見，作適時的發揮，使意義更爲鮮明。故名爲「補亡」，而適以成其開新；要之，他百分之百地崇尚以儒家爲傳統的經學；而且認定經學，非爲空論，乃是實行。故曰：「夫子之於經書，在易則贊焉，在詩、書則刪焉，在禮、樂則定焉，在春秋則約史而修焉。在經則因參也而語焉，非夫子特然而爲也。在語則弟子記其言記焉，亦非夫子自作也。聖人不以好廣於辭而爲事也，在乎化天下、傳來世、用道德而已。若以辭廣而爲事也，則百子之紛然競起異說，皆可先於夫子矣。」⑲他基於這種立場，去繼承文中子的續經工作，而從事補經。補亡先生傳云：

……隋之時，王仲淹……務繼孔子，以續六經，……實爲聖人矣。……補亡先生能備其六經之闕也，辭訓典正，與孔子之言，合而爲一，信其難者哉！……所謂後生可畏者，雖經籍尙能補之，矧其餘者哉？不可謂代無其人也。（河東先生集卷二，頁九。）

此謂「王仲淹爲聖人」，實其自比於聖人了，和下述胡旦「切侔聖作」，是同樣的心情。如果用後來石介徂徠的話來觀察他，知其用意甚善，和上述「經學非爲空論，乃是實行，」是一貫的。徂徠集卷一八送劉先之序：

予友先之將適魏之館陶，請於予曰：「館陶之政孰爲大」？曰：「館陶魏邑也。聖朝大儒柳仲塗，實魏人自唐吏部而下三百年得孔子之道而粹者。惟仲塗居魏東郊，著數萬言，皆堯舜三王治人之道，未大用而死，其道纔施其一二。……仲淹之道，孔子之道也。……孔子之道，施於天地間，無有不宜。……先之能使柳氏子孫及魏之人知仲塗之道，……亦必能傳之鎭、冀、邢、趙，而傳之……河之北，……將盈於天地之間矣。館陶之政此爲大。」……（珍本四集卌七，頁一〇—一一。）

此文很顯然地說明了雙重意義，一是說明柳仲塗已經開始實行經學當代化，二是說明後來的石守道要實行經學當代化。石守道另有專篇。關於柳仲塗，徵諸東郊野夫和補亡先生二傳，與夫本集（河東先生集）有關此類文函，信非虛語。故宋代經學當代化，即經學之變古，柳仲塗實爲開風氣之先驅，像他「開有宋之新文運」⑳是一樣的。

三、胡周父的經學

又次，言胡旦、周父。東都事略卷三八胡旦傳說：

胡旦字周父，渤海人也。擧進士第一，通判昇州，代還，遷左拾遺、直史館。上書言時政利病，出爲淮東轉運副使。徙知海州。……獻和平頌，……貶商州團練副使。……上平燕八議，起爲右補闕、修國史。有翟馬周者，且與之善，馬周上書排毀執政，……當時皆指且所爲，……流馬周海島，貶且坊州團練副使。……淳化五年，直集賢院，後知制誥、史館修撰。……未幾，喪明，以秘書省少監致仕。……遷秘書監，卒，年八十。且雋辯強敏，少有大志，……既喪明，猶令人讀經史，憑几聽之，未嘗少輟。……著漢春秋、……五代史略、……將帥要略、……演聖同論、……唐乘。初，琢大硯方五六尺，既而埋之，且刻曰：「胡旦修漢春秋硯」。……（頁四一五，即五九五—五九六。）

宋史儒林傳有胡旦傳（卷四三二），較此傳爲詳，宋元學案補遺損益其說，均可參考。他雖擧進士第一，但一生坎坷。今就其與經學有關的書，如「漢春秋」和「演聖通論」來加以探討。先就「漢春秋」言，據玉壺清話卷三說：

柳仲塗開知潤州，胡旦秘監爲淮漕，二人俱喜以名鶩於時。旦造漢春秋，編年，立五始，先經、後經（一無此經字），發明凡例之類，切侔聖作。書甫畢，邀開於金山觀之，頗以述作自矜，開從其招而赴焉。方拂案開編，未暇展閱，開拔劍叱之曰：「小子亂常，名教之罪人也，生民以來，未有如夫子者；至若丘明而下，公、穀、鄒、郟數子，止取傳述而已。爾何輩！輒敢竊聖經之名，冠於編首。今日聊贈一劍，以爲後世狂斐之戒。」語訖，勇逐之。旦闊步攝衣，急投泊艦，鋒幾及身，賴舟人擁入，……斫數劍於舷，聊以快憤。（憤一作忿）……（知不足齋本頁九—一〇；與中三，頁一四八一—一八四二。）

按「柳仲塗知潤州」，自太平興國五年（九八〇）起，至九年止，不過四年任期。㉑當時胡周父並不是「秘監」；他以「秘監致仕」，要到仁宗天聖二年（一〇二四），距此還有四十四年之久；若拿「秘監」來尊稱他，那是不合乎事實的。就以他「爲淮漕」而言，事略本傳作「左拾遺、直史館……出爲淮東轉運副使」，宋史本傳所言略同。㉒考會要太平興國六年七月條：「以左拾遺胡旦……爲淮南西路……轉運副使。」㉓然而據玉海引國史志推之，胡旦漢春秋，至淳化五年（九九四）尚未「繕寫」，㉔何如有此種不愉快的事情發生？即使柳仲塗看到胡周父的初稿，衡以上述柳氏的心情，也絕不致如此。何況長編眞宗大中祥符三年十二月條明云：「初，胡旦編兩漢事爲春秋，言於太宗；……太宗語侍臣曰：『呂不韋春秋，皆門下名賢所作，……旦所撰，止用其家書，褒貶出於胸臆，豈得容易流傳耶？俟其功畢，且令史館參校以聞。』……書成凡百卷，……知州謝泌又爲言，乃詔官給筆劄錄本進，天聖二年始上之。」㉕又同書天聖二年二月條：「襄州上……胡旦所撰漢春秋。……旦嘗謂三代之後，獨漢得正統，因四百年行事、立褒貶、以擬春秋，上稱歎之。……」㉖此文會要也約略的記載了。㉗並命旦爲秘書監致仕，仍錄其子彬爲將作監主簿。㉘此不但證明朝廷對他優禮有加，也是公認的事實。則此謂「旦造漢春秋，切侔聖作，」良有以焉。

次就演聖通論來說，諸書所言，均有出入，尤其是卷數和篇數，今爲便於一覽和研析，特先行製表如次：

參考書 ╲ 聖演通論內容	易 卷數	易 篇數	書 卷數	書 篇數	詩 卷數	詩 篇數	禮記 卷數	禮記 篇數	春秋 卷數	春秋 篇數	論語 卷數	論語 篇數	合計 卷數	合計 篇數	備考
崇文總目		一〇〇		五六		七八						一八	三六	二五二	卷一，國基四百種本，頁二七及三三。
郡齋讀書志	一六		七		一〇		一六		別行				四九		㉙
直齋書錄解題	一七		七		一〇		一六		一〇				六〇		卷三，國基本頁七七。
玉海	一六		七		一〇		一六		別行				七二		卷四二，聖文、藝文本頁四一（册二，八四三）
通志													三六		卷六三，藝文，志七六二中。
文獻通考													六〇		卷一八五，興中二，考一五八七下～一五八八上。
續資治通鑑長編													七〇		卷一〇四，頁一。
續資治通鑑長編													七二		卷一〇五，頁二〇。

宋會要	東都事略	宋史	經義考	周易會通
			一六	
				一二
			七	
			二〇	
			一〇	
七二	七三	六〇		
崇儒五，二二五七上。	卷一三八胡旦傳，頁五九六。	卷二〇二藝文志，頁二五。	㉚	卷首周易會通因革，通志堂頁七，大通九，頁四六二四。

從右表的數字看來，異少同多，今其書已佚，無從核實，若從異中求同，還可得到一個概略。請觀表中的郡齋讀書志、書錄解題和玉海三書，除合計的卷數不同外，其分列卷數大都相同，只有讀書志和玉海同謂「春秋論別行」。所謂「春秋論」，崇文總目作「一卷」，「東垣案：通考不著卷數，經義考作春秋演聖論十卷；」③分檢通考和經義考，③完全相同；則它的卷數，應同書錄解題一樣，當作「十卷」。書錄解題又明云：「其第一卷爲目錄」，換言之，「易十七」，實爲十六，與讀書志和玉海相同。則三書的合計卷數，都應該是六十；故通考本陳氏，而刪崇文總目和晁氏之說，定爲「演聖通論六十卷」云。況宋史藝文志亦明云：「胡旦演聖通論六十卷」。（同表）那麼，像通志作「演聖通論三十六卷」，一定是根據崇文總目之誤。像經義考著錄「胡氏旦周易演聖通論」十六卷、「胡氏旦尚書演聖通論」七卷及「胡氏旦春秋演聖通論」十卷，都可爲上述相同的作證明。惟著錄「胡氏旦毛詩演

聖論」二十卷，而又缺錄禮記演聖通論，則有待考詳。至於長編既說「七十卷」，又說「七十二卷」，自相矛盾，方之玉海，後者是對的。則事略作「七十三卷」，當然是手民之誤了。要其所以爲七十二卷，很可能是把周易會通所謂「易十二篇」誤入「合計六十卷」之數所造成。這些有關於內容，應該加以考正。

而最要緊的，乃是胡氏著演聖通論的立場。崇文總目謂他「以易、詩、書、論語先儒傳注得失參糅，故作論而辨正之。」又稱他「多摭杜氏之失，有裨經旨。」㉜讀書志既謂他「論六經、傳、注得失」，又稱他「博辨精詳，學者宗焉。」而玉海同其前說，當然也是稱讚他的意思。書錄解題更稱：「其學亦博矣」。長編且據其自言：「撰成演聖通論，……以校正五經。」並能做到朱漢上所說：「不失其旨」。㉝此在在說明胡氏對經學很有創見，而不是過去的「依樣葫蘆」，因而很有貢獻。就拿他的易學來說，據周易會通卷首「周易經傳歷代因革」云：

胡氏……周易演聖通論：經二篇，傳十篇——彖一、大象二、小象三、乾文言四、坤文言五、上繫六、下繫七、說卦八、序卦九、雜卦十。（經解本頁八，即大通本頁四六二四上。）

注云：「案胡氏旦周易演聖通論，多引注疏及王昭素論、爲之商確。」「商確」據玉海引文作「商榷」，㉞「商榷」猶言商略，即有「商量討論」或「討論審定」的意思。換句話說，有他的創見在其中。故胡氏於宋代經學之變古，也是開風氣的一員，也就是希望經學當代化。而當時朝廷對他和他的家庭也優禮有加，如他的「家貧不能繕寫」，仁宗天聖四年正月庚子，「賜旦錢十萬，米百斛；」㉟明年十二月辛卯，「以旦子彬爲將作監主簿，仍詔襄州增旦月給米麥；」㊱又景祐元年（一〇三四）七月壬辰：「胡旦妻盛氏，上旦所撰續演聖論，錄其姪拱辰爲太廟齋郎，」㊲都是實例。

四、附黃敏求的經學

又次，言黃敏求。宋會要崇儒五說：

眞宗大中祥符五年，正月，以懷安軍鹿鳴山人黃敏爲本軍助教。敏通經術，嘗注九經餘義四百九十篇，轉運使滕涉以其書上進，帝令學士晁迥等看詳，迥等言：「所著撰甚有可採」，故特有是命。（卌五，頁二二五六下。）

此說同書「選舉」篇亦載之，並繫之這一月十五日，又以其「注九經餘義」的「注」字作「著」，且明云滕涉是「益州路轉運使」，晁迥等是「兩制」官員。㊳兩制就是掌「內制」的「翰林學士」，和掌「外制」的「中書舍人」。㊴由是言之，可見此事的眞實性和重要性了。然清錢東垣所輯釋的崇文總目則云：「九經餘義一百卷。原釋皇朝處士黃敏求撰，摭諸家之說，是非者裁正之。東垣按玉海引崇文總目同，通考不著卷數，敏求原作敏，脫求字，今校增。通志略亦作黃敏。」㊵今檢通志藝文略經解篇㊶和通考經籍篇，㊷知其說大都是對的。惟謂「玉海引崇文總目同」，頗値商榷。因爲玉海是據實錄的，與此引會要崇儒篇所說差不多相同。並云「癸未」日，是月己巳朔，（陳表）又和會要選擧篇作「十五日」相合，並亦如其以「注」作「著」。所不同的，乃所著作「四百九十三篇」，並注云：「會要無三字」，且以「滕涉」作「滕陟」，但注云「一作涉」。玉海且引「書目」云：「一百卷」。注：「崇文總目同」。又說：「注疏之外，言其餘義，凡四百九十有四篇。」注：「總九經兼孝經論語」。㊸復按經義考所據，與此引會要崇儒篇及崇文總目同，但著者作黃敏求。它另據中興書目之說，與玉海所引書目之「又說」同，但無注。它又說「宋志一百卷」，徵諸宋史藝文志，作「黃敏求九經餘義一百卷」。㊹又子曰：「我非生而知之者，好古敏以求之者也。」㊺故以義推之，著者應稱黃敏求。他的書是一百卷，或分爲四百九十餘篇。特別要强調的，儘管崇文總目謂他「摭諸家之說，是非者裁正之。」但是，它旣名「九經餘義」，或說：「注疏之外，言其餘義，」必然有注疏，甚至經的本義以外的創說或微言。此其一。其次，著者黃敏求，雖然地位不高，而能通經術，且所著達一百卷，並有四百九十餘篇之多，其書雖不傳，㊻而經高級官員之推薦，又經皇上親令多數兩制學士「看詳」，看詳有如現代的「評審」，得到官方的承認，而命爲「本軍助教」，並推其「所著甚有可採」，可見他也是開風氣之先驅的一員。

附注

①：分見卷二(文海本頁六)和卷一一三(文海本頁一七三九)。
②：卷三六，頁一八。(聖文、藝文本頁七二一)。
③：卷一六，四部備要本頁三。
④：郡齋讀書志卷一上「易論三十三卷」，國學基本叢書四百種本，頁二〇。
⑤：見卷一七五，新興十通本考一五一七下。
⑥：前說見頁一六(通志堂經解本頁六四〇)。經義考亦載之。(卷一六，頁三。(後說見漢上易卦圖下，頁一四(頁六三九)。
⑦：經義考引。(同注3)
⑧：長編見卷一一開寶三年三月辛亥(頁三—四)，會要見選舉三四之三一和職官七七之二八同條，治迹見卷二六同條(頁四二)，事略見卷一一三。又宋史全文和玉海均本長編，分見卷二，頁八四—八五，及卷三六，頁一八

（頁七二一）。

⑨：學案補遺見卷九，頁七。

⑩：卷三，知不足齋頁八；輿中三，頁一四八一。

⑪：經義考引。（同注3）

⑫：宋大事記講義卷三聘隱逸，宋史全文引用之。（同注8）

⑬：載新亞學報第二期，頁八三——。

⑭：河東先生集卷二補亡先生傳，頁七。

⑮：河東先生集卷二，頁二。

⑯：同右，頁四上。

⑰：同右，頁六上。

⑱：河東先生集卷一六柳公行狀，（頁八—九。）讀宋元學案補遺卷九（頁二七，又世本本頁九三六。），知其脫「舜」字。

⑲：河東先生集卷十一昌黎集後序。（頁三）

⑳：見拙著「宋代古文運動之發展研究」，載新亞學報五卷二期，並轉載宋史研究集第十輯及中國文學史論文選集第四冊。

㉑：河東先生集卷四潤州重修文宣王廟碑文：「太平興國五年冬，開自常州知軍州事授勑知此州，……八年，政事

簡，秋八月，……撤舊創新，告遷其廟。」（頁一—二）又門人張景撰……柳公行狀：「太宗即位四年，……公知常州。……明年，移知潤州，……九年，詔歸，出知貝州。……」（河東先生集卷一六，頁三。）又河東先生集卷八與河北都轉運樊諫議書：「……開於太平興國九年任監察御史、知潤州軍州歸，求得知貝州。……」（頁十）

㉒：事略見卷三八，頁五九五。宋史見卷四三二，一，但作「淮南東路轉運副使」。

㉓：食貨四九，頁五。（冊一二，五六三六上。）

㉔：玉海卷四一，頁一。（八〇三）

㉕：卷七四，頁一五—一六。

㉖：長編卷一〇二，頁二—三。

㉗：崇儒五同條，二二五七上。

㉘：同右，並見長編卷一〇四，頁一。

㉙：此據後志卷一（冊四）國基四百種本，頁七六八。但宋元學案補遺卷六謂「晁公武曰：演聖通德論六十卷，其所得易十二卷，書七卷，詩十卷，禮記十六卷，而春秋論別行。天聖中，嘗獻於朝，博辨精詳，學者采焉。」（頁二二，即七九六。）

㉚：卷一六「胡氏旦周易演聖通論」，頁四；卷七九「胡氏旦尚書演聖通論」，頁一；卷一〇四「胡氏旦毛詩演聖論」，頁一；卷一七九「胡氏旦春秋演聖通論」，頁一。

㉛：卷一春秋類，國基四百種本，頁二七。

㉛：通考見卷一八二，考一五六九中；經義考見卷一七九，頁一。

㉜：卷一，頁二七。通考本此說，見卷一八二經籍九春秋論，考一五六九中。

㉝：漢上易叢說，頁一六。

㉞：見卷三六，頁一八。（七二一）

㉟：詳見長編卷一〇四，頁一。

㊱：詳見長編卷一〇五，頁二〇；並見會要崇儒五，二二五七上。

㊲：長編卷一一五，頁一。

㊳：即會要選學三四「學士」，册十，頁二二五六下。

㊴：宋趙昇朝野類要卷二「兩制」：翰林學士……謂之內制，掌王言、大制誥、詔令、赦文之類；中書舍人謂之外制，亦掌王言、凡誥詞之類。（知不足齋本，頁二；與中五，頁三四三九。）宋洪邁容齋隨筆五集、三筆卷一二「侍從兩制」：「國朝官稱……謂翰林學士、中書舍人爲兩制，言其掌行內外制也，舍人官未至者，則云知制誥，故稱美之爲三字。……」（國基四百種本頁一一一。）宋史卷二六三竇儼傳：「儼……改主客員外郎、制誥，時儀自門下入翰；兄弟同日拜命，分居兩制，時人榮之。」（藝文注疏本，頁一一）

㊵：卷一，國基四百種本，頁三三。

㊶：詳卷六三，與中本，志七六二中。

㊷：詳卷一八五，輿中本，考一五八七下。

㊸：卷四二祥符九經餘義。（元後至元三年刋本，即中央圖書館影印本，頁四一，華文八四三。）

㊹：卷二〇二經解，頁二五。

㊺：論語卷七「述而」，注疏本，頁七。

㊻：經義考同卷明言其「佚」。

本文曾受行政院國家科學委員會獎助特此誌謝。

宋代的經學當代化初探續(下)——崔頤正、邢叔明、附杜文周、孫宗古、馮道宗等的經學

金中樞

目次

與上述—昭素等同時及其以後一批經筵派的經學家，計有崔頤正，邢 昺、杜 鎬、孫 奭及馮 元等。他們對經學當代化，即經學之變古，都有開創之功。就崔氏言，他是「博貫九經、問義質疑、有所依據」的經學家，而不是過去的「專經之士」，或視章句爲經學之流。他刋正經義，任國子監直講及經筵講官，有倡言經義的功勞，故經學地位很高。

其次，言邢氏。他的經學地位比崔氏高得多。他崇尚經義，有很多例證：一、用「羣經發題」；二、「發明君臣父子之道」；三、「校定九經疏義」，並大量發行；四、依照經義推行政令；五、以經義警戒災異；六、講經多引時事證明；七、頗受眞宗對經注懷疑的影響；八、他的論語正義可謂爲漢宋二學的橋梁。故邢氏不僅是經學當代化的創始人，而且是其中重要人物。

又次，言杜氏。他博通經史，經義進對深合上意，終始不衰，可惜變古不純，脫離不了讖緯。故他的經學地位，既不如上述崔、邢之流，更不如下述孫氏和馮氏了。

再言孫氏。他不同於杜鎬，甚至比邢昺的地位還要高。他的經學極爲精湛，認爲講經學之重大義，其影響於當時，遠非傳注可比。他明經之體而達其用，反對迷信的讖緯之學，並以爲老佛二氏都不如儒，故專誠推行儒家的經術，合其「進孟子音義序」而觀之，不難概見他的尊王與明道及反釋老的構思，而與後來胡瑗、孫復和石介等的思想相頡頏，豈惟「有功典籍」而已耶？故他一生奮鬥，長達六十餘年，可謂開經學當代化之先驅的重要人物。

最後，言馮氏。他的經學僅次於孫氏，然而他是開創經學當代化的中堅人物，讀宋祁所撰馮侍講行狀，即可證明。他從學習和研議以至講學，都以發揮經義爲前提，既身體而力行之，又影響於當時，並亦反對佛道二敎。總之，他崇尚傳統的禮，有時變得太多，而有過分之處，「不如奭之能折衷也」。

金中樞

七三、一、十六、於香港

與上述王昭素等同時及其以後的一批經筵派經學家，計有崔頤正、邢昺（叔明）、杜鎬（文周）、孫奭（宗古）、馮元（道宗）等。他們對經學當代化，即經學之變古，都有開創之功。

一、崔頤正的經學

首言崔頤正，據宋史四三一儒林傳崔頤正傳云：

崔頤正（九二二—一〇〇〇）開封、封丘人，與弟偓佺並舉進士，明經術。頤正，雍熙中，爲高密尉，秩滿，國子祭酒孔維薦之，以爲國學直講。……判國子監李至上言：「本監先校定諸經音疏，其間文字訛謬尚多，深慮未副仁君好古誨人之意也。蓋前所遺官，多專經之士，或通春秋者，未習禮記，或習周易者，不通尚書，至於旁引經史，皆非素所傳習，以是之故，未得周詳，伏見國子博士杜鎬，直講崔頤正、孫奭，皆苦心彊學，博貫九經，問義質疑，有所依據，望令重加刊正，冀除舛謬；」從之。咸平初，又有學究劉可名言：諸經版本多舛誤，眞宗命擇官詳正，因訪達經義者。至、方參知政事，以頤正對。曰：「朕宮中無事，樂聞講誦。」翌日，召頤正於苑中、說尚書大禹謨，賜以牙緋，自是日令赴御書院，待（侍）對，說尚書至十卷，頤正年老，步趨艱蹇，表求致仕，上命坐，問恤甚至，賜器幣，聽以本官致仕，仍充直講，改國子博士，三年卒，年七十九。偓佺，淳化中，歷福州連江尉，判國子監李至奏爲直講。……咸平二年，眞宗幸國學，召偓佺說尚書，即特賜緋。景德……三年卒，年七十九。……（頁二九—三〇）

此謂「判監李至上言」云云，長編統繫於此謂「咸平初、又有學究劉可名言」的前面，即咸平元年正月丁丑①是也，而所言差不多完全相同。特其說「訪羣臣通經義者」，較此謂「訪達經義者」爲長，抑或「通」「達」形似之誤。但會要且作「訪明達經義者」。②姑不論此，而經義見重於當時，且必須「博貫九經，問義質疑，有所依據，」乃是鐵的事實。而頤正就是這樣的經學家，非過去「專經之士」或視章句爲經學之流。故當太宗的時候，李至「兼判國子監」，就推薦他刊正經義。現値眞宗即位之初，「至方參知政事」，是副相了，仍「以頤正對」，則頤正的經學地位，不言可知。況此謂「召頤正於苑中說尙書大禹謨，賜以牙緋。」「賜以牙緋」，會要和長編均明云「賜五品服」。③長編並說：「他日，謂輔臣曰：頤正講誦甚精，……自是日令……赴御書院侍對，講尙書至十卷。」方之會要④和事略⑤及此傳，會要作「月令」和「御藥院」，及此傳作「待對」，均誤。長編咸平三年八月癸酉條：「殿中丞、國子監直講崔頤正，以年老病目，……聽以本官致仕，而不罷其直講職，」⑥與事略本傳和此說相符，可謂退而不休，以及他的弟弟「奏爲直講」⑦，都證明他的經學地位之重要了。然而宋史李至傳則說：「淳化五年，兼判國子監，……二言：「五經書疏已板行，惟二傳、二禮、孝經、論語、爾雅七經疏未備，豈副仁君垂訓之意！今直講崔頤正、孫奭、崔偓佺，皆勵精强學，博通經義，望令重加讎校，以備刋刻；從之。後又引吳淑、舒雅、杜鎬檢正譌謬，至與李沆總領而裁處之。」⑧却與此說不同，而和下述邢昺等所爲「九經疏義」，若合符節。由是言之，後來義疏出版，有頤正弟偓佺而無他自己的署名，必因其「病目」的緣故；那麼，他倡言經義的功勞，不可沒也。

二、邢叔明的經學

其次，言邢昺、叔明。宋史卷四三一儒林傳云：

邢昺（九三二—一〇一〇）字叔明，曹州濟陰人。太平興國初，擧五經，廷試日，召升殿講師比二卦，又問以羣經發題，太宗嘉其精博，擢九經及第，授大理評事、知泰州鹽城監。……明年，召爲國子監丞，專講學之任。……眞宗……咸平初，改國子祭酒。二年，始置翰林侍講學士，以昺爲之，受詔與杜鎬、舒雅、孫奭、李慕清、崔偓佺等，校定周禮、儀禮、公羊、穀梁、春秋傳，孝經、論語、爾雅義疏。……景德二年，……夏，上幸國子監，閱庫書，問昺經版幾何？昺曰：「國初，不及四千，今十餘萬，經、傳、正義皆具。臣少從師業儒，時經具有疏者，百無一二，蓋力不能傳寫，今版本大備，士庶家皆有之，斯乃儒者逢辰之幸也。」上喜曰：「國家雖尙儒術，非四方無事，何以及此？」……上方興起道術，又令昺與張雍、杜鎬、孫奭擧經術該博、德行端良者，以廣學員。……四年，昺以羸老，……歸視田里，……超拜工部尙書、知曹州，職如故。入辭日，……特開龍圖閣，召近臣宴崇和殿。……昺視壁間尙書、禮記圖，指中庸篇曰：「凡爲國家有九經」，因陳其大義，上嘉納之。……大中祥符初，……上勤政憫農，……以昺素習田事，多委曲訪之。……初，田家察陰晴豐凶，……昺多采其說爲對。又言民之災患，大者有四，一曰疫，二曰旱，三曰水，四曰畜災，歲必有其一。……傳曰：「天災流行，國家代有。」此之謂也。三年，被病，……踰月卒，年七十九，贈左僕射。……初雍熙中，昺撰禮選二十卷獻之，太宗探其帙，得文王世子篇觀之，甚悅，因問衞紹欽曰：「昺爲諸王講說曾及此乎？」紹欽曰：「諸王常時訪昺經義，昺每至發明君臣父子之道，必重複陳之。」太宗益喜。……昺在東宮及內庭侍上，講孝經、禮記、論語、書、易、詩、左氏傳，據傳疏敷引之外，多引時

事爲喩，深被嘉奬。（頁五—八）

按隆平集亦有邢叔明的傳，但過於簡單，（見卷一三）尋其淵源，當和此傳同本於國史。如謂「太平興國初，擧九經，廷試日，……講易二卦，又取其羣經發題，太宗稱其精博，」與此說同，就是一個例子。此其重經義者一。此外，都可考見於長編。如長編雍熙四年二月己酉：「……昺獻分門禮選二十卷，上采其說，得文王世子篇觀之，甚悅。……昺爲諸王講說，……諸王常時訪昺經義，……每至發明君臣父子之道，必重複陳之，上益喜；」（卷二八，頁七）亦與此說相同。此其重經義者二。又長編咸平四年九月條：「先是詔……校定周禮，儀禮，公羊、穀梁傳正義；丁亥，昺等上其書，命模印頒行，……於是九經疏義悉具矣，」（卷四九，頁九）與此說略同。此其重疏義者三。又長編景德二年五月戊申朔⑨，「幸國子監，……問祭酒邢昺書版幾何？昺曰：「……經、史、正義皆具。臣少時業儒，觀學徒能具經疏者百無一二，……今版大備，士庶家皆有之，……」（卷六〇，頁一）與此說亦同。此其重經疏者四。又長編景德四年八月條：『……昺以羸老，……自陳……歸視田里；……壬子，即拜工部尚書、知曹州，職如故，遷其班在翰林學士上。入辭日，……召近臣宴，……昺視壁間尙書、禮記圖，指中庸篇曰：「凡爲天下國家有九經，因陳其大義，」上嘉納之，……』與此說亦同。此其重經學當代化之鐵證者五。又長編同年十一月辛巳條：『朕每念稼穡艱難，嘗與邢昺言力田多者値災沴；昺云：「民之災患，……旱暵爲甚，蓋田無畎澮，悉不可救，所損必盡，即傳所謂〝天災流行，國家代有〞者也，」』（卷六七，頁一一）與此說亦同。此其以經義警戒當時者六。同書大中祥符三年六月辛未條：「翰林侍讀學士、禮部尚書邢昺被病，……及卒，……贈左僕射。……昺在東宮及內庭侍講，說孝經、禮記者二，論語十，書十三，易二，詩、左氏春秋各一，據傳、疏敷繹之外，多引時事爲喻，深被嘉獎，」（卷七三，頁二二）與此說同。但隆平集本傳作「易三」，其「三」字或刊誤，獨云：「據經敷繹」，值得重視。衡以常情，迴諸上述，應先發明經義，經義不明，然後參考傳疏，再憑時事斷以己見才是。此其重經學當代化而爲其總結之鐵證者七。此外，最值得注意的，即此傳云：「上嘗問管仲、召忽皆事公子糾，小白之入，召忽死之，管仲乃歸齊，相桓公，豈非召忽以忠死，而管仲不能固其節，爲臣之道，當若是乎？又鄭注禮記世子篇云：「文王以勤憂損壽，武王以安樂延年，」朕以爲本經旨意必不然也。且夏禹焦勞有玄圭之賜，而享國永年，若文王能憂人之心，不自暇逸，縱無感應，豈至虧損壽命耶？各隨其事理以對。」這說明眞宗自己對經注的懷疑，而重視經的本義，以冀臣僚効命於當時；其於昺的經學，由重注疏，而趨於經學當代化，有相互影響之功。宋史稱：「國朝故事，非宗、戚、將、相無省疾、臨喪之行，惟昺……以恩舊特用此禮，儒者榮之，」⑩不是沒有道理的。

以上，就當時對他的經學看法而加以肯定；現在，再看看後人對他的評價。宋元學案補遺云：

梓材謹案：先生所著又有論語正義二十卷，蓋因魏何晏註而爲之疏者。……四庫書目提要云：「晁公武讀書志稱其亦因皇侃所採諸儒之說刊定而成，今觀其書，大抵翦皇氏之枝蔓，而稍傅以義理，漢學宋學，茲其轉關。是疏出而皇疏微，洎伊洛之說出，而是疏又微。故中興書目曰：其書於章句訓詁名物之際詳矣，蓋微言其未造精微也。然先有是疏，而後講學諸儒得沿溯以窺其奧，祭、先河而後海，亦何可以後來居上，遂盡廢其功乎？」（卷二，頁九——十，世界書局本冊二，頁五〇三—五〇四）

檢四庫提要，的如所云。⑪惟提要謂晁氏「稱其亦因皇侃所採諸儒之說刊定而成」，實出自文獻通考。⑫而晁氏讀書志原書只說：「梁王侃（一云皇甫侃）採衞瓘、蔡謨等十三家說爲疏，國朝邢昺等因之撰此書。」⑬此乘便說明，抑亦足證它的重要性。今王梓材等又將他補入學案，可見他在學術史上的地位日增。則此謂「其書翦皇氏之枝蔓，而稍傅以義理，漢學宋學，茲其轉關，」確證他是此二學的橋梁。那麼，宋代經學之變古，所變者漢學也，舍注疏而本經義，再推之以時事，使經學當代化。故邢氏不僅是經學當代化的創始人，而且是其中重要人物。

三、附杜文周的經學

其次，言杜鎬、文周。首當說明的，即上引邢傳所謂「眞宗咸平二年，昺受詔與杜鎬等校定周禮、儀禮，公羊、穀梁春秋傳，孝經，論語，爾雅義疏。」徵諸史實，杜氏雖通經，而觀念模糊，立論不純。宋史卷二九六杜鎬傳云：

杜鎬字文周，常州無錫人，……幼好學，博貫經史，……舉明經，解褐。……太宗即位，江左舊儒、多薦其能，改國子監丞、崇文院檢討。……歷殿中丞、國子博士，加秘閣校理。太宗觀書秘閣，詢鎬經義，進對稱旨，即日改虞部員外郎，加賜金帛。……再遷駕部員外郎、判太常禮院。……編次館閣書籍，改直秘閣。……景德初，置龍圖閣待制，因以命錫鎬。……四年，拜右諫議大夫、龍圖閣直學士，……班在樞密直學士下，時特置此職，儒者榮之。大中祥符中，同詳定東封儀注，遷給事中。三年，又置本閣學士，遷鎬工部侍郎，充其職，……進秩禮部侍郎。六年冬，卒，年七十六。……鎬博聞强記，……每得異書，多召問之，鎬必手史數十卷。……四鼓則起誦春秋。……性和易，淸素有懿行，士類推重之。（頁一七一一八）這裏一則說「博通經史」，再則說「經義進對稱旨」，三則說「年踰五十，猶日治經史數十卷，」四則說「四鼓，則起誦春秋。」且他的官職，考證起來，如此謂「崇文院檢討」，長編作「史館檢討」。他如「國子博士」，「秘閣校理」，「直秘閣」，「龍圖閣待制、直學士、學士」之類，均一一見於長編。⑮這些都和經學，或學術攸關。祇可惜的，他脫離不了讖緯。⑯此謂「大中祥符中，同詳定東封儀注，」即其一例。況他在此事之前，所爲更有甚於此者。長編卷六七云：

眞宗景德四年，十一月，初，王欽若既以城下之盟毀寇準，上自是常怏怏！他日問欽若曰：「今將奈何？」欽若度上厭兵，即繆曰：「陛下以兵取幽薊，乃可刷此恥也。」上曰：「河朔生靈始得休息，吾不忍復驅之死地，卿盍思其次？」欽若曰：「陛下苟不用兵，則當爲大功業，庶可以鎭服四方，誇示戎狄也。」上曰：「何謂大功業？」欽若曰：「封禪是已，然封禪當得天瑞，希世絕倫之事乃可爲。」既而又曰：「天瑞安可必得？前代皆有以人力爲之，若人主深信而崇奉焉，以明示天下，則與天瑞無異也。陛下謂河圖洛書果有此乎？聖人以神道設教耳。」上久之乃可。獨憚王旦，曰「王旦得無不可乎？」欽若曰：「臣請以聖意諭旦，宜無不可。」乘間爲旦言之，黽勉而從。然上意猶未決，莫適與籌之者。它日晚，幸秘閣，惟杜鎬方宿直，上驟問之，曰：「卿博達墳典，所謂河出圖，洛出書，果何事耶？」鎬老儒，不測上旨，漫應曰：「此聖人以神道設教耳。」其言偶與欽若同。上由此意決，遂召王旦飲於內中，甚歡，賜以尊酒，曰：「此酒極佳，歸與妻孥共之。」既歸，發視，乃珠子也。旦自是不復持異。天書、封禪等事始作。（頁一〇一一一）

故「議者謂：祥瑞事，啟自欽若，而成於鎬云。」⑰史稱：『李沆……爲相，王旦參（知）政事，……沆曰：「人主少年，當使知四方艱難，不然，血氣方剛，不留意聲色犬馬，則土木甲兵禱祠之事作矣！吾老不及此，此參政他日之憂也。」沆沒後，眞宗以契丹既和，西夏納款，遂封岱祠汾，大營宮觀，蒐講墜典，靡有暇日，旦親見王欽若、丁謂等所爲，欲諫則業已同之，欲去則上遇之厚，乃以沆先識之遠，嘆曰：「李文靖眞聖人也！」當時遂謂之聖相。』⑱讖緯之爲害如此！而論者說：「王旦當國，……惟受王欽若之說，以遂天書之妄，斯則不及李沆爾。」⑲觀此說，旦固不能辭其究，而杜文周變古不純，責任尤大，故附見於此，以別於他人。明言之，他的經學地位，既不如上述的崔頤正和邢昺之流，更不如此下所言的孫奭和馮元了。

四、孫宗古的經學

又次，言孫奭、宗古。他不同於杜文周，而是經學當代化的重要人物之一，比前述邢叔明的地位還要高。宋史卷四三一儒林傳孫奭傳云：

孫奭（九六二——一〇三三）字宗古，……博平人。幼與諸生師里中王徹，徹死，有從奭問經者，奭爲解析微指，人人驚服，於是門人數百皆從奭。後徙居須城。九經及第，……遷大理評事……、……國子監直講。太宗幸國子監，召奭講書，至事不師古，以克永世，匪說攸聞？」……帝曰：「此至言也，商宗乃得賢相如此耶？」咨嘆久之，賜五品服。……累遷工部郎中、……龍圖閣待制。奭以經術進，守道自處，即有所言，未嘗阿附取悅。大中祥符初，得天書於左承天門，……召宰相對；……王旦等曰：「天貺符命，實盛德之應。」……又召問奭；奭對曰：「臣愚所聞，天何言哉！豈有書也？」帝既奉迎天書，大赦改元。……是歲，天書復降泰山，……遂議封禪，作禮樂。王欽若、陳堯叟、丁謂、杜鎬、陳彭年，皆以經義左右附和，由是天下爭言符瑞矣！四年，又將祀汾陰。是時大旱，京師近郡穀踊貴，奭上疏諫曰：「……陛下始畢東封，更議西幸，殆非先王卜征五年慎重之意，其不可一也。夫汾陰后土，事不經見，……其不可二也。古者圜丘方澤，所以郊祀天地，今南北郊是也；……今陛下……遠祀汾陰，其不可三也。西漢都雍，去汾陰至近，今陛下經重關，越險阻，……而慕西漢之虛名，其不可四也。河東、唐王業之所起也，……明皇間幸河東，因祠后土，聖朝之興與唐異，……治汾陰，其不可五也。……比年以來，水旱相繼，陛下宜側身修德，以答天譴，豈宜下徇姦回，……亡社稷之大計，其不可六也。……育養萬物失時，則爲異……以戒陛下，而反未悟，殆失天意，其不可七也。夫民，神之主也，是以聖王先成民，而後致力於神，今國家土木之功，累年未息，水旱洊沴，飢饉居多，乃欲勞民事神，神其享之乎？其不可八也。陛下必欲爲此，……不過效漢武帝、唐明皇……刻石頌功，……夸示後世爾；陛下……當慕二帝三王，何爲下襲漢唐之虛名？其不可九也。唐明皇……狃於承平，肆行非義，稔致禍敗，今議者……乃欲倡導陛下而爲之，臣切爲陛下不取此，其不可十也。……又上疏曰：『……曾不思主辱臣死爲可戒，誣下罔上爲可羞，撰造祥瑞，假託鬼神，纔畢東封，便議西幸，輕勞車駕，虐害飢民，冀其無事往還，便謂成大勳績，是陛下以祖宗艱難之業，爲姦邪僥倖之資，臣所以長嘆而痛哭也。……春秋傳曰：「國之將興聽於民，將亡聽於神。」……惟陛下深鑒其妄。』……六年，又上疏曰：「……願陛下早自覺寤，……天下之幸，社稷之福也。」……其言切直。……久之，……知密州，……居二年，遷左諫議大夫；罷待制，……復出知河陽；又……遷給事中，徙兗州。天禧中，朱能獻乾祐天書；復上疏曰：「朱能者，姦險小人，妄言祥瑞。……昔漢文成將軍，以帛書飯牛，既而言牛腹中有奇書，殺視，得書；天子識其手迹，……坐誅。先帝時，有侯莫、陳利用者，以方術暴得寵用，一旦發其姦，誅於鄭州。……唐明皇得靈寶符、上清護國經、寶券等，皆王鉷、田同秀等所為；明皇不能顯戮，怵於邪說，……而唐自安史亂離，……四海沸騰。……今朱能所為，或類於此，願陛下思漢武之雄材，發先帝之英斷，鑒明皇之召禍，庶幾災害不生，禍亂不作。」未幾，能果敗。奭又嘗請減修寺、度僧，……以納諫、恕直、輕徭、薄歛四事為言。……仁宗即位，……以經術侍講讀，乃召為翰林侍講學士。……三遷兵部侍郎、龍圖閣學士，每講論至前世亂君亡國，必反覆規諷；……嘗畫無逸圖上之，帝施於講讀閣。……三請致仕，……以不得請，求近郡，優拜工部尚書，復知兗州，……改禮部尚書。既而累表乞歸，以太子少傅致仕。……卒奏至，……贈左僕射，諡曰宣。……⑳

考宋祁撰孫公行狀云：「尹師魯誌其墓，今富鄭公為神道碑，載公事業甚詳。」㉑此傳綜合其說，故採用之。則此謂「有從問經者，奭為解析微指」，足證他撥棄注疏。又按拙著北宋科舉制度研究再續（中）、已考證他是太宗端拱二年諸科的第一名，㉒非此謂「九經及第」而已也。此亦足證他的經學極為精深。是「太宗召奭講書」，絕非偶然。其事在湻化五年十一月丙寅，所講為「尚書說命三篇」，此謂「事不師古，以克永世，匪說攸聞，」見商書說命下。「上意欲切勵輔臣，因歎曰：天以良弼賚商，朕獨不得耶!?」㉓可見講經學之重大義，其影響於當時，遠非注疏之學可比。這就是他在當時對經學的貢獻，及其開經學當代化的先聲。此言「奭以經術進，守道自取，即有所言，未嘗阿附取悅。」故眞宗問「天書」，王旦等「爭言符瑞」，而他則謂「天何言哉！豈有書也？」「將祀汾陰」，則如是謂有十不可。如細味該疏全文，及其字裏行間，不惟反對漢唐以來的注疏，尤其是十分迷信的讖緯。觀其不可六有云：「陛下宜側身修德」，八云：「民、神之主也」，及九云：「……此禮不過如漢武帝、唐明皇刻石頌功而已，……陛下……當追蹤二帝三王之事，」即其明證。他的另一疏又引春秋傳曰：「國之將興聽於民，將亡聽於神，」以爲諫諍，也是一個有力證明。「時羣臣數奏祥瑞，奭又上疏言：五載巡狩，虞書常典，觀民設教，義易明文；何須紫氣黃雲，始能封岳，嘉禾異草，然後省方！」此在在證明他的經學體於古，用於今，而絲毫不迷信。故長編於此言之尤詳，見大中祥符三年十二月癸酉。九朝編年備要和宋史全文，都節略長編之說。而畢沅續通鑑，差不多悉本長編。㉔這樣說來，亦足證史家對此事之重視。五年，「修國史院言：……龍圖閣待制孫奭，見判禮院，深於經術，禮學精博，望專委檢討供報。……」㉕也可爲此作正面的證明。此謂「六年，又上疏曰」云云，它的原文很詳細，長編等書亦載之，繫於是年十月甲戌，都是他反對眞宗效法秦漢以來的不經之務，自「封泰山、祀汾陰、躬謁陵寢」，及「今又將祠太清宮」，也可爲此作反面的證明。㉖又此謂天禧中，復上疏評判朱能獻天書，長編等書作天禧三年四月辛卯，除這裏所說之外，還說朱能有假「老君」的名義，而行「左道」的勾當。㉗此雖不能說他闢老，但老不如儒則是事實。同時，「太子右諭德魯宗道上疏略曰：天道福善禍淫，不言示化；人君政得其理，則作福以報之；失其道，則出異以戒之；又何有書哉？」㉘可爲此作旁證。又此謂「奭嘗請減修寺度僧」，此雖不能說他闢佛，但佛不如儒亦是事實。至於此謂「奭以納諫、恕直、輕徭、薄斂四事爲言」，更證明了他能推行儒家的經術。王安石說：「經術者，所以經世務也，」㉙就是這個意思。故「仁宗即位，以經術侍講讀。」又嘗「畫無逸圖上之」。「周公作無逸」，以戒成王。㉚奭「奏御繪無逸篇爲圖，願置便坐，」「爲勸鑒之助」；㉛換言之，不要重蹈眞宗逸豫的覆轍。此謂「卒奏至，贈左僕射，謚曰宣，」長編作明道二年六月辛亥。㉜從此向上推，知他一生奮鬥，長達六十餘年，綜合前述，可謂開經學當代化之先驅的重要人物。又宋祁撰孫宣公奭行狀云：「初公之勸講也，往辟亂亡，臨文始爲諱，有可以規益順諷者，必諄諄爲上言之。掇五經之切治道者，爲經典徽言五十卷。」㉝然名臣言行錄則云：「每上前說經，及亂君亡國事，反復申繹，未嘗避諱，因以規諷。又掇五經切治道者爲五十篇，號經典徽言。」㉞宋元學案補遺本宋史，但已改爲「經典微言」。㉟「昔仲尼沒而微言絕」，㊱可見其用意了。看他的進孟子音義序，即知其用意之所在。他說：

> 夫總羣聖之道者，莫大乎六經。紹六經之教者，莫尙乎孟子。自昔仲尼既沒，戰國初興，至化陵遲，異端並作，儀、衍肆其詭辯，楊、墨飾其淫辭，遂致王公納其謀，以紛亂於上，學者循其踵，以蔽惑於下，……惟孟子挺名世之才，秉先覺之志，拔邪樹正，高行厲辭，導王化之源，以救時弊，開聖人之道，以斷羣疑，其言精而贍，其旨淵而通，致仲尼之教，獨尊於千古，非聖賢之倫，安能至於此乎？（台灣大通書局通志堂本，冊三五，頁二〇三八五。）

讀這篇序文，可明顯地看出：他擯棄注疏，推崇經義，而以儒統爲依歸。若比勘上文，迴諸當時的史實，不難概見尊王與明道及反釋老的構思，而與後來胡安定、孫明復、石介等的思想相頡頏，豈惟「有功典籍」㊲而已也？

五、馮道宗的經學

又次，言馮元、道宗。他的經學，僅次於孫氏，然而宋代經學之變古，即經學當代化，他更是開創人物的中堅。此讀宋祁所撰馮侍講行狀，即可證明。行狀說：

馮元（九七五—一〇三七）字道宗，年六十三。……公少嗜學，……從故僕射孫宣公授五經大義。……眞宗大中祥符元年，由進士調江寧尉。……會講員缺，詔……能明經、得自言試、可。……時諫議大夫謝泌領選，……見公儒者，嘻笑曰：「吾聞古治一經至皓首，生能盡善也耶？」對曰：「達者，一以貫之，可矣。」謝奇其對，因抉經義疑晦者，廷問參詰。公條陳詳語，言簡氣愿，……授國子監直講，由是名震京師。……其八年，……公待詔殿中，帝讀易至泰卦，命說其義。公既道繇象云云，因本君臣感會，所以輔相財成者；帝悅，賜五品服。……禁中建龍圖閣，庋藏秘册，置學士待制等員，爲搢紳譽處。時帝用……李虛己、……李行簡待制，……公仕資淺，……以太子中允直閣。直閣蓋由公始。……數召入，與二李……說易，盡上下經，……帝嘗稱公，……通而不泥，言外自有餘趣，非專門一經士也。俄改三品服，……遷太常丞、兼判禮院。……先是今上在儲闈，帝欲得肅艾長者，使之勸學，……宰相……文正王公以公對，或者謂公年差少，……更用……崔遵度，……遵度卒，帝即擢公左正言、兼太子右諭德，代其任。……公由孤生，挾儒術進。……今上嗣位，改尙書工部員外郎，升爲直學士、兼侍講。未幾，孫宣公亦入。……公得孫同列以爲寵，孫得公亦自以知人爲多，兩人提衡諷道，上益嚮學。……天聖元年，判登聞檢院。明年，判國子監。三年，改禮部郎中。五年，同知貢舉。……未幾，正爲學士。……七年，召入翰林爲學士。……八年，以國書成，進諫議大夫，充史館修撰。……明道元年，……進給事中。……十月，解翰林學士及侍講二職，出守河陽。

……景祐二年，……改禮部侍郎、兼翰林侍講學士，……獻金華五箴。……四月，詔公領修樂書。……明年，七月，書成，上號其書爲景祐廣樂記，特遷戶部。……四年，……四月，戊戌，終於正寢。上聞問震悼，……君臣之際深矣！公之……志閑，素恬於仕進，無表襮之飾，……門無雜賓，惟經生朔、望承問及搢紳道義交數人而已。……執親喪，自括髮至祥練，皆案禮變服，未始爲世之所爲齋薦者，……遇祭日，與數門生誦說孝經而已。……晝治官事，夜還讀書，暬御亦簡其面，故能多識博練，自臺閣……品式……咸能記之，……尤精易及揚雄方部學。（景文集卷六二，頁八三五；名臣碑傳集中集卷四六，頁一〇七五—一〇八二。）

此說當爲隆平集、東都事略和宋史馮元傳所依傍，而宋史本傳又言「馮元……足疾氣悸，屬李淑、宋祁爲銘志，」（卷二九四）則諸傳自亦參考他文或國史，然所言大略相同。是此謂他的經學，從學習和研議以至講學，都以發揮經義爲前提，是可以完全相信的。考長編眞宗大中祥符八年三月癸卯：「召崇文館檢討馮元講周易泰卦，元因推言君道至尊，臣道至卑，必以誠相感，乃能輔相財成；上悅，特賜五品服，」㊳與此說相符。涑水紀聞說得更詳細，謂「眞宗嘗讀易，召大理評事馮元講泰卦，元曰：泰者，天氣下降，地氣上騰，然後天地交泰，亦猶君意接乎下，下情達於上，無有壅蔽，則君臣道通；向若天地不交，則萬物失宜，上下不通，則國家不治。上大悅，賜元緋衣。」㊴是經學當代化，更是不爭的事實。又此謂「景祐二年四月，詔公領修樂書，」詳見長編卷一一六是月戊寅。㊵「明年七月書成，號景祐廣樂記，詳見長編卷一一九是月戊子條。㊶而其間馮元曾言：「前聖之樂，……各有取義。」又言：「夫五音：宮爲君，商爲臣，角爲民，徵爲事，羽爲物，不相凌謂之正，迭相凌謂之慢，百王所不易也。聲重濁者爲尊，輕清者爲卑，卑者不可加於尊，古今之所同也。故列聲之尊卑者，事與物不與焉。何則？

事爲君治，物爲君用，不能尊於君故也。惟君、臣、民三者，則自有上下之分，不得相越；故四淸聲之設，正爲臣民相避，以爲尊卑也。」㊷此種說法，固不免牽强附會；然而他的尊君思想，却與後來孫明復所著春秋尊王發微，如出一轍，眞君則在攘夷，都是針對當時的遼夏而發。又長編景祐四年五月朔條：「翰林侍講學士、兼龍圖閣學士、戶部侍郎馮元卒，特贈戶部尚書，謚章靖。」㊸並特本此引行狀而爲之說曰：「元性簡厚，不治聲名，非慶弔，未嘗過謁兩府。執親喪，自括髮至祥練，皆案禮變服，不爲世俗齋薦，遇祭日，與門生對誦、說孝經而已。」（同上）田況儒林公議且說：「馮元儒學精深，名齊孫奭，居喪不爲佛事，但誦孝經而已，時人稱其顓篤。」㊹由是言之，他對經學，確能身體而力行之，以期有所影響於當時。此不但是經學當代化，抑亦等於反佛教。反佛教或亦反道教。總之，他崇尚傳統的禮。五朝名臣言行錄卷九「孫奭宣公」云：

> 公與馮章靖公，俱以鴻碩重望勸講禁中，凡朝廷典禮事，並二公討論之。沂公嘗言孫八座所閱典故，必以前代中正合彝法事類而陳之，則政府奉行無疑；馮貳卿求廣博，不專以典正爲意，故政府奉行煩於執奏，以是二君之優劣分矣。（沂公言行錄，頁二九九）

此謂「馮貳卿求廣博，不專以典正爲意，」當然是說他變得太多，而有過分之處，「不如奭之能折衷也」。（同43）

附　注：

①：見卷四三，頁一—二。

②：見崇儒七之四。

③：會要見職官六之五六眞宗咸平元年正月，二五二四下；長編見卷四三同條，頁一—二。
④：見崇儒七之四。（二二九〇下）
⑤：見卷一一三。（一七四二）
⑥：卷四七，頁一三。
⑦：參考長編卷四五眞宗咸平二年七月甲辰條（頁二）及事略卷一一三本傳。
⑧：宋史卷二六六李至傳。（頁一一—一四）
⑨：原作「戊辰朔」，據陳表應爲「戊申朔」，故改之。
⑩：長編卷七三，頁二二；編年備要卷七，頁三八；宋史全文卷六，頁二五七；及史傳。
⑪：提要見卷三五，萬有文庫本册七，頁九六。
⑫：見卷一八四，經籍一一，考一五七九下。
⑬：見卷一下論語正義十卷，商務國基本册一，頁七九。
⑭：詳長編卷三二太宗淳化二年六月丁亥條。（頁七）
⑮：分見長編卷四三眞宗咸平元年正月甲戌條（頁一），同卷同年十一月戊午條（頁一三），卷四七咸平三年九月乙酉條（頁一四），卷五八景德元年十月己酉條（頁一），卷六六景德四年八月丁巳條（頁一五），及卷七四大中祥符三年丙申條。（頁二）
⑯：四庫提要卷一〇八云：「儒者多稱讖緯，其實讖自讖，緯是緯，非一類也。讖者詭爲隱語，預決吉凶。史記秦

本紀稱盧生奏錄圖書之語，是其始也。緯者，經之支流，衍及旁義。史記自序、引易失之毫釐，差以千里，漢書蓋寬饒傳、引易五帝官天下，三王家天下，注者均以爲易緯之文，是也。」（易類，萬有文庫本冊二，頁六一案語。）但胡應麟則說：「讖緯之說，蓋起於河圖洛書。」（四部正譌上，見少室山房筆叢卷三〇，世界本頁三八六。）

起於河圖洛書。」（四部正譌）

⑰：東都事略卷四六杜鎬傳。（頁六九〇）

⑱：宋史卷二八二李沆傳，頁一—三。

⑲：同右論曰。

⑳：「按初得左承天命天書，即議封禪，不緣天書復降泰山，乃議封禪也，正傳誤矣。」（長編卷七四，頁一七。詳見長編本末卷一七，眞宗皇帝封泰山、天書附。）

㉑：分見景文集卷六一，叢書集成本頁八一九；及名臣碑傳琬琰集（下稱琬琰集）中集卷四六，文海本頁一〇六九。

㉒：見成功大學歷史學系歷史學報第九號，頁一四四，民七十一年九月版。

㉓：詳見長編卷三六，頁一六。「尙書說命三篇」見書疏十，此說命下引文見頁七，即一四二。

㉔：依次見卷七四，頁一六—一九；卷七，頁三九；卷六，頁二五八；卷二九，頁六五〇—六五二。

㉕：長編卷七八大中祥符五年六月己未，頁三。

㉖：長編見卷八一，頁一二—一三，宋史全文本長編，見卷六，頁二六七—二六八。

㉗：長編見卷九三，頁七—八。編年備要亦略載之，見卷八，頁三二。

㉘：同右長編。

㉙：楊仲良資治通鑑長編本末卷五九，文海頁一八九四。（下簡稱長編本末）宋史卷三二七王安石傳亦言之。

㉚：書疏十六，頁九。

㉛：景文集卷六一及名臣碑傳琬琰集中集卷四六孫宣公奭行狀（分見頁八一九及一〇七〇）。五朝名臣言行錄卷九，頁二九八。

㉜：見卷一一二，頁一五。

㉝：同注㉛

㉞：同注㉛言行錄。

㉟：見卷二，世界書局本頁六。

㊱：漢書卷三〇藝文志一〇，首句。

㊲：四庫提要卷三五孟子音義二卷，萬有文庫本七，頁九八。

㊳：卷八四，頁九。並可參考此前卷八一，頁九。

㊴：學案補遺卷二，頁三一。

㊵：其說曰：「命翰林侍講學士兼龍圖閣學士馮元，度支判官、集賢校理聶冠卿，直史館、同知太常禮院宋祁同修樂書。（頁一〇）

㊶：其說曰：「翰林侍讀學士、兼龍圖閣學士、禮部侍郎馮元，度支判官、工部郎中、集賢校理、同修起居注聶冠卿，太常博士、直史館宋祁等，上景祐廣樂記八十一卷。己丑，以元爲戶部侍郎，冠卿爲刑部郎中，直集賢院祁爲工部郎中。（頁一—二）

㊷：均取長編卷一一六景祐二年六月乙丑條，見頁一七—一八。

㊸：長編卷一二〇，頁一〇。

㊹：學案補遺卷二，頁三一。

本文曾受行政院國家科學委員會獎助，特此誌謝。

玄奘與義淨被尊稱「三藏法師」的原因試釋

曹仕邦

緣於百回本西遊記歷久而廣泛地流傳，「唐三藏」的大名也隨着小說的風行而家傳戶曉。事實上，眞正的歷史人物釋玄奘（六〇二——六六四）本人，也的確被尊稱爲「三藏法師」。玄奘而外，跟他同樣西行求法和返國譯經的華夏僧人釋義淨（六三五——七一三），亦擁有同樣的尊號。這兩位三藏法師，舉凡研究中國佛教史的學人們無有不知。

然而除了他們兩人而外，其他西行求法的禹域沙門都並非「三藏」，連跟奘、淨二公齊名的求法譯經高僧釋法顯（卒於四二三以前），也不例外。那麼，玄奘、義淨爲何能夠獨擅這一尊號？恐怕很多人都想知道。如今欣逢錢師賓四（穆）博士九十大壽，謹將所知論次予後，爲吾　師祝嘏。雖然，　賓四師一代大儒，恒出入於周孔；誠一代之固遷，現在以一篇關乎佛門掌故的文字爲壽，似覺不倫，幸好孔聖有「舉爾所知，爾所不知，人其捨諸」的明訓，本此雅言，仍以拙文作曝芹之獻。

一、僧人贏取「三藏法師」尊號的條件

在中國佛教史（尤其有關翻譯佛經的歷史）上曾出現過不少位「三藏法師」，其史料大致集中在佛教的目錄書

方面，現在僅就隋費長房撰歷代三寶祀（大正藏編號二〇三四，以下簡稱「長房錄」）、武周釋明佺撰大周刊定衆經目錄（大正藏編號二一五三，以下簡稱「大周錄」）、唐釋圓照（約七二七——七九九時人）撰貞元新定釋教目錄（大正藏編號二一五七，以下簡稱「貞元錄」）與南唐釋恒安撰大唐保大乙巳歲（九四五）續貞元釋教錄（大正藏編號二一五八，以下簡稱「恒安錄」）等佛家經錄中敍述譯經歷史的部分中明誌爲「三藏法師」的中外譯經沙門①爲製一「三藏法師表」以見：

譯經三藏法師名

梵名	梵名原音	漢義	籍貫	年代	出處	頁數	備注
曇摩侍	Dharmasamudra?	法海?	西域	約三六七時人	長房錄	七五中	注二
鳩摩羅佛提	Kumārabodhi	童覺	西域	約三六九—三七一時人	長房錄	七五下	
曇摩蜱	Dharmapriya	法愛	西域	約三八二時人	長房錄	七五下	
僧伽跋澄	Sanghabuti	衆現	罽賓	約三八一—三八四時人	長房錄	七六上	
曇摩難提	Dharmanadiń	法喜	兜佉勒	約三八一—三八四時人	長房錄	七五下	

(2)

僧伽提婆	Saṅghadeva	衆天	罽賓	約三八四時人	長房錄	七六下	
弗若多羅	Punyatara	功德華	罽賓	卒於四〇四	長房錄	七七中	
佛馱耶舍	Buddhayasās	覺名	中天竺	約四一〇—四一二時人	長房錄	七九中	
鳩摩羅什	Kumārajīva	童壽	天竺	三三四—四一三	長房錄	七九上	
卑摩羅叉	Vimalākṣa	無垢眼	罽賓	卒於四一三以後	長房錄	七十下	
曇摩耶舍	Dharmayaśás	法稱	罽賓	四〇七—四一四	長房錄	七七中	
佛馱什	Buddhajva	覺壽	罽賓	約四二三時人	長房錄	八九中	
佛馱跋陀羅	Buddhabhadra	覺賢	罽賓	三五九—四二九	長房錄	七一中	
求那跋摩	Guṇavarman	功德鎧	罽賓	三六七—四三一	長房錄	九十中	
僧伽跋摩	Saṅghavarman	衆鎧	天竺	約四三二時人	長房錄	九一上	
曇無讖	Dharmarakṣa	法豐	中天竺	三八五—四三三	長房錄	八四中	

(3)

曇摩蜜多	Dharmamitra	法秀	罽賓	三五六—四四二	長房錄	九二中	
求那跋陀羅	Guṇabhadra	功德賢	中天竺	三九四—四六八	長房錄	九二上	
達摩摩提	Dharmamati	法意	外國	約四九〇時人	長房錄	九五下	
勒那摩提	Ratnamati	寶意	中天竺	約五〇八時人	長房錄	八六中	
求那毘地	Guṇavrddhi	安進	中天竺	卒於五二〇	長房錄	九六上	
曇摩流支	Dharmaruci	法希	南天竺	約五〇六—五二〇時人	長房錄	八五下	
菩提流支	Bodhiruci	覺愛	北天竺	約五〇八—五三七時人	長房錄	八六中	
佛陀扇多	Buddhasanta	覺定	北天竺	約五二〇—五三九時人	長房錄	八六下	
攘那跋陀羅	Jñanabhadra	智賢	天竺	約五五八時人	長房錄	一〇〇中	
波羅末陀	Paramartha	眞諦	西天竺	四九九—五六九	長房錄	九九上	
闍那舍耶	Jñanayaśás	勝名	中天竺	約五六一—五七八時人	長房錄	一〇〇中	

耶舍崛多	Yasogupta	稱藏	天竺	約五六一—五七八時人	長房錄	一〇〇下	
毘尼多流支	Vinitaruci	滅喜	北天竺	卒於五八二	長房錄	一〇二下	
那連提耶舍	Narendrayaśas	等稱	北天竺	四九〇—五八九	長房錄	八七下	
闍那崛多	Jñanagupta	智藏	北天竺	卒於六〇〇	長房錄	一〇〇下	
地婆訶羅	Divakara	日照	中天竺	六一三—六八七	貞元錄	八六四上	
義淨			中國	六三五—七一三	大周錄	四七六上	
阿儞眞那	Ratnacinta	寶思惟	迦濕蜜羅	卒於七二一	大周錄	四七六上	
菩提流志	Bodhiruci	覺愛	南天竺	卒於七二七	大周錄	四七六上	
阿質達霰	Ajitasenāpāti	無能勝將	北天竺	約七三一時人	恒安錄	一〇四九中	注三
達摩戰濕羅	Dharmasoma?	法月	東天竺	約七三八時人	貞元錄	八七八中	注四
跋日羅菩提	Vajrabodhi	金剛智	南天竺	六六九—七四一	貞元錄	八六四上	

阿目佉跋折羅	Amoghavajra	不空	北天竺	七〇五——七四四	貞元錄	八八一上	
勿提提犀魚	原名未詳	蓮華精進	龜茲	約七八七時人	貞元錄	八九六下	注五
尸羅達摩	Śīladharma	戒法	于闐	約七八七時人	貞元錄	八九六下	
般若	Prajñā	智慧	罽賓	約七九五—八一〇時人	貞元錄	八九一下	

從上表所羅列的四十二人的背景，流露了一些有趣的現象：第一，表中所列四十二人之中，除了義淨是華人而外⑥，其他的「三藏法師」都是外國人。第二，即使來華西僧之中，也並非每人都是三藏法師，例如長房錄一共收錄了華、梵譯僧共九十多人⑦，而其中逕稱「三藏法師」的僅有本表所示的三十一人。由此可見「三藏法師」的尊號不是隨便得到的。

然則一位法師能獲得「三藏法師」的尊號，他本身需要具備些什麼條件呢？唐李華撰大唐東都大聖善寺故天竺國善無畏三藏和尚碑銘並序（以下簡稱「善無畏碑序」，大正藏編號二〇五五）略云：

惟和尚號善無畏（六三七——七三五）⑧，固求入道那爛陀（Nalānda）寺，像法之泉源，衆聖之都會也。僧寶有達摩鞠多（Dharma gupta），唐云法護，掌定門之秘鑰，佩如來之密印，顏如四十，已八百年也。（善無畏）乃頭禮兩足，奉（達磨鞠多）爲本師。和上（指善無畏）見本師鉢中非其國食，示一禪僧，禪僧華人也，其油餌尚溫，粟飯餘暖，愕而嘆曰：中國去此十萬八千里，是彼朝熟而午時至，此何神速也！會中盡駭，唯和上默然。本師密謂和上曰：中國白馬寺重閣新成，吾適受供而返，汝能不言，眞可學也。乃授以總持尊教，無量印契，一時頓受。即日灌頂爲天人師，稱曰三藏。三藏有六義：內爲定、戒、慧，外爲經、律、論，以陀羅尼（Dhāraṇī，即「咒語」）總攝之（頁二九〇中——下）。

善無畏碑序所述是釋贊寧（九一九——一〇〇一）宋高僧傳（大正藏編號二〇六一）卷二善無畏傳史料的來源。碑序稱善無畏之師達磨鞠多以畏公發現神通迹象而能默然處之，不似餐會中其他僧侶的因此「盡駭」，認爲這一弟子能守秘密而合符學習密宗秘法的條件，是以即時盡傳所學，更當日替善無畏灌頂並賜以「三藏」的稱號。

上述故事雖然神話意味極濃，但它却透露了兩點關乎「三藏」取得的關鍵。

第一，「三藏」的稱號，應該由寺院中一位已掌握了「定門之秘鑰」和「如來之密印」的高度修持境界的密教高僧通過「灌頂」儀式而頒賜給一位後學。雖然，達磨鞠多並非那爛陀寺的住持⑨，故善無畏之事不能視爲由寺院正式頒授「三藏」。

第二：有資格取得「三藏」稱號的人，他應該是「內爲定、戒、慧」⑩和「外爲經、律、論」。換言之，其人必須學通了經、律、論這三類聖典所載的佛理，然後自個人修養上從守戒而達成禪定，再由禪定而導致智慧的境界，始配膺此尊號。

關於第一點，是否每一位「三藏法師」都要通過上述的「灌頂」和「賜號」儀式始得此尊號？除了善無畏碑序以外，仕邦未能再找到有關資料。而善無畏是一位密宗僧人⑪，故李華所言即使屬實，也應該只是密宗一派始有這種「頒授三藏」的儀式。

再說，前面的「三藏法師表」中所列出諸沙門，根據釋慧皎（四九七——五五四？）高僧傳（大正藏編號二〇五九）、釋道宣（五九六——六六七）續高僧傳（大正藏編號二〇六〇）和釋贊寧宋高僧傳這三部僧史中他們的本傳，其中不少人並無神異表現⑫，也就不見得是密宗弟子。因此，仕邦不敢認定「三藏」尊號的取得，是必須通過「灌頂」與「賜號」。

關於第二點，「三藏法師」的學養問題，「戒、定、慧」是內在修養，不容易爲他人察覺，而且身懷此種高度修持的高僧也不會輕易向別人展露。可是「經、律、論」是學術修養，由於沙門經常說法宣弘，不得不把自己的學養向聽經的善信弟子們表達，因此，一位法師是否「學通三藏」，別人是可以觀察得到的。今謹依上述「三藏法師表」中所羅列的人物，就三僧傳中他們的傳記看看是否眞個「學通三藏」：高僧傳卷一僧伽跋澄傳略云：

僧伽跋澄，備習三藏，博覽衆典，特善數經，闇誦阿毘曇毘婆沙（頁三二八上——中）。

同書同卷曇摩難提傳略云：

曇摩難提，徧觀三藏，闇誦增一阿含經（頁三二八中）。

同書同卷僧伽提婆傳略云：

僧伽提婆，學通三藏，尤善阿毘曇心（頁三二八下）。

同書卷二鳩摩羅什傳略云：

鳩摩羅什，三藏九部，莫不該博（頁三三〇中）。

同書卷三求那跋陀羅傳略云：

求那跋陀羅，博通三藏（頁三三四上）。

續高僧傳卷一菩提流支傳略云：

菩提流支，遍通三藏（頁四二八上）。

唐釋智昇（約七三〇時人）開元釋教錄（以下簡稱「開元錄」，大正藏編號二一五四）卷九義淨傳略⑬云：

（義）淨雖遍翻三藏，而偏功律部（頁五六九上）。

宋高僧傳卷一金剛智傳略云：

金剛智，十餘年全通三藏（頁七一一中）。

據上引史料，知道一位「三藏法師」必須是「學通三藏」的。

至於這一尊號的贏取，也可以從下面所舉的史料中知其消息：高僧傳卷三求那跋摩傳略云：

求那跋摩，年二十出家，誦經百餘萬言，時人號曰三藏法師。至年三十，罽賓（今喀什米爾 Kashmir）國王薨（頁三四〇上）。

同書同卷僧伽跋摩傳略云：

僧伽跋摩，三藏尤精。以宋元嘉十年（四三三）步自流沙，至於京邑。道俗敬異，咸宗事之，號曰三藏法師（頁三四二中）。

宋高僧傳卷三蓮華精進傳略云：

蓮華精進，本屈支城人也，即龜茲（今新疆省庫車縣）國。城西門外有蓮華寺，（蓮華精）進居此中，號三藏苾蒭（Bhiksu，即「比丘」）（頁七二一上）。

從這三條史料，知道不論在中華（如僧伽跋摩）抑或在天竺（如求那跋摩）、西域（如蓮華精進），一位沙門是緣於「學通三藏」的表現，而為當地僧俗尊稱作「三藏法師」或「三藏苾蒭」的。換言之，這是大衆公認一位法師對經、律、論三學的精熟貫通；而共同以這一尊號稱呼其人以示敬意，不必通過什麼「灌頂」和「賜號」的。

二、玄奘與義淨「三藏法師」尊號的來歷

前節已申明「三藏法師」是大衆公認一位法師的學養而對他所作的尊稱，而這一尊稱的形成必然是漸進性的，大抵其始小部分人尊稱他「三藏法師」，而大部分則否，漸漸地附和者愈來愈多，終而在身後成了固定性的稱謂。換言之，這位法師住世之日，不可能同時所有的人都尊稱他為「三藏法師」，於是有關這位法師的歷史文獻中對他的稱呼也必然有所參差。由於前節所引述的僧伽跋摩等人的史料極有限，故無從知道這種參差的面貌，但玄奘三藏却因為史料較多，頗能透露其中消息，現在謹將奘公史料分作三類以見：

第一類是玄奘住世之日未有「三藏法師」尊稱的史料，今依時代先後羅列：

（A）唐釋慧立撰大唐大慈恩寺三藏法師傳（以下簡稱「慈恩傳」，大正藏編號二〇五三）十卷——玄奘最詳細的一部傳記，其卷六有收唐太宗於貞觀二十二年（六四八）五月所撰的大唐三藏聖教序，略云：

有玄奘法師者，法門之領袖也（頁二五六中）。

同書卷七又收唐高宗尚居春宮（即仍屬皇太子）之時在同年六月所撰的三藏聖教記，略云：

玄奘法師者，夙懷聰令（頁二五七中）。

這兩種帝—御撰的文字，都沒有稱玄奘為「三藏法師」。由於御撰，慧立迻錄之時當然不敢在字句上有所更易。

（B）慈恩傳本身的題目雖然稱玄奘為「三藏法師」，但其卷一開頭僅言：「法師諱玄奘（頁二二一中）」，並未冠以「三藏」二字。而且全書自始至終，一直稱他為「法師」或「玄奘法師」，無一言提及他是一位「三藏法師」。據慈恩傳箋注者釋彥悰所撰的「大唐大慈恩寺三藏法師傳序」（在卷首），稱慧立是「覩三藏之學行，瞻三藏之形儀（頁二二一中）」的奘公同時人。

更有進者，慈恩傳一書的題目似乎並非慧立的原題，而是箋注者彥悰所擬。據悰公撰慈恩傳序略云：「傳本五卷，魏國西寺前沙門慧立所述。（慧立）卒，而此傳流離，分散他所。後累載搜購，近乃獲全，因命余以序之，迫余以次之，余執紙操翰，糅瓦石以琳璆，綜錯本文，箋為十卷（頁二二一上——中）」。換言之，彥悰是慧立卒後將其遺著由五卷擴大而為十卷並加箋述的人，那麼書名最後由他訂定，也是很自然的事。而彥悰的箋述及於玄奘身後開棺以檀香塗其遺體的事⑭，箋文當然是奘公圓寂之後所撰了。

（C）前節的「三藏法師表」的資料主要來自費長房的長房錄，這也是標出何人屬「三藏法師」最多的一部經錄，而其資料亦為釋道宣（五九六——六六七）撰大唐內典錄（大正藏編號二一四九，以下簡稱「內典錄」）所收（參注一），換言之，內典錄是收錄「三藏法師」最多的第二種經錄，而在內典錄中，玄奘偏偏未標示為「三藏」，內典錄卷五玄奘傳略云：

右大小乘經論六十七部一千三百四十四卷，京師大慈恩寺沙門釋玄奘奉詔譯（頁二八三上——中）。全傳不特未有片言指出奘公是一位「三藏法師」，而且連「博通三藏」一類的話都未見。道宣不特曾經是玄奘的譯經助手⑮，而且世壽也比奘公多了四年。內典錄是他在唐高宗麟德元年（六六四）即玄奘圓寂的同年寫成⑯，也就是說，奘公住世之日，道宣仍未稱他為「三藏法師」。

（D）唐釋冥祥所撰大唐故三藏玄奘行狀（大正藏編號二〇五二）全文不稱奘公為「三藏法師」，也表示了玄奘剛圓寂之時尚未被行狀撰人冥祥稱作「三藏」。至於其題目，或跟慈恩傳一樣是後人所改。

第二類是玄奘生時被尊稱「三藏法師」的記載，也依先後羅列：

（A）菩薩戒本（大正藏編號一五〇一）卷首有釋靜邁於唐太宗貞觀二十年（六四六）所撰序文，略云：

有三藏法師，稱是玄奘（頁一一〇六下）。

（B）瑜伽師地論（大正藏編號一五七九）有許敬宗於貞觀二十二年（六四八）所撰後序，略云：

三藏法師玄奘敬執梵文，譯為唐語（頁二八三下）。

（C）法蘊足論（大正藏編號一五三七）有釋靖（靜？）邁於唐高宗顯慶四年（六五九）所撰後序，略云：

三藏玄奘法師，以皇唐顯慶四年九月十四日奉詔於大慈恩寺弘法苑譯訖（頁五一四上）。

（D）界身足論（大正藏編號一五四六）有釋基（窺基？）於唐高宗龍朔三年（六六三）所撰後序，略云：

我親教師⑰三藏法師玄奘（頁六二五下）。

上述史料，可代表當時若干僧俗人士對玄奘的崇敬，而尊稱他作「三藏法師」。

第三類是玄奘身後被尊稱「三藏法師」的史料，今引述如後：

（A）續高僧傳於唐高宗麟德二年（六六五）最後寫定⑱，其書卷十五義褒傳略云：「時翻經三藏玄奘法師，盛處權衡（頁五四七下）」。這是道宣於奘公卒後一年而稱他爲「三藏法師」。按，續高僧傳卷四玄奘傳仍未稱奘公爲「三藏」，現在這裏作此稱呼，大抵宣公採用了稱玄奘爲「三藏法師」的有關義褒的史料之故。

（B）開元錄雖然在總結羣經錄中的玄奘傳（在卷八）未稱奘公爲「三藏法師」，但同書卷十一至卷十三的有譯有本錄中凡提及奘公所譯（見頁五九四上——六二四下）的經典，一律題「大唐三藏玄奘譯」。開元錄於唐玄宗開元十八元（七三〇）撰成⑲。

（C）劉軻撰大唐三藏大遍覺法師（即玄奘）塔銘並序⑳，其中言及：「三藏今塔在長安城南三十里，初高宗塔於白鹿原，後徙於此，中宗（六六四，又七〇五——七一〇在位）謚曰大遍覺，肅宗（七五六——七六二在位）賜塔額曰興教」㉑，這也是稱玄奘爲「三藏」的奘公身後史料。

（D）宋高僧傳中各僧傳中有提到玄奘的，如卷四普光傳（頁七二七上）、同卷法寶傳（同頁）、同卷嘉尚傳（頁七二八中）、同卷彥悰傳（頁七二八下）、同卷宗哲傳（頁七三一中——下）、卷十四懷素傳（頁七九二下）、卷二四明慧傳（頁八六二下）等，均稱玄奘爲「玄奘三藏」、「三藏法師」或「三藏奘師」。宋高僧傳是在北宋太宗太平興國八年（九八三）寫成㉒。

據上所考，知道玄奘住世之日，其「三藏法師」的稱號並不一致，但圓寂以後，這一尊號則趨於統一，也就是說，「三藏法師」這一尊號是從部分人作此敬稱進而普遍爲大衆所接受，終於在身後受到一致的公認。

義淨三藏則不然，有關他的史料雖然較玄奘爲少，但資料顯示淨公生時已被普遍稱爲「三藏法師」，如昭和法寶總目錄册三有御製大藏經序跋集（編號七七）一卷，其中有收武則天於久視元年（七〇〇）所撰大周新翻三藏聖教序，略云：

三藏法師義淨，可謂緇俗之綱維，紺坊之龍象（頁一四二五中）。

又如大周錄卷十五所列出的本書編輯委員會名單，中有：

漢三藏翻經大德大光寺義淨（頁四七六上）。

再如磧砂藏第一三六册場，合部金光明經卷首有唐中宗於神龍元年（七〇五）所撰大唐中興三藏聖教序㉓，略云：

翻經三藏法師義淨者，范陽人也，俗姓張氏（頁一背面）㉔。

都是證明。而淨公所以生時被普遍稱作「三藏法師」者，貞元錄卷十三義淨傳略云：

（唐玄宗先天二年〔七一三〕）五月十五日，靈塔修成，銀青光祿大夫行秘書少監同安侯盧璨撰文，開業寺沙門智詳書字，題云大唐龍興翻經三藏義淨法師之塔銘並序：師諱文明，字義淨，以（武則天）證聖元年（六九五）屆於東洛，勅命有司具禮；兼遣洛邑僧衆盡出城迎，延於授記之寺。尋又勅加三藏之號，便於福先、授記兩寺翻經（頁八七一下）。

據貞元錄所收義淨塔銘並序，知道義淨的尊號原來由武后於證聖元年勅加，亦無怪上引史料一律稱呼他「三藏法師」了。

三、玄奘與義淨「學通三藏」的表現

玄奘、義淨的「三藏法師」尊號一者由大衆公認而另一者則女帝勅加，已如前節所考，問題是二公本身學養是否配得上這一尊號？關於「戒、定、慧」的內在修養，正如本文首節指出是不易爲人察覺的，倒是從「經、律、論」的學術修養方面找證據較易。本文首節引開元錄稱義淨「遍翻三藏」，這裏的「翻」是「翻譯」之義，因此我們可以從奘、淨二公曾經翻譯過些什麼經典；來觀察他們是否配膺這一尊號。

在佛家經錄之中，開元錄被尊爲「至高無上」㉕的作品，因此本文就根據這部經錄中所載玄奘、義淨的譯經子目來觀察一下。這些子目中，屬於「經藏」的聖典以「○」號標示，屬於「律藏」的記以「△」號，而「論藏」則誌以「□」號。開元錄卷八總括羣經錄所載玄奘譯經中有：

○大般若波羅密多經六百卷㉖。

（以上見頁五五五中）

○能斷金剛般若波羅密多經一卷。

○般若波羅密多心經一卷㉗。

○大菩薩藏經二十卷㉘。

○大乘大集地藏十輪經十卷㉙。

○顯無邊佛土功德經一卷㉚。

○說無垢稱經六卷㉛。
○解深密經五卷㉜。
○分別緣起初勝法門經二卷㉝。
○藥師琉璃光如來本願功德經一卷㉞。
○稱讚淨土佛攝受經一卷㉟。
○甚希有經一卷㊱。
○最無比經一卷㊲。
○稱讚大乘功德經一卷㊳。
○如來示教勝軍王經一卷㊴。
（以上見頁五五五下）
○緣起聖道經一卷㊵。
○不空羂索神咒心經一卷㊶。
○十一面神咒心經一卷㊷。
○咒五首經一卷㊸。
○勝幢臂印陀羅尼經一卷㊹。
○諸佛心陀羅尼經一卷㊺。

○拔濟苦難陀羅尼經一卷㊻。
○八名普密陀羅尼經一卷㊼。
○持世陀羅尼經一卷㊽。
○六門陀羅尼經一卷㊾。
○佛地經一卷㊿。
○受持七佛名號所生功德經一卷51。
○佛臨涅槃記法住經一卷52。
○寂照神變三摩地經一卷53。

（以上見頁五五六上）

△菩薩戒本一卷54。
△菩薩戒羯磨文一卷55。
□佛地經論七卷56。
□瑜伽師地論一百卷57。
□顯揚聖教論二十卷58。
□瑜伽師地論釋一卷59。
□顯揚聖教論頌一卷60。

□正法正理論一卷㉑。

□大乘阿毘達磨集論七卷㉒。

□大乘阿毘達磨雜集論十六卷㉓。

□廣百論本一卷㉔。

□大乘廣百論釋論十卷㉕。

□攝大乘論本三卷㉖。

□攝大乘論世親釋十卷㉗。

（以上見頁五五六中）

□攝大乘論無性釋十卷㉘。

□辯中邊論頌一卷㉙。

□辯口邊論三卷㉚。

□大乘成業論一卷㉛。

□因明正理門論本一卷㉜。

□因明入正理論一卷㉝。

□唯識二十論一卷㉞。

□唯識三十論一卷㉟。

□成唯識論十卷⑯。
□大乘掌珍論二卷⑰。
□大乘五蘊論一卷⑱。
□觀所緣緣論一卷⑲。
□大乘百法明門論一卷⑳。
（以上見頁五五六下）
○緣起經一卷㉑。
○本事經七卷㉒。
○天請問經一卷㉓。
□阿毘達磨發智論二十卷㉔。
□阿毘達磨法蘊足論十二卷㉕。
□阿毘達磨集異門足論二十卷㉖。
□阿毘達磨識身足論十六卷㉗。
□阿毘達磨品類足論十八卷㉘。
□阿毘達磨界身足論三卷㉙。
□阿毘達磨大毘婆沙論二百卷㉚。

□阿毘達磨俱舍論本頌一卷⑼。
□阿毘達磨俱舍論三十卷⑫。
□阿毘達磨順正理論八十卷⑬。
□阿毘達磨顯宗論四十卷⑭。
（以上見頁五五七上）
□入阿毘達磨論二卷⑮。
□五事毘婆沙論二卷⑯。
□異部宗輪論一卷⑰。
□勝宗十句義論一卷⑱。
（以上見頁五五七中）

據上引，玄奘所譯計有「經」三十二種六百七十卷，「律」兩種二卷和「論」四十種六百五十七卷。同書卷九總括羣經錄所載義淨譯經中有：

○金光明最勝王經十卷⑲。
○能斷金剛般若波羅密多經一卷⑩。
○入定不定印經一卷⑪。
○藥師瑠璃光七佛本願功德經二卷⑫。

（以上見頁五六七上）

○彌勒下生成佛經一卷⑩③。

○佛爲勝光天子說王法經一卷⑩④。

○浴象功德經一卷⑩⑤。

○數珠功德經一卷⑩⑥。

○觀自在菩薩如意心陀羅尼咒經一卷⑩⑦。

○曼殊室利菩薩咒藏中一字咒王經一卷⑩⑧。

○稱讚如來功德神咒經一卷⑩⑨。

○大孔雀咒王經三卷⑪⓪。

○佛頂尊勝陀羅尼經一卷⑪①。

○莊嚴王陀羅尼咒經一卷⑪②。

○香天菩薩陀羅尼咒經一卷⑪③。

○一切功德莊嚴王經一卷⑪④。

○拔除罪障咒王經一卷⑪⑤。

○善夜經一卷⑪⑥。

○大乘流轉諸有經一卷⑪⑦。

○妙色王因緣經一卷⑱。
○佛爲海龍王說法印經一卷⑲。
□能斷金剛般若波羅密多經論頌一卷⑳。
□能斷金剛般若波羅密多經論釋三卷㉑。
（以上見頁五六七中）
□因明正理門論一卷㉒。
□成唯識寶生論五卷㉓。
□觀所緣論釋一卷㉔。
□掌中論一卷㉕。
□取因假設論一卷㉖。
□觀總相論頌一卷㉗。
□止觀門論頌一卷㉘。
□手杖論一卷㉙。
□六門教授習定論一卷㉚。
○五蘊皆空經一卷㉛。
○三轉法輪經一卷㉜。

○無常經一卷[133]。

○八無暇有暇經一卷[134]。

○長爪梵志請問經一卷[135]。

○譬喻經一卷[136]。

○略教誡經一卷[137]。

○療痔病經一卷[138]。

△根本說一切有部毘奈耶五十卷[139]。

（以上見頁五六七下）

△根本說一切有部苾芻尼毘奈耶二十卷[140]。

△根本說一切有部毘奈耶雜事四十卷[141]。

△根本說一切有部尼陀那目得迦十卷[142]。

△根本說一切有部戒經一卷[143]。

△根本說一切有部苾芻尼戒經一卷[144]。

△根本說一切有部百一羯磨十卷[145]。

△根本說一切有部毘奈耶頌五卷[146]。

△根本說一切有部毘奈耶雜事攝頌一卷[147]。

△根本說一切有部尼陀那目得迦攝頌一卷⑱。

△根本薩婆多部律攝二十卷⑲。

□法華論五卷。

□集量論四卷。

（以上見頁五六八上——中）

開元錄所載義淨譯經尚有所遺，貞元錄卷十三總括羣經錄載淨公譯作有：

△根本說一切有部毘奈耶藥事二十卷⑳。

△根本說一切有部毘奈耶破僧事二十卷㉑。

△根本說一切有部毘奈耶出家事五卷㉒。

△根本說一切有部毘奈耶安居事一卷㉓。

△根本說一切有部毘奈耶隨意（即「自恣」）事一卷㉔。

△根本說一切有部毘奈耶皮革事二卷㉕。

△根本說一切有部毘奈耶羯恥那衣事一卷㉖。

（以上見頁八六八下）。

開元、貞元兩錄合計，義淨所譯計有「經」二十八種四十一卷，「律」十八種二百另九卷（開元錄收十一種一百五十九卷，貞元錄收七種五十卷）和「論」十三種二十六卷。

緣於奘、淨二公所譯都包括了經、律、論三藏，雖然奘公譯律只有兩種，但他的弟子之中有著名的懷素律師（六二四——六九七）；也就是重要律疏四分律開宗記的撰人⑮⑦，足見玄奘的律學知識自應不弱⑮⑧。更有進者，古時身爲主譯之人，翻譯時不特要在譯場諸助手面前把梵文轉成漢文，而且要同時講解經文所載的高深義理⑮⑨，若奘、淨二公不能充分了解所譯經、律、論梵本的蘊義，他們將無從對衆宣釋。因此，光就上述他們的翻譯品，已能看出這兩位傑出的華夏僧伽確實「學通三藏」，那麼別人以「三藏法師」來尊稱玄奘和義淨以示崇敬，二公的確當之無愧。

餘論

前面找到義淨的「三藏法師」尊號原來由武則天勅加，實則在中國歷史上還有過好幾宗同樣的個案，續高僧傳卷十六僧實傳略云：

釋僧實（四七六——五六三），俗姓程，咸陽靈武人也。口繞黑子，欹若斗形，目有重瞳，光明外射，腋懷鳳卵，七處皆平。奇相超倫，有聲京洛，化通關壤。周太祖文皇（宇文泰，五〇五——五五六）以西魏大統中（約四五二）下詔曰：師目麗重瞳，偏同虞舜，背隆傴僂，分似周公。德宇純懿，可昭玄三藏。至後元年⑯⓪，太祖又曰：師才深德大，宜庇道俗以隆禮典。乃躬致祈請爲國三藏，（僧）實當仁不讓，默而受之（頁五五七下——五五八上）。

同書卷七釋亡名傳略云：

釋亡名，俗姓宗氏，南郡人。長富才華，鄉人馳擧。會周氏（北周）跨有井絡，少保蜀國公宇文俊愛賢才，重其德素。（周武）帝（五六六——五八三在位）處爲夏州（今陝西省榆林縣）三藏（頁四八一中）。

同書卷二三釋僧猛傳略云：

釋僧猛（五〇七——五八八），俗姓段氏，京兆涇陽人。隋文（帝）作相，佛日將明，以（僧）猛年俱德重，玄儒湊進，追訪至京，令崇法宇。（周靜帝）大象二年（五八一）敕住大興善寺，講揚十地（經），聲望尤著，殊悅（隋文）帝心，尋授爲隋國大統三藏法師，委以佛法，令其宏護。未足以長威權，固亦光輝釋種（頁六三一上）。

開元錄卷九菩提流志傳略云：

菩提流志，至開元十五年（七二七），右脇而臥，奄然而卒。追謚贈鴻臚大卿，謚曰開元一切遍知三藏（頁五七〇下）。

唐趙遷撰大唐故大德贈司空大辨正廣智不空三藏行狀（大正藏編號二〇五六）略云：

大師本北天竺之婆羅門族也。初大師隨外氏（即外家）觀風大國，生年十歲，周遊巡歷武威、太原。十三事大弘教（金剛智），祖師（金剛智）大奇。十五初落髮，二十進具。善一切有部律，曉諸國語，識異國書。（唐代宗）永泰元年（七六五）十月一日，制授大師特進試鴻臚卿，號大廣智三藏（頁二九二中——二九三上）。

以上五人都是生時或身後爲帝王御賜「三藏」尊號的[161]。然若深究他們是否配膺此一尊號，則尚有說，如開元錄同時爲義淨及菩提流志立傳（同在卷九），雖然兩人的尊號同屬帝王所賜，但智昇在菩提流志傳中述及追謚的事，而在義淨傳內則不特未提武后的勅加，更未有片言稱他是一位「三藏」[162]。此外，宋高僧傳也替這兩位「三藏」立傳，而宋傳的菩提流志傳（在卷三）言及追謚三藏的事（見頁七二〇下），但同書義淨傳（在卷一）的處理則完全同於開元錄。至於不空，貞元錄固然稱他爲「三藏」，而宋高僧傳卷一本傳也作同樣尊稱[163]。問題是智昇和贊寧何以都不願意提及義淨被勅加三藏的事？

倘使我們從菩提流志和不空所譯佛經的種類看，或可得其消息。據開元錄卷九載菩提流志所譯，計有「經」二十六種一百一十卷[164]、「論」一種一卷（見頁五六九中——五七〇上），而貞元錄卷十五載不空所譯，計有「經」四十八種六十八卷、「論」兩種二卷（頁八七九上——八八一上，二公所譯子目從略不舉），換言之，兩人都沒有「律藏」方面的譯作，不似義淨的能夠「遍翻三藏」。大抵基於這個原因，智昇與贊寧都同樣認爲菩提流志與不空若尊稱作「三藏」，似乎尚未合格[165]，故分別在自己書中明誌他們的尊號不過出於帝王的賜贈。

反觀義淨，由於他對經、律、論三方面都通過翻譯而創出輝煌的表現，大可跟玄奘一樣實至名歸地足稱「三藏」而有餘（尤其他的「律藏」譯作比奘公强得多）。大抵基於愛才之念，智昇和贊寧都不免覺得倘使標示了義淨的「三藏」稱號出於女帝勅加；或緣此而削弱了大家對淨公的崇敬，爲了保持形象，他們兩人便不約而同地對此事隱匿不提，以免反成白璧之玷[166]，於是他們更索性連義淨是否一位「三藏」也略去，而以「遍翻三藏」一語來標示淨公兼通這三方面的學問。由此可見即使方外之人，只要身爲學者，也同樣會對有眞正學術成就的人和對學有未足的所謂「學人」施以「隱諱」或「揭發」的不同待遇。

最後談談僧實、亡名和僧猛這三位全國性的「國三藏」或地區性的「夏州三藏」，這三位「三藏」都既未嘗西行求法，又無梵文修養作爲翻譯佛經的資本，而讀他們的傳記，僧實獲此尊號是緣於生有異相；一似虞舜與周公，而宇文氏的基業是靠着「繼述成周」作爲號召的[167]，故宇文泰躬請他作「國三藏」，完全是對他的特殊相貌加以政治利用——我們得到一位貌似虞舜周公的人，足見蒼天在暗示我們有資格上祧周朝在鎬京的王業——而已。亡名除了「文翰可觀」和爲權貴所喜而外，不見得有何出色表現。此外，他的本傳說他曾自列沙門有「六不可」；並且自誓「沙門持戒，心口相應，所列六條[168]若有一詭，生則蒼天厭之，死則鐵鉗拔之（指拔舌），烊銅灌之（指灌喉），仰戴三光，行年六十，不欺闇室」（續高僧傳頁四八一下）等語而外，也看不出有什麼「學通三藏」的表現，他所以成爲「夏州三藏」，純然出於周帝的喜愛。至於僧猛，則更完全是獲得剛登帝座的隋文帝的歡心，而授以「隋國大統三藏法師」而已。

緣於名不符實，因此上述三人雖然爲時主許作「三藏」，但一直未有人注意過他們，認爲他們是先於玄奘、義淨的華人三藏，倘使仕邦不研究本題，我也不會注意到這三條史料。由是足見奘、淨二公以本身學術表現來接受社會考驗，跟僧實等三人完全靠着統治者或因政治利用；或因個人喜愛而賜號，其結果竟有天壤之別，前兩位求法譯經的三藏法師名震千古，後三位獲寵於君王而得稱「三藏」的人則深藏於續高僧傳而無聞。

注解：

①：本文所以僅採用上述諸經錄中資料的原因，蓋緣於深釋僧祐（四四五——五一八）撰出三藏記集（大正藏編號二一四五）、隋釋法經撰衆經目錄（大正藏編號二〇四六）、隋釋靜泰撰衆經目錄（大正藏編號二一四八）、

唐釋靜邁撰古今譯經圖紀（大正藏編號二一五一）、唐釋智昇撰開元錄等言及譯僧事迹的部份都沒有明誌其人是否一位「三藏法師」之故。再在明佺的大周錄其實也沒有明誌書中譯僧是否「三藏」，只是這部經錄卷末附有編輯名單，其中標示了義淨等三人是「三藏」，故本文也將它算進記載「三藏法師」的一類中去。更有進者，「三藏法師表」中僅誌這一稱號最先出現的一種經錄，以後的經錄若有同樣記載，亦不再列入，故道宣的內典錄雖然有記載何人屬於「三藏法師」，但其有關資料全部採自長房錄，故表中不列其書。

②：按，長房錄對師名的梵音漢譯作「曇摩持」，而漢義則作「法慧」，而開元錄則稱：「沙門曇摩持，或云（曇摩）侍，秦言法慧，或云法海（頁五一〇下）」，「持」與「侍」兩者孰是？據出三藏記集卷十一所收錄的撰於前秦建元十五年己卯（三七九）的「關中近出尼二種壇文夏坐雜十二事並雜事共卷前中後三記」中言及主譯這一律學文獻的人便是「曇摩侍」（頁八一中），足見最早的師名翻譯爲「曇摩侍」。再者，師名的漢義爲「法慧」還是「法海」？若不能斷定，則梵音將無從還原，是以馮承鈞先生歷代求法翻經錄一書（民五十一年台一版）中的曇摩持條（編號三三）未能考出師名原音。仕邦以爲若師名的漢義爲「法海」，則或可還原作：Dharmasamudra”，因爲“Dharma”乃「曇摩」的對音，而「海」則爲“Sāgara”；「大海」爲“Samudra”，這兩梵字的發音的“Sā”或“Sa”跟華文的「侍」字發聲均屬「S」聲，而「法海」當指「佛法深廣如汪洋大海」，故假設師名應作「法海」，而據此試還原其梵音。

③：馮承鈞先生歷代求法翻經錄列「阿質達霰」於編號一四五，敘事僅一行，而無梵名原音。仕邦以師名漢義既然是「無能勝將」，梵文稱「無能勝」爲“Ajita”，即「阿質達」的對音，而「將領」則作“Senāpati”，然則

師名音譯末一字的「霰」應是僅取"Senāpāti"一字開頭的"Sen"音而略譯，故還原如上。

④：「達摩」與「曇摩」都是梵音"Dharma"的異譯，而「月」則作"Soma"，其音跟「濕羅」稍近，故暫假設其原音如上。雖然，其「戰濕羅」中的「戰」字未有着落。

⑤：「原名未詳」四字依馮承鈞先生歷代求法翻經錄中的「勿提提羼魚」條（編號一三九）。仕邦按，梵文稱「蓮華」爲"Padma"或"Ja Laja"，又「紅蓮華」爲"Śatapatra"，「青蓮華爲"Utpala"，「黄蓮華」爲"Kumuda"，「白蓮華」爲"Puṇḍarīka"；而「精進」則作"Vīrya"，皆未能跟「勿提提羼魚」產生「對音」的關係。雖然，「八聖道」中的「正精進」的梵音爲"Samya gvyāyāma"，其中發聲的"Samya（即「正」）"或能視作「羼魚」的對音，但「勿提提」仍未有着落。以管見測之，蓮華精進三藏既然是龜茲國（今新疆省庫車縣）人，則他的法號依古龜茲語（即所謂「吐火羅乙」，一種利用梵文字母來拼寫的文字，參季羡林先生中印文化關係史論叢一書〔人民出版社一九五七年版〕中的「吐火羅語的發現與考釋及其在中印文化交流中的作用」一文。至於另一種「吐火羅甲」，則指以同一方式拼寫的古馬耆文）發音而不是根據梵文，亦未可料。

⑥：表中沒有玄奘這位華人的三藏法師，這因爲他的情況特殊，故要留待次節詳考。

⑦：據長房錄頁四九中——一〇四下所收，計有漢代七人，曹魏四人、孫吳三人、西晋六人、東晋十一人、前秦六人、後秦五人、西秦一人、北涼九人、北魏九人、北齊二人、陳代三人、劉宋十二人、南齊五人、梁代二人、北周四人和隋代四人（名字均從略不舉）。

⑧：李華的另一著作玄宗朝翻經三藏善無畏贈鴻臚卿行狀（大正藏編號二〇五四）略云：「三藏沙門輸婆迦羅者，

具足梵音，應云戍婆訶羅僧賀（Subha Rarasimha），以義譯之，名善無畏，中印度摩伽陀（Magadha）國人，住王舍城那爛陀寺（頁二九〇上）」。

⑨：慈恩傳卷三略云：「（玄奘法師）既至，（那爛陀寺）合衆都集，法師相見訖，（寺衆）仍差二十人將法師參正法藏，即戒賢（Śīlabhadra）法師也，衆共尊重，不斥其名，號爲正法藏。坐訖，問法師從何處來，報曰：從支那（Cīna）國來，欲依師學瑜伽論。（正法藏）聞已啼泣，喚弟子佛陀跋陀羅（Buddhabhadra），即(正)法藏之侄也，年七十餘，善於言談。（正）法藏語曰：汝可爲衆說我三年前病惱因緣（下略）」（頁二三六下）。同書卷四略云：（那爛陀寺）僧徒主客（按，「主」指本寺成員，「客」指寄居客僧，參拙作中國佛教求法史雜考〔刊佛光學報第二期，一九七七年高雄佛光山出版〕一文頁七四）常有萬人，並學大乘。凡解經論二十部者一千餘人，三十部者五百餘人，五十部幷（玄奘）法師十人，唯戒賢法師一切窮覽，德秀年耆，爲衆宗匠」（頁二三七中）。據上引兩條史料所述，那爛陀寺的領導人是學問最好又年紀相當高（他的侄兒也已經七十多歲）的戒賢法師。史料中的「德秀年耆」一語，恐怕是領導人選的主要條件。因爲義淨三藏撰大唐西域求法高僧傳（大正藏編號二〇六六）卷上慧輪傳中所述那爛陀寺的情況有云：「寺內但最老上座而爲尊主，不論其德，諸有門鑰，每宵封印，將付上座，更無別置寺主、維那」（頁五下）。雖然義淨至那爛陀寺已在奘公返國的三十年後，那爛陀領導人選條件已改爲「但最老上座而爲尊主，不論其德」，但仍以年資作爲選舉「尊主」的標準。從這一傳統看來，善無畏之師達磨鞠多既有高深的密教修爲，同時也臻八百歲的上壽，他應該是當時那爛陀的「尊主」或「正法藏」了。然而鞠多果眞有八百歲高壽，則他應在玄奘留學時已屬那爛陀的

「正法藏」，而輪不到戒賢法師。善無畏這密宗和尚的有關生平記載中頗多荒誕不經之說（參拙作中國佛教譯經史研究餘瀋之四〔刊書目季刊十二卷四期，一九七九年台北出版〕一文，頁十——十一，及西遊記若干情節的本源三探〔刊幼獅學誌十六卷二期，一九八一年台北出版〕頁一九九——二〇一），故其師壽高八百既顯屬誇張（尤其他「顏如四十」而已），而李華在碑序中也僅言達磨鞠多是那爛陀寺中的「僧寶」而非「正法藏」或「尊主」，因此，仕邦也肯定這號稱「壽高八百」的密宗和尚不可能是當時那爛陀寺的領導人。

⑩：宋高僧傳卷二善無畏傳作「內爲戒、定、慧」（頁七一四中）。按，佛家一般稱此三學爲「戒、定、慧」，大抵贊寧因此迴改。不過，李華所列的次序也不能算錯，因爲他有意以「定」配「經」，「戒」配「律」而「慧」配「論」。

⑪：善無畏即密宗重要經典大毘盧遮那成佛神變加持經（Vairocanasūtra，大正藏編號八四八）七卷的翻譯者（見善無畏行狀〔參注八〕頁二九〇上，開元錄卷十本傳頁五七一下——五七二上）。畏公雖屬在華譯經的三藏法師，但他的名字未能列入正文的「三藏法師表」中。原因是：記載他翻經事迹的最早一部佛家經錄是開元錄，而這部經錄的僧傳部份（即總括羣經錄）對所傳譯僧是否一位「三藏法師」並不加以標示（參注一）。雖然貞元錄中也有畏公傳記，但圓照書自卷十四以前的記載幾乎完全因襲開元錄（參拙作中國佛教史傳與目錄源出律學沙門之探討一文下篇頁一一六——一一九，刊新亞學報七卷二期），故貞元錄也未標示善無畏是否一位「三藏」。而本文「三藏法師表」的標準是經錄中僧傳部份明誌其人乃「三藏法師」始收，故畏公名字無法列入。

⑫：他們是僧伽跋澄（高僧傳卷一）、曇摩難提（同上）、僧伽提婆（同上）、弗若多羅（同書卷二）、卑摩羅叉

（同上）、佛馱什（同書卷三）、僧伽跋摩（同上）、勒那摩提（續高僧傳卷一附菩提流支傳）、闍那崛多（同書卷二）、義淨（宋高僧傳卷一）、勿提提犀魚（同書卷三）、尸羅達摩（同上）和般若（同上）。

⑬：開元錄本傳所述是宋高僧傳卷一義淨傳之所本。

⑭：見慈恩傳頁二七九下——二八〇上。

⑮：參拙作論中國佛教譯場之譯經方式與程序一文頁二五七及二六一，刊新亞學報五卷二期。

⑯：內典錄頁二一九上。

⑰：序文稱玄奘爲「我親教師」，而窺基（六三二——六八二）是奘公最寵愛的剃度弟子（參拙作西遊記若干情節的本源三探一文〔參注九〕頁一九八），故此序應屬窺基的作品。

⑱：參陳援菴先生（一八八〇——一九七一）中國佛教史籍概論（中華書局一九六二年版，北京）頁二九。

⑲：參前注引陳先生書頁一三。

⑳：見全唐文（新亞研究所藏書，不知出版者）第十三函、第二三七冊頁二五。

㉑：參前注。

㉒：參注十八引陳援菴先生書頁三八。

㉓：撰序的年代見開元錄卷九義淨傳頁五六八下，而序文的題目則作「大唐龍興三藏聖教序」。

㉔：此序昭和法寶總目錄第三冊亦收，而本文所引那句話見於其頁一四二一下。

㉕：參姚名達先生中國目錄學史頁二七五——二八三，商務印書館一九五七年版。

㉖：今見大正藏編號二二〇。
㉗：今見大正藏編號二五一。
㉘：今收在大寶積經（大正藏編號三一〇）一百二十卷中的第三十五卷至五十四卷，題作「菩薩藏會」。
㉙：今見大正藏編號四一一。
㉚：今見大正藏編號二八九。
㉛：今見大正藏編號四七六。
㉜：今見大正藏編號六七六。
㉝：今見大正藏編號七一七。
㉞：今見大正藏編號四五〇。
㉟：今見大正藏編號三六七。
㊱：今見大正藏編號六八九。
㊲：今見大正藏編號六九一。
㊳：今見大正藏編號八四〇。
㊴：今見大正藏編號五一五。
㊵：今見大正藏編號七一四。
㊶：今見大正藏編號一〇九一。

42：今見大正藏編號一〇七一。

43：今見大正藏編號一〇三四，題作「咒五首」。這五首咒語若嚴格而言，不能算「經」。

44：今見大正藏編號一三六三。

45：今見大正藏編號九一八。

46：今見大正藏編號一三九五。

47：今見大正藏編號一三六五。

48：今見大正藏編號一一六二。

49：今見大正藏編號一三六〇。

50：今見大正藏編號六八〇，題作「佛說佛地經」。

51：今見大正藏編號四三六。

52：今見大正藏編號三九〇。

53：今見大正藏編號六四八。

54：今見大正藏編號一五〇一。

55：今見大正藏編號一四九九。

56：今見大正藏編號一五三七。

57：今見大正藏編號一五七九。

58：今見大正藏編號一六〇二。

59：今見大正藏編號一五八〇。

60：今見大正藏編號一六〇三。

61：今見大正藏編號一六一五。

62：今見大正藏編號一六〇五。

63：今見大正藏編號一六〇六。

64：今見大正藏編號一五七〇。

65：今見大正藏編號一五七一。

66：今見大正藏編號一五九四。

67：今見大正藏編號一五九七，題作「攝大乘論釋」。

68：今見大正藏編號一五九八，題作「攝大乘論釋」。

69：今見大正藏編號一六〇一。

70：今見大正藏編號一六〇〇。

71：今見大正藏編號一六〇八。

72：今見大正藏編號一六二八。

73：今見大正藏編號一六二九。

⑭：今見大正藏編號一五九〇。
⑮：今見大正藏編號一五八六，題作「唯識三十論頌」。
⑯：今見大正藏編號一五八五。
⑰：今見大正藏編號一五七八。
⑱：今見大正藏編號一六一二。
⑲：今見大正藏編號一六二四。
⑳：今見大正藏編號一六一四。
㉑：今見大正藏編號一二四。
㉒：今見大正藏編號七六五。
㉓：今見大正藏編號五九二。
㉔：今見大正藏編號一五四四。
㉕：今見大正藏編號一五三七。
㉖：今見大正藏編號一五三六。
㉗：今見大正藏編號一五三九。
㉘：今見大正藏編號一五四二。
㉙：今見大正藏編號一五四〇。

⑩：今見大正藏編號一五四五。
⑪：今見大正藏編號一五六〇。
⑫：今見大正藏編號一五五八。
⑬：今見大正藏編號一五六二。
⑭：今見大正藏編號一五六三，題作「阿毘達磨藏顯宗論」。
⑮：今見大正藏編號一五五四。
⑯：今見大正藏編號一五五五。
⑰：今見大正藏編號二〇三一。按，本論內容是印度原始佛教諸宗派（如雪山部、犢子部等）的歷史與理論的簡單介紹，故爲大正藏編委會安置於「史傳部一」。參梁任公先生（一八七三——一九二九）讀異部宗輪述記（收在佛學研究十八篇，民四十五年台一版）一文頁一——七。
⑱：今見大正藏編號二一三八。按，「勝宗」即「勝論宗（Vaisesika）」，屬佛教以外的印度思想宗派，故大正藏編委會置本論於「外教部」。據本論開頭之處指出所謂「十句」是：「一者實、二者德、三者業、四者同、五者異、六者和、七者能、八者無能、九者俱分、十者無說（頁一二六二下）」云云。
⑲：今見大正藏編號六六五。
⑳：今見大正藏編號二三九。
㉑：今見大正藏編號六四六。

⑩：今見大正藏編號四五一。
⑩：今見大正藏編號四五五，題作「佛說彌勒下生成佛經」。
⑩：今見大正藏編號五九三。
⑩：今見大正藏編號六八九，題作「浴佛功德經」。
⑩：今見大正藏編號七八七，題作「曼殊室利咒藏中校量數珠功德經」。
⑩：今見大正藏編號一〇八一，題作「佛說觀自在菩薩如意心陀羅尼咒經」。
⑩：今見大正藏編號一一八二。
⑩：今見大正藏編號一三四九，題作「佛說稱讚如來功德神咒經」。
⑩：今見大正藏編號九八五，題作「佛說大孔雀咒王經」。
⑪：今見大正藏編號九七一。
⑫：今見大正藏編號一三七五，題作「佛說莊嚴王陀羅尼神咒經」。
⑬：今見大正藏編號一一五七。
⑭：今見大正藏編號一三七四，題作「佛說一切功德莊嚴王經」。
⑮：今見大正藏編號一三六九，題作「佛說拔除罪障咒王經」。
⑯：今見大正藏編號一三六二，題作「佛說善夜經」。
⑰：今見大正藏編號五七七，題作「佛說大乘流轉諸有經」。

⑱：今見大正藏編號一六三，題作「佛說妙色王因緣經」。
⑲：今見大正藏編號五九九。
⑳：今見大正藏編號一五一四。
㉑：今見大正藏編號一五七三。
㉒：今見大正藏編號一六二九。
㉓：今見大正藏編號一五九一。
㉔：今見大正藏編號一六二五。
㉕：今見大正藏編號一六二一。
㉖：今見大正藏編號一六二二。
㉗：今見大正藏編號一六二三。
㉘：今見大正藏編號一六五五。
㉙：今見大正藏編號一六五七。
⑬⓪：今見大正藏編號一六〇七。
⑬①：今見大正藏編號一〇三，題作「佛說五蘊皆空經」。
⑬②：今見大正藏編號一一〇，題作「佛說三轉法輪經」。
⑬③：今見大正藏編號八〇一，題作「佛說無常經」。

134：今見大正藏編號七五六，題作「佛說八無暇有暇經」。
135：今見大正藏編號五八四。
136：今見大正藏編號二一七，題作「佛說譬喻經」。
137：今見大正藏編號七九九，題作「佛說略教誡經」。
138：今見大正藏編號一三二五，題作「佛說療痔病經」。
139：今見大正藏編號一四四二。
140：今見大正藏編號一四四三。
141：今見大正藏編號一四五一。
142：今見大正藏編號一四五二。
143：今見大正藏編號一四五四。
144：今見大正藏編號一四五五。
145：今見大正藏編號一四五三。
146：今見大正藏編號一四五九，作「三卷」。
147：今見大正藏編號一四五七。
148：今見大正藏編號一四五六。
149：今見大正藏編號一四五八。

⑮⓪：今見大正藏編號一四四八。
⑮①：今見大正藏編號一四五〇。
⑮②：今見大正藏編號一四四四。
⑮③：今見大正藏編號一四四五。
⑮④：今見大正藏編號一四四六。
⑮⑤：今見大正藏編號一四四七。
⑮⑥：今見大正藏編號一四四九。
⑮⑦：懷素傳見宋高僧傳卷十四，他所撰的四分律開宗記見於卐字續藏經第六十六册頁三三三——四九五；又第六十七册頁一——一八〇。
⑮⑧：玄奘是一位童稚爲沙彌之時已遵行戒規的天生僧才，參拙作西遊記若干情節的本源三探一文（刋幼獅學誌十六卷二期，一九八一，台北）頁二〇六及頁二一〇的注四五。走筆至此，想到玄奘住世之日未能爲他人普遍尊稱作「三藏法師」，也很可能跟他所譯經、律、論三藏的比例有關。據正文所考，奘公譯「經」有三十二種六百七十卷，「論」有四十種六百五十七卷，而「律」却僅有兩種二卷。再者，奘公所譯的「律」都是「菩薩戒」，是屬於「大乘戒」的一類，而當時寺院用來約束僧尼行止的律典，都是起碼以數十卷計的如四分律一類的「小乘戒」（關於「大乘戒」與「小乘戒」的性質與作用之不同，參拙作中國佛教史傳與目錄源出律學沙門之探討一文下篇〔新亞學報七卷二期〕頁八二。此外，仕邦的學位論文“The Transformation of Buddhist Vinaya

"in China" 有更詳細的討論〔見稿本頁一二〇——一二一，現在全文尚未發表，今有一册存於 The Australian National University 的 Library for Advanced Studies，可以通過館際借書方式而借閱〕。簡單地說，大乘戒的戒本不載犯戒者應如何處分，而守大乘戒的人若心生非份之想，便應馬上自行驚覺，制止妄念。而小乘戒本則詳載犯某一戒應作何等處分〔包括向一位法師悔過、集衆悔過和公議擯逐等〕，不僅要求僧尼自警，更要求僧團對犯過者實行處罰），當時有部份人或因此忽略他曾經譯「律」，而誤以爲所譯僅有「經」、「論」兩藏，未配稱作「三藏」。然而後來大家發現他既有兩種大乘戒的譯出，數量雖少，也總算屬於「律藏」的聖典，那麼玄奘的佛學知識可謂「三藏備足」，再加上他的弟子懷素律師的表現，更顯出這位師傅在律學方面自應不弱，足膺「三藏法師」的尊號，於是，「三藏」便成了他身後的一致性的稱呼了。

(159)：參拙作論中國佛教譯場之譯經方式與程序（參注十五）一文頁二四一——二四三，又頁二六二——二六四。

(160)：「後元年」三字，大正藏本及金陵刻經處本均作「天保年」，「天保」是北周武帝年號，共六年（五六一——五六六），而周太祖宇文泰在西魏恭帝三年（五五六）已卒，不可能在武帝年間躬請釋僧實擔任北周的「國三藏」，因此「天保年」三字有問題。仕邦檢大正藏史傳部二（即續高僧傳所屬的一册）頁五五八上，發現在「保定年」句下有「註一」符號，而同頁末端的「註一」內容爲「保定＝後元宮」，「宮」者指日本宮內省圖書寮所藏的「舊宋本」，換言之，舊宋本的續高僧傳中「天保」二字作「後元」。按，宇文泰在西魏作太師大冢宰總攬全權期間所立的西魏廢帝與恭帝都是不建年號的，廢帝在位共二年（五五二——五五三），恭帝則在位三年（五五四——五五六）而遜位給北周孝閔帝（見周書〔中華書局出版，一九七一，北京〕卷二文帝本紀頁三三——三七，同書卷三孝閔帝本紀頁四五——四六）。據此，則「後元年」應指「後一個元年」，即西魏恭帝元年（五五四）宇文泰仍秉全權之時。由於傳文未述及西魏北周的禪代，故仕邦認為此事應發生於西魏帝的元年，是以採大正藏所引宮內省圖書寮本，改「天保年」作「後元年」。

⑯①：宋高僧傳卷三譯經篇論之中有部份文字述及宋太祖於太平興國五年（九八〇）建立譯場的經過，其中有「又詔滄州三藏道圓證梵字（在頁七二五上）」之語，這位「滄州三藏」是否跟北周的夏州三藏釋亡名一樣，是五代或北宋帝王賜號而安置於滄州的華人三藏？由於宋高僧傳好以梵僧法號的義譯標名（參拙作中國佛教譯經史研究餘瀋之二〔發表於書目季刊九卷三期，一九七五，台北〕一文頁一五——一八），現在這位滄州三藏道圓的任務是「證梵字」，則他也可能是一位居於滄州而通習梵文的天竺三藏。今以僅見上述的簡單文字記載，故不敢草率地視之為釋亡名一類的地區性華人「三藏法師」。

⑯②：雖然開元錄卷十二至卷十三的有譯有本錄中凡提及義淨所譯（見頁五九七下——六二五中）的經典，一律題作「大唐三藏義淨譯」。

⑯③：見宋高僧傳頁七一三下，作「謚曰大辨正廣智三藏」。這裏說不空的尊號屬追謚，與行狀異，但行狀究竟是當時文獻，較可信，故正文所述據行狀。

⑯④：開元錄載菩提流志譯「經」二十六種中有大寶積經一百二十卷，本來應該合計有一百九十卷，然而這一百二十卷中僅有三十九卷是志公所譯，其餘八十一卷「並是舊譯勘同編入」（頁五六九中），故他所譯應該僅有「經」一百一十卷。

165：雖然行狀說不空「善一切有部律」，但仕邦未能在有關史料中找到空公在律學方面有何表現（參注一五八對玄奘譯經曾譯出了「兩藏」還是「三藏」的討論）。

166：要是沒有隱藏於貞元錄中的義淨塔銘，我們將無從知道武則天賜號之事。

167：參陳寅恪先生（一八八八——一九六九）隋唐制度淵源略論稿一書（收在陳寅恪先生論集中，民六十年中央研究院歷史語言研究所出版）頁一三、頁六十——六一及頁八三——八五。

168：續高僧傳對釋亡名的「六不可」僅誌「書略（即對內容略而不提）」而未肯畢載其文（頁四八一下），大抵這所謂「六不可」不過屬於老僧常談的關乎戒行的囉唆話題，道宣律師是精研律學的律宗九祖，自然不會認爲這些講來講去的老話題有筆之於書的價值了。

全謝山其人其事

楊啓樵

一、撰文緣起

三十餘年前，我初入香港新亞書院文史系，修錢師賓四的課，而讀先生的《中國近三百年學術史》，其中有論全謝山的，說：

余觀穆堂、謝山學問蹊徑，並重文章經濟氣節。植本於躬行，發皇於文獻，而歸極於事業功名。要之，以性靈之眞情之不可已者爲之基；其學由我以達之外，與博學尚考證者異途，不得謂非淸學一大支，然固不可以外襲而驟企也。當此靡風競扇，頹波爭流，超世拔俗之士，有聞穆堂、謝山之風而起者，予日企而俟之！①

這段議論頗有刺激性，當時我正對淸代學術感興趣，雖然自己並非『超世拔俗之士』，可頗有意於『靡風』『頹波』中，開闢一條學術途徑，盡讀書人的一些棉力，這是我對全謝山的初步認識。稍後泛覽《鮚埼亭集》，對謝山的敬仰之心油然而生；我的大學畢業論文，便是以他爲專題而研究的。這篇數萬言的論文，僅有一部份，於新亞研究所月會中，及日本的學術刊物上發表過，其餘都束諸高閣，一直想整理而乏餘暇。數月前無意中發現原稿，恰逢賓四師《九十祝壽論文集》徵稿通知送達，於是再一次閱讀謝山著作，將舊稿作全面性訂補；雖然新作已非本來面貌，但有些觀點依舊未改。幸而近三十年來，這方面的研究，如鳳毛麟角，拙作的刋行，可能對學術界略有貢獻。

二、今古評價

近代學者予謝山推崇備至，可舉兩位爲例，一爲梁啓超先生，贊道：

若問我對古今人文集最喜愛讀某家？我必舉《鮚埼亭》爲第一部了。謝山性情極肫厚，而品格極方峻，所作文字，隨處能表現他的全人格，讀起來令人興奮。……②

另一位爲陳援庵先生，他老人家治史之暇，最喜歡讀《鮚埼亭集》，『因爲謝山先生選輯資料的矜愼，寫出文章來徵引事實的詳確，淸代學者是再沒有人能及到他的。』③梁敬慕謝山的人格，陳欣賞其治學方法，都予以極高的評價。

如果時光向前推，早在咸同時代，絕不輕易贊人的平步青，已經對謝山異常傾倒，於所著《樵隱昔寱》中一再贊揚，說：『今之古文，以全謝山爲第一，餘子不足道。』④說：『統觀所撰，謂之史才何愧焉；而余所服膺，尤在文學。』⑤又於《國朝文椒》中說：

阮文達謂經學、史才、詞科三者得一足傳，先生兼之。李邁堂謂於漢學、宋學皆能講其是而去其非。文則以椎史，可爲國史張本。⑥

平撰文也摹倣謝山，友人蹇叟讀其文而點穿之：『是學鮚埼亭長者。』⑦可見他的欽佩。

其實，謝山在世時已負盛名，獲得師友激賞，十四歲時，塾師董次歐就贊他『吾門俊人也』。十六歲應鄉試，以古文謁查初白，被稱道爲『劉原父之儔也』。二十八歲，春試北闈，李紱見其行卷，說：『此深寧、東發後一人也。』⑧友人杭董浦贊謝山的考證說：『求之近代，罕有倫比。』⑨

就由於他文才超羣，又性喜闡隱發幽，請作碑版志傳者不乏其人，《鮚埼亭集》中此等記載屢見，如《應潛齋先生神道碑》：

（趙）一清因以（應）潛齋先生墓文爲請，曰：『微吾丈莫悉諸老遺事也。』⑩

又如《沈華甸先生墓碣銘》：

萬編修九沙謂予曰：『沈先生墓上之石未立，杭人知學者少，斯吾子之責也。』⑪

又如《董先生墓版文》：

年運而往，文獻凋殘，諸老之姓名，且有不傳者。予友純軒董弦方輯董氏家乘，請予爲曉山表墓之文，予因牽連及之，庶後之學者有所徵也夫。⑫

又如《初白查先生墓表》：

初白先生之墓，方侍郎靈皐爲之志，其彌甥沈生廷芳，復請表於予。……⑬

謝山自己也曾自負地說：『而予謬以文章推於鄉里，諸公之碑表，多以見屬。』⑭

在美評如潮中難免也偶有貶詞，其中可以章實齋爲例，他在《乙卯劄記》一文中，先作一番贊揚說：

全謝山文集，近始閱其詳，蓋於東南文獻及勝國遺事，尤加意焉。生承諸老之後，淵源既深，通籍館閣，聞見更廣，故其所見較念魯先生頗爲宏闊。

接着有一段惡評：

有寂寞之感。

考訂他傳記、著作最詳實的，莫如近人蔣天樞先生的《全謝山先生年譜》，及《全謝山先生著述考》。⑯論文則以柴德賡先生的兩篇爲最優，⑰綿密精審，可讀性强。陳援庵先生也有糾謬文數篇，可補《鮚埼亭集》之失。⑱最近的論著爲謝國楨先生的《清代卓越的史學家全祖望》。⑲此文自有其貢獻，但也有難解之處，即有些地方謝先

而其文辭不免冗蔓，語亦不甚選擇，又不免於複沓，不解文章互相詳略之法，如魯王起事，六狂生舉事始末，見於傳誌諸作，凡三四處。又所撰神道墓碑，多是擬作，而刻石見用者十居其五，是又沕於八家選集之古文義例，以碑誌爲古文中之大著述也。……乃嗤念魯先生爲迂陋，不知其文筆未足抗衡《思復堂》也。⑮

實齋評謝山，綜合起來有三點：一、文辭欠斟酌。二、文章頗有重複。三、所撰碑文未刻石者半，只爲收於文集中用。關於第一點，文辭之優劣見仁見智，實齋既未具體舉例，茲可不論。第二點指摘重複，甚不妥。所謂『互相詳略之法』，是指一部專著而言：既見於前章，不必又於後章出現；然而碑銘志傳各自獨立，不嫌重複，如爲某甲撰墓表，豈可說事詳某乙碑文？第三點說撰文而未實用，這也不當，謝山撰文是恐文獻凋落不存，目的與寫史無異，刻名與否根本不成問題。實齋因謝山評其所崇敬之邵念魯爲迂陋，故而反唇相譏，卻不成其爲理由。

三、傳記文獻

謝山的傳記頗多，除《清史稿》外，尚有《清史列傳》、《國朝先正事略》、《文獻徵存錄》、《鶴徵後錄》等，然而都語焉不詳，且輾轉鈔錄，內容泰半雷同。現在概括如下：

全祖望，字紹衣，學者稱謝山先生，鄞縣人。生康熙四四年（一七〇五），卒乾隆二十年（一七五五），年五十一。十六歲能爲古文，討論經史，證明掌故。爲學淵博無涯涘，於書無不貫串。生平服膺黃宗羲；宗羲表章明季忠節諸人祖望益修枌社掌故、桑海遺聞以益之，詳盡而核實，可當續史。

謝山爲清代浙東史學巨擘，既負盛名於當世，又遺芳躅於後代，但他的傳記如此簡略，近世研究者不多，不免生修正了以往的說法，由正確變爲錯誤。如乾隆二年，謝山庶吉士散館，被列爲劣等，乃得罪時相張廷玉之故，諸書均作此說，謝先生一九三二年出版的舊著亦同。⑳然而此文卻作『張英』；英爲廷玉父，早卒於康熙四七年，何能於乾隆時作梗？又如謝山文集分內外編，或說此乃倣效明末遺老自選文集的用意：內編係無關攸要的應酬文字；外編則爲有干清廷忌諱的文章。我不贊同此說，因內編中頗有忌諱之文，如《錢忠介公神道碑》、《董公神道碑》、《倪公墳版文》等等；而外編內卻有不少無聊文字及論學之作，如卷一至卷三的賦，卷十六、十七的藏書記，卷二六、二七的序、跋等等都是。這種矛盾謝先生也曾有文解釋，說此集非純出於謝山手編，因此不一定適合明季遺老編訂內外編之旨。㉑此點與鄙見相合，然而新著中提及內外編分類事，卻刪去了這段解釋，實屬費解，諸如此類尚多，不例舉。

四、謝山性格

知人論世，該先分析一下謝山的性格。他爲人狷潔、耿介，風格稜稜不可犯，因此與時多忤，一生偃蹇，甚至饔餐不給，冬衣袷衣，而他卻處之泰然。

由於心直口快，又好揭人之短，因而多得罪於人，『知夫莫若妻』，有這樣一段軼聞：

孺人嘗以予性地伉直，恐不容於時，多因事相規切。戊申之夏，予患齒痛甚劇，孺人笑曰：『是非雌黃人物之報耶？』予賦長句一章解嘲，……㉒

他那種疾惡如仇的正義感，少年時已顯露：十四歲那年，謁學宮，至鄉賢名宦祠，見供有謝三賓、張杰木主，大怒，說：『此反覆賣主之賊，奈何汚宮牆！』即取椎碎，投入泮池。㉓

其文集中指摘三賓處最多，詈之爲『降臣』『降紳』『夫己氏』等。㉔

對於業師，也敢抗席而爭，後來他追記道：

予少無羈檢，酒後放言四出，多見罪於長者。（董）先生最持崖岸，然予輒妄前爭論經史，先生獨優容之。……㉕

也曾與其舅父有芥蒂，他說：

先舅蓼厓先生，嘗有不快於予，偶及之，先生（指張韞山）笑曰：『天下豈有以舅氏而與外甥爭名者耶？』通席爲之軒渠。是日先君亦在座，歸而詈予曰：『汝毋以張丈之言妄自怙也。』先生之善解人頤類如此。㉖

友人某於喪中產子，謝山大怒，修書一通，與之絕交。㉗

謝山在仕途上一蹶不振，多和他個性有關。當地長官孫詔十分器重他，他卻從未因私事過訪。其後孫欲謝山自署門生，從此絕足不赴衙門。㉘

二十六歲那年，他選貢入都，中途短盤纏，有族人某於按察使司爲幕客，謝山擬向告貸。獲得隆重欵待，出於意度之外。族人道出眞情，說：『此主人之意也，雅慕子名，且投一門下刺，佽助當不資。』謝山於酒席間聞說，即刻輟筷而起，質衣付車資而行。㉙

以上都是一些小節，最嚴重的是謝山開罪了時相張廷玉，因而在仕途上屢遭挫折。乾隆元年，他原已報考博學鴻詞科，但已於稍早前成進士，張廷玉爲銼磨他，特奏：『凡經保舉，而已成進士入詞林者，不必再與鴻博之試。』㉚因此使他失卻中大科機會，至於遭忌緣由，據其弟子蔣學鏞說，共有兩因，一是：『丙辰成進士，與張相國子爲同譜，相國命其子招致，固謝不往。』一是：『相國方與李閣學穆堂、方侍郎靈皋交惡，而先生於二公極歡。』因而遭忌。㉛謝山因不得與試，甚爲氣憤，曾擬作試卷，『出與試諸人右』，因此『當事者益疾之。』㉜翌年五月，庶去士散館，竟被列爲下等，其舅蔣蓼厓同時被黜，謝山在一篇文中提及此事，說：『或曰當事者惡予，因及先生（指蔣）。』㉝謝山原可外補爲知縣，卻一氣之下返鄉，從此不再仕進。

五、褒獎氣節

謝山失意歸鄉後，潛心寫作，他筆底下很少吟風弄月的詩文，可以說是一個純粹的學者。由於勤於著述，在不算太長的五十載生涯中，產生了大量作品，其中最重要的是《鮚埼亭集》內外編、《經史問答》、《困學紀聞三箋》、《七校三經注》及《續甬上耆舊詩集》；以今天的眼光來看，都是上乘的學術論文。這些著作中，經常被提出來討論的，則是《鮚埼亭集》。集中泰半爲碑銘志傳；一般碑版之文多諛墓之作，謝山卻無此種缺點，下筆對象多殘明遺民佚士，寫得『纏綿惻愴，有變徵之音。』㉞此類作品重點都在『褒獎氣節』上。謝山生時，明亡已數十載，何以仍持有强烈的民族意識，汲汲表章幽隱呢？這與他家世有關。全門世代忠義，清兵南侵時，爲了表示抗議，一天中全氏棄諸生籍的有二十四人之多。㉟他的本生曾祖大程，魯王監國時，曾任太常寺丞，事敗，携子避地深山，但仍與志士潛通消息。㊱祖父吾騏，明亡後「終日危坐嘯咏，或臨風隕涕」。撰有《聽濤棲集》，李文纘在序中贊道：「故國之音，鏗然欲絕。」㊲

謝山父書少時曾隨父周旋諸遺民間，所得故國軼聞遺事甚夥。㊳其族母張孺人乃抗清英雄張蒼水之女，展墓歸來時謝山曾向伊問舊事，「據觚而聽，聽已即記之。」㊴

家世以外，鄉土背景也是一個重要因素。謝山桑榆浙東，爲魯王監國之地，多激昂之士，滿人來犯時，畫江而守，眞箇是書生裹甲，士女捐棄，誓不與異族共立。此等壯烈事蹟，至謝山之世，故老仍能追述，使他深受感動，終於執筆爲文，描繪浙東一隅殘山賸水的眞貌，可作「魯史」讀。

此外明末諸大儒的影響也不可忽略，他們都抗志高蹈，不事異姓。明社既屋，便沒頭著述，追叙當時可歌可泣的史實，如黃棃洲的《行朝錄》，顧亭林的《聖安本紀》，王船山的《永曆實錄》，陸桴亭的《江右紀變》等都是。此輩遺老均爲謝山所心儀；特別是浙東學派大師黃棃洲，尤爲他所私淑，其所作多碑版之文，實受棃洲啓發而至。

六、史以紀實

謝山於文網森嚴的雍乾時代，甘冒斧鉞之誅，道人所不敢道，這種直言無隱的果敢行爲，在當時可以說出類拔萃，獨一無二的。他曾說：「士必臨大節而不可奪，然後謂之不俗。」㊵因爲「忠義者實聖賢家法，其氣浩然長留天地間。』㊶因此其筆下人物，不是抗節不屈的宏儒，便是捨身取義的壯士；此外僧道、娼妓等，只要其人有一點可取之處，都為之作傳。㊷

他對於忠奸之辨甚清，《鮚埼亭集》中有文多篇痛詆毛奇齡，因為毛說忠臣不必死節，謝山評道：『異哉其立言也。忠臣不必盡死節，然不聞死節之非忠臣也。』㊸

謝山主張『史以紀實』，非其實者非史也。㊹也就是作史應是是非非，善惡不相掩，梨洲乃其最崇敬之人，譽之為『有明三百年無此人』。但也有微詞：

唯是先生之不免餘議者則有二：其一則黨人之習氣未盡，不免以正誼明道之餘技，猶流連於枝葉，亦其病也。㊺

方苞也是謝山敬仰的長者，卻並不隱諱其謬誤，《萬貞文先生傳後》說：

方侍郎謂（萬斯同）先生卒於浙東，則是侍郎身在京師，乃不知先生之卒於王尚書史局中，而曰：『弔之無由。』其言大可怪。侍郎生平於人之里居世系多不留心，自以為史遷、退之適傳皆如此，乃大疎忽處也。又謂先生與梅定九同時，而惜先生亦不如定九得邀日月之光，以為泯沒，則尤大謬。㊻

謝山為摯友厲鶚作墓碣銘，也直言不諱，說：樊榭（厲鶚字）以求子故，累買妾，而卒不育，最後得一妾頗昵之，乃不安其室而去，遂以怏怏失志死，是則詞人不聞道之過也。且王適不難謾婦翁以博一妻，而樊榭至不能安其妾，則其才之短又可歎也。㊼

為舊知王立甫撰壙志銘，也有指摘：

……顧立甫有膏肓之疾，莫甚於好名；以其好名，故不慎於擇交，而連染之禍至，逮入京師。㊽

即其母舅蔣蓼厓，謝山於《穿中柱文》中，也直言其爲人捉刀，代應科擧試，因此獲譴。㊾謝國楨先生以現代史學家的眼光來看，都認爲『這都是應有分寸不該說的話。』㊿歸安楊鳳苞秋室曾針對這件事曾評道：『謝山所撰蔣蓼厓穿中柱文，不滿蓼厓之處，應加刪削，使謝山有知，亦當首肯。』謝先生引此文而下結論：『是則秋室可謂謝山之諍友，不僅發揚明季稗乘，有功於史學者已也。』㉛其實謝山此文甚公允，並非無的放矢，內有『因戲爲人代筆』，『以此獲譴于學使者曲阜顏公』一語，謝先生以忠恕之道來看，認爲應刪，然而以『史以紀實』的觀點來看，又有何礙？

謝山對親友如此，對反清志士也相同，他描述殉國烈士魏耕，有這樣的一段：

先生於酒色有沉癖，一日之間，非酒不甘，非妓不寢，禮法之士深惡之。㉜

寫定西侯張名振，一面竭力贊揚其勳功偉績，一面於其擅殺平西伯王朝先，及恃險輕出一節，說：『吾固不必爲之諱。』㉝寫御史陳艮謨，盛贊其『不好名，其殺身所以獨貞也』，但也批評他和楊嗣宗的交往，『自少知人之鑒，此不足爲公諱。』㉞

相反地說，奸佞有一得之見，不應因其人而廢言，也該表章，如宋代鄭丙，謝山說：

宋史詆之甚峻，予夷考之，則前此丙亦清流，一自倡攻道學，遂喪名節，而一跌不可復振矣。……然宋史一概抹而不書，則亦非善惡不相掩之史法也。㉟

又如明末奸臣馬士英，其子錫非其父所爲，『欲感悟之而不得，遂先歸，其後不豫於禍。』這段史實『明史不宜失之，是則犂牛有子之說也。」56總之，這種『史以紀實』『善惡不相掩』的史法，處處貫通於《鮚埼亭集》中。

七、文獻脫落

謝山所作，多爲桑梓掌故，近世當代之史；也就是說著重在南明這一段期間，此無他，因這方面最缺乏之故。他撰寫無數傳記，希望作爲國史館修史的藍本，他一再說過，如《梨洲先生神道碑文》：

乃因公孫千人之請，捃摭公遺書，參以行略，爲文一通，使歸勒之麗牲之石，並以爲上史局之張本。57

又如《平涼府蔣公墓表》：

天子方修國史，如公者一朝牧守之冠冕也，乃爲之墓表，以作史局立傳之底本。58

又如《陸桴亭先生傳》：

予惟國初儒者曰孫夏峯，曰黃梨洲，曰李二曲最有名；而桴亭先生少知者。及讀其書而歎其學之邃也。乃仿溫公所作文中子傳之例，采其粹言，爲傳一篇，以爲他日國史底本。59

諸如此類，不一而足。明史之編纂出於萬斯同之手，應該相當核實，然而也有不足之處；那就是忌諱太多，不能暢所欲言，特別是殘明史事，隱晦不明，謝山有評，如《盧公祠堂碑文》說：

明史開局以來，忌諱沉淪，漸無能言公之大節者，聊因祠記而發之。60

又如《明大學士熊公行狀跋》說：

明史作公傳，皆本行狀，而乙酉以後起兵之事甚略，蓋有所諱而不敢言。61

又如《明婁秀才窆石志》說：

桑海之際，吾鄉以書生見者，最多奇節，如所云六狂生、五君子、三義士、皆布衣也，當時多以嫌諱弗敢傳。……㊷

此等批評，不勝枚舉，由於忌諱，以至文獻脫落，使謝山唏噓不已，如《應潛齋先生神道碑》說：

應先生之沒六十年，遺書湮沒，門徒凋落且盡，同里後進，莫有知其言行之詳者。予每過杭，未嘗不爲之三歎息也。㊸

又如《沈旬華先生墓碣銘》說：

……惟先生與潛齋皆以涼心篤行，師表人倫，乃其風節，尤爲殊絕；顧世或有知潛齋者，而先生沈冥更甚，百年以來，求其遺書，竟不可得。㊹

又如《江都王公事略》說：

……而以首陽之節參之，其耿耿之心，未嘗於諸公有媿也。乃文獻淪胥，向之揚人，無知公者，問之寧人，亦無知公者，……㊺

又如《雪交亭集序》說：

故國喬木，日以陵夷，而遺文與之俱剝落，徵文徵獻，將於何所？此予之所以累唏長嘆而不能自已也。㊻

又如《鐵公神道碑》說：

明史不爲（錢敬忠）公立傳，百年以來，知之者鮮矣。㊼

又如《明大興知縣宗公傳》說：

公之事既不甚傳，故明史亦闕。㊳

《鮚埼亭集》中這樣的批評繁多，所舉者不過其中一部份而已。

八、明史糾謬

明史不僅史料脫落，且多謬誤，今舉《鮚埼亭集》數例，與《明史》一一對照，可見謝山所云不謬。

㈠《明史·喬宇傳》：

帝至南京，詔百官戎服朝明年元旦，（安慶守備喬）宇不可，率諸臣朝服賀。江彬索城門諸鑰，都督府問宇，宇曰：『守備者所以謹非常，禁門鎖鑰孰敢索？亦孰敢予？雖天子詔不可得！』都督府以宇言復，乃已。㊴

謝山以爲《明史》張冠李戴，抗佞臣江彬者非喬宇，而是中軍都督府經歷楊美璜，他在《楊公傳糾謬》中爲之辯白：

武宗南下，車駕至留京，其時江彬勢張甚。……一日，夜漏將丙，彬忽傳宣，從中府取京城門鑰，不知其何所爲也。公（指楊美璜）以祖宗定制，不許夜啓，卻之。彬怒，再遣人以危詞恐嚇，不得不已，公拒之益厲，及晨，彬詐傳旨，逮之下獄。南樞臣喬宇盛氣責公，意欲公引罪而請之彬。公抗詞不屈，其時行在大臣雖心重公，且明知下獄之出於矯旨，顧畏彬，莫敢奏者。已而有旨釋諸囚，南理寺猶畏彬，覊公以待命，衆以爲必死。幸武宗雖幸彬，而英明未替，彬雖擅命，不敢私有殺害。及北還，竟釋之。彬誅，世宗聞公事，嘉嘆，遷工部虞衡郎，出爲廣南、廣西二府知府。……(70)

《明史》將罷愞的喬宇寫成英雄，而抹殺了楊氏，這種顚倒黑白的歷史，如無謝山糾謬，後世何得而知？

(二)《明史．余鯤起傳》

清兵破桂林時，御史余鯤起抗節不屈，糧盡而卒，《明史》附於《何騰蛟傳》，惟聊聊數字。

未幾，監軍御史余鯤起、職方主事李甲春取寶慶。(71)

謝山特爲之表章，《甬上桂國三忠傳》說：

余公字南溟，鄞人也，亦以明經從何公騰蛟幕，累官以御史充監軍。何公出師湖南，與職方主事李公甲春復寶慶。會兵下長沙，已而寶慶將王進才棄城走，湖南盡失，何公死之。公重跰還桂林，復爲御史。桂林再破，逃入蕭寺，絕粒而卒。今《明史》附見何公傳，特不詳其晚節，爲可惜。(72)

(三)《明史．張春傳》：

明史敘張春事，雖稱其『居古廟，服故衣冠，迄不失臣節而死。』然而卻誤指其居中爲明、滿媾和，至於『朝中譁然詆春，誠意伯劉孔昭遂劾春降敵不忠，乞削其所授憲職，朝議雖不從，而有司繫其二子，死於獄。』(73)謝山爲之申辯，說春必無勸和之舉，《讀明史張春傳》中說：

太僕（指張春）以崇禎四年陷於東，天聰之五年也；凡九年而卒，崇德之四年也。顧以《太宗實錄》參之《明史》，則事不甚合。又取何絜所作太僕傳參之二史，亦不甚合。《實錄》：太宗令太僕上書莊烈帝，勸令講和，太僕曰：『此事必不可言，我係被執，又非所宜言。』太宗遂不復强。而《明史》莊烈既遙加太僕以憲節，太僕有疏請議和，遂爲劉孔昭所劾，有司請削太僕所加憲節，帝雖不從，而有司竟收其二子下獄，至於死，則大相矛盾。使太僕果勸明以和，亦不害其爲忠，然終不如《實錄》所言之凜然。且使太僕既奉太宗之命以勸和，《實錄》何以反諱其事而抹殺之，不可信者一也。當時俘囚諸人如德王，嘗上疏於明以勸和，鎮守太監亦嘗上書於明以勸和，《實錄》皆備載其文，何獨於太僕之疏而諱之，而抹殺之，不可信者二也。吾故曰《實錄》所據乃當時檔案，必不錯，其錯當屬於《明史》。然《明史》亦不應鑿空撰爲此事，或者當時之人有冒太僕之名以上書者，因招孔昭之劾，異國遙遠，莫能覈其誣耳。何傳亦不載此事，然則究當以《實錄》爲定也。⑭

(四)《明史・王光恩傳》：

《明史》誤王光恩『以功名終』⑮，謝山道出光恩以反而死，於《題高中丞存漢錄》中說：

王光恩入本朝爲襄陽總兵官，《存漢錄》中載之甚明，其後以反而死，見於高公之子宇泰所著《雪交亭集》。光恩以反死，其弟光泰入鄖陽十三軍中，亦見《雪交亭集》。而《明史》列光恩於高傳之尾，曰：『以功名終。』誤矣！《雪交亭集》流傳不甚廣，若《存漢錄》則送入史館，不應亦未之見也，斯言蓋誤本於盧宜。⑯

除了糾謬以外，謝山還搜羅各方面的史料，爲《明史》增加了無數篇幅，如《明史・熊汝霖傳》不及百字，⑰謝山卻在《熊公行狀跋》中增添加一千餘字。⑱又如《明史・錢肅樂傳》僅有四百餘字，⑲謝山撰《錢公神道碑》，竟增加到十四倍的六千四百餘字，⑳他對明史的貢獻，由此可見。

九、野史舛錯

謝山評明代野史十分嚴厲，說：「明野史凡千餘家，其間文字多無穢，不足錄。」⑧¹說：「野史最多妄言。」⑧²說：「野史多疏漏。」⑧³依他的意見，野史之難信，其因有二：一是全憑傳聞，無心之失，乃「君子之過。」另一是蓄意淆亂是非，乃「小人之過。」⑧⁴前者如彭仲謀的《流寇志》，「但憑邸報流傳，全無實據。」⑧⁵又如《幸存錄》一書，謝山引梨洲之說：「《幸存錄》爲不幸存錄，以其中多忠厚之言，不力詆小人也。」⑧⁶無心之失的例子，如錢退山爲其兄肅樂作傳，亦不免錯漏⑧⁷。至於「小人之過」爲例尤多，如鄒漪流的《明季遺聞》，「穢誣不堪」，特爲張縉彥、李明睿等開脫，「是思以隻手掩天下也。」⑧⁸又如吳農祥所作殘明諸公傳，「信口無稽，以欺罔天下。」⑧⁹所撰朱孩未、章格庵、張蒼水等事蹟，「大半舛錯，全無考證。」⑨⁰最後我們引證下列一段文字，可作謝山對野史的總評，他說：

明末紀述，自甲申以後，螢光爝火，其時著述者捉影捕風，爲失益多。兼之各家秉筆，不無所左右袒，雖正人君子，或亦有不免者。後學讀之，如棼絲之不可理⑨¹。

十、時代限制

謝山生當文網森嚴的雍乾時代，無懼於刀鋸鼎鑊之誅，積極表章殘明志士，其精神令人敬仰。然而有些言行，卻又顯出了他的妥協性，遠不及明末諸大儒，如黃梨洲、顧亭林、李二曲、顏習齋等，此輩人均堅貞不渝，矢死不與清廷合作。謝山卻有時淡泊，有時熱中，他曾經數度卻薦，如二十三歲那年，寧守孫詔欲推薦於朝，他上書力辭[92]。翌年學使王蘭生擬以賢良薦，謝山又以雙親年邁、侍養乏人爲辭而推卻。[93]自乾隆二年，三十三歲時外放後，即居家不出。三十七歲答李紱詩問出處詩說：『自分不求五鼎食，何妨平揖大將軍。』[94]第二年吏部催赴選，以心喪未盡而辭，《董譜》說：『其實先生本無意出山也。』[96]到了四十一歲，窮困不堪，前京兆尹陳句山以書催他出山，謝山說：『星齋盛誇我用世之才，以相歆動，其意爲我貧也。』答以詩，示不出之意，《董譜》說：『蓋生於出處之際，籌之熟矣。』[96]

以上都表示出淡泊的一面，但並非一貫如此。康熙五十九年，謝山十六歲，始應鄉試。雍正七年，二十五歲，充選貢，這次乃奉母命：『太夫人曰：「歐陽詹求有得而歸，以爲親榮。夫但言有得，尚不過世俗之榮，倘能有得而又有聞焉，是則吾所望於汝也，汝其行矣！」遂以明年春治裝北上。』[97]雍正十年，二十九歲，舉北京鄉試，不第，這次乃奉父命。乾隆元年，三十歲，成進士，入詞館，是年九月，試博學鴻詞科百七十人，謝山不得與試，倖倖不平[98]。他曾經激烈地抨擊科舉之害：『活埋天下士，昏墊不堪援。』[99]而自己卻曾參與，一旦被拒參與鴻博，竟負氣擬作，遷怒時相，凡此種種，不能不說是他對功名的執着，但尚可以辯爲『親命難違』，然而他的確曾沾沾自喜地道出中舉的喜悅，說：

十世祖休菴府君墓在沙渚之上，有樟樹焉，蓋四百年矣。長老相傳：樹盛吾家有達者，否則枯。……自十年以後，樹稍葱蘢有生意。已而漸童童如車蓋，濯枝潤葉，湛露泥泥，於是宗人爭相告語，引領而望，以爲積衰之可振。不數年，而不肖荐詞科，成進士，讀中祕，宗人以爲此若應也。……[100]

當他的摯友厲鶚不願應試，他作書力勸[101]，此等作爲豈非自相矛盾？

另外，他有些言行，也不能令人理解，譬如乾隆二年，泰陵配天禮成，他特地撰寫了《大禮賦》上獻，內容自然是一些歌功頌德的諛詞。方苞稱贊它：『筆力弗逮杜公，然語語本經術，典核矜重，則杜公微媿拉雜矣。』[102]可是徒勞無補，五月散館，名列下等，左遷外補，他一氣就歸里不出。

乾隆十六年，謝山四十七歲，這年三月，乾隆奉太后南巡江浙，謝山以帶病之身，赴蘇州迎駕，卻失望而歸，《董譜》說：『浙中士大夫俱赴吳門迎駕，多有錄用及賞賚者，獨先生與董浦先生寂然，說者謂甌臣未嘗上達也。』可是《董譜》卻在下文爲其師掩飾，說其時謝山有詩贈梁薌林，中有句：『故人爲我關情處，莫學瓊山强定山。』又說：『蓋少師（指薌林）欲荐先生，而先生辭之也。』[103]此話實難令人接受，謝山如非希圖進用，何苦力疾迎駕？而他所撰的《皇雅》，恰巧於此時殺青，不能不說是一種偶然的巧合。這《皇雅》措辭比《大禮賦》更肉麻，說什麼『〔滿清〕三祖二宗之豐功，非筆札所能盡其揚扢』，說什麼『三百有一帝，享國誰久長』，『始終一德，曰惟仁皇』。[104]

這篇諛詞不但無補於他的偃蹇，而且幾乎惹出一場文字獄，《清稗類鈔》說：

……（謝山）嘗作《皇雅篇》，篇中有《大討賊》，註曰：『志取北都也，敘述世祖得天下之正，謂萬古無有倫比，其辭曰：「天下喪亂，將以啓聖人，……曰惟積功與累仁。」』有忌者摘其詩語，謂：『不忘有明，雖頌昭代開國之功，實稱揚思宗之德，有煽惑人民不忘故主之意。「思嗔」二字暗指本朝，「爲我討賊清乾坤」，竟敢冠「賊」字於「清」字之上，尤爲悖逆。「驚見沖齡未十春，累相創業，未之或聞，負扆委袞一朝唾手」等句亦多微詞。』謝山因此幾獲譴，幸大學士某爲之解釋，始免。⑩⑤

然而此處有一疑問，旣然這是一篇幾罹大獄的文章，謝山臨終前手定文稿，何以不修改？其弟子爲其整理鈔錄時何以不删削⑩⑥？還有，文中的大學士某，一般都指李紱⑩⑦，《皇雅》成於乾隆十六年，李紱於前一年已卒，又何能爲謝山緩頰？可見此說不可信，姑錄之作爲參考。

清初諸儒不懼刀斧之加，不爲功利所誘，相形之下，就顯得謝山的軟弱，此無他，世移時轉，謝山生長於清朝，自不能與殘明遺老相比。正如徐狷石所說：『吾輩不能永錮其子弟以世襲遺民也。』⑩⑧因此，以棃洲之大節，晚年卻遣其子編修《明史》，以亭林之耿介，而二甥俱爲顯宦，以船山之堅貞，而其子以時文名，以習齋之嚴峻，而其高足李恕谷乃應科舉試。

讀書人終極目的爲經世致用，然則必須出仕，必須應試，否則將沒世不聞。謝山雖願淡泊以終，而環境不允許，因此引起許多矛盾。有人評棃洲不應以故國遺老，尚與時人交接，謝山爲之申辯，說：

……是可以知先生之所以自處，固有大不得已者，蓋先生老而有母，豈得盡廢甘旨之奉？但使大節無虧，固不能竟避世以爲潔。……⑩⑨

母老家貧，謝山之處境正同，爲棃洲辯，正如爲自己辯，爲了甘旨之奉，不得不向現實低頭，委曲求全。然而在那樣險惡的環境下，他仍敢冒大不韙，寫出無數可歌可泣的文章，這就不同流俗了。

一說謝山此等作爲，乃是一種掩護工作，譬如陳援庵先生就以爲謝山娶滿學士春台之女爲續弦，及撰寫頌揚聖德之文，是一種『烟幕彈』。⑪⓪謝國楨先生也以爲與滿人聯姻，『在政治上提供了一張護符。』⑪⑪拙見以爲這並不起多大作用，謝山所以能逃避文網，主要是生前大部份作品尚未梓行，無人上告揭發，才能僥倖過關；不然，即使與滿人攀親，即使撰頌德之文，以清帝之嚴，又何補於事？

註釋：

①：錢穆：《中國近三百年學術史》頁三〇五。
②：梁啓超：《中國近三百年學術史》頁九一。
③：謝國楨：《清代卓越的史學家全祖望》頁三四四，見《清史論叢》第二輯，北京，中華書局，一九八〇年八月。
④：平步青：《樵隱昔寱》卷十四，《鮚埼亭文集跋尾》。
⑤：同上。
⑥：平步青：《國朝文棷》卷三。
⑦：平步青：《棟山樵傳》。
⑧：以上三條俱見董秉純《年譜》（以下簡稱《董譜》。）康熙五七年、五九年、雍正十年條。
⑨：杭世駿《詞科掌錄》卷二，厲鶚篇。
⑩：全祖望《鮚埼亭集》內編卷十二，《應潛齋先生神道碑》（以下凡出自《鮚埼亭集》者，只書內、外篇、詩集，及卷數、篇名。）
⑪：內編卷十三，《沈華甸先生墓碣銘》。
⑫：外編卷六，《湖上社老曉山董先生墓版文》。

⑬：外編卷七，《翰林院編修初白查先生墓表》。
⑭：外編卷六，《明婁秀才窆石志》。
⑮：章實齋：《乙卯劄記》。
⑯：蔣天樞：《全謝山先生年譜》，上海，商務印書館，一九三二年。《全謝山先生著述考》，《北平圖書館刊》七卷一、二號，一九三二年三月、四日。
⑰：柴德賡：《全謝山與胡稚威》、《輔仁學誌》十卷，一、二期，一九四七年十二月。《鮚埼亭集謝三賓考》，《輔仁學誌》十二卷，一、二期，一九四三年十二月。
⑱：如《書鮚埼亭集·陳忠肅祠堂碑後》、《書全謝山先侍郎府君生辰記後》等，均收於《陳垣史源學雜文》內，人民出版社，一九八〇年，十月。
⑲：同註三。
⑳：謝國楨：《黃梨洲學譜》頁一五六，上海，商務印書館，一九三二年十二月。
㉑：謝國楨：《明清筆記談叢》頁三一五，《楊秋室校本鮚埼亭跋》，北京，中華書局，一九六〇年七月。
㉒：外編卷八，《張孺人神誥》。
㉓：《董譜》康熙五七年條。
㉔：柴德賡：《鮚埼亭集謝三賓考》（參註十七。）
㉕：內編卷十九，《董次歐先生墓版文》。

㉖：外編卷七，《張丈韞山墓表銘》，並參內編卷二一，《翰林蓼厓蔣先生穿柱文》。
㉗：外編卷四六，《與友人絕交書》。
㉘：《董譜》雍正五年條。
㉙：蔣樗菴：《年譜附記》。
㉚：蔣天樞：《全謝山先生年譜》（以下簡稱《蔣譜》。）乾隆元年條。
㉛：蔣樗菴：《樗菴存稿．二書全謝山先生年譜後》。
㉜：同註三十。
㉝：內編卷二一，《翰林蓼厓先生穿柱文》。
㉞：劉光漢：《全祖望傳》，《國粹學報》十一期。
㉟：外編卷八，《先曾王父先王父神道闕銘》。
㊱：《蔣譜》敘全氏世系處。
㊲：李文纘：《聽濤樓集序》：『北空（吾騏字）之詩，蒼涼酸楚，寫其心，寫其照，宛在目前，故國之音，鏗然欲絕！』
㊳：內編卷二六，《明太常寺卿晋秩右副都御史繭菴林公逸事狀》。
㊴：外編卷四，《明故太師定西侯張公墓碑》。又外編卷十九，《張督師畫像記》。
㊵：詩集卷二，《漳浦黃忠烈公夫人蔡氏寫生畫卷詩》引山谷語。

㊶：外編卷二十，梅花嶺記。

㊷：僧如以『忠孝作佛事』之南嶽和尚（內編卷十六。）道如簪冠南隱之忍辱道人（內編卷十四。）娼妓和葛嫩、草衣道人、香娘、沈隱等，謝山謂：『此不可以其早歲之失身而隔之淸流者也。』（外編卷十二，《沈隱傳》。）

㊸：外編卷三三，《書毛檢討忠臣不死節辨後》，又見外編卷十二，《蕭山毛檢討別傳》。

㊹：內編卷二九，《帝在房州史法論》。

㊺：外編卷四四，《答諸生問南雷學術帖子》，並參內編卷二一，《五嶽遊人穿中柱文》。

㊻：內編卷二八，《萬貞文先生傳後》。

㊼：內編卷二十，《厲樊榭墓碣銘》。

㊽：內編卷二十，《王立甫壙志銘》。

㊾：同註三十三。

㊿：同註三，頁三四七。

51：同註二一，頁三一三。亦見謝著《增訂晚明史籍考》頁九二八，上海，古籍出版社，一九八一年二月，新一版。

52：內編卷十三，《祁六公子墓碣銘》。

53：外編卷四，《明故太師定西侯張公墓碑》。

54：內編卷六，《明四川道御史再贈都察院副都御史謚忠貞今謚恭潔陳公神道碑》。

㊺：外編卷二八，《題宋史鄭丙列傳》。
㊻：外編卷三十，《題馬士英傳》。
㊼：內編卷十一，《棃洲先生神道碑文》。
㊽：內編卷二一，《知平涼府蔣公墓表》。
㊾：內編卷二七，《陸桴亭先生傳》。
㊿：外編卷十四，《尚書前浙東兵道同安盧公祠堂碑文》。
61：外編卷三十，《明大學士熊公行狀跋》。
62：同註一四。
63：同註十。
64：同註十一。
65：外編卷十一，《明兵科給事中前知慈谿縣江都王公事略》。
66：外編卷二五，《雪交亭集序》。
67：內編卷六，《明直隸寧國知府玉麐錢公神道碑》。
68：外編卷十二，《明大興知縣宗公傳》。
69：《明史》卷一九四，喬宇傳。
70：內編卷三五，《知廣西府楊公傳糾謬》。

⑺：《明史》卷二八〇，《何騰蛟傳》附《余鯤起傳》。

⑿：外編卷十二，《甬上桂國三忠傳》。

⒀：《明史》卷二九一，《張春傳》。

⒁：外編卷二八，《讀明史張春傳》。

⒂：《明史》卷二六〇，《高斗樞傳》附《王光恩傳》。

⒃：外編卷二九，《題高中丞存漢錄》。

⒄：《明史》卷二七六，熊汝霖傳。

⒅：同註六一。

⒆：《明史》卷二七六，錢肅樂傳。

⒇：內編卷七，《明故兵部尚書兼東閣大學士贈太保吏部尚書謚忠介錢公神道第二碑》。

㉛：外編卷四四，《與盧玉溪請借鈔續表忠記書》。

㉜：外編卷二九，《題南都雜誌》。

㉝：同註六一。

㉞：同註三八。

㉟：外編卷二九，《跋彭仲謀流寇志》。按《流寇志》一名《平寇志》，謝山指其傳聞失實，北京圖書館藏本頗有改正，謝山所見者，或者另一稿本，說見謝國楨：《增訂晚明史籍考》頁二七二。

⑱：外編卷二九，《跋汰存錄》。
⑰：同註八〇。
⑱：外編卷四九，《記方翼明事》。
⑲：外編卷三十，《題田閒先生墓表後》。
⑳：內編卷三五，《周覽堂事辨誣》。
㉑：外編卷四三，《與史雪汀論行朝錄書》。
㉒：《董譜》雍正五年條。
㉓：同上，雍正六年條。
㉔：同上，乾隆六年條。
㉕：同上，乾隆七年條。
㉖：同上，乾隆十年條。
㉗：同上，雍正七年條，頁四。
㉘：《蔣譜》乾隆元年條，頁六〇、六一。
㉙：詩集卷七，《偶與南漪語及科舉之害》。
㉚：外編卷二一，《先休菴府君墓樹記》。
㉛：外編卷四六，《與厲樊榭勸應制科書》。

⑩2：《董譜》乾隆二年條。
⑩3：同上，乾隆十六年條。
⑩4：內編卷一，《皇雅》，《聖清戎樂詞》及《久道志純也》篇。
⑩5：徐珂：《清稗類鈔》卷二五，獄訟類，《全謝山幾以皇雅篇獲咎》。
⑩6：陳垣先生有文《全謝山曾遭文字獄辨》，與拙見相同，見《陳垣史源學雜文》。
⑩7：同註三，頁三四一。又同註二一，頁三一四。
⑩8：外編卷三十，《題徐狷石傳後》。
⑩9：外編卷四四，《答生問南雷學術帖子》。
⑪0：陳垣：《全謝山聯姻春氏》，見《陳垣史源學雜文》。
⑪1：同註三，頁三四一。

廣異記初探

杜德橋

(一)成書年代及佚文眞僞

廣異記二十卷是唐代的志怪故事集，原書現已失傳。其成書過程及作者生平，別無任何記載，只有顧況「戴氏廣異記序」，見於文苑英華卷七三七①。序云：

譙郡戴君孚，幽頤最深。安道之胤，若思之後；邈爲晋僕射，逵爲吳隱士；世濟文雅不隕其名。至德初，天下肇亂，況始與同登一科。君自校書終饒州錄事參軍，時年五十七。有文集二十卷，此書二十卷，用紙一千幅〔當作幅〕，蓋十餘萬言。雖景命不融，而鏗鏘之韻固可以輔於神明矣。二子釴、雍，陳其先志，泣請父友況；得而敍之。

可知戴孚和顧況的關係是同科進士。他後來仕途上無大成就，新舊唐書沒有他的本傳，也是難怪的。雖然知道他死時年五十七，他的生卒年代卻不清楚。按顧況登進士第，據今人傅璇琮考證，是唐肅宗至德二載（公元七五七年）的事。那年因安祿山之亂，在江東進行選補和考試；顧況本是蘇州人，就在當時參加考試②。戴孚也在同年及第，自是考知他生卒年代的一條線索。他應選及第的年齡總不下于二十歲，所以他出生年代不會遲於七三八年。他死時既然五十七歲，卒年則不會遲於七九四年，即德宗貞元十年。所撰的廣異記，成書年代自然也就不遲於七九四年。然而成書年代不早於何年則較難考定。顧況序中並沒有暗示。只得從廣異記本文中尋求內證材料。

廣異記的原本似乎很早就失傳（說見下文）。現在可看到的只有散見於宋代類書的三百餘篇佚文。其中最大多數見於九七八年成書的太平廣記。這也是十分自然的事。錢鍾書著管錐編中介紹太平廣記，有如下的說法：

「太平」易了，「廣記」則不識何謂。「引用書目」有「廣異記」；顧況作「戴氏廣異記序」（中略），歷舉漢、晉以還志怪搜神之著，「蔓延無窮」，直可移為本書序例。「廣記」殆名本「廣異記」而文從省乎？③

這種說法對與不對，且不辯論；而說廣異記是編入太平廣記的最典型，最適當的材料，恐怕沒有問題。鄧嗣禹編的太平廣記引書引得中，列於廣異記書名下的引文共有三百五條④。為數頗可觀，而仍然不全，因為鄧氏引得所據之本，以清黃曉峰刻本為主，參以明談愷、許自昌二刻本，並沒有參考明清諸鈔本和校本中的異文，以致遺漏不少。其後有周次吉編的太平廣記人名書名索引，根據嚴一萍的太平廣記校勘記，竟補列十條引文，都是鄧氏引得所沒有的⑤。諸本異同詳況如下：

卷一一一「成珪」：談愷本作出卓異記，明沈與文鈔本及孫潛校宋本作出廣異記。

卷一二一「蘇頲」：各本作出廣異記，鄧氏引得所遺漏。

卷二七九「周延翰」：談本作出廣異記，明鈔本作出稽神錄。

卷三二九「狄仁傑」：諸本缺出處，唯陳鱣校宋本及孫校本作出廣異記。

卷三三〇「張果女」：談本無出處，明鈔本、陳校本、孫校本皆作出廣異記。
卷三三三「高生」：諸本作出宣室志，唯許自昌刻本作出廣異記。
卷三三五「楊國忠」：談本缺出處，明鈔本作出宣室志，孫潛校本作出廣異記。
卷三四二「周濟川」：談本作出詳異記，唯明鈔本作出廣異記。
卷三八〇「鄭潔」：諸本作出博異記，明鈔本作出廣異記。
卷三八二「周頌」：諸本作出廣異記，明鈔本作出異聞錄。
卷三八四「朱同」：談本作出史傳，孫潛校本作出廣異記。
卷三八五「崔紹」：諸本作出玄怪錄，孫潛校本作出廣異記。
卷三九〇「李思恭」：諸本作出廣異記，明鈔本作出錄異記。
卷四三四「洛水牛」：談本作出廣異記，明鈔本作出聞奇錄，陳校本作出需讀錄。
卷四五七「張鎬」：談本缺出處，明鈔本、孫潛校本作出廣異記。

鄧氏周氏都列有卷三九三「雷鬭」及卷四六四「鯨魚」兩條，實爲同一條而重出。卷四二〇「齊澣」及卷四六七「齊澣」條，也是重出的。

將以上所舉的諸篇佚文總算起來，可知太平廣記各種刻本、鈔本所註明「出廣異記」的引文共有三百一十三篇。此外還有一條佚文，見引於太平御覽（四部叢刊本・卷九二一，頁四）：題目是南方赤帝女在桑樹上作巢之傳說。

南宋曾慥編的類說（原序題紹興六年，即公元一一三六年），卷八有廣異記中十八條小故事的節錄⑥。其中有三條是太平廣記所沒有的（「芝圃」，「山洞樗蒲」，「金羊玉馬」），有十二條是太平廣記引有而註明出廣異記的（「掘太歲地」，「囚父報德」，「猿狗爲怪」，「富貴正由蒼蒼」，「銀坑龜」，「王弼守門」，「許旌陽斬蛟劍」，「玉英粉」，「蟹螯」，「神降詩」，「山魈一足」，「敬愛寺僧」）。還有三條，是太平廣記有而註明出自別書的，如下：

「摩頂松」見於卷九二「玄奘」，出獨異志及唐新語。此條亦見於稗海本獨異志卷上（詳見下文）。

「老人吹笛」見於卷二〇四「呂鄉筠」，出博異志。

「道君剪舌」見於卷一六二「王法朗」，出錄異記。

按此文果見於五代杜光庭錄異記卷二（正統道藏，恭上册）。

曾慥選錄這些故事，未必直抄廣異記的原文；很可能是轉抄別的類書中所引的，以致引文不太可靠。

無名氏紺珠集（有紹興七年序）卷七載有廣異記十七條引文，也屬節錄。其中有十一條，文字與類說所引大同小異，條目次序也與類說相同，只是題目上有些出入，如「鞭爛安杇」（類說「山洞樗蒲」），「金羊玉馬」（類說同），「王弼作守門童」（類說「王弼守門」），「摩頂松」（類說同），「蛇化銅劒」（類說「許旌陽斬蛟劍」），「玉英粉」（類說同），「蟹眼如山」（類說「蟹螯」），「三笛」（類說「老人吹笛」），「神人詩」（類說「神降詩」），「老君剪舌」（類說「道君剪舌」），「山丈山姑」（類說「山魈一足」）。足見類說、紺珠集二書所引大有共同之處，似是同有所本。此外有一條「星隱」，是太平廣記引有而註明出廣異記的。有五條是太平廣記有而註明出自別書的：
「沙苑射鶴」見於卷三六「徐佐卿」，出廣德神異錄。
「嬰武喚花開」見於卷四二二「許漢陽」，出博異志。
「鬱輪袍」見於卷一七九「王維」，出集異記。類說卷八「王維登第」，列在薛用弱著集異錄引文中。
「石阿措」見於卷四一六「崔玄微」，出酉陽雜俎及博異記。
「敬元穎」有目無文，疑與卷二三一「陳仲躬」（出博異志）有關。
（以上見明天順間刻本，台北一九七〇年景印，卷七頁二十一——二二。）
宋道士陳葆光撰集的三洞羣仙錄，有紹興二十四年序（見道藏，筵上册）。中有九篇引自廣異記的故事，都和太平廣記或類說有重複，恐怕也就是轉引的。其中四篇實出別書，如下：
卷一頁十八「採訪下宮」：見太平廣記二九「九天使者」，出錄異記；亦見道藏本錄異記卷一頁二—三。
卷十頁十「道君剪舌」：見類說、紺珠集及錄異記（詳見上文）。
卷十八頁三「�卿三笛」：見類說及紺珠集（詳見上文）。
卷十八頁二十「積薪婦姑」：見類說卷八，出集異錄，及太平廣記二二八「王積薪」，亦出集異記。
此外尚有若干篇直說引自「廣記」。按三洞羣仙錄既然是南宋紹興年間的作品，所據的太平廣記當較現存諸傳本爲早。其參考價值在於此。
以上各書引自廣異記的佚文，除卻重複的不算，共計三百二十五種。他書如說郛、龍威祕書之類，似無參考價

值。今人昌彼得分析陶宗儀說郛所引的廣異記，結論十分正確：

此本（指一百卷本說郛）凡錄五條，乃摘自類說。重編說郛載卷一一八，別錄六條，譌題戴君孚撰，內五條亦出類說，另野狸奴條則輯自太平廣記三八八。淸馬俊良龍威祕書本即翻刻重編說郛，叢書集成初編亦收之。⑦

廣異記原本的卷數及篇幅，顧況序記載得很詳細：「此書二十卷，用紙一千幅，蓋十餘萬言」。計算那三百二十五條佚文的篇幅（出處有異同的佚文不算在內），則約有八萬字，等於原書十分之八。那缺少的十分之二或者是原來有而太平廣記等不入選的故事，或者是李昉等在編輯時刪掉的字句。

現在要注意的問題是：宋代類書所謂「廣異記」是不是戴孚的作品？上文既然考定戴孚在七九四年以前去世，那三百餘篇佚文是否果指七九四年以前的事？這些材料對廣異記的成書年代有沒有更淸楚的指示？

按太平廣記卷三百五有「王法智」條，注明出廣異記。文中說大曆年間桐廬縣（屬今浙江省）有一神叫滕傳胤，常附在女子王法智身上，和人交談、誦詩等等。縣官鄭鋒好奇，常叫王氏來，請神下降和自己說話。下文云：

六年二月二十五日夜，戴孚與左衞兵曹徐晃、龍泉令崔向、丹陽縣丞李從訓、邑人韓謂、蘇修，集於鋒宅。會法智至，令召滕傳胤。久之方至，與晃等酧獻數百言。因謂諸賢，請人各誦一章。誦畢，衆求其詩。（下略）

（按此神所誦的詩，有一首也在類說所引的廣異記出現：是卷八「神降詩」條，紺珠集「神人詩」亦同。）在古代的中國這種所謂「詩神」似乎是常見的現象。本篇中的記述非常具體，時間和地點都記錄得很淸楚，在場人物的官銜或籍貫都詳細的注明。只有第一個名字，就是戴孚本人，沒有加以介紹。口氣上很像是戴氏自己的記述。這段文字似可證明太平廣記所引的廣異記果然和戴孚有關係。除顧況序外，這也是戴孚生平唯一傳世的記載。時間是大曆六年（即公元七七一年）；地點是浙江桐廬縣；在場人物也都是浙江一帶的地方官員——龍泉、丹陽均屬今浙江省。很可能戴孚也是當地的小官。廣異記的佚文中常提到代宗廣德、永泰、大曆年間浙江一帶的事（如卷三九「慈心仙人」，卷一〇五「張嘉猷」及「陳哲」，卷一一一「王琦」，卷二八〇「豆盧榮」，卷三三六「李瑩」，卷三三七「薛萬石」，卷三三九「李元平」，卷三七七「韋廣濟」，卷三八〇「韋延之」，卷四五一「宋溥」）。彷彿是戴孚在大曆年間和當地的紳士、同僚來往，將本地流行的各種奇事異聞都記錄下來，編入自己的廣異記。

廣異記的三百餘條佚文絕大多數有關唐代的事。各篇分年代的情況，數目約略如下：

不著年代——一〇七條；早於唐代——三條；太宗、高宗——十一條；武后、中宗——十條；睿宗——一條；玄宗——一三一條；肅宗——十八條；代宗——二九條；德宗——一條；「近世」——六條；其他——八條。

由此可知，廣異記的佚文，著年代的全部指唐德宗以前的事（例外的八篇詳見下文）。年代最晚的是：

太平廣記卷三三九「李元平」：大曆五年（公元七七〇）

同書卷三〇五「王法智」：大曆六年（公元七七一）

（詳見上引文）

卷三三八「李載」：大曆七年（公元七七二）

卷三八〇「韋延之」：大曆八年（公元七七三）

卷二二「僕僕先生」：大曆十四年（公元七七九）

（按此條注「出異聞集及廣異記」，末加貞元中事，疑出異聞集。）

卷四二九「張魚舟」：建中初（公元七八〇）

可知廣異記佚文的內容果然是公元七九四年以前的事，甚至到七八〇年左右爲止。看來，戴孚的卒年不會在七八〇年以前，而且很可能在七八〇年以後不久，以致書中缺少較晚的材料。這種結論當然屬假設，不能成爲定論。可是，說戴氏卒於七八〇年仍符合顧況序中所記：他死時五十七歲，出生應該在七二四年（開元十二年）；至德二載應試及第的年齡應該是三十四歲。按顧況本人的出生年代沒有可靠的確實記載，而一般認爲可能是七二五年至七二七年之間⑧。如是則二人的年齡相近。

以上的若干結論和傅璇琮的看法正相反。他說：

太平廣記所載之廣異記，其敘事有唐以後事者，則與戴孚所著，自爲兩書。⑨

現在將此問題作更進一步的探討。按細察廣異記的佚文，指德宗建中初年以後事者，一共得下列八篇：

太平廣記卷三四二「周濟川」：貞元十七年（公元八〇一）

同書卷三八五「崔紹」：元和初（公元八〇六左右）

卷四五「丁約」：元和十三年（公元八一八）

卷三八〇「鄭潔」：會昌元年（公元八四一）

卷四三四「洛水牛」：咸通四年（公元八六三）

卷三九〇「李思恭」：乾寧三年（公元八九六）

紺珠集卷七「嬰武喚花開」等於太平廣記卷四二二「許漢陽」：貞元中

同書同卷「石阿措」等於太平廣記卷四一六「崔玄微」：元和初

其實八篇仍屬唐朝年代，可是都超過戴孚在世的時期，似乎不可能出他的手。可注意的是八篇中有七篇在注明出處上有問題（參見上文頁　之詳表）。先將各篇分析如下：

「周濟川」，除明鈔本外，各本注出祥異記。（談本卷三四二作「詳異記」，引用書目卻作「祥異記」。）按祥異記一書頗有疑難。今人程毅中指出，該書撰人不詳，未見著錄，僅見太平廣記引用書目；有兩條佚文，太平廣記引作祥異記，而明鈔本作集異記、廣異記（「周濟川」是最後一條）。程氏說：

後兩條皆唐貞元年間事，在法苑珠林成書之後，必非一書，存疑待考。⑩

「周濟川」條和祥異記的關係既然不明白，和廣異記的關係更不明白。對其餘佚文的眞僞問題沒有參考的價值。

「崔紹」，除孫潛校本外，諸本注出玄怪錄；一百卷本說郛卷四引作出河東記。按牛僧孺玄怪錄及薛漁思河東記，原書均失傳，而著者都是戴孚以後的人。牛僧孺生於大曆十四年，卒於大中元年（公元七七九至八四七）；薛氏河東記，「序云續牛僧孺之書」（見郡齋讀書志卷十三：⑪）。「崔紹」條有元和中事，出玄怪錄或河東記，似較合理，尤其是篇幅特別長，較廣異記其他引文長至三倍以上，不像出廣異記。

「鄭潔」，除明鈔本外，諸本注出博異記。唐代有博異志一書，據明胡應麟等考證，著者是鄭還古，滎陽人，元和年間登進士第。此書和太平廣記所引的博異記是否同爲一書，尚待考證⑫。「鄭潔」一條指開成間事，比鄭還古登第年代遲了二十或三十年，可能果出他的博異志。而既然缺少具體的證據，本條的來歷不明，不足爲證。

「洛水牛」一條，各本出處不一。談本作廣異記，明鈔本作聞奇錄，陳校本作需讀錄。此條也見康軿劇談錄卷上⑬。按需讀錄一書未詳，疑是劇談錄的誤寫。至於聞奇錄，原書已失傳，而南宋陳振孫直齋書錄解題卷十一著錄，說：「不著名氏，當是唐末人」⑭。「洛水牛」條中有咸通間事，也正屬晚唐時代。劇談錄的著者康軿（或作駢），登乾符年間進士⑮；書中「洛中大水」一條指咸通年間事，時間也正符合。將此條和太平廣記中的「洛水牛」相對勘，發現後者只載本條的前段，且在半句間中斷。足見劇談錄文較可靠。本條不像是廣異記的佚文，並不能證明廣異記是晚唐以後之作。

「李思恭」一條的出處，談本作廣異記，明鈔本作錄異記，而此條毫無疑問地引自晚唐五代道士杜光庭的錄異記：文見於道藏本錄異記卷八頁六至七。篇中記成都附近古墓中得金錢數十枚；下云：

　督役者馳其二以白司徒。命使者入青城雲溪山居以示余，云：「此錢得有石餘」（下略）

太平廣記卷三九〇相等的文字云：

　督役者馳其二以白思恭。命使者入青城雲溪山居以示道士杜光庭，云：「此錢得有石餘」。

可知錄異記中分明有杜氏本人的語氣，直說自己所親見親歷的事。而太平廣記的編者選錄本篇，未免將文中「余」字改成較易了解的「道士杜光庭」。「李思恭」條既然明出錄異記，談愷本注出廣異記顯然是轉抄時的筆誤。

「許漢陽」、「崔玄微」二條，據太平廣記則出酉陽雜俎及博異志，只有紺珠集列入廣異記引文中。亦不足據。

以上七條之所謂「出廣異記」，都不足證明廣異記是唐代以後的作品。還剩下一條「丁約」，各種本子都注出廣異記，而文中有元和十三年的事。盈盈三百餘條佚文中，只此一條謂出廣異記而內容遲於七八〇年，是很明顯的例外。「丁約」的篇幅比廣異記一般的佚文長了一些，內容頗受道敎思想的影響，而文筆類似中、晚唐的傳奇小說。和那敍事簡略、文筆平淡的廣異記佚文比較，頗不一樣。或許注明出廣異記的情形正和「李思恭」條相同——是編書或抄書的人將書名錄錯了。按程毅中曾指出，此條亦見於唐末高彥休所著的唐闕史（見知不足齋叢書本御題唐闕史，卷上，頁一——四，「丁約劍解」條）。⑯此條與太平廣記所引的「丁約」相比，則文字基本相同。文中所提及的歷史情節，如大曆中的西川採訪使爲韋行式，及劉悟執李師道下將校至京師等事，都和新唐書、資治通鑑等書所記載有衝突。著者似不太熟悉大曆、元和年間的事。說此條是唐末人高彥休所寫，不是沒有道理。因此，用「丁約」一條作「太平廣記所載之廣異記與戴孚所著自爲兩書」的證據，實不太可信。原來的出處儘可能是唐闕史，而不是廣異記。

傅璇琮對廣異記的一條佚文還有較詳細的分析及批評。太平廣記卷二七七有「呂諲」條，注出廣異記。文中記載，唐人呂諲的妻兄是顧況。而經傅氏細考，得知呂諲的妻子其實姓程不姓顧，是河東人，和吳人顧況了不相涉；呂諲是顧況的前輩，且直到顧況登第以後並沒有改娶別姓的女人。傅氏認爲，戴孚既然是顧況的老友，一定熟悉他親屬關係的事，不會凭空揑造。結論是：「因此，頗疑太平廣記所載之廣異記並非戴孚之廣異記」⑰。

按唐朝名臣呂諲娶妻的事，傅氏結論沒有問題，不再辨論。可是還有若干問題，傅氏沒有論及，如：廣異記所述的顧況妹夫與名相呂諲是否同爲一人？顧況的妹夫是否姓呂名諲？太平廣記的傳本記錄歷史人物的姓名，是否可靠？第一、第二兩問題，因缺乏史料，不易解答。顧況妹夫的眞實姓名既然未詳，自然不能證明他不姓呂不名諲。第三個問題倒有材料可參考。仔細研究太平廣記的引文，到處有校勘異文的必要：或者傳世的各種版本、鈔本之間有出入，或者傳世的文字與其他有關的材料有異同。這種文字上的毛病，尤其以人名爲最甚。拿上文所舉的幾條引文爲例子，就有如下傳抄人名的差異：

卷四五「丁約」：韋行式，唐闕史亦同，道藏本三洞羣仙錄卷九頁十六引「廣記」，作韋行武。

卷一六二「王法朗」：王法朗，類說卷八及紺珠集卷七同，道藏本錄異記卷二頁六作王法玄。

卷三九〇「李思恭」：李思恭，道藏本錄異記卷八頁六作李師泰，是⑱。

足見今本太平廣記所謂呂諲，很難保證是廣異記原有的人名。

以上的說法無非要强調，拿某條引文中某人的名字來質疑整套的廣異記佚文並非戴孚的原作，其實不太可信。即使廣異記原有的名字果然是呂諲，也未必不是戴孚的手筆。四庫全書總目卷一四二，分析康駢劇談錄中一個歷史事實的問題，說：

稗官所述，半出傳聞。眞僞互陳，其風自古。未可全以爲據，亦未可全以爲誣。在讀者考證其得失耳。不以是廢此一家也。

這或者是我們對「呂諲」條應該採取的態度。

總括上文，可作如下結論：

(1) 廣異記著者戴孚是唐玄宗、肅宗、代宗時代的人。生年在公元七二四年以後七三八年以前，卒年在七八〇年以後七九四年以前；七五七年在蘇州登進士第；先拜校書郎；大曆年間似作浙江一帶的小官；卒時當饒州錄事參軍。

(2)廣異記是篇幅可觀的志怪故事集。據太平廣記等宋代類書所載的引文，內容多屬著者戴孚在世時代的事。成書年代似在七八〇年以後。

(3)年代較晚的幾條引文，和廣異記未必有關係。

(二) 書目著錄及鈔本傳世

上文已指出，太平廣記等所載的佚文，篇幅約等於原來二十卷本廣異記十分之八。似乎北宋初還有較完備的本子存在。而舊唐書經籍志、新唐書藝文志、崇文總目（徵闕本）、通志藝文略、宋史藝文志等，此書都不見著錄。只有紹興十五年（公元一一四五年）改定的祕書省續編到四庫闕書目卷二小說類，錄有：

戴孚撰廣異記一卷　闕⑲

按該書目的目標在徵求北宋祕書省所原有而經靖康之難散失的書籍。可知北宋末年祕書省仍藏有廣異記。記載卷數爲一卷是否可靠，無法知道。戴字寫錯了，卷數也難保是對的。

從南宋初年以後，廣異記似乎失了蹤，書目中不復見著錄。曾慥、陶宗儀等大約轉錄他書引文，未必見到原書。明萬曆胡應麟所見的廣異記也只是一卷本，和原著似乎相差二十倍，可能也就和曾氏、陶氏諸編中的廣異記相同（少室山房筆叢卷三六，頁四七六）。同時人趙用賢的藏書目錄中有「稗統」一目，是一部很大的筆記小說叢書；其後還有「稗統續編」，似是周氏所藏的小說類的個別書籍。其中有：

廣異記　二本⑳

此二本，內容如何，已無法知道。可能與胡應麟所見的一卷本廣異記相似。

到了清代就開始出現六卷鈔本廣異記。最早的見錄於錢曾也是園藏書目（康熙八年編）卷二。同氏的述古堂藏書目卷三及讀書敏求記卷二也著錄此書㉑。可是錢氏所藏的鈔本，下落未詳。清乾、嘉年間的黃丕烈也曾見過同類的書，並將書中「劉門奴」條加以注校（錢氏也注意過此條）。這篇小題記的殘文見載於繆荃孫編的蕘圃藏書題識卷六；書名下注有「明刻本」三字㉒。按涵芬樓燼餘書錄所附錄的涵芬樓原存善本草目中有如下一條：

廣異錄　舊鈔本　黃蕘翁跋㉓

此書已在抗日戰爭時遭燬失。所以黃氏寫題跋的，畢竟是明刻本還是舊鈔本，現在無從考知。

雖然錢曾、黃丕烈的鈔本都不見蹤迹，現尚存兩種六卷鈔本，都是北京圖書館所藏㉔。先分別介紹於下：

甲：鈔本，六卷，一册，編號六九四三，每半頁十行，行二十字。書中鈐有「稽瑞樓」、「鐵琴銅劍樓」二印，可見此書曾歷經清陳揆、瞿鏞收藏。陳氏稽瑞樓書目卷四及瞿氏鐵琴銅劍樓藏書目錄卷十七均錄此書。後者云：

不知稽瑞主人何處得之。卷首有稽瑞樓珠記。㉕

此鈔本在清乾隆年以前的來歷，無法知悉。

乙：鈔本，六卷，一册，編號五三八六，半頁十行，行二十字。書中鈐有「祥符周氏瑞瓜堂圖書」、「季貺」、「星詒印信」、「長□過眼」、「長州蔣鳳藻印信□記」、「壹是堂讀書記」、「翁斌孫印」、「長樂」、「忍廬祕玩」、「周印星詒」等印。卷首有周星詒題識，寫於「辛巳閏月十五日」（即光緒七年，公元一八八一年）。中云：「乙丑得書，方官邵武」。且卷末尚有周氏跋文，云：

乙丑歲，購書于福州渠氏。中有河防古記。已成議，而撿不得，乃以此被數。

可知周氏於同治四年（公元一八六五年）在福建已收藏此書。卷首尚有長洲蔣鳳藻於光緒十三年（一八八七年）所題的識文，中云：

此佳趣堂陸其清手鈔本也。曩余宦閩，得自同寮周季貺太守。書鈔閣中，忽忽六年矣。（下略）

按吳門陸漻，字其清，是清康、雍間人，以藏書聞名，著有佳趣堂書目。該書目中不見錄廣異記，而蔣氏似從周星詒得知此六卷鈔本是陸氏親手所寫。至於蔣、周二人，都是晚清有名的藏書家。祥符周星詒，字季貺，生於道光十三年（一八三三年）。吳人蔣鳳藻，字香生；據葉昌熾記載：

在閩納交周季貺司馬，盡傳其目錄之學。（中略）季貺絓誤遣戍，君資以三千金，季貺盡以所藏精本歸之。（中略）君築書鈔閣貯之。㉖

所記與廣異記鈔本中的題識正符合。鈐印的藏書家尚有雍、乾間人黃登賢（號忍廬）及清末翰林學士翁斌孫。可知此鈔本出陸其清手之後，歷經黃登賢、周星詒、蔣鳳藻、翁斌孫等人的收藏。㉗

兩種鈔本在內容上完全一樣，無論條目次序、文中字句、分頁分行，一概雷同。顯然所本相同。或許和錢曾、黃丕烈所見之本相似。書中含有的故事共有一百零二條。全部是太平廣記所載，並且篇幅、條目幾乎全和太平廣記的一樣。六卷中條目的次序，雖然並不從太平廣記卷一開始到卷五百爲止，而其中一段一段，將太平廣記引文原有的次序照樣保存，例如：

鈔本卷一，從「張宗」起至「楊元英」止，正符合太平廣記三二八「張宗」起至卷三三〇「楊元英」止（只將「李嵩」、「狄仁傑」兩條倒過來）。

鈔本卷四，從「崔敏殼」起至「李佐時」止，符合太平廣記卷三〇一「崔敏殼」起至卷三〇五「李佐時」止（只缺少卷三〇二「韋秀莊」）。

書中尚有三條，據太平廣記注明，原不出廣異記，如下：

鈔本卷五「牛氏僮子」，太平廣記卷四〇〇，談本注出紀錄，明鈔本注出紀聞。

鈔本卷六，「南陽士人」，太平廣記卷四三二注出原化記。

鈔本卷六「劉巨麟」，太平廣記卷四三七「劉巨鱗」注出摭異記。

按細察此三條前後的上下文，可知三條也都遵守太平廣記諸引文的次序。因此頗疑六卷鈔本轉錄太平廣記中的佚文，而其中誤加入三條出自他書的引文。

再者，六卷本所依據的太平廣記，似乎正和孫潛校勘太平廣記所據的宋本相似。證據如下：

鈔本卷一「狄仁傑」，太平廣記卷三二九，唯孫校本及陳校本注出廣異記。

鈔本卷一「張果女」，太平廣記卷三三〇，唯孫、陳二校本及明鈔本注出廣異記。

鈔本卷二「成珪」，太平廣記卷一一一，唯孫校本及明鈔本注出廣異記。

由此看來，僅有孫潛校本注明出處的特點與六卷鈔本廣異記完全符合。鈔本中偶然有微小的異文，也值得校勘者參考㉘。

廣異記現存的舊鈔本似就如此而已。可是民國初年可能另有一種傳本存在。繆荃孫所編的清學部圖書館善本書目，子部小說類，載有：

廣异記二十卷　唐戴孚撰。精鈔本。有「汪士鍾藏」朱文長印。㉙

此抄本目前所在未詳。而在當時，張宗祥也曾見到二十卷本廣異記，且在民國八年前後成書的「鐵如意館隨筆」卷三引出了其中的一條有關玄奘的傳說。㉚按此條引文和類說卷八及紺珠集卷七所引的「摩頂松」條大同小異。而「摩頂松」很像是節錄晚唐李冗獨異志中的文字(見稗海本獨異志，卷上，頁十六，及太平廣記卷九二「玄奘」條)。此外，張氏校明代鈔本說郛卷四，廣異記最後一條下有注云：

宗祥案：後二則二十卷本未見。㉛

張氏所指的「二十卷本」爲何書，未詳。所謂「後二則」，其實於類說卷八及太平廣記卷三九、三〇五都可見到。不知那缺少此二則的二十卷本和太平廣記等的關係如何?是否和晚淸藏書家汪士鍾所藏的二十卷本相似?這些問題，可能要等國內諸圖書館的善本藏書整理和開放工作完成之後，方可解答。

①：見文苑英華，明嘉靖四十五年刻，卷七三七，頁五——七。顧況序亦見於欽定全唐文，內府本，卷五二八，頁十三——十五；有誤抄及修改，不據。明萬曆間顧華陽集，淸咸豐年重刻，卷三，頁九——十一，亦載此序。

②：見傅璇琮著唐代詩人叢考，北京一九八〇年版，頁三八七——三八九。

③：見錢鍾書著管錐編，北京一九七九年版，頁六三九。
④：見太平廣記篇目及引書引得，北京一九三四年版，引書引得，頁二二——二三。
⑤：見周次吉編太平廣記人名書名索引，板橋一九七三年版，書名索引，頁四八——五〇。嚴一萍太平廣記校勘記附於藝文印書館影印談愷本之後（板橋一九七〇年版）。中華書局本太平廣記索引（北京一九八二年版），遺漏太多，無參考價值。
⑥：見類說，北京一九五五年影印明天啓間六十卷刊本，卷八，頁十三——十八。按五十卷鈔本中，廣異記引文見於卷九。
⑦：昌彼得著說郛考，台北一九七九年重訂本，頁九六。
⑧：見傅璇琮唐代詩人叢考，頁三七九——三八五。
⑨：同上，頁四〇八。
⑩：見程毅中著古小說簡目，北京一九八一年版，頁三四。
⑪：語見衢本郡齋讀書志，長沙王氏刊本，卷十三，頁四。
⑫：見胡應麟著少室山房筆叢，北京一九五八年版，卷三六，頁四七九。余嘉錫著四庫提要辨證，北京一九八〇年版，卷十八，頁一一四七——一一五〇。參見中華書局本博異志，北京一九八〇年版，頁四〇——四二。
⑬：見劇談錄，津逮祕書本，卷上，頁三一。
⑭：見直齋書錄解題，武英殿聚珍本，卷十一，頁四。

⑮：見新唐書，中華書局本，卷五九，頁一五四二。
⑯：見程毅中「唐代小說瑣記」，文學遺產，一九八〇年第二期，頁五二。
⑰：見傅璇琮唐代詩人叢考，頁四〇七——四〇八。
⑱：見舊五代史，卷一三六，頁一八一六；新五代史，卷六三，頁七八三；十國春秋，卷四十，頁五九六（以上皆用中華書局標點本）。談本太平廣記卷三九〇卷首篇目亦作李師泰。
⑲：見祕書省續編到四庫闕書目，葉氏觀古堂刋本，卷二，頁六六。該書目的成書年代及其傳世過程，見龍彼得著宋代收藏道書考（Piet van der Loon, ***Taoist books in the libraries of the Sung period***）倫敦一九八四年版，頁十二——十五。
⑳：見趙定宇書目，上海一九五七年版，頁一七八及出版說明頁三。
㉑：見也是園藏書目，玉簡齋叢書二集本，卷二，頁二二；述古堂藏書目，粵雅堂叢書初編第九集本，卷三，頁一；章鈺校錢遵王讀書敏求記校證，一九二六年版，卷二之中，頁二六。
㉒：見蕘圃藏書題識，一九一九年版，卷六，頁三三。
㉓：涵芬樓燼餘書錄，上海一九五一年版，附錄涵芬樓原存善本草目，頁十五。
㉔：見北京圖書館善本書目，北京一九五九年版，卷五，頁三。
㉕：見稽瑞樓書目，滂喜齋叢書本，卷四，頁二五；鐵琴銅劍樓藏書目錄，鐵琴銅劍樓叢書本，卷十七，頁二五——二六。

㉖：見葉昌熾著藏書紀事詩，上海一九五八年版，卷六，頁三七七——三七八。

㉗：書中鈐有「長樂」印，按據葉昌熾藏書紀事詩，卷三，頁一八八，「長樂」爲明末馮舒所用之印。不知馮氏與此書是否有關。

㉘：參見中華書局標點本太平廣記，卷二三，頁一五八，「張李二公」；卷三二八，頁二六〇四，「閻庚」；卷四四〇，頁三五九〇，「天寶彍騎」。

㉙：古學彙刋第四編上册，一九一三年上海國粹學報社印行，清學部圖書館善本書目，頁三二。

㉚：見中華文史論叢，一九八四年第一輯，頁二五〇——二五一。

㉛：張宗祥校說郛，上海一九二七年版，卷四，頁十一。

清初所見「遺民錄」之編撰與流傳

謝正光

序

「遺民錄」之編撰，始明程敏政（一四四五—？）宋遺民錄（十五卷）。程氏自序其書於成化十五年（一四七九），越四十餘載，其族人程曾始於嘉靖四年（一五二五）鋟梓①。以迄明亡，百餘年間，此書流布未廣。及滿清入關，程氏書竟大爲流行。遺民志士，轉相傳誦。秉筆之士，亦有因程氏著書之旨，深事增廣；或訪錄明遺民之行事，作「明遺民錄」者。風氣所關，其一般之志乘文徵詩輯，遂亦標「遺民」一目，而藏家著錄，又往往爲之別立專目焉。

孟森序朝鮮人所著皇民遺民傳有云：

當乾隆間，尹嘉銓作清名臣言行錄，高宗斥爲標榜攀附，定讞殺身，列爲罪狀。以本朝之人，稱頌本朝之先正，意固爲本朝增重，何負於國家，而尚爲文字之獄。故嘉道以前，流風所被，傳記之學，爲儒者所諱言。何況高揭遺民之名，顯然有前朝之繫念存焉者乎？……故爲明遺民作傳，道光以前，乃不可能之事②。

心史先生至認「若朝鮮儒者之纂集能事，爲中土所未有也」。

考清初百年間，揭「遺民」之目以名其撰述者，頗有其人：計著錄歷代遺民、作遺民「通史」者一家；其踵事增勝、廣程敏政之書爲廣宋遺民錄者二家；其專記明遺民行事者二家；其有志存輯錄而竟未成書者，亦得二人。若遺民之傳狀碑誌，散見於諸家文集者，亦所在多有也。

按清初所成之「遺民錄」，多有序而無書。邵廷采之「宋遺民所知傳」及「明遺民所知傳」，賴收入其思復堂文集（初刊於康熙四十四年）乃得流傳。其餘見存者，惟黃容明遺民錄之一鈔本在東京之東洋文庫耳。然於清初之纂輯遺民錄者，自不得以其書之不傳而抹掠其功。其書在當時雖多未遂刊行，然即其稿本而觀之，皆有明遺民中之儼然領袖者爲之序。此等序文，既述其書之大略，復就「遺民」一詞作種種闡發；或藉以評騭當時遺民之行事；或就「遺民錄」之編撰，託意中襟，爲後世之習研明遺民其人其事者所寶資。此一事也。

至清初之明遺民錄撰著雖未廣行，然程敏政宋遺民錄則於明遺民中輾轉傳鈔。至有書肆賈豎，作「別本」宋遺民錄，僞託販售，而後爲四庫館臣所指斥，正足覘其時明遺民之於遺民錄之所愛尊者。此又一事也。

年來荒村課童，寄身耕夫稼戶之中，動定彷彿乎順康間遺民。然笠下酒錢易得，隱湖典籍難求。此草之成，亦以聊誌歲月云爾。

一九八一年二月一日於愛荷華州古蘭農鎮。

一九八二年夏末重訂於香江旅次

一、清初「遺民錄」之編撰

清初之撰著「遺民錄」者，予考得四人。有取斷代之例，有出於通史之體，有補前修之所略，有獨標創意之新書。茲按其成書之約略年代先後爲次，約舉其作者生平及撰著體例如後：

(1)歷代遺民錄已佚　朱子素

朱子素，嘉定人。康熙嘉定縣志（一六七三年修成）小傳云③：

字九初。性純孝，母故卞急，事必先意承志。所居名懷石山房。庭下有孤桐，先世手植百年物也；讀書其下。時承唐婁諸先輩後，隱然以著述自命。歲甲申，需次宜貢，竟不赴試。輯爲歷代遺民錄以見志焉。晚年游草有封禺、銀陽二編。又搜考邑中人物詩文，名吳疁文獻，分前后部，凡五十卷，臨歿，授其子晨曰：「此我未竟書也」。

此現存朱子素傳略中最早之材料也。另王輔銘明練音續集，稱子素「品行飭修」，記其「隱居教授」，且論其詩作云：

后遊浙西江右，牢愁郁結，一發于詩，寄托在臯羽、景熙間。歸而病歿。

光緒嘉定縣志則述其身後之境況：

明亡，應貢不赴，隱居授徒。承故老凋殘之後，慨然以斯文爲己任。輯吳疁文獻諸書。子晨、昂、昺，並諸生。晨字峻思，守父遺書，次第補輯。昂列文學傳。

子素歷代遺民錄，恐未刋行，其稿本亦不知存亡。幸賴歸莊「歷代遺民錄序」、及乾隆嘉定縣志卷十一「藝文志」「書籍」目所載子素「與友人論文書」，乃得稍窺此書之輪廓。是錄凡七卷，卷一類：「孤臣」、「高義」、「全節」、「貞孝」、「知幾」、「潛德」、「散逸」。子素自述撰述之動機云：

若遺民錄一帙，不敢自附于桑海遺民之末，然竊有志焉。蓋以此書乃天地之心，國家之元氣也。……此七錄者，可以勵學守，可以維世教，呼天下以禮義廉恥而使之各有所歸者，將在是也。

意是書之取材頗富，蓋歸莊「歷代遺民錄序」謂其：

既錄其人，備載其行事，而其詩文有關於國家之故，出處之節者，亦附見焉。傳贊、墓誌、祭文、文集序、及後世史論、祠堂記、咏史詩，亦載一二於本人之後。

其書尤堪措意者三事：一在審析「遺民」與「逸民」之異，一在區分遺民之類別，一在對金元遺民之態度。凡此皆作者對「遺民」一詞所統限而置立之定義也。

歸序謂朱氏書列遺民首伯夷、叔齊，蓋本於孔子之表彰逸民之意。繼以申明逸民與遺民之不同：

凡懷道抱德不同於世者，皆謂之逸民；而遺民則惟在廢興之際，以爲此前朝之所遺也。

簡言之，逸民者，殆指居清平之世而隱逸之民。而遺民者，則處江山易代之際、以忠於先朝而恥仕新朝者也。此則遺民史上一極重要之觀念。然清初人於此義乃竟有不甚了了、而混「逸民」與「遺民」爲一者。如康熙四年（一六六五），華渚尙輯逸民傳，錄二百六十二人，即將「懷道抱德」之逸民，與「前朝所遺」之遺民，合爲一編，而統曰「逸民」④；王猷定（一五九八—一六六二）「宋遺民廣錄序」中有「存宋者，遺民也」一語，屈翁山文引作「存宋者，逸民也」⑤。

歸序又謂朱氏書按其人迹行之異科區遺民之類爲三，蓋推本於兩漢之際：

如生於漢朝，遭新莽之亂，遂終身不仕，若逢萌、向長者也；仕於漢朝，而潔身於居攝之後，若梅福、郭欽、蔣詡者，遺臣也，而既不復仕、則亦遺民也；孔奮、郅鄆、郭憲、桓榮諸人，皆顯於東京矣，而亦錄之者，以其不仕於莽朝，則亦漢之遺民也⑥。

所稱遺民之類有三，固亦不出「已仕」、「未仕」兩種而已：梅福、郭欽、蔣詡均嘗食漢祿，而逢萌、向長、孔奮、郅鄆、郭憲、桓榮之流，則皆未仕於漢者。以「已仕」、「未仕」而類別一代之遺民，此清初作者之創意也。

歸序復謂朱氏書以爲遺民之所忠，不必限於諸夏之國，故其書錄金、元遺民。歸氏復爲之辯曰：

夫夷狄盜賊，自古並稱，然猶曰：「在夷狄，則進之。」朱梁篡弒之賊，王彥章爲之死，歐陽子五代史著爲「死節傳」之首，朱子綱目亦大書死之，取其忠於所事也。盜賊且然，況夷狄之進於中國者乎？錄金元遺民，亦猶歐陽子、朱子之意也。

是則遺民者，秉忠於先朝之士也，與武夷狄、諸夏之防無關。此義乃竟發之於清初之明遺民，然則當時之遺民，其亦必有不硜硜於王船山之明辨春秋夷夏之防者歟？

歸序謂朱氏「草莽書生」，則朱氏似未嘗受大明之祿。迄明社既遷，朱氏乃「謝去儒冠」，其亦遺民而逃於禪者耶？吾既恨不得見其書，復徒置歎於其人之行事不得顯白於天下也。

(2)廣宋遺民錄已佚　　李長科

李長科，字小有，江南興化人。祖父李春芳（一五〇一——一五八四），嘉靖二十九年（一五四七）舉進士第一，官至武英殿大學生⑦。甲申後，李氏一門以遺民終：其從子沛，字平子，以詩名，卒於康熙十三年（一六七四），得年五十八；沛從弟淦，字季子，與徐枋、屈大均等相友善；淦從弟沂，字子化，有鸞嘯堂集，皆不仕清。

李家子弟，且皆不令應試⑧，殆亦有意「永錮其子弟以世襲遺民」者也⑨。

長科生年未審。而其卒年當在順治九年（一六五二）之後，十六年（一六五九）之前。予所據者二事：

㈠王猷定四照堂集⑩卷二有「壬辰除夕，同三弟竺生，五弟五庸，聲姪、暨舒子固卿守歲，隨所憶口佔得八首」，其第五首題「小有」，即長科字。自注云：「是夕同其弟三石盧曹太夫人之墓」。壬辰，順治九年（一六五二）也。

㈡錢謙益有學集⑪卷四十九「書廣宋遺民錄」謂李氏之歿也，稿屬王猷定，猷定轉以屬毛晋。考猷定卒於康熙元年（一六六二），而毛晋卒於順治十六年（一六五九），則長科死年當在此之前。

王氏四照堂集既咏長科於一六五二年除夕守母墓事，別有「小有別予渡江」一首，自注云：「小有喪子兼有遺妾之舉」⑫；及「小有茗姬善琴，丁丑予見之章水，辛卯聽彈琴高沙，忽聞他適，愴然賦此」一首⑬。辛卯，順治八年（一六五一）也。是可覘長科晚年，既遭亡國之痛，復有毀家之遇。然猶能潛心著述，則亦一卓然之士也。

四照堂集有「宋遺民廣錄序」二篇⑭，一爲王猷定序此書之作，一爲猷定代長科所擬之「自序」。二序皆不及是書之體例。惟猷定所代擬之序則略述長科著述之動機：

程篁墩輯謝臯羽鄭所南十一人詩文傳於世，題曰宋遺民錄，李子讀而廣之。……因思少而讀書，有志纂輯宋史，以繼先文定之志。迄於今日，白首荒邱，仰視蒼天，寒噤不敢一語。而老病復作，徒以區區之心，附諸君子以不朽後世，豈無明其故者。

當時得讀長科此書者，王猷定、毛晋外，尚有李應機、錢謙益二人。

李應機，字環瀛，號密齋，嘉善人。嘗有意於明遺民錄之撰輯。書未成，而以其羅掘所得，盡付黃容，乃得參校黃氏明遺民錄（見下）。其致黃容書，頗述長科撰輯之立意及體例：

淮海李長科小有，更陸沉之禍，自以先世相韓，輯廣宋遺民錄以見志，以益克勤所未備。……今所存廣宋遺民錄，原錄十一人，類附二人之外，未仕者一百七十人，已仕者一百三十二人。

錢謙益乃因其門人王猷定而得讀長科之作，然詆之甚力。有學集卷四十九「書廣宋遺民錄」云：

其間錄者，殊多謬誤。以王原吉爲宋人，張孟謙與謝唐同時，令人掩口失笑。近世著書，多目學耳食之流。驊駁雜出，是其通病。惜乎小有輟簡時，不獲與余面訂其闕失也。

牧齋之撰此文，當在其謝世前之一、二年間⑮。以一八十衰翁，而詞氣之淩厲自負如此，蓋以其中年以前即嘗有志於輯補宋遺民之行事。有學集卷二十八「重輯桑海遺錄序」，記其當年著述之動機有云：

立夫所輯桑海遺錄，既不得而見，而其序幸存。……余故錄爲一通，藏之篋衍，題之曰「重輯桑海遺錄」。……若有宋之餘民舊事，網羅放失，不可勝紀。余藏書不多，力未之逮也。蓋將遍訪之。……以卒立夫之志焉，而爲之序，以發其端。

序中所稱之立夫，即元朝延祐間人吳萊之字也。元史卷一百八十一有傳。牧齋書「廣宋遺民錄後」謂程敏政宋遺民錄，實取意於吳立夫之桑海遺音，故牧齋不欲廣程氏之書，而直欲上續程氏之所本，則其以博識而自高者固宜也。

然牧齋撰「重輯桑海遺錄序」於萬歷四十七年（一六一九），時年尚未四十，而讀李長科廣宋遺民錄稿時，則已一垂垂八十老翁。四十年前以大明史官之身即有志於遺民史業，四十年後以先朝遺臣之身而悲遺民之史業無成，牧齋其亦必有感痛者哉。

牧齋「書廣宋遺民錄」後亟稱爲長科撰序之李楷。以李楷序有「宋之存亡，爲中國之存亡」一語，謂可與吳萊「桑海錄序」及黃晋卿「陸君傳後序」方駕千古。乃至謂尙論遺民者，殆將以吳萊、李楷爲眉目。今吳、李二文旣不得見，觀李楷論宋亡之語，則牧齋歿前之心境亦可窺見一二矣。

(3)廣宋遺民錄已佚　　朱明德

顧炎武亭林文集卷二有「廣宋遺民錄序」⑯，即爲此書而作者。張穆顧亭林先生年譜⑰繫此文於康熙十八年（一六七九），而文內稱「今朱君之年六十有二矣」，則朱明德當生於萬曆四十六年（一六一八），而卒年暫付闕如。

黃容明遺民錄卷五有朱明德傳：

字不遠，吳江人。少治經義有聲，從而學文者戶屨常滿。隱居爛溪之濱，作廣宋遺民錄以見志。諸隱者多輕世肆志，或以語言文字賈禍。明德外介而內和，不爲矯激崖異之行，故患難不及，潛心學道，教授有方，即俗學而引之理學，弟子著籍者凡數百人。晚年有得於性命之旨，養充神王，至老不衰。

亭林序稱雖與明德爲同郡人，且「相去不過百餘里，而未嘗一面」，明德之致書求序於亭林，尙在寒江荒草之濱，是明德乃隱於課學而又韜晦於時者也。故其行事之可考者如此而已。

亭林序又謂明德於宋之遺民「有一言一行、或其姓氏之留於一二名人之集者，盡舉而筆之書」，其書收宋遺民凡四百餘人，視程敏政原錄及李長科廣錄所收爲多。然朱氏所藉，不出名人之文集，故所增之遺民於數則多，而其人之行事則少。亭林評之曰：

今諸繫姓氏於一二名人之集者，豈無一日之交而不終其節者乎？或邂逅相遇而道不同者乎？固未必其人之皆可述也。

本此以論，即或此書傳世，其於宋遺民史料之存索價值殆可想見。然因有朱氏之書，而有亭林之序；因有亭林之序，吾人乃得約略窺見亭林於「遺民」一義所標制之嚴限。故其序末有云：

莊生有言：「子不聞越之流人乎？去國數日，見其所知而喜；去國旬月，見所嘗見於國中者喜；及期年也，見似人者而喜矣。」余嘗遊覽於山之東西、河之南北二十餘年，而其人益以不似。及問之大江以南，昔時所稱魁梧丈夫者，亦且改形換骨，學爲不似之人。

蓋亭林序明德書於康熙十八年（一六七九），去明亡已卅餘載，前此一年（一六七八），清廷有博學鴻儒之選，遺民失節者，頗亦有人。彼遂借明德之書，以斤斤深辨於遺民之義。

陳援菴先生有「遺民之諍遺民」論⑱，舉黃梨洲晚節爲晦木所不滿爲例。亭林之諍遺民，其事亦同。此則治遺民史者所不當昧者也。

(4)明遺民錄 鈔本　　黃容

黃容，字叙九，自號圭庵，吳江人。所撰圭庚雜著刻於康熙末年，吾尚未見。外輯卓行錄四卷，則四庫爲著錄而極詆之：

是書刻於庚辰，（按：此指康熙三十九年，一七〇〇）所錄多明末國初之事。後有自序，稱集中體例，主於表彰潛德，蒐輯逸事，其事蹟赫赫在天壤，他書具載者，反不多錄。然而孫承宗之死節，史籍彰彰，似不在潛德之列，而龔佩潛女一條云：九龍龔佩潛，以進士遇國難，投秦淮以死，有才女能詩云云。此在佩潛爲卓行，其女能詩，未必爲卓行也⑲。

至所輯明遺民錄，則未付剞劂。四庫舘臣似亦不知有其書。僅東京東洋文庫藏一鈔本耳。余於一九八〇年夏訪東洋文庫，窮旬日之力，閱此天壤間僅存之清初人所撰明遺民錄。書凡兩册，而鈔自數手，無斧季手校之迹，除「東洋文庫」印外，別無藏鈐。其「自序」一篇取自圭庵雜著之刻本，蓋板心有「圭庵雜著」等字。自凡例以下，則皆手錄。用紙皆著「圭庵雜著」四字，頗疑此本即非原稿，鈔錄之者亦必出其門生子弟。

黃書於清初遺民錄諸撰著中最爲晚出。其自序一篇，述至當時爲止遺民錄之編撰史事頗詳：

昔龔聖予爲文信國、陸君實兩公著傳，吳立夫讀之有感，因輯祥興以後忠臣志士遺事，作桑海餘錄，無其書而有序。明新安程克勤學士本立夫之意，採謝皐羽以下凡十有一人，撰宋遺民錄。虞山錢宗伯惜其簡略，欲增而廣之，爲續桑海餘錄，亦有序而無書。李興化小有輯廣宋遺民錄，取淸江谷音，桐江月泉吟社，以益克勤所未備。間有舛誤，識者病之。大抵古今以來，一代之興，必有名臣之佐。樹偉績於當時；一代之末，必有捐軀赴義之人，揚忠烈於後世。而其守貞特立，厲苦節以終其身。或深潛巖穴，飡菊飲蘭；或蝸廬土室，偃仰嘯歌；或荷衣籜冠，長鑱短鎌，甘作種瓜叟。亦有韋布介士，負薪拾穗，行吟野處。要皆礌珂抱志節，非苟且聊爾人也，豈可與草亡木卒，同其凋謝者哉。余既編忠烈，復搜輯砥節諸君子，表其生平，紀而傳之。共得五百餘人，釐爲四卷，爲明遺民錄。其幽伏於深山邃谷，爲世人之不及知者，難以指數，而其可紀次者，班班足考如此矣。彼拘迂之見，惟取死忠。不錄苦節，以彼操論，將無固甚。嗚呼，金銷石泐，志節之名，長留天壤間。後之覽者，其亦興感於是編也夫。

康熙歲次癸未上巳日，吳江圭庵居士黃容題於梧桐書舍。

康熙癸未，即康熙四十二年（一七〇三）也。距明之亡，幾一周甲。是作者即生於晚明，易代之際，亦不過一弱冠少年耳。序云書作四卷，而鈔本則作十卷，殆序成後頗有增續而然耶？顧作者於清初諸錄，但及李長科廣宋遺民錄。然則朱子素歷代遺民錄、朱明德廣宋遺民錄，於當時即恐非易得之物。

書前凡例五條，標敘去取之旨：

一、倣宋遺民錄規則，分已仕未仕兩條。雖出處不同，要其志節，歸於一致。

一、故國孤臣，竄跡林莽，潔身棲遯，皭然不緇之操，無愧完人，堪比宋室已仕遺民。異代比例，並垂不朽。

一、幽人志士，山澤丘樊，埋照遺世。寒松幽壑之姿，高引冥鴻之慨，紀述者悄然動容，披覽者肅然起敬。列諸未仕，同誌孤芳。

一、海寓寥闊，所見所聞異詞。一人心力，深恐搜羅未備，難免掛漏之譏。賴武塘李君寰瀛名應機以所著求志錄託沈子皐邁緘書寄示。集中借資實多。同心之助，何可忘也。

一、著書非易，竅實尤難。穢史淆訛，虞稗瑣記，徒供識者鄙唾，用是嚴爲採擇，庸碌充隱之流，不敢濫登。世有季野，定具陽秋。一時不求知我，千載諒有公評。

凡例第一條云：「倣宋遺民錄規則，分已仕未仕兩條」。考程錄無此分法，恐爲廣宋遺民錄之誤。惟黃書與程錄之分異者莫若體例。程錄所收者，前有「王炎午、謝翶、唐玨三人事蹟及其遺文。而後人詩文之爲三人作者，並類列焉」；後「則附錄張宏毅、方鳳、吳思齊、龔開、汪元量、梁棟、鄭思肖、林德暘等八人」⑳。是遺民之行事、遺文、並後人所詠述之詩文，羅集一編，略與近世之所謂「研究資料彙編」者相似。而黃書則遺民傳記之彙集也。其傳或詳或略，槪以其人之行事爲主。既不錄其遺文，而後人之詩文爲該遺民所作者，亦不收入。其撰意在傳其人，非徒事於傳主之資料之彙集而已。衡以史學之準範，則黃書實勝程錄。其於遺民錄之編撰，可謂創闢新途者也。

凡例第四所語及之李應機，亦有志於明遺民錄之輯撰者。鄧之誠淸詩紀事初編謂應機「自以父祖高逸有志，繼之不事進取。師事陸隴其，著求志錄以紀近時逸士。……其集敦艮草堂稿，圃隱詩存、雜著，今俱未見。唯見（隴西）詩萃，是康熙四十七年戊子定稿，應機其年正六十」㉑。則應機殆爲生於淸而有志輯撰明遺民錄之第一人歟？黃書列應機爲參校者之一，復於卷六後附應機致黃容書一通，其間至足窺悉應機於遺民錄編撰之若干陳議，及其於黃書之獻言：

冒附賈豎子，不得列也。有遺行，不可列也。介兩可之間，宜汰也。平平無奇，列之不勝列也。有至性，雖無文綵必列。抱遺經而咏先生必列。寫離騷、歌正氣，悲愁自放於山巓水涯之間者必列。而寬其途者，則客遊之名士，與遯世之高僧，亦勢所不得不然也。是舉也，天地鬼神，實式憑之甚，無視爲易易。其間有宜詳、宜略，或用大書，或用略書，或用附書，或存其名，各因其人，宜得當。或有人宜詳，而隔以見聞者，徐以俟考。或不詳，亦數也。總之此書必十年數十年而成，方可無憾。今特爲具章本，隨時留心，或遇書册，或覿言論，方得詳核。此又不可率略而成之一規也。舊本分已仕未仕，爲士隱仕隱。愚意分地，使覽者易得，且以占山川之靈。不識先生以爲何如。

應機此札，除極言遺民錄之輯撰當處以至愼，外此而所堪措意者二事：一曰「四不列」、「四必列」，蓋所以審定遺民之標準也。今人何惠鑑先生論宋元遺民，有「遺民者，必具若干資格」之說㉒，堅執前朝所遺之民，不得概視之爲「遺民」之議，殆與應機之所言論相契。二曰「遺民之地域分佈說」。近世陳伯陶、秦光玉所輯之遺民錄，一囿於粤東，一囿於滇南㉓，其意只存乎揚美其鄉邦之先賢。實則清初之遺民集團，分佈於關中、浙東、江淮、兩湖、齊魯等地區，各成體系，各推領袖，儼然有「遺民山頭主義」之傾向，此尚待於深討覈論。而陳援菴先生之明季滇黔佛教考，已導先河。則應機之「遺民地域分佈」說，固未可以等閒視之也。

東洋文庫所藏黃書鈔本十卷，目錄列已仕者三卷，一百二十七人，未仕者六卷，三百七十五人，方外一卷，二十三人。惟卷七列未仕者一〇七人，及書末列十二人，均有目無傳。合共收明遺民五百三十七人，有傳者四百一十八人。視乾嘉間朝鮮人所輯皇明遺民傳之七百一十六人，及民初孫靜菴所輯明遺民錄之五百餘人，爲數自少。然黃書之輯在康熙中末葉，其所取資者，諒亦無如後人所得之多，有以致之也。至三書所傳同異，他日當董理表列以明之。

二、「遺民錄」在清初之流傳

清初百年間所見行之「遺民錄」，皆元明人撰作，且皆事涉南宋之遺民。清初所撰，在當時即流行不廣，亦尠有傳者，此清初撰者之不幸也。

除程敏政宋遺民錄外，清初傳世之「宋遺民錄」尚有兩種。四庫提要卷十三，「史部傳記類存目」三，「宋遺民錄一卷」條云：

> 不著撰人名氏，乃洪武中鈔本。毛晉刻之，附於忠義集之後。或元人所作、或明初人所作，均未可知。後程敏政亦有宋遺民錄，殆未見此本，故其名相複歟？

此一種也。又：卷三十八，「集部總集類存目」一、「宋遺民錄一卷」條云：

> 此卷皆宋遺民詩詞雜文，未知誰所編錄。宋之故老，入元後多懷故國之思，作詩者衆矣。此本所錄，僅謝翺、方鳳、納新（原本作廼賢，今改正）、李吟山、王學文、梁棟、林德暘、王炎午、黃溍、吳師道十人之作，已多挂漏。又溍及師道皆元臣，而納新爲郭囉咯（原注葛邏祿，今改正）氏，爲元色目人，與宋尤邈不相涉，概曰遺民，殊不可解。殆書肆賈豎，僞託之以售欺也。

惟程錄頗行於時，而其書於清初即又傳本甚夥。近人吳慰祖校訂之四庫採進書目即分列有十二卷刻本、十二卷錄本、十五卷刻本等三種㉔。黃丕烈士禮居藏書題跋記「宋遺民錄十五卷明刻本」條又舉清初十五卷寫本：

> 余向得宋遺民錄於郡故家，爲汲古毛氏影寫明刻本，而又經斧季手校各種援引文字異同㉕。

知行世較廣者，似爲十五卷本。蓋不獨四庫提要所著錄者爲十五卷，即私家藏書著目如錢曾虞山錢遵王藏書目錄、王聞遠孝慈堂書目、及鄧邦述羣碧樓善本書目，皆作十五卷㉖。

今行世之知不足齋叢書本，亦十五卷。書後附跋語二則。一云：

壬辰之秋，余從書肆見此書首卷出一奚奴袖中，乃槧本也。問坊人，云是高陽氏藏書。把玩片晌，欲竟讀而不得。然心懷之不置。已而訊之史先生辰伯。先生故以好書稱者，言吾向從虞山借得以授平原氏鈔存，可得而觀也。旋爲予取來。書凡四册，前册錄竟，方易其次。大耋之年，步屧携筇，不辭修途往返，余甚感其意焉。書係錄本，惜亥豕之謁未讎正爾。鈔成爲識之如此。癸巳歲四月五日竹里老人書。

另一跋云：

平原陸氏本鈔於順治丁亥，此册又後七年矣。

據此二跋，可考見者二事：

㈠知不足齋叢書本所據者，乃竹里老人所錄平原陸氏本。而陸氏所據，則錢謙益絳雲樓舊物也。陸氏本鈔於順治四年（一六四七），竹里老人本鈔於順治十年（一六五三）。蓋皆亡國之痛猶新之時。

㈡竹里老人者，彭行先（一五九八—一六八九）也。行先乃清初之明遺民。黃容明遺民錄卷九有傳：

字務敏，一字貽令。長洲人。與鄭孝廉士敬、金秀才俊明年相若。雖未宦，顧皆以鉅人長德見推於士大夫。三人者，歲時過從，鬚眉皓然，相與討論文史，揚扢翰墨，杯酒豆肉，談笑移日，見者羡之。既而鄭、金相繼物故，獨行先巋然老壽，以是尤著聲望。隱居之膺厚福，莫公若也。

其跋中所謂「史先生辰伯」者，史兆斗也。朝鮮人輯皇明遺民傳卷三有傳：

字辰伯，吳江人。處士鑑之後，徙居長洲，爲諸生，即棄去。博雅多藏書，尤熟吳中故事，年八十餘卒。

彭行先、史兆斗皆明遺民也。見程氏書，即輾轉傳錄，此宋遺民錄受明遺民重視之一例也。

彭氏借錄平原陸氏本之明年，遺民方文（一六一二—一六六九）有「從黃俞邰借宋遺民錄感舊兩首」，其一云：

有宋遺民錄，求之二十年。世人多不見，此事竟誰傳。唯爾書能秘，繇余借可憐。乾坤正漭泱，梨棗合重僑。㉗

所謂「乾坤正漭泱，梨棗合重僑」者，恐非方文一己之私願而已。俞邰，即千頃堂主人，後以遺民身份主修明史「藝文志」之黃虞稷也。此明遺民重視程錄之又一事。

越二十年，錢曾亦有詩紀其讀宋遺民錄。夙興草堂集有「讀宋遺民錄泫然題其後」一首：

浮雲慘澹蔽扶桑，鞮唱羌歌盡犬羊。赤伏荒唐天尚醉，白翎哀怨國終亡。孤兒抱柱空舒爪，野老登臺暗斷腸。世界幾時歸本穴，至今留得憶翁狂。㉘

此亦一事也。

明遺民之尊愛程錄，殆亦余英時先生所謂「遺民於歷史上求人格之『認同』」之表現㉙。其事與鄭所南心史在清初之流行㉚、徐野公之刻謝翺晞髮集㉛、蕭尺木之繪「離騷圖」㉜、乃至呂留良之作「擬如此江山圖」㉝，皆同出一轍。此當另篇細述之，不贅。

清初「遺民錄」之撰著統出明遺民之手，又皆不得刋刻流傳。若朱子素歷代遺民錄、李長科廣宋遺民錄、及朱明德廣宋遺民錄，得賴為序其書之歸莊、王猷定、顧炎武諸君子之文集猶稍稍可知其著作之體例。此亦由清初文網之密，有以致之耶？今僅存之黃容明遺民錄鈔本，在當時恐亦未得刋佈。與黃容並時之邵廷采撰「明遺民所知傳」、及乾嘉間朝鮮人輯皇明遺民傳，皆未援引黃書。民初孫靜菴輯明遺民錄，章炳麟、錢基博之所序、及孫氏自序，亦未及之。至如有淸以還頗垂意於晚明史事之諸公，前如全祖望、李慈銘、傅以禮，晚近如朱希祖、鄧之誠、謝國楨等，似皆未見此書。故一九三六年北京大學影印魏建功客韓時所得之朝鮮人撰著之鈔本皇明遺民傳，孟森爲序其書，乃逕稱「若朝鮮儒者之纂集能事，爲中土所未有也」。此固淸初作者之不遇，亦後世論遺民史者之不幸也。

三、餘論

明社旣覆百年間，「遺民錄」之撰著數出。雖書皆未獲刋刻流傳，所獨傳者僅黃容明遺民錄一鈔本耳，而即此一鈔本，亦復殘缺不存。然此數者之有功天下，固不得以其書之不存而勿論也。淸初朱子素、李長科、及朱明德所撰輯之遺民錄，當時名儒如歸莊、王猷定、毛晋、錢謙益、顧炎武等皆得寓目。諸儒褒揚貶抑之得當與否，今已無從論定。然因有此三家之作，吾人乃得稍窺諸儒對「遺民」一詞所持之若干觀念，及其對「遺民錄」修撰之若干標指。一也。

黃容之傳明遺民，特重其人之行事，而不錄有關詩文，可謂於程錄外，別出蹊徑。此一新創之著述體例旣立，舉凡關涉於遺民之史學遂浸浸自成體系。藏書之家，如錢曾即以「遺民」爲著錄之目㉞。修史之士，如邵廷采、翁洲老民，皆爲「遺民」立專傳。其後全祖望於乾隆元年（一七三六）「作移明史館帖子」，且力主列抗節不仕之「遺民」於正史忠義列傳之後㉟。其議雖不爲主持史局者所採納，然當時風尚所趨，可窺一斑。此第二事也。

清初以後，注心於遺民史跡之著作不絕如縷。如孫靜菴、陳去病、陳伯陶、汪兆鏞、秦光玉、張其淦，皆斐然有所述作。此又當另文述之。知此數端，始足以語遺民史者也。

後記

此文付梓後，數年間涉獵所及，復得有關史料若干條。爰記於後，用誌昔年讀書之疎失，兼期有進於他日。：

㈠汪琬（1624－1690）「堯峯文鈔」卷廿七有「吳逸民傳序」，爲陳均寧「吳逸民傳」作。均寧，江南婁江人，亦明之遺民。

㈡萬斯同（1643－1702）「石園文集」（「四明叢書」第四册）卷八有「宋遺民廣錄訂誤」一文。

㈢張際亮（1799－1843）「張亨甫文集」卷二有「勝國遺民錄序」，爲其友侯登岸「勝國遺民錄」作。登岸，山東東萊人。其書凡四卷，未刻。抄本藏山東省青島市博物館。

㈣李慈銘（1829－1894）「越縵堂讀書記」（由雲龍輯本，北京中華書局，一九六三）「歷史」類，有「國初人傳」一册。李氏批語有云：

不著撰人名氏，亦無目錄，其首尾不可得詳。大旨主於儒林，而明之遺民爲多。有專傳，有合傳，有附傳，有論。蓋乾隆中吾越人所作。

又：承南京大學歷史系洪煥椿教授相告，蘇州市圖書館藏有「宋遺民廣錄」抄本一册，不著撰人名氏。年來屢過吳門，惜尚無緣。

一九八五年九月十九日，時客滬上。

註

①：程敏政「自序」、程曾「書宋遺民錄刻後」。均見宋遺民錄，知不足齋叢書本。

②：皇明遺民傳，一九三六年北京大學影印魏建功藏朝鮮人著鈔本。孟森序，頁一。

③：參考白堅「朱子素的生平及其著作」，江海學刊（南京，一九六三年第六期）。

④：台北廣文書局影印本，一九七四。

⑤：屈大均，「書逸民傳後」。見翁山佚文輯（廣東叢書第一輯），卷中，頁七。一九五九年上海中華書局影印歸莊手寫詩稿，「前言」中謂歸莊「找到了『逸民』的典範鄭所南」（頁二）。以鄭所南爲「逸民」，恐非歸莊所首肯者也。

⑥：考歸莊所舉之漢遺民，逢萌、向長見於後漢書「逸民傳」；梅福傳見漢書卷六十七；郭欽、蔣詡附傳於漢書卷七十二「王貢兩龔鮑傳」；孔奮傳見漢書卷三十一；郅鄆傳見後漢書卷二十九；郭憲入後漢書卷八十二（上）「方技列傳」；桓榮傳見後漢書卷三十七。

⑦：明史卷一百九十三，「李春芳傳」。

⑧：皇明遺民傳卷三，「李長科傳」。

⑨：語見全祖望「題徐狷石傳後」。鮚埼亭集外編，卷三十（商務萬有文庫本，第十册，頁一〇九一）。

⑩：康熙元年周亮工序刋本。

⑪：邃漢齋校印牧齋全集。

⑫：四照堂集卷二。

⑬：猷定此詩極悽婉：「三回君不語，神頷每多疑。處仲吾難效，成連情早移。桃花南浦面，流水甓湖絲。此意狂夫解，牛衣獨卧時」。

⑭：均見卷二，頁一六B—二〇A。

⑮：牧齋此文有云：「小有歿，以其稿屬王于一（猷定），于一轉以屬毛子晋，而二子亦奄逝矣」。考毛晋卒於一六五九，王猷定卒於一六六二，而牧齋卒於一六六四。則此文當成於一六六二—一六六四之間。

⑯：台北世界書局排印本，一九六三。頁三十五—三十六。

⑰：商務萬有文庫本，第二册，頁八十一。

⑱：清初僧諍記（北京中華書局，一九六二），頁九十一。

⑲：四庫全書總目提要，史部，傳記類存目五。

⑳：引自四庫全書總目提要，史部，傳記類存目三，「宋遺民錄十五卷」條。

㉑：北京中華書局刊本，一九五九，上册，頁二七三。

㉒：Wai-Kam Ho, "Chinese under the Mongols," in Sherman Lee and Wai-Kam Ho, eds., Chinese Art under the Mongols The Yuan Dynasty (1279-1368) (The Cleveland Museum of Art, 1968)。p. 90。

㉓：陳伯陶有勝朝粵東遺民錄、宋東莞遺民錄。秦光玉有明季滇南遺民錄。

㉔：北京商務書局刊本，一九六〇。頁七二，九〇，一七六，二五三。

㉕：台北藝文印書館影印百部叢書集成本，卷十，頁三〇。

㉖：虞山錢遵王藏書目錄彙編（上海古典文學出版社，一九五八），頁七一。孝慈堂書目（台北廣文書局，一九六七），頁三七六。羣碧樓善本書目（台北廣文書局，一九六七），頁二五八。

㉗：嵞山集（上海古籍出版社影康熙二十八年本。一九七九）。上册，卷五，頁二四。卷一有「宋遺民詠」十五首，分詠宋遺民十五人。作於甲申（一六四四）年。頁一一B—一五B。

㉘：鈔本。稿藏美國堪薩斯市何氏午夢千山閣。

㉙：方以智晚節考（香港新亞研究所，一九七二）。頁一五〇。

㉚：余嘉錫，四庫提要辨證（北京中華書局，一九八一），卷二十四，頁一五二八—一五四五。姚從吾，「鄭思肖與『鐵函心史』關係的推測」，國立中央圖書館特刊，〈慶祝蔣慰堂先生七秩榮慶論文集〉。（台北，一九六八）。

㉛：黃宗羲，南雷文定（四部備要本）。前集卷一，頁一〇A，「謝皐羽年譜遊錄注序」。

㉜：鄭振鐸，劫中得書記，頁六。

㉝：呂留良詩文集（台北商務印書館影本，一九七三），卷首，「擬如此江山圖」詩序云：

如此江山圖，宋末陳仲美畫。按序南渡後，有如此江山亭，在吳山。宋遺民畫此圖以志意。……

㉞：虞山錢遵王藏書目錄彙編（上海古典文學出版社，一九五八），頁七〇—七一。

㉟：鮚埼亭集，（商務印書館國學基本叢書本）冊十二，卷四十二，頁一二九九，移「明史館帖子五」。

略述全謝山先生之歷史地理學

莫廣銓

目次

一、引言

我國言地理之書，始自禹貢職方，典籍浩繁，山川沿革，咸有記述。精於地理者，漢唐以降，代有名家。清中葉鄞縣全祖望先生，博學多通，於歷史地理之學，尤爲專擅。遺著中，校訂水經注、考證地志之作，創獲新說每多邁越前賢，爲世稱許。廣銓不敏，喜讀史籍，乃求其書讀之。爰依讀書劄記，疏列成篇，曷敢於謝山先生之學妄有論述也。

二、治水經注之成就

論者謂謝山先生生平精力所萃之三書，爲七校本水經注，增修宋儒學案及困學紀聞三箋。而以校水經注爲首列。全氏致力善長之書，至謝山先生凡四世矣。謝山序趙一清水經注釋云：

「予家自先司空公、先宗伯公、先贈公三世，皆於是書有校本，故予年二十以後，雅有志於是書。」

趙本參校書目，有全氏雙韭山房舊校本，下云：

「鄞全侍郎元立，字九山、孫天敍，字伯典，亦官侍郎，天敍之從孫吾騏，字北翁，三世校之。今翰林祖望，其孫也。」

趙氏之言，蓋聞自謝山也。謝山好以己所訂正，託之於其先人，其於水經漸江水篇跋（見鮚埼亭文集外編卷三十三）稱「固陵西之柳浦即江浦」之論，發自其先贈公，以授其文，是其證。王靜安先生謂其實皆謝山個人之說，而託之於其先世者也，其說或不爲無見。考謝山年譜，乾隆十四年，先生四十五歲。固辭蕺山講席，專志校水經注，數年之間，朝夕不倦於此。至四十八歲，水經注七校始就。至卒前一年，（乾隆十九年，甲戌，先生五十歲。）自感「睠懷世學，不禁慚赧」，仍力疾治水經。先生治學之勤，有如是者。謝山之漢書地理志稽疑，亦緣其精深於酈注，出自餘緒以考漢志。遂卓然不同凡響。至於經史問答與鮚埼亭文集，其中有關地理之文，亦皆精警迭出不窮。

道光甲辰，張穆石舟獲謝山里人王梓材艭軒傳鈔之七校本水經注，光緒中，薛叔耘始刋之寧波，世人或不信其出自全氏，謂其爲僞記。惟稽諸鮚埼亭文集涉及水經注諸文，亦可見其成就，足以證全氏酈學造詣之深。況全氏尚有校本原稿，存於天津圖書館中歟？足以未可以薛刻本晚出而疑之也。趙一清東潛水經注釋，參校書目有全氏祖望七校本，下云：

「四明全謝山翰林，取諸本手校于篁菴，謂道元注中有注，本雙行夾寫，今混作大字，幾不可辨，蓋述其先世舊聞，斯言也，予深然之。河、洛、濟、渭、沔、江諸篇，經注混淆，臥病中，忽悟其義。馳書三千里至京師告予。予初聞之，通夜不寐，竟通其說，悉加改正。今秋下榻春艸園之西樓，各出印證，宛然符契，舉酒大笑，因製序焉。」

水經注自宋明以降，傳鈔翻刻，向鮮善本。清初，顧亭林，顧景范，閻百詩，胡朏明諸子，始治水經注。稍後全謝山，趙東潛，戴東原等，亦各成專書，夫酈注與經混淆，與夫注本雙行，字分大小之說，倡自全氏。千載之覆，賴謝山一朝發之，東潛亦聞之於全氏也。而戴東原襲取趙氏之書，矜爲創獲。說者反謂全氏校本晚出不可信，是眞黑白不分矣。謝山於酈書之功，即此一端已足不朽。雖東潛祖述謝山，而謝山之於東潛亦稱道不絕。水經注趙校本謝山序曰：

「杭有趙東潛君，吾友谷林徵士之子也，藏書數十萬卷，甲於東南，稟其家庭之密授，讀書從事於根柢之學，一時詩章之士，莫能抗手，爰有箋釋之作，拾遺糾繆，旁推交通，裒然成篇，五君子及繼莊之薪火，喜有代興，而諸家之毛學屑屑者，俛首下風，安定至是始有功臣，而正甫之書，雖謂其不亡可也。」

其雅量高致，實有足多者，謝山嘗暢論治水經諸家之得失云：

「百年以來，乃有專門之學，顧亭林，顧宛谿，黃子鴻，胡東樵，閻百詩五君子，嘅然於蔡正甫補亡之不可得見，合羣籍而通之，購舊槧以校之，竭精思以審之，是書始漸見天日……。然而諸家所論定，或以洮水為澆水東樵，或以滎水為濉水宛溪，或以漯水有二百詩，或以礫谿有南北二渠東樵，或指九江在洞庭而託許叔重之說東樵，宛溪，斯其過皆不少。」

其能鑑及諸家之譌誤者，正以其於水經注反覆校讀，功力精湛而超越前賢。至謝山對酈學之新論，散見於各本題跋及東潛書簡，知其所見之水經注舊鈔本有三：曰柳大中鈔本。曰趙清常三校本。曰孫潛夫校本。於「柳氏水經校本跋」稱柳大中本以宋槧手鈔所校，立意精審，柳氏之穎水，渠水，瀍水諸篇改正錯簡，渭水篇之補得脫簡四百餘字，皆大有功焉。於「清常道人趙琦美脈望館三校本水經再校本跋」，則謂柳趙諸本，皆以清初始出，而集其成於潛夫，潛夫用功最篤云。更於何義門校之水經注有題跋三，評義門之三校本，謂其有精到處，而嫌其未出胡氏通鑑注及隸釋二書外，以為尚失之隘。又謂聞喜之涑水與雷首之涑水（附河水注中），本為二水，義門竟混之為一。此誤雖始出樂永言，成於顧宛谿，以義門之精審而未能正，謝山於此致慨讀書之難。於「沈氏水經校本跋」，頗稱沈繹旃之發摘譌誤之善，擧其所考正者，如綪姑水，檀臺岡，瑱侯亭，橫山，並漢功臣表酈侯之誤音諸說，許為不特有功於善長而已，嘉繹旃與東潛，蓋皆有助謝山之書云。

餘在濟水，漯水，泄水，江水，漓水，涑水各篇均有題跋，於漸江水且五焉。

結埼亭文集外篇卷三十二，水經漸江水篇之一云：

「漸江水篇，錯簡狎出，故不可讀，其實善長之纏絡亦可按也。漸江固至錢塘而止，然其江沛，則由靈隱而作湖，而臨平，而禦兒，而柴壁，而及於東岸之固陵，而查瀆，其自西陵湖而下始系之曰湖水，上通浦陽江，下注浙江，而後由永興以入越，由是而山陰，而會稽則了然矣。試讀江水篇，江浦，江涯不知其若干也，曾是漸江獨無之乎，迨隋人改為運道，而遺迹不可考矣。先贈公曰：『固陵之西，地名柳浦，有橋跨浦，六朝時，以埭防之，以官守之，至宋時，橋址尚在，見於胡氏通鑑注，乃江浦之水口也。』此千古未發之佳證，因釐正之，以授先君，予得改次焉。」

又在其致東潛書簡（見鮚埼亭文集外編卷四十五），益見謝山於酈學功力之博厚高明，其創見遍及湛水、潞水、列葭水、夏肥水及播冢山諸篇：

㈠　湛水篇辨湨川訛作沮川

「所謂沮川者，道元既實有所指矣，而求之是書，沮川安在，即旁考經傳，皆無是川，則道元所謂字讀俱變者也。何以知其為湨川也，道元於濟水篇中及湨矣。」

善長既明言有沮川，而水經四十卷中，渺不可見，善讀水經者，如胡、黃、顧、閻諸君，於是篇均未有考證，獨謝山於此得間，故有：「得余言，應見賞於千古」之語，誠為未過。

㈡　正善長之訛誤：

甲、謂酈氏引闞駰語，以為濁漳水即潞水之說失之過略。（見水經潞水篇致東潛書）

乙、將灉水西移，誤作馮翊之雍水。（見水經雍水篇致東潛書）

丙、欲調停闞駰夏肥水與肥水通之謬，竟前後文相伐。（見水經夏肥水篇致東潛書）

丁、又指善長注播冢山條，所說自亂其例。（見水經播冢山致東潛書）。所言均確切不可易。

觀堂集林十二，聚珍本戴校水經注跋云：

「更正錯簡，則明有朱王孫，國朝有孫潛夫、黃子鴻、胡東樵，釐訂經注，則明有馮開之，國朝有全謝山、趙東潛，捃補逸文，則有全、趙二氏。考證史實，則有有朱王孫、何義門、沈繹旃，校定文字，則吳、朱、孫、沈、全、趙諸家，皆有不可沒之功。」

靜安先生之論，不掩諸家釐訂之勤以專美一人，允矣。顧水經注之有善本，謝山之功爲最巨，蓋誠有其不可忽視者也。

三、秦三十六郡之考證

秦始廢封建爲郡縣。太史公始皇本紀載：「二十六年從廷尉斯議，分天下爲三十六郡。」而言殊簡略，後世說者紛紜，非失諸支離，即陷於膠執。班固以爲三十六乃秦一代之郡數。裴駰注史，取續志而不考前志，謂爲始皇二十六年之郡數，後此所置者不豫焉。晉志以來，又有四十郡之說，治史者多從裴說，謝山以爲班、裴二說均未嘗深探其本源，於是參取史記及二志以求之。指出「前志有東海無黔中，續志有黔中無東海，然皆失去楚郡。」究其郡數，僅得三十四郡，而以內史鄣郡充之，是以二志所闕者異，而失者同，謝山乃審其顚末，依次更定之。除內史不豫外，於九原、廣陽、黔中、東海、會稽、楚郡，迭有發明，其說如左：

(一)　不豫內史

謝山曰：「蓋以尊京師也。」二志皆作三十六郡之一。誤也。

(二)　退九原而進廣陽

謝山「退九原」於三十六郡之外，以爲始皇二十六年以前，無置是郡之理。論曰：

「匈奴傳趙有雁門，代郡，雲中以備胡，而九原特雲中北界未置郡也，始皇二十五年以前，其於邊郡多仍前之舊，不聞增設。三十三年，蒙恬闢河南地四十餘縣，蓋以此四十餘縣置九原。何以知之？徐廣所謂陽山在河北，陰山在河南者，劉昭以爲俱屬九原之安陽，則九原統屬河南四十四縣可知矣（廣銓案始皇本紀爲三十四縣）。不然不應以四十四縣之多而不置郡也。」（見漢書地理志稽疑卷首）

此三十四縣者，優足以置一大郡，以地理準之，實九原郡之地也。

於廣陽郡，謝山以爲當在始皇三十六郡之內，地理志稽疑論曰：

「猶有疑者，燕之五郡皆燕所舊置以防邊也，漁陽四郡在東，上谷在西，而其國都不與焉，自薊至涿三十餘城，始皇無不置郡之理，亦無反并內地于邊郡之理，且始皇之并六王也，其國都如趙之邯鄲，魏之碭，楚之江陵，陳之九江，齊之臨淄無不置郡者，何以燕獨無之。水經注云始皇二十三年置廣陽郡。」

王靜安觀堂集林卷十二亦以爲，自薊以南膏腴之地，「此燕宗廟社稷所在，八百餘年藉以立國者也。其在秦時，不宜虛不置郡。水經灅水注，言始皇二十一年滅燕以爲廣陽郡（廣銓案此說與謝山稽疑所引相異）。高帝以封盧涫爲燕王，更曰燕國，全氏祖望地理志稽疑力主是說，由今日觀之，此郡之果名廣陽與否，雖不可知，然其置郡之說，殊不可易。」

余讀國史大綱，賓四師於廣陽郡下云：「始皇滅燕置，漢志失載。」（見卷上八十五頁）。考六國表，知始皇二十六年滅燕。則廣陽之置郡當在是年。道元、謝山諸君子所言置郡之年，似尚有可商榷之處。

㈢　兼收東海、黔中

前志闕黔中，續志補之。謝山撰稽疑歷學楚世家、秦本紀，六國表以證班氏之失。道元所云，割黔中置武陵，謝山亦謂與史不符，以爲漢改其名耳，非割也。

「續志有黔中無東海」，裴駰據之注史而未及前志，故集解無東海，謝山論曰：

「前志於泗水國曰故東海郡，於東海曰高帝置，則似秦之東海，非漢之東海也，而實不然。秦東海治郯見陳勝傳。漢東海亦治郯，豈有二乎。」（漢書地理志稽疑卷首）

前志尚存東海之目，而續志竟省之，裴駰宗其說。胡棨謿亦有『秦無東海』之論，謝山辯曰：『秦東海之名，不特見陳勝傳，亦見周勃傳，安得云無，顧宛谿亦仍其謬。』

㈣　拾楚郡之遺

前志、續志、裴駰、晉志皆闕。胡棨謿亦曰三十六郡無楚郡，謝山正其訛謬曰：「始皇二十四年置楚郡見楚世家。次年置會稽郡見秦本紀，蓋錯擧而不備，其實秦滅楚置五郡曰楚、曰九江、曰泗水、曰薛、曰東海。及定江南又置一郡曰會稽而無鄣郡也。楚郡蓋自淮陽以至彭城，泗水則沛也，薛則魯也，東海則郯以至江都也，皆江北地，會稽則江南也，惟九江跨兼江介，誰言由郡分置爲三乎？楳磵欲護二志之失而爲此語何哉。」

茲將裴駰、謝山三十六郡之目列表，以證得失：

史記裴駰集解

	郡目	備註
1	內史 隴西	銓案集解並無置郡之年。
2	北地	
3	上郡	
4	漢中	
5	蜀郡	
6	巴郡	秦境者六

漢書地理志稽疑

	郡目	置郡年號	備註
1	內史 隴西	漢之三輔及宏農秦墳封不知其置郡之年。	不納三十六郡之中。廣銓案國史大綱：昭王二十八年置。
2	北地	昭襄王置不知其年。	
3	上郡	故魏置惠文王十年因之。	
4	漢中	故楚置惠文王後十三年因之。	
5	蜀郡	故蜀國惠文王後十四年因之。	
6	巴郡	故巴國惠文王後十四年置。	

7	邯鄲	
8	鉅鹿	
9	太原	
10	上黨	
11	雁門	
12	代郡	
13	雲中	
14	九原	
√	廣陽	趙境者八
15	河東	

7	邯鄲	始皇十九年置	廣銓案水經注濁漳水篇、六國表均云二十五年。
8	鉅鹿	始皇二十三年置。	
9	太原	莊襄王四年置。	
10	上黨	故韓置，後入趙，莊襄王因之。	廣銓案國史大綱：昭襄王四十八年置。
11	雁門	故趙置，始皇十九年因之。	
12	代郡	故代國。後入趙置代郡。始皇二十五年因之。	
13	雲中	故趙置，始皇十三年因之。	廣銓案水經注河水篇，始皇十三年立雲中郡、非因趙也。
	九原	始皇置。	廣銓案國史大綱：始皇三十三年置，不納三十六郡之中。
14	廣陽	始皇二十三年置。	廣銓疑謝山誤。說見前。
15	河東	昭襄王二十一年置。	

16	東郡	
17	碭郡	魏境者三
18	三川	
19	潁川	韓境者二
20	南郡	
21	黔中	
22	南陽	
23	長沙	
✓	楚郡	前志續志裴駰皆闕。
24	九江	
25	泗水	
26	薛郡	
✓	東海	續志闕龍駒因之。
27	會稽	楚境者十。
	鄣郡	

16	東郡	始皇五年置。	
17	碭郡	始皇二十二年置。	
18	三川	莊襄王九年置。	廣銓案秦本紀爲元年。
19	潁川	始皇十七年置。	
20	南郡	昭襄王二十九年置	
21	黔中	故楚置昭襄王三十年因之。	
22	南陽	昭襄王三十五年置。	
23	長沙	始皇二十五年置。	
24	楚郡	始皇二十四年置。	廣銓案國史大綱：始皇滅楚置。考六國表始皇二十五年滅楚。
25	九江	始皇二十四年置。	
26	泗水	始皇二十四年置。	
27	薛郡	始皇二十四年置。	
28	東海	始皇二十四年置。	
29	會稽	始皇二十五年置。	
	鄣郡		不納三十六郡之中。

28	齊郡	
29	琅琊	齊境者二
30	上谷	
31	漁陽	
32	右北平	
33	遼西	
34	遼東	燕境者五

30	齊郡	始皇二十六年置。	
31	琅琊	始皇二十六年置。	
32	上谷	故燕置，始皇二十一年因之。	
33	漁陽	故燕置，始皇二十一年因之。	
34	右北平	故燕置，始皇二十五年因之。	
35	遼西	故燕置，始皇二十五年因之。	
36	遼東	故燕置，始皇二十五年因之。	秦三十六郡之目完。

右表裴駰所言秦三十六郡、謝山許之者三十有四、先生於三十六郡「進廣陽而退九原」，退南海四郡於三十六郡之外，兼采東海、黔中而拾楚郡之遺，自來言三十六郡者，蓋以謝山所獲爲最多，誤亦最少，其後 賓四師修正之，始成定論。

四、漢十三刺史部之詮次

漢武攘胡却越，開邊拓土，南置交趾，北定朔方。志載：「兼徐、梁、幽、并夏周之制，改雍曰涼，改梁曰益，凡十三部置刺史」（計爲司隸校尉，豫州刺史，冀州刺史，兗州刺史，徐州刺史，青州刺史、荊州刺史、揚州刺史、益州刺史、涼州刺史、并州刺史、幽州刺史、交州刺史。）於司隸校尉部，謝山力主不豫，而以朔方補之，茲略述於下：

㈠、不納司隸校尉

謝山以爲司隸不可言州，校尉不可言刺史者，猶秦內史之不豫三十六郡者然，蓋近畿也。歷陳元封置十三刺史時未有司隸，成帝時嘗省司隸之官；哀帝始復，又以百官表有御史中丞總部刺史而不與司隸爲之證。

㈡、補朔方刺史之失

師古注平當傳，將朔方摒諸十三州外，謝山指爲絕無所本：「若以朔方未得爲州而不與，則交阯亦未得爲州，何以獨與乎。」（見漢書地理志稽疑卷四交州刺史條）。既元封置十三部刺史不及司隸，則朔方爲十三部之一可信。言朔方不入十三州者，誤以東京之制爲武帝制也。

㈢、正屬郡誤殖之訛

漢志恆有甲州之郡誤置諸乙，乙州之郡錯列於甲，謝山悉爲之正其乖謬。如豫州之魯，前漢原屬徐州，世祖始改屬豫州（見續志）。而前志以魯屬豫州，厚齋未之正，顧宛谿亦沿其譌焉。於益州八郡，謝山指出「誤入涼州之武都而見遺巴郡。」於涼州郡發前人之未見，尤爲精采：

「前志自武帝以下，十郡皆不注屬某州（志載隴西、金城、天水、武威、張掖、酒泉、敦煌、安定及北地九郡，其所云十者，當指武都也）。蓋脫文也，而王氏由此而誤，不知前漢之涼州，祇武都、隴西、天水、安定、北地五郡，其餘皆朔方州之所統也，二千年來無知之者。」（見漢書地理志稽疑卷四），於并州指證前漢屬郡有七（志載爲八）。而朔方，五原二郡合河西五郡共七郡成朔方州。又謂交州刺史應云交趾刺史方合，其讀書精審如此。

五、結語

謝山七校水經注薛刻本，廣銓求之而未得，僅從楊守敬水經注疏中窺見之，全氏以校水經注所獲語諸東潛，見結埼亭集，東潛亦自言之，則趙之採全固明甚。戴東原乾隆三十三年曾應直隸總督方觀承聘爲撰直隸河渠書，即東潛未竟之業也。乾隆三十八年東原入四庫館，趙氏水經注亦於其時進上，見浙江採進遺書總目，謂東原未見趙書，實百口莫辯。況戴自云據永樂大典，今大典本水經注已影印行世，人人得見之，凡戴云據大典以校改者，檢大典亦未嘗不誤，而其所改者則同於趙氏。若云二氏同據一本，因而暗合，是猶可說，何以其據本亦誤，而轉於他人校本，其非竊襲而何？其事張穆、楊守敬、王國維、孟森諸先生言之詳矣。獨胡適先生强爲戴氏辯護，必謂其未盜趙書，展轉求證，終不能自圓其說。於是乃力攻謝山，初則謂全氏無七校本，繼又謂七校本爲後人竄改。然無論如何，終不能謂趙氏未曾採全，亦無以解於大典既誤，戴氏之校同於趙氏者何攷。蓋證據確鑿，天下人耳目非可盡掩也。廣銓讀謝山書，見其於歷代地理沿革、形勢變遷，如數家珍、如指諸掌，苟非其酈學之功精深，曷克臻此？胡先生縱欲爲戴氏辯，又焉能盡沒全氏於歷史地理學之貢獻哉。

評梁方仲著《中國歷代戶口、田地、田賦統計》

林燊祿

梁方仲先生（一九〇八——一九七〇）①的遺著，《中國歷代戶口、田地、田賦統計》一書，在一九八〇年，由上海人民出版社出版了。該書精裝一册，十六開，除了封面、裏四頁，扉頁和目錄三十八頁，和一些沒有編上頁數的「大表」四個六頁外②，另有五八八頁。內容可以分做六部分：一、正編，表一七八個，包括「甲編」和「乙編」表各八十九個。「甲編主要是關於歷代戶口、田地的總情況和歷代戶口在地域上的分佈；乙編滙集唐、宋、元、明、清五朝總數和各分區的田地、田賦的統計資料。……分區各表的數字，一般至府、州一級爲止。」二、附編，表三十七個，「各表的數字至『縣』一級爲止，……是從南北兩大區域甄選出若干重要的府、州來進行較細的分析而製成的。」三、別編，「表說」二十個，「主要係對西晉迄清某些較重要或較複雜的土地賦役制度之剖析。」四、統計圖六個，「歷代方面三圖，……明、清兩代三圖。」③五、總序和附錄一、附錄二，（附錄二是表）是梁先生對中國戶口、田地、田賦的記錄和度量衡的變遷的深刻剖析與評論。可惜「附錄一未完成，梁先生已去世了，故此缺少「第二部分第四目：『半封建半殖民地時期度量衡制度的特徵。』」③六、附錄三，引用書籍、論文目錄。

梁先生過往的著作⑤，使我們覺得他是一位研究明代社會經濟史的學者。當看過這部《統計》後，纔知道梁先生不但對明代有深厚的認識，在其他各朝代同樣地下過不少的功夫。單從書中統計表所載的年代來說，就上溯西漢，下迄滿清，前後二千多年，直到現在，仍然難以見到一本歷史統計表的書籍，一如梁書所載年代那樣長遠的。

本書內容包括戶口、田地、田賦三方面，想是跟梁先生研究的範圍有很大的關係。梁先生研究明代社會經濟史，偏向賦稅方面。中國在清代以前的經濟形態側重於農業，政府的歲入主要從賦稅（田地）和徭役（戶口）而來，所謂「有人此有土，有土此有財，有財此有用」⑥，因此戶口、田地、田賦可說是研究中國古代社會經濟史的重要線索。這本書正好給研究者提供這方面的詳細記錄。

更重要的是，這些記錄不只是從那些圖書文章裏面照單鈔摘下來，編成統計表而已，內裏還經過梁先生細心的安排，精密的考證，嚴謹的校勘，再加上重要的項目，如：總平均數的百分比，升降數的百分比等，大大節省研究者在這方面所花的時間。

據本書「附錄」三「引用書籍、論文目錄」所開列，梁先生動用的參考書籍和論文共有三〇一種；不同版本的同一種書籍不另作一種計算，如：《明實錄》一書，用了「北京圖書館藏鈔本」，「（中央研究院）歷史語言研究所藏鈔本」，「江蘇國學圖書館傳鈔本」，「北大國學研究所檔案會（本）」⑦；也有「引用書籍、論文目錄」未載而見諸「總序」、「附錄」或表中注文的，如：1.《後湖志》⑧，2.《南京戶部志》⑨，3.《三朝要典》⑩，4.《弘治上海志》⑪，5.《咸豐順德縣志》⑫，6.《算法統宗》⑬，7.《白石樵眞稿》⑭，8.《武進縣志》⑮等。

從書中列舉的參考書籍和論文目錄看來，梁先生取材十分豐富，除了官私史冊、政典、文集、筆記、方志外，甚至關於農作物的專門論著，也能兼及。但是，在書籍方面，似乎偏於官書、政典和編纂成帙的「文編」，而個人的文集和筆記比較少，地方志尤見缺乏。例如明代，除了《大明一統志》外，個別的地方志只用了《洪武蘇州府志》、《嘉靖廣東通志初稿》、《嘉靖廣東通志》和《萬曆雲南通志》四種，而亦止限於司、府之志，縣志則不見用；又或將「輿圖」之類的書籍包括在內，也不過多添二、三種吧了。在論文方面，梁先生雖也曾參考日人的作品，洋文的著作卻付之厥如⑯。這可能因爲五十年代以前這方面可資參考的洋文著作不大多；是書編成後適逢文革十年動亂，更與外界隔絕了。

這部《統計》的編纂，梁先生實在耗費不少的時間和心力，想對它作全面的增補和勘誤，恐怕不大容易。作者就一己研究明史的成果，貢獻出來，以爲續貂之用，也許可以辦到。現將「明代京庫折銀米麥」的資料編製成表，用作增加表目。至於梁先生應用《明實錄》時，只取年終的數字，最低限度在「明永樂初至正德末漕糧數及減免天下稅糧數」，「明嘉靖初至隆慶末漕糧的額運、改折、實運等數及各處運納糧數」和「明泰昌元年至天啟末年額運及實該進京通二倉漕糧數」三表所見是如此，今參閱《明實錄》內文，幷把閱覽其他書籍所得關於漕額和漕折的資料用作補充和勘正。最後順帶指出書中「手民之誤」的地方，1.「甲表」72，頁二〇七，「資料來源」，行二，「……測算得出口數，見本編表69」，當是「……測算得出，口數見本編69」；2.「乙表」30，「附記」3，頁三三七，行2，「弘治十五年荐額」，當是「弘治十五年存額」；3.「附表」1，頁四三二，「資料來源」，行1，「嘉慶松江府志」，當是「嘉慶松江志」；4.「附表」12，頁四四一，「編者注」③（二）「據嘉慶府志」，當是據嘉慶志」；5.「表說」18，頁五〇七，「直隸府州及布政司別．北運」項，「山東⑥、河南⑥」，當是「山東、河南」；6.頁五一四至五二〇，漏印頁數。是書表中數字的勘誤，請看本文附表；其他各表則因研究未及，校勘的工作只好期待將來的努力。

梁先生這部《統計》在一九六二年便已脫稿，當時計劃在一九六五年出版⑰，竟然埋沒了十多年，到一九八〇年纔能面世。不但梁先生未能目睹此書的出版，是一大憾事，就是歷史工作者平白損失了十多年利用此書的時間，也是一件十分可惜的事。

注釋：

①：葉顯恩、譚棣華「梁方仲傳略」，收在《中國當代社會科學家》，（北京圖書館《文獻》叢刊編輯部等編，書目文獻出版社出版，一九八三）第四輯，頁二五七——二六九。

②：1.「乙表」58，「明代九邊兵餉額數」，頁三七六——三七七之間；2.「附表」34，「明代各朝廣州府分縣田地及稅糧數」，頁四六二——四六三之間；3.「圖」4，「明代歷朝戶、口和田地數的升降」；4.「圖」5，「清順治、康熙、雍正三朝人丁、田地數的升降」。3.和4.俱在頁五一八——五一九之間。

③：以上所引文俱見梁方仲《中國歷代戶口、田地、田賦統計》，（以下簡稱《統計》，上海人民出版社，一九八〇）「凡例」，一、「內容發凡」頁十八——十九。

④：《統計》,「附錄」一、「中國歷代度量衡之變遷及其時代特徵」，頁五三九，「附記」。

⑤：葉顯恩等前引書，頁二六七——二六九，「梁方仲論著目錄」。

⑥：《大學》（朱熹《四書章句集註》，壽春孫氏小墨妙亭刋本）第一册，頁二四。

⑦：《統計》，「甲表」51，「明太祖朝戶口、田地及稅糧數」，頁一八五，「注」②載，「自本表起迄本編表65止均據北京圖書館所藏《明實錄》鈔本（以下簡稱原本）作成，另以北京大學等處所藏的鈔本共三種校之。」所謂「另……鈔本共三種」，因沒有詳細開列，未知是否即指《史言所本》、《江蘇本》和《北大本》。但《統計》，「附錄」三，「引用書籍、論文目錄」，（以下簡稱「目錄」）頁五五〇，「《明實錄》」條只說，「並參校前中央研究院歷史語言研究所藏鈔本及江蘇國學圖書館一九四〇年影印鈔本」，無《北大本》。

⑧：見《統計》，「乙表」29，「明洪武、弘治、嘉靖三朝分區戶口、田地及稅糧數」，頁三三二，「編者注」。該注載，「明嘉靖二十八年（一五四九年）重修《後湖志》，（中國人民大學藏鈔本，據南京圖書館藏刻本抄）……又按：皇甫錄《皇明紀略》引《後湖志》……」，《皇明紀略》則見於「目錄」，頁五五〇。

⑨：見《統計》，「乙表」30，「明洪武、弘治、萬曆三朝分區田地數」，「附記」三，頁三三七，行廿二。按：是書《統計》沒有列出作者等資料，《明史》（中華書局點校本，一九七四）第八册，卷九十七，「志」第七十三，「藝文」二，頁二三九四載有「王崇慶《南京戶部志》二十卷，謝彬《南京戶部志》二十卷」；（日）藤井宏「明代田土統計に關する一考察」(1)（《東洋學報》，第三十卷，第三號，一九四四）頁一〇六載，「《南京戶部志》は嘉靖庚戌（二十九年）に始めて作ら札（萬曆）乙未（按：二十三年）志を經て崇禎十年頃崇禎志が作られた。我々が現在見る事の出來るのは崇禎志だけであるが」亦未列出作者姓名，所用則是崇禎間重修的本子；傅吾康《明代史籍彙考》（宗青圖書出版公司，民六十七）頁一八一，六・二・三條載「Cop.：Sonkeikaku（Cat. p. 229）」知日本尊經閣文庫藏有一謝彬所著，嘉靖二十九年（一五五〇）序刻，而由?鎔在

萬曆二十三年（一五九五）重修的本子，梁先生所見的究是何本則不詳。

⑩：見《統計》，「乙表」48，「明嘉靖初至天啟末屯田子粒及屯牧地銀與屯折銀數」，「附注」項，頁三六三。按：是書《統計》沒有列出作者等資料，據《明代史籍彙考》頁六三，二·八·四條載，知是顧秉謙等著，天啟六年（一六二六）由宮中刊刻。

⑪：見《統計》，「附表」10，「明代松江府分縣戶口數及每戶平均口數」，頁四三八，「編者注」⑨。按：是書《統計》沒有列出作者等資料，據駱兆平《天一閣藏明代地方志考錄》，（書目文獻出版社，一九八二）頁十九載，「明弘治十七年（一五〇四）郭經、唐錦纂修。……一九三七年上海通志館影印，一九四〇年昆明中華書局影印。」

⑫：見《統計》,「附表」34，「明代各朝廣州府分縣田地及稅糧數」，「編者注」⑨，頁四六二和四六三之間。按：是書《統計》沒有列出作者等資料，據朱士嘉《中國地方志綜錄》，（新文豐出版社，民六四）第二册，「廣東」，頁二，知是郭汝誠修，馮奉初纂，咸豐三年（一八五三）序刻。

⑬：見《統計》，「附錄」一，「中國歷代度量衡之變遷及其時代特徵」，頁五二七，「注」③。按：是書《統計》載，「明程大位」著，但無版本等資料。《測海山房中西算學叢刻初編》收有《增刪算法統宗》一書。

⑭：注十三同。按：是書《統計》載，「明末陳繼儒」著，但無版本等資料。《眉公十種藏書》收有此書。

⑮：見《統計》，「附錄」一，頁五三五，末行。按：是書《統計》沒有列出作者等資料，據《中國地方志綜錄》，第一册，「江蘇」，頁八，知是晏文輝修，唐鶴徵纂，萬曆三十三年（一六〇五）序刻。

⑯：《統計》，「附錄」三，㈠「引用書籍目錄」所載日人的作品：1.瀧川資言《史記會注考證》；（頁五四八，第六種。按：該書種號是著者所加，以下同）2.箭內亙著，陳捷等譯《遼金乣軍及金代兵制考》；（頁五五六，第二六五種）3.箭內亙著，陳捷等譯《元朝制度考》；（同頁，第二六七種）4.箭內亙著，陳捷等譯《元朝怯薛及斡耳朵考》。（同頁，第二六八種）洋人的作品：1.魏特夫格（Karl A. Wittfogel）馮家昇著，《遼代中國社會史（公元九〇七——一一二五年）》（History of Chinese Society Liao〔907—1125〕）（頁五五六，第二六四種）2.（瑞典）多桑著，馮承鈞譯《多桑蒙古史》。（同頁，第二六六種）又：㈡「引用論文目錄」所載日人的作品：1.仁者田陞「通典刻本私考」，（頁五五七，第二八二種）2.清水泰次「關於明代田地面積的研究」（「明代の田地面積について」）（同頁，第二九二種）3.藤井宏「關於明代田地統計的考察」（「明代の田土統計に關する一考察」）。（同頁，第二九三種）洋人的作品無。

⑰：葉顯恩等前引書，頁二六五。

表 1：各司、府起運京庫折銀麥、米數

地　區	夏稅折額	（石）	秋糧折額	（石）	折率(兩／戶)	折得數(兩)	資料來源
浙江布政司	京庫折銀麥	80,000	京庫折銀米	598,543	0.25	169,635+	頁738
江西布政司	京庫折銀麥	60,000	京庫折銀米	970,000	0.25	257,500	739
湖廣布政司			京庫折銀米	72,000	0.25	18,000	740
福建布政司			京庫折銀米	314,000	0.25	78,500	741
廣東布政司			京庫折銀米	400,000	0.25	100,000	748
蘇州府	京庫折銀麥	19,926+	京庫折銀米	764,826+	0.25	196,188+	761
松江府	京庫折銀麥	60,000	京庫折銀米	274,687+	0.25	83,671+	763
常州府	京庫折銀麥	90,000	京庫折銀米	253,934+	0.25	85,983+	764
徽州府	京庫折銀麥	22,000	京庫折銀米	71,000	0.25	23,250	771

說明：

1. 本表資料取自〈明會典〉。（萬有文庫本）第 7 册，卷26，“戶部”13，“會計” 2，“起運”。
2. 本表所載是萬曆六年（1578）數。
3. 本表“折得數”項是作者所加。
4. 〈萬曆會計錄〉，（張學顏、王國光，萬曆 9 年序刻本，顯微膠捲 R 1126－1129，台灣中央研究院歷史語言研究所傅斯年圖書館藏）卷 1，“舊額、見額、歲入、歲出總數”所載的“內承運庫麥，米折銀數”各司府的數字，與本表的“折得數”同，但因缺頁，少了“湖廣布政司”一條；又多出“金花銀”總數 1，012,729+兩一條。

表２　乙表51、52、53漕糧數勘補

年度	〈統計〉	勘補	備考	資料來源
永樂 7	1,836,852		餽運北京糧	第12冊〈太宗實錄〉卷 99, 頁 4,“12月丁卯”條。
8	2,015,165+		餽運北京糧	111, 6,“12月辛酉”條。
9	2,255,543		餽運北京糧	123, 6,“12月乙酉”條。
10	1,487,188	2,487,188	餽運北京糧	135, 4,“12月庚辰”條。
11	2,421,907		餽運北京糧	13 146, 3,“12月乙亥”條。
12	2,428,535		餽運北京糧	159, 3,“12月己亥”條。
13	6,462,990		餽運北京糧	171, 3,“12月癸巳”條。
14	2,813,462	2,813,463	餽運北京糧	183, 4,“12月丁亥”條。
15	5,088,544		餽運北京糧	195, 3,“12月辛亥”條。
16	4,646,530		餽運北京糧	14 207, 3,“12月乙丑”條。
17	2,079,700		餽運北京糧	219, 6,“12月己亥”條。
18	607,328		餽運北京糧	232, 3,“12月癸亥”條。
19	3,543,194		餽運北京糧	244, 2,“12月戊午”條。
20	3,251,723		餽運北京糧	254 下, 2,“+12月壬午”條。
21	2,573,583		餽運北京糧	266, 3,“12月戊申”條。

22	2,573,583		餽運北京糧	15	〈仁宗實錄〉	5 下，	10,“12月辛未”條。
洪熙元	2,309,150		漕運北京米、豆	16	〈宣宗實錄〉	12,	13,“12月乙未”條。
宣德元	2,399,997	2,398,997	漕運北京米、豆	17		23,	12,“12月己丑”條。
2	3,683,436		漕運北京米、豆	18		34,	9,“12月癸未”條。
3	5,488,800		漕運北京米、麥、豆			49,	9,“12月丁未”條。
4	3,858,824		漕運北京米、豆	19		60,	9,“12月辛丑”條。
5	5,453,710		漕運北京米、麥、豆			74,	8,“12月乙丑”條。
6	5,488,800⁺		漕運北京米、麥、豆	20		85,	10,“12月庚申”條。
7	6,742,854		漕運北京米、麥、豆	21		97,	9,“12月甲寅”條。
8	5,530,181		漕運北京米			107,	11,“12月戊寅”條。
9	5,213,330		漕運北京米、麥、豆			115,	10,“12月壬申”條。
10	4,500,000		漕運北京儹運過糧	22	〈英宗實錄〉	12,	7,“12月丙寅”條。
正統元		4,500,000	漕運北京儹運過糧	23		25,	12,“12月乙丑”條。
2	4,500,000		漕運北京儹運過糧			37,	10,“12月乙酉”條。
3		4,500,000	漕運北京儹運過糧	24		49,	9,“12月己卯”條。
4	4,200,000		漕運京師糧			62,	11,“12月甲辰”條。
5	4,500,000		漕運京師儹運過糧	25		74,	12,“12月丁酉”條。
6	4,200,000		漕運京師米、豆	26		87,	12,“12月壬戌”條。
7	4,500,000		漕運北京儹運過糧			99,	13,“12月丙辰”條。

8	4,500,000		漕運京師米、豆	27		111,	9,“12月庚戌”條。
9	4,465,000		漕運北京儹運過糧			124,	12,“12月甲戌”條。
10	4,645,000	4,465,000	漕運京師儹運過米、豆	28		136,	11,“12月戊辰”條。
11	4,300,000		漕運北京儹運過糧			148,	9,“12月癸亥”條。
12	4,300,000		漕運北京米、豆	29		161,	7,“12月丁亥”條。
13	4,000,000		漕運北京儹運過糧			173,	11,“12月辛巳”條。
14	4,305,000		漕運京師儹運過糧	30		186,	29,“12月丙子”條。
景泰元	4,035,000		漕運京師米、豆	32		199,	11,“12月庚子”條。
2	4,235,000		漕運北京儹運過糧			211,	13,“12月甲午”條。
3	4,235,000		漕運京師儹運過糧	33		224,	19,“12月戊午”條。
4	4,255,000		漕運北京儹運過米	34	〈英宗實錄〉	236,	9,“12月壬子”條。
5	4,255,000		漕運京師儹運糧			248,	10,“12月丙午”條。
6	4,384,000		漕運北京儹運過糧	35		261,	7,“12月庚午”條。
7	4,437,000		漕運京師儹運過糧			273,	9,“12月乙丑”條。
天順元	4,350,000		漕運北京儹運過糧	36		285,	10,“12月己未”條。
2	4,350,000		漕運京師儹運過米、豆	37		298,	8,“12月癸未”條。
3	4,350,000		漕運北京儹運過糧			310,	9,“12月戊寅”條。
4	4,350,000		漕運北京儹運過糧			323,	8,“12月辛丑”條。
5	4,350,000		漕運北京儹運過糧	38		335,	8,“12月乙未”條。

6	4,350,000	漕運京師儹運過糧			347,	8,“12月庚寅”條。
7	4,000,000	漕運京師儹運過糧			360,	7,“12月癸丑”條。
8	3,350,000	漕運京師儹運過糧	39	〈憲宗實錄〉	12,	11,“12月戊申”條。
成化元	3,350,000	漕運京師儹運過糧	40		24,	10,“12月癸卯”條。
2	3,350,000	漕運京師儹運過糧			37,	14,“12月丁卯”條。
3	3,350,000	漕運京師儹運過糧	41		49,	10,“12月辛酉”條。
4	3,350,000	漕運京師儹運過糧	42		61,	13,“12月乙卯”條。
5	3,350,000	漕運京師儹運過糧			74,	8,“12月乙卯”條。
6	3,700,000	漕運京師儹運過糧	43		86,	13,“12月癸酉”條。
7	3,350,000	漕運京師儹運過糧			99,	22,“12月丁酉”條。
8	3,700,000	漕運京師儹運過糧	44		111,	8,“12月辛卯”條。
9	3,700,000	漕運京師儹運過糧			123,	6,“12月丙戌”條。
10	3,700,000	漕運京師儹運過糧	45		136,	13,“12月庚戌”條。
11	3,700,000	漕運京師儹運過糧			148,	8,“12月乙巳”條。
12	3,700,000	漕運京師儹運過糧	46		160,	14,“12月己亥”條。
13	3,700,000	漕運京師儹運過糧			173,	9,“12月癸亥”條。
14	3,700,000	漕運京師儹運過糧	47		185,	7,“12月丁巳”條。
15	3,700,000	漕運京師儹運過糧			198,	8,“12月辛巳”條。
16	3,700,000	漕運京師儹運過糧			210,	11,“12月乙亥”條。

17	3,700,000	漕運京師儹運過糧	48		222,	6,“12月己巳”條。
18	3,700,000	漕運京師儹運過糧			235,	12,“12月癸巳”條。
19	3,700,000	漕運京師儹運過糧	49		247,	10,“12月戊子”條。
20	3,700,000	漕運京師儹運過糧			259,	10,“12月癸未”條。
21	3,700,000	漕運京師儹運過糧	50		273,	7,“12月丁未”條。
22	3,700,000	漕運京師儹運過糧			285,	6,“12月辛丑”條。
23	4,000,000	儹運糧	51	〈孝宗實錄〉	8,	15,“12月丙申”條。
弘治元	4,000,000	儹運糧	52		21,	11,“12月己未”條。
2	4,000,000	儹運糧			33,	6,“12月癸丑”條。
3	4,000,000	儹運糧	53		46,	12,“12月丙子”條。
4	4,000,000	儹運糧			58,	7,“12月辛未”條。
5	4,000,000	儹運糧	54		70,	7,“12月丙寅”條。
6	4,000,000	儹運糧			83,	8,“12月庚寅”條。
7	4,000,000	儹運糧	55		95,	11,“12月甲申”條。
8	4,000,000	儹運糧			107,	13,“12月己卯”條。
9	4,000,000	儹運糧	56		120,	9,“12月壬寅”條。
10	4,000,000	儹運糧			132,	8,“12月丙申”條。
11	4,000,000	儹運糧	57		145,	17,“12月庚申”條。
12	4,000,000	儹運糧			157,	13,“12月乙卯”條。

13	4,000,000		儹運糧	58		169,	10,“12月己酉”條。
14	4,000,000		儹運糧			182,	13,“12月癸酉”條。
15	4,000,000		儹運糧			194,	9,“12月戊辰”條。
16	4,000,000		儹運糧	60		206,	9,“12月壬戌”條。
17	4,000,000		儹運糧			219,	13,“12月丙戌”條。
18	4,000,000		儹運	61	〈武宗實錄〉	8,	18,“12月庚辰”條。
正德元	4,000,000		儹運	62		20,	10,“12月甲戌”條。
2	4,000,000		儹運	63		33,	9,“12月戊戌”條。
3	4,000,000		儹運			45,	9,“12月癸巳”條。
4		4,000,000	儹運	64		58,	12,“12月丁巳”條。
5	4,000,000		儹運			70,	9,“12月辛亥”條。
6	4,000,000		儹運	65		82,	13,“12月丙午”條。
7	8,000,000	4,000,000	儹運			95,	10,“12月庚午”條。
8		4,000,000	儹運	66		107,	7,“12月甲子”條。
9	4,000,000		儹運			119,	7,“12月戊午”條。
10				67		132,	11,“12月壬午”條。
11	4,000,000		儹運			144,	6,“12月丙子”條。
12	4,000,000		儹運	68		157,	5,“+12月庚子”條。
13	4,000,000		儹運			169,	9,“12月乙未”條。

14	4,000,000		儹運	69	181,	8,“12月己丑” 條。
15	4,000,000		儹運		194,	9,“12月癸丑” 條。
16				71〈世宗實錄〉	9,	20,“12月戊申” 條。
嘉靖元	4,000,000		漕運米		21,	15,“12月壬寅” 條。
10		4,000,000	漕運糧斛	77	119,	16,“9年11月丁亥”條。
11	4,000,000		漕運米	78	145,	9,“12月壬寅”條。
16		4,000,000	漕運糧斛	80	193,	2,“15年11月戊午”條。
18		4,000,000	漕糧	〈萬曆河間府志〉卷7,“郵政志”,頁13,(R317)		
21	4,000,000		漕運米	83	269,	8,“12月乙巳”條。
23		4,000,000	漕糧		289,	1,“8月辛未”條。
25		4,000,000	漕糧	84	316,	4,“10月己亥”條。
31	4,000,000		漕運米	86	392,	8,“12月丁丑”條。
32		4,000,000	漕糧		393,	3,“正月己丑”條。
33		4,000,000	漕糧	〈鄭端簡公奏議〉卷2,“淮揚類”,頁26,“糧運過淮疏”(R41)		
41	4,000,000		漕運米	90	516,	6,“12月己卯”條。
隆慶元				93〈穆宗實錄〉	15,	11,“12月庚戌”條。
2	4,000,000		漕運米		27,	12,“12月甲辰”條。
3	4,000,000		漕運(米)	94	40,	12,“12月戊辰”條。
4	4,000,000		漕運米	95	52,	11,“12月癸亥”條。

5	4,000,000		漕運米		64,	14,“12月丁巳”條。
6				96 〈神宗實錄〉	8,	20,“12月辛巳”條。
萬曆11		4,000,000	漕糧	102	144,	3,“12月甲子”條。
31		4,000,000	漕糧	113	391,	14,“12月庚戌”條。
33		4,000,000	漕糧	114	416,	27,“12月己巳”條。
37		4,000,000	漕糧	〈神廟留中奏疏彙要〉第5冊，“戶部”，卷5，頁13。		
38		4,000,000	漕糧	117	478,	4,“12月辛丑”條。
39		4,000,000	漕糧	〈神廟留中奏疏彙要〉第5冊，“戶部”，卷4，頁1。		
41		4,000,000	漕糧	119	515,	5,“12月壬子”條。
47		4,000,000	漕糧	〈神廟留中奏疏彙要〉第5冊，“戶部”，卷4，頁4。		
泰昌元	4,000,000		漕運米	124 〈熹宗實錄〉	4,	30,“12月壬申”條。
天啓元	4,000,000		漕糧	126	17,	32,“12月丙申”條。
2	4,000,000		漕糧	127	29,	30,“12月辛卯”條。
3	4,000,000		漕糧	129	42,	32,“12月甲寅”條。
4					49,	5,“12月乙巳”條。
5	4,000,000		漕糧	131	66,	32,“12月甲辰”條。
6		4,000,000	漕糧	132	79,	34,“12月戊辰”條。
7		4,000,000	漕糧	〈度支奏議〉，第12冊，“江南司”2，頁28，“覆餉院錢士貴題議設法剝運漕糧疏”。		

崇禎 6	4,000,000	漕糧	〈崇禎存實疏鈔〉，第 8 册，卷 4 下，頁 105，“統理兩部事務太監張彝憲一本・嚴剔漕弊等一事”。

說明：

1. 本表勘補資料取自：(1)〈明實錄〉，（中央研究院歷史語言研究所校印）；(2)〈萬曆河間府志〉（杜應芳，R. 317 香港新亞研究所藏）；(3)〈鄭端簡公奏議〉（鄭曉，R. 41，香港新亞研究所藏）；(4)〈神廟留中奏疏彙要〉，（董其昌，燕京大學圖書館印行）；(5)〈度支奏議〉，（畢自嚴，崇禎間刊本）；(6)〈崇禎存實疏鈔〉，（國立北京大學研究院文史叢刊第 1 種）
2. “萬曆41年”條，〈明實錄〉載，“是歲漕糧永折344，347石有奇，災折199，762石有奇，……進京通邊食糧 3,545,889 石有奇”。各數之和為 4,090,000，疑災折萬位數“9”為衍文。

表３：　乙表51、52各處運納糧數勘補

年度	〈統計〉	勘補	備攷
宣德10	1,043,685		各處運納糧
正統元		1,043,685	各處運納糧
2	666,610		各處運納糧
3		636,220	各處運納糧
4	615,102		各處運納糧
5	729,005		各處運納糧
6	615,120		各處運納糧米
7	1,176,131	1,276,131	各處運納糧
8			各處運納糧
9	1,180,374		各處運納糧
10	1,115,033		各處運納糧
11	960,612		各處運納糧
12	950,890		各處運納糧
13	794,670		各處運納糧
14	1,539,870		各處運納糧米
景泰元	928,350		各處運納糧米
2	2,574,497		各處運納糧
3	1,337,519		各處運納糧
4	2,147,049		各處運納糧
5	2,439,470		各處運納糧
6	2,220,446		各處運納糧
7	1,110,960		各處運納糧
天順元	1,173,405		各處運納糧
2	173,230		各處運納糧米
3	1,147,437		各處運納糧
4	1,019,600		各處運納糧
5	1,116,065		各處運納糧
6	1,011,920·		各處運納糧
7	819,702	819,072	各處運納糧
8	3.762.051+		各處運納糧

成化元	4,082,441		各處運納糧
2	4,428,982^{+}	4,428,928^{+}	各處運納糧
3	4,223,790^{+}		各處運納糧
4	4,263,840^{+}		各處運納糧
5	4,658,124^{+}		各處運納糧
6	4,479,650^{+}		各處運納糧
7	4,710,865^{+}		各處運納糧
8	4,501,000^{+}		各處運納糧
9	5,054,308^{+}		各處運納糧
10		5,071,360^{+}	各處運納糧
11	5,070,420^{+}		各處運納糧
12	5,070,100^{+}		各處運納糧
13	6,119,700^{+}		各處運納糧
14	5,054,380^{+}		各處運納糧
15	4,501,015^{+}		各處運納糧
16	5,528,780^{+}		各處運糧
17	5,078,290		各處運納糧
18	5,873,710		各處運納糧
19	4,851,154		各處運納糧
20	4,183,699		各處運納糧
21	4,185,995		各處運納糧
22	5,416,916		各處運納糧
23	15,021,075^{+}		各處運納米麥
弘治元	15,021,075^{+}	15,052,075^{+}	各處運納米麥
2	15,021,075^{+}		各處運納米麥
3	15,021,075^{+}	15,021,055^{+}	各處運納米麥
4	15,021,075^{+}		各處運納米麥
5	15,021,075^{+}		各處運納米麥
6	15,021,075^{+}		各處運納米麥
7	15,021,075^{+}		各處運納米麥
8	15,021,075^{+}		各處運納米麥
9	15,021,075^{+}		各處運納米麥

11	15,021,075^{+}		各處運納米麥
12	15,021,075^{+}		各處運納米麥
13	15,021,075^{+}		各處運納米麥
14	15,021,075^{+}		各處運納米麥
15	15,021,075^{+}		各處運納米麥
16	15,021,075^{+}		各處運納米麥
17	15,021,075^{+}		各處運納米麥
18	11,075,619^{+}		各處運納
正德元	11,075,619^{+}		各處運納
2	11,075,619^{+}		各處運納
3	11,075,619^{+}		各處運納
4		11,075,619^{+}	各處運納
5	11,075,619^{+}		各處運納
6	11,075,619^{+}		各處運納
7	11,075,619^{+}		各處運納
8		11,075,619^{+}	各處運納
9	11,075,619^{+}		各處運納
10	11,075,619^{+}		各處運納
11	11,075,619^{+}		各處運納
12	11,075,619^{+}		各處運納
13	11,075,619^{+}		各處運納
14	11,075,619^{+}		各處運納
15	11,075,619^{+}		各處運納
16			
隆慶元	5,183,021^{+}		各處運納糧
2	10,366,043^{+}		各處運納米
3	10,366,043^{+}		各處運納米
4	10,366,413	10,366,043	各（處）運納米
5	10,366,043	10,366,043^{+}	各處運納米
6			

說明：

1. 資料來源請參表 1，不重列。

表4： 乙表51減免天下稅糧數勘補

年度	〈統計〉	勘補	備攷
洪熙元	62,059		減免天下官田等項稅糧計米麥
宣德元	68,402		減免天下官田等項稅糧計米麥
2	104,878^{+}		減免天下官田等項稅糧計米麥
3	11,806^{+}		減免天下官田等項稅糧計米麥
4	21,579^{+}		減免天下官田等項稅糧計米麥
5	746,144		減免天下官田等項稅糧計米麥
6	60,591		減免天下官田等項稅糧計米麥
7	797,552		減免天下官田等項稅糧計米麥
8	182,378^{+}		減免天下官田等項稅糧計米麥
9	7,393^{+}		減免天下官田等項稅糧計米麥
10	217,388^{+}		減免天下官田等項稅糧計米麥
正統元		430,982^{+}	減免天下官田等項稅糧計米麥
2	121,793^{+}	122,793^{+}	減免天下官田等項稅糧計米麥
3	83,436^{+}		減免天下官田等項稅糧計米麥
4	20,353		減免天下官田等項稅糧計米麥
5	590,692^{+}		減免天下官田等項稅糧計米麥
6	1,029,502		減免天下官田等項稅糧計米麥
7	1,351,410^{+}		減免天下官田等項稅糧計米麥
8	541,640^{+}		減免天下官田等項稅糧計米麥
9	737,821^{+}		減免天下官田等項稅糧計米麥
10	149,410^{+}		減免天下官田等項稅糧計米麥
11	587,298^{+}		減免天下官田等項稅糧計米麥
12	229,990^{+}		減免天下官田等項稅糧計米麥
13	748,408^{+}		減免天下官田等項稅糧計米麥
14	279,412^{+}		減免天下官田等項稅糧計米麥
景泰元	1,159,650^{+}		減免天下官田等項稅糧計米麥
2			
3	136,716^{+}		減免天下官田等項稅糧計米麥

4	48,977		減免天下官田等項稅糧計米麥
5	1,307,381^{+}		減免天下官田等項稅糧計米麥
6	1,761,865^{+}		減免天下官田等項稅糧計米麥
7	2,454,270^{+}		減免天下官田等項稅糧計米麥
天順元	90,543^{+}		減免天下官田等項稅糧計米麥
2	136,027		減免天下官田等項稅糧計米麥
3	2,721,674^{+}		減免天下官田等項稅糧計米麥
4	439,556^{+}		減免天下官田等項稅糧計米麥
5	392,942^{+}		減免天下官田等項稅糧米麥
6	7,496,819^{+}		減免天下官田等項稅糧計米麥
7	842,166^{+}		減免天下官田等項稅糧計米麥
8	564,894		減免天下官田等項稅糧
成化元	2,528,061		減免天下官田等項稅糧
2	2,497,396		減免天下官田等項稅糧
3	1,205,580^{+}		減免天下官田等項稅糧
4	1,015,879^{+}		減免天下官田等項稅糧
5	540,362^{+}		減免天下官田等項稅糧
6	312,660^{+}		減免天下官田等項稅糧
7	290,060^{+}		減免天下官田等項稅糧
8	815,000^{+}		減免天下官田等項稅糧
9	677,050^{+}		減免天下官田等項稅糧
10	346,230^{+}		減免天下官田等項稅糧
11	319,740^{+}		減免天下官田等項稅糧
12	194,840^{+}		減免天下官田等項稅糧
13	1,073,040^{+}		減免天下官田等項稅糧
14	677,055^{+}		減免天下官田等項稅糧
15	815,038^{+}		減免天下官田等項稅糧
16	201,085^{+}		減免天下官田等項稅糧
17	937,100^{+}		減免天下官田等項稅糧
18	480,336		減免天下官田等項稅糧
19	694,170^{+}	694,107^{+}	減免天下官田等項稅糧

20	569,028^{+}		減免天下官田等項稅糧
21	1,085,900^{+}		減免天下官田等項稅糧
22	160,960	160,960^{+}	減免天下官田等項稅糧
23	7,896,339^{+}		減免稅糧
弘治元	7,989,729^{+}		減半（免）稅糧
2	8,794,859^{+}		減免稅糧
3	8,933,568^{+}		減免稅糧
4	6,973,983^{+}	69,073,986^{+}	減免稅糧
5	7,984,897^{+}		減免稅糧
6	8,796,789^{+}		減免稅糧
7	7,687,698^{+}		減免稅糧
8	7,878,769^{+}		減免稅糧
9	8,749,659^{+}		減免稅糧
10	8,946,768^{+}		減免稅糧
11	8,785,896^{+}		減免稅糧
12	9,995,687^{+}		減免稅糧
13	9,876,597^{+}		減免稅糧
14	8,967,968^{+}		減免征糧
15	8,966,896^{+}	8,986,896^{+}	減免稅糧
16	8,798,797^{+}		減免稅糧
17	8,989,899^{+}		減免稅糧
18	665,498^{+}		減免糧
正德元	224,031^{+}	324,031^{+}	減免糧
2	170,111^{+}		減免糧
3	2,175,313	2,175,313^{+}	減免糧
4		523,365^{+}	減免糧
5	618,178^{+}		減免糧
6	1,310,678^{+}		減免糧
7	705,886^{+}		減免糧
8		307,849^{+}	減免糧
9	161,060^{+}		減免糧

10	573,733^{+}		減免糧
11	1,246,414^{+}		減免糧
12	1,271,082^{+}		減免糧
13	907,414^{+}		減免糧
14	2,568,923^{+}		減免糧
15	1,487,015^{+}		減免糧
16	$^{+}$		

說明：

1. 資料來源請參表１，不重列。

表５：　乙表51減免草數勘補

年　度	〈統　計〉	勘　　補	備　考
成化23	7,730,310		草
弘治元	8,742,450		草
2	8,943,430		草
3	8,932,750		草
4	9,843,560		草
5	9,635,670		草
6	8,945,760		草
7	8,675,850		草
8	7,964,960		草
9	7,843,870		草
10	8,634,080		草
11	7,896,700		草
12	8,945,600		草
13	8,766,700		草
14	7,989,800		草
15	98,900	7,898,900	草
16	8,987,800		草
17	8,898,900		草

18	468,687	468,687⁺	草
正德元			
2			
3			
4			
5			
6	613,062	611,062⁺	草
7			
8	27,470	17,470	草
9	39,003		減免草
10	39,400		減免草
11	69,729	69,726	減免草
12	337,024	337,024⁺	減免草
13			
14	510,000		減免草
15	260,000		減免草
16			

說明：

1. 資料來源請參表1，不重列。

表６　乙表52、53漕糧改折數勘補

年度	〈統計〉新舊例	〈統計〉永折	〈統計〉災傷	〈統計〉改折	勘補 新舊例	勘補 永折	勘補 災傷	勘補 改折	資料來源
成化11							350,000		〈廳志〉第２册，卷12，“備考志”，“節年災傷改折考”，頁25。
23							600,000		仝上
弘治元								680,000	第51册，〈孝宗〉卷５，頁５，“成化23年10月己丑”條。
2							600,000		〈廳志〉
4							600,000		仝上
8							800,000		仝上
11							500,000		第56册，〈孝宗〉卷130，頁３，“10年10月丙子”條。
13							250,000		〈廳志〉
16							1,058,000		仝上
正德４							1,004,406		仝上
嘉靖元			440,000						第71册，〈世宗〉卷21，頁15，“12月壬寅”條。
7							1,760,000+		〈文編〉第２册，卷170，馬卿，“漕撫奏議”２，頁1740，“價運糧儲疏”。
8							1,708,000+		仝上
9							1,529,000		仝上
10							2,100,000		仝上
11			2,100,000						第78册，〈世宗〉卷145，頁９，“12月壬寅”條。
12							1,000,000		〈文編〉第４册，卷261，唐順之，“唐荊川家藏集”３，頁2759，“與李龍岡論改折”書。
14							1,500,000		〈文集〉下，“別集”，卷９，“公移”，頁919，“處荒呈子”。
20							1,200,000		第83册，〈世宗〉卷271，頁３，“22年２月壬辰”條。

21	1,383,884^{+}		1,385,884^{+}		269，頁 8 ，“12月乙巳”條。
31	1,667,163				第86册，〈世宗〉卷392，頁 8 ，“12月丁丑”條。
33			957,017^{+}		〈奏議〉卷 2 ，“淮陽類”頁26，“糧運過淮疏”。
34			734,517^{+}		卷10，“淮陽類”，頁21，“儹運糧儲疏”。
37			1,200,000		〈廳志〉
38			400,000		仝上
39			400,000		仝上
40			1,300,000^{+}		仝上
41	1,367,389^{+}				第90册，〈世宗〉卷516，頁 6 ，“12月己卯”條。
45			500,000		〈廳志〉
隆慶元		251,263		1,094,621^{+}	〈文編〉第 4 册，卷298，馬森“馬忠敏公奏疏”頁3129，“明會計以預遠圖”疏。
3				224,514^{+}	第94册，〈穆宗〉卷40，頁12，“12月戊辰”條。 “
4	1,231,901^{+}				95　52，11，“12月癸亥”條。
5	292,934^{+}				64，14，“12月丁巳”條。
6			214,494		〈廳志〉
萬曆 4		177,735		1,146,679^{+}	第99册，〈神宗〉卷52，頁 6 ，“ 7 月丁酉”條。
6			2,000,000		〈會計錄〉卷35，“漕運”，頁89。
12			1,500,000		第102册〈神宗〉卷144，頁 3，“11年12月甲子”條。 ”
13			1,500,000		103　159，3，“ 3 月己卯”條。
31		344,347^{+}		167,710^{+}	113　391，14，“12月庚戌”條。
33		344,347^{+}		167,710^{+}	114　416，27，“12月己巳”條。
38		344,347^{+}		232,595^{+}	117　478，4，“12月庚子”條。

41			344,347^{+}	199,762^{+}	119	515,　5,“12月壬子”條。
泰昌元		455,131^{+}			124〈熹宗〉	4,　30,“12月壬申”條。
天啓元	344,347	266,809	344,347^{+}	226,809^{+}	126	17,　32,“12月丙申”條。
2	360,188^{+}	161,399^{+}			127	29,　30,“12月辛卯”條。
3	360,188^{+}	161,399^{+}			129	42,　32,“12月乙卯”條。
5	327,497^{+}	24,778^{+}			131	66,　32,“12月甲辰”條。
6			327,497^{+}	50,083^{+}	132	79,　34,“12月戊辰”條。
7			327,497^{+}		〈度支〉第12函，“雲南司” 2，頁28，“覆餉院錢士貴題議設法剝運漕糧疏”。	

說明：

1. 用書：(1)〈通糧廳志〉，（簡稱〈廳志〉）周之翰，第 2 册，（萬曆33年刋本，收在〈明代史籍彙刋〉第21號，台灣學生書局影印，民59年）；該書曰，“歷年災傷改折之數，散見諸牘，不能備載，今略具於下，或遇恩詔特令折銀者，不在是中”；該書文末曰，“見〈漕乘〉”各數當錄自所引書。

(2)〈明實錄〉（台灣中央研究院歷史語言研究所校刋本）的〈孝宗實錄〉、〈世宗實錄〉、〈穆宗實錄〉、〈神宗實錄〉、〈熹宗實錄〉（簡稱〈孝宗〉、〈世宗〉、〈穆宗〉、〈神宗〉、〈熹宗〉）。

(3)〈明經世文編〉（簡稱〈文編〉）陳子龍等，（北京中華書局影印平露堂本，1981）。

(4)〈震川先生集〉（簡稱〈文集〉）歸有光，（上海古籍出版社，1981）。

(5)〈鄭端簡公奏議〉（簡稱〈奏議〉）鄭曉，（隆慶間刻本，顯微膠捲R41，新亞研究所藏）。

(6)〈萬曆會計錄〉（簡稱〈會計錄〉）張學顏等，（萬曆間刻本，顯微膠捲R1126－1129，台灣中央研究院傅斯年圖書館藏）。

(7)〈度支奏議〉（簡稱〈度支〉）畢自嚴，（崇禎間刻本）。

表7：　乙表52嘉靖初至隆慶末漕糧實運數勘補

年度	〈統計〉	勘補	資料來源
嘉靖元	3,560,000		
11	1,900,000		
21	2,614,115⁺		
25		1,953,000⁺	第84册，〈世宗實錄〉卷316,頁 4,“10月己亥”條。
31	2,332,837		
33		3,042,982⁺	〈鄭端簡公奏議〉卷 2,“淮陽類”，頁 26,“糧運過淮疏”。
34		2,553,315⁺	卷 10,“淮陽類”，頁 21,“儹運糧儲疏”。
41	2,632,610⁺		
隆慶 2		2,714,135⁺	第93册，〈穆宗實錄〉卷 27,頁 12,“12月甲辰”條。
3		3,775,485⁺	94　40,　12,“12月丙辰”條。
4	2,768,098⁺		
5	3,707,265⁺		
萬曆30		1,381,500⁺	第 113册，〈神宗實錄〉卷376,頁 10,“9月癸未”條。
31		3,647,455⁺	391,頁 14,“12月庚戌”條。
33		3,487,941⁺	114　416,　27,“12月己巳”條。
38		3,398,872⁺	117　478,　4,“12月庚子”條。
41		3,545,889⁺	119　515,　5,“12月壬子”條。

說明：　1. 本表所用書，請參表6“說明”。　2.〈統計〉各項的“資料來源”請參表 1，不重列。

The Historical Geography of Chuan Tse Shan

略述全謝山先生之歷史地理學

MOK Kwong-Chuen（莫廣銓）

This article presents a study of Chuan Tse Shan historical geography. It includes:

(A) His great achievement in the study of the Shui Ching Chu (Commentary On The Rivers Of China)

His novel ideas can be seen in the articles on the Tsam River, the Le River and the Le Kar River in his seventh revived work on rivers. Other essays in the Tse Shan Kit Chi Ting Collection, the epilogues in his other books and some in the Tung Chan Letters also show his great achievement in the study of Shui Ching Chu Therefore it is justificable to say that he is a great master in the study of Shu Ching Chu.

(B) Verification of the 36 counties of the Chin Dynasty

According to Su Ma Chien's *Records,* Chin Shi Huang Ti (秦始皇) followed Li Shi's suggestion to divide the empire into 36 counties. Chuan Tse Shan regarded that Ban Koo and Pei Yin had neglected the origin of the divison. Therefore he made a revision of it and made many discoveries concerning Chin Yuan, Kuang Young Kim Chung, Hui Chi and Tsu Chuen. What a wonderful discovery!

(C) Arrange in order the 13 departments of district governor

Chuan Tse Shan corrected the mistakes of the 13 departs of district governors in the Examination of suspicion, History Of Han, for example, the errors of officialdom in the government. For in the history of Han, there were often mistakes in the location of counties, for example, to err A for B, or vice versa. Tse corrected all these.

"Records of the i-min" (*i-min lu* 遺民錄): Their Compilations and Circulations in Early Ch'ing Dynasty

清初所見「遺民錄」之編撰與流傳

Andrew C.K. HSIEH（謝正光）

I-min lu, as a historiographical genre, emerged relatively late in China. It began with Ch'eng Min-cheng's *Sung i-min lu* in 1479; however, Ch'eng's work received little attention until the second half of the 17th century. It was only after the fall of the Ming dynasty, when a large number of Chinese individuals acquired the *i-min* status, that scholars began to record the activities of the *i-min.* By the 18th century, *i-min lu* acquired a significant status among Chinese historiographical writings.

This essay examines four major *i-min lu* compiled during the early Ch'ing. Three of the four works are no longer extant, and the remaining one exists in only one hand-written copy stored in the Toyo Bunko in Tokyo. Fortunately, for all four works prefaces survive. On the basis of these prefaces, written by eminent scholars of the early Ch'ing, the essay explores the definitions of the *i-min,* the sources of their works, and the audience for the *i-min lu* in the late 17th century. In conclusion, the essay suggests that the *i-min lu,* as developed in the early Ch'ing, continued to occupy a major place in modern Chinese historiographical writings, as scholars sought to re-edit earlier works on the Ming *i-min* and to compile *i-min lu* for the Ch'ing *i-min* after the Ch'ing collapsed in 1911.

A Preliminary Study of the *Kuang-i chi*

廣異記初探

Glen Dudbridge（杜德橋）

Kuang-i chi ('The great book of marvels'), now lost, was once a collection of supernatural tales in twenty scrolls, running to more than 100,000 words in length. Its author was Tai Fu, a man who became a *chin-shih* graduate in A.D. 757, held minor posts in the provincial service and died at 57 *sui.* This much we know from a contemporary preface by his friend, the poet and painter Ku K'uang.

The present bibliographical study seeks to extend our knowledge of the author and his collection by examining its ample remains in compendia of the Sung period, chiefly the *T'ai-p'ing kuang-chi* (977-8). We can identify more than 300 items, representing perhaps 80 per cent of the original. The great majority deal with events of the eighth century and imply a chronology which ends abruptly in 780. Several items suggest the author's personal contacts with society inChekiang during the 706s and 770s. A few pieces dealing with later events are shown to be of doubtful attribution.

The evidence of early catalogues suggests that this little-known book was finally lost after the fall of Kaifeng in 1127. A short version made its first appearance, circulating in manuscript form, in the seventeenth century. Two surviving specimens of this late tradition, now in the Peking National Library and here described for the first time, appear to derive from a known version of the *T'ai-p'ing kuang-chi.*

Chuan Tse-san and His Work

全謝山其人其事

Yang Chi Ch'iao (楊啓樵)

Chuan Tse San is a great master of the Eastern Chekiang School but his biography in the standard history is very simple. The main aim of this article is to supplement the insufficient account of it.

He was a man of noble character, strict and stern and was therefore disliked by the authority and frustrated in civil service careers all his life. His essays, as a whole, praise & those who firmly held their principles. In the Ch'ing Dynasty, it was very easy to suffer from execution because of literary inquisition, but Chuan wa bold enough to praise the anti-Ching revolutionists, so he was an extraordinary man. His weakness was that he always endeavoured to get a post in the government, quite different from the great anti-Manchu scholars of the early Ch'ing period. He lived in a time of 'restriction', so his shortcoming was not confined to him.

while to win this title. Their scholarship in the doctrines of the entire Tripitaka had already shown in the sacred scriptures that translated by them.

Among Hsüan-tsang's 74 translated works (totally in 1329 fascicles), there are 32 works (in 670 fascicles) belong to the Sūtrapiṭaka, 2 works (in 2 fascicles) the Vinayapitaka and 40 works (in 657 fascicles) the Abhidharmapitaka; while I-ching's 59 translated works (totally in 276 fascicles), there are 28 works (in 41 fascicles) belong the Sūtrapitaka, 18 works (in 209 fascicles) the Vinayapitaka and 13 works (in 26 fascicles) the abhidharmapitaka. In accordance with the working procedure of a translation centre, a chief translator should have to read the Sanskrit text, sentence by sentence or paragraph by paragraph, in a congregation in the first place. He then explained its meaning to the participants not only wrote down his explanations, but also occasionally asked him questions or even discussed with him the content of the text. In such circumstances, Hsüan-tsang and I-ching would have been well versed in the doctrines of the three Pitakas, or they could not complete their tasks of translation.

An Interpretation for why Hsuan-tsang and I-ching being Honoured as "Tripiṭaka Master'

玄奘與義淨被尊稱「三藏法師」的原因試釋

TSO Sze-bong（曹仕邦）

'Tripiṭaka Master' is the highest award possible to a Buddhist monk. Only those who had already read the three Pitakas: Sùtra, Vinaya and Abhidharma, and were well versed in their doctrines, would be so addressed by both the clerics and the laymen.

In the Goldern Age of Buddhist translation in China (from the third century to tenth century A.D.), there were many foreign or Chinese monks who acted as 'Chief Translator', in different translation centres. From the Buddhist bibliographical works, we found forty odd of the above-mentioned chief translators being marked as a 'Tripitaka Master'. And among them, only Hsüan-tsang (玄奘 602-664) and I-ching (義淨 635-713) were Chinese natives. As both of them had been made their pilgrimage to India and studied in Nalànda Monastoery, people would therefore think that whether their titles would have been conferred by the authority of this leading monastery in India.

According to my research, their titles were not received from overseas. Material concerning Hsüan-tang shows that when he was still alive, only a few of his cotemporaries addressing him with this title as away of expressing their personal respects. The other people, including the emperors of T'ang China, but calling him 'Master' or 'Śramaṇa' only. After he was passed away, more and more people began to address him 'Tripiṭaka Master'. Therefore, I venture to say that 'Tripiṭaka Master' became a posthumous title that honoured Hsüan-tsang by the public. I-ching, on the other hand, was always addressed 'Tripiṭaka Master' by all people in his life. It is due to the fact that his title was conferred by Empress Wu Tse-t'ion (武則天 R. 684-704) in 695.

No matter whether their titles were honoured by the people or conferred by the empress, Tripitaka Master Hsüan-tsang and Tripitaka Master I-ching were worth-

A Continuation of the First Research in the Contemporaneousness of the Sung Classics

宋代的經學當代化初探續

CHIN Chung-shu（金中樞）

The other forerunners of the contemporaneousness of the Sung classics were Wang Chao-su, Liu Kai, Wu Tan and Huang Min-chiu. Wang's 33 essays "On The Book Of Changes" were the pioneer work of giving up the work of commentary. Liu followed the trend by abandoning commentary more thoroughly and followed Wen Chung-tzu's work of supplementing classics. Wu wrote Han Chun-Chiu (The Annals of Han) in the hope of following the work of Confucius. He also wrote a general thesis on the works of the sages, including the six classics: the Book of History, the Book of Changes, the Book of Poetry, the Book of Rite, Chun-Chiu and the Analects of Confucius in order to revise the five classics. Huang's work "Further Ideas Of The Nine Classics" had many new opinions and interpretations.

Furthermore, there were many classical scholars such as Chui Yi-ching, Ying Bing, Tao Kau, Sun Sik and Fung Yuan. Chui did meritarious services to the classics by revising and correcting the interpretations. Ying wrote "The Interpretation Of The Analects Of Confucius" which became the bridge of the Confucianisms of the Han and Sung Dynasties, and hence he was the important figure among the founders of the contemporaneousness of the Sung classics. Tao was good in his teaching of the classics, but it is a pity that he was involved in the verification of prophecy. Sun was well-versed in the classics. From his work "Preface To The Pronunciation And Meaning Of The Meng Tzu", one can easily see his thought of respect for kings, illustration of Tao and opposition to Buddhism and Taoism. Fung extended the significations of the classics, especially the traditional rites, but he was not so eclectic as Sun Sik.

Han *Fu* and the Politics of Han – on the *Fu* of Ssu-ma Hsiang-ju and the Prosperity of Han

漢賦與漢政——論司馬相如辭賦之鳴國家之盛

WU Wing Chiu (胡詠超)

Ssu-ma Hsiang-ju, an outstanding writer, lived in an extraordinary epoch. His remarkable writings affected the politics of Emperor Wu greatly, but his work did not get due evaluation. Yang Hsiung criticized his "Tai Jen fu (大人賦) induced the Emperor unrealistic. Pan Ku sneered at him by saying that he was a man of mean character and that his work was euphemistic and useless. His work "Declaring A Hill Sacred To Worship" was actually a model piece of the time. In his "*Wen-hsin tiao-lung*, Liu Hsieh (劉勰) made a special section to comment it. But since the Liang Dynasty, critics have found fault with him. How can such criticism tell the truth? Moreover, Confucianists judged everything according to the teaching of morality and considered resort to arms should he forbidden. Chao Ou Bei pointed out the Biography of Emperor Wu in the History of Han Praised the Emperor only for his civil administration, but not a word for his military success. But Emperor Wu's ability was in his clever strategy and the *fu* of Ssu-ma Hsiang-ju actually made it known. In this article, the author explains this in detail so that the work of the poet and the Emperor's military success can be known to the world.

A Study of the Learning of Hsun T'zu
荀學價值根源問題的探討

TONG Tuen-ching （唐端正）

Because of its assertion of the evilness of human-nature, Hsun Tzu has aroused various misunderstanding. Scholars generally like to divide the mind and the nature of man that Hsun Tzu said into two: categories (1) human-nature is confined to animal instincts and (2) mind is confined to the mind of cognition, and so the learning of Hsun Tzu cannot solve the problem "If human-nature is evil, how can *li* (rite) and *yi* (righteousness) be derived?" Therefore scholars merely consider the *li* and *yi* that Hsun Tzu said as external authority or objective actuality, lacking in the basis of internal nature and mind, and hence cannot adequately expound human-nature. This article presents a discussion on this point of view. The author points out that the nature that Hsun Tzu said is neither confined to animal instincts, nor the mind of cognition. The sage ordained *li* and *yi* and therefore moral standard is derived and based on human-nature.

On the Biography of Li-Peh（李渤）From *Old Táng History* & *New Táng History*

讀兩唐書李渤傳書後

SUN Kuo-tung（孫國棟）

In the fifteenth year of *Yuan Hè*（元和）of the *Táng* Dynasty (820AD), *Li-Peh*（李渤）was appointed as assistant chief of the Division of Merit Examination（考功員外郎）of the Ministry of Personnel（吏部）. During the annual merit examination of that year, he declared that the grand councilors *Hsiao Mien, Tuan Wen-chang, Tsai Chih*（宰相蕭俛、段文昌、崔植）and Han-lin academician *Tu Yuan-ying*(翰林學士杜元穎)were incompetent. He recommended the emperor to rate them at the sixth class – a rather low grade. He was expelled from the central government by the grand councilors who were angered by his just and rigorous judgement. He was replaced by *Feng Hsü*（馮宿）. *Feng Hsü* proclaimed that, according to the *Decree of Merit Examination*（考課）, the power of the Division of Merit Examination was limited to examine the officials ranked below third grade; grand councilors and high officials who ranked third grade and above should only be examined by the emperor himself. *Feng Hsü's* opinion was much different from that of *Li Peh*. Some officials supported *Feng*, and others sided with *Li*. This article deals with this particular issue. It verifies that the Division of Merit Examination originally had the power to review and scrutinize all officials including the grand councilors. After the *An Lu Shan's* rebellion（安祿山之亂）, the prevailing political spirit gradually demoralized, then, the power of the Ministry of Personnel declined, and so followed the function of the Division of Merit Examination. By the late *Táng* period, most chiefs and assistant chiefs of the Division of Merit Examination intentionally misinterpreted the *Decree of Merit Examination*. They gave up their own power in order to evade conflicting with the grand councilors and high officials. *Li Peh* was the only person who attempted to rebuild the authority of the Division of Merit Examination. He proved himself to be the most outstanding assistant chief of the Division in the late *Táng* period.

composing *fu* indicates that the popularity of *fu* permeated to every walk of life in her day. Chia I was a forerunner of *fu*-writers. His "Owl" marks the emergence of *sao-fu* 騷賦 which derived much from the *Ch'u-tz'u* 楚辭 . Ssu-ma Hsiang-ju brought the *fu* to its highest level of development. His "Sir Fantasy" and "The Imperial Park", which are lengthy, elaborate and ornate, attained such literary excellence that they served as models for many imitations. Yang Hsiung was the first poet who advocated that "the *fu* of the poet should be beautiful under guided principle" (詩人之賦麗以則) and overtly declared that the function of the *fu* was to 'feng' 風 . By Pan Ku's time the conventions of the *fu*—beautiful in language but didactic in function—became firmly established. Apart from submitting the "Two Capitals" 兩都賦 to the throne, he also incorporated his "On Mystery" in the *Han Shu*. When we read these 13 *fu* today, we shall find that they cover a wide range of topics, from national sacrifice to personal affection. Accidentally these 13 *fu* have been translated into English, French or German. Perhaps, they are particularly attractive to Western readers.

The *Fu* in the *Han Shu*（漢書）

略論漢書所載錄的辭賦

Kenneth P. H. HO （何沛雄）

The *fu* or the rhyme-prose was the most popular literary genre of the Han dynasty (206 B.C. – 220 A.D.): writers were numerous and *fu*-compositions countless in number. It was once used as the conpulsory subject in the civil service examinations to gauge the calibre of cadets and at a time there were over a thousand pieces of *fu* presented to the throne for perusal. Pan Ku 班固 (32-92) was a great historian as well as a distinguished *fu*-writer. It is interesting to note that of 1004 *fu* and 74 authors listed in the "Essay on Bibligraphy"(藝文志) only 6 writers (Chia I 賈誼, Emperor Wu 武帝, Ssu-ma Hsiang-ju 司馬相如, Yang Hsiung 揚雄, Lady Pan 班倢伃, and Pan Ku himself) and 13 compositions ("The Owl" 鵩鳥賦, "Lament of Ch'u Yüan" 弔屈原賦, "Afflication to Madam Li" 悼李夫人賦, "Sir Fantasy" 子虛賦, "The Imperial Park" 上林賦, "Lament for the Second Ch'in Emperor" 哀秦二世賦, "The Great Man" 大人賦, "The Sweet Spring" 甘泉賦, "The Ho-tung" 河東賦, "The Barricade Hunts" 校獵賦, "The Ch'ang-yang" 長楊賦, "Self-afflication" 自悼賦, and "On mystery" 幽通賦) are recorded in the *Han Shu* 漢書. This article attempts to investiage the significance that these authors and these *fu* were chosen.

A study of the evolution and development of the Han *fu* establishes that these 6 authors were 'representatives' of all classes of *fu*-writers, and these 13 *fu* might be considered 'prototypes' of different types of the rhyme-prose in the Han time. Emperor Wu was the first monarchy who gave patronage to *fu* creativities and his rhyme-prose stood out among all the rulers of the Han dynasty. Lady Pan was at first a palace-attendant and then an imperial concubine. Her ability in

(5) discuss the problem of how effective the sinicization had been, as well as the pivot of the issue, i.e., why that sinicization in Yüan had only partially succeeded, though the suffering of the people might have been mitigated to a certain extent.

On the Level of Sinicization of the Mongols in Yüan Times and Related Problems

元代蒙古人漢化問題及其漢化之程度

LIU Ts'un-yan （柳存仁）

This monograph of Prof. Liu, Professor Emeritus in Chinese at the Australian National University, deals with the very complicated situation the indigenous Chinese people faced during the period from the late thirteenth century to the mid-fourteenth century when China was under the Mongolian rule. It is divided into 5 correlated parts: (1) is about the life-style and customs of the Mongols such as the practice of Shamanism, the shoulder-blade prognostication, the court-life in a normad *yurt*, the unlimited polygamy and the various promiscuity concerning sex. In his discussion the author also emphasizes on the cold-blooded massacre on the grandest scale when a city or town fell to the Mongols not unresisted, as well as on the psychology of the early rulers who were so used to the normad environment and conditions, and were poorly educated in the ordinary sense. (2) and (3) are dealing with problems concerning domestic administration the Mongolian rülers were compelled to learn and to take precedent from the traditional Chinese institution. They were, however, assisted by a number of sinicized Khitans and Jurchens, and in particular, by the man Yeh-lü Ch'u-ts'ai (1189-1243) whose personal education, having been tempered in hard struggle and influenced also very strongly by *Ch'an* Buddhism, was, to use his own words, "a method of ignoring life and death and paying no attention to one's bitter experiences. Slander and praise could not affect him and sorrow and happiness could not touch him." This is a very extraordinary application of the marvellous feat of *Ch'an* to the mind of a great scholar-official at the time of stress and confusion, ennobling the activities against a gruesome fate which Yeh-lü shared with some of his successors who helped the Khubilai Khan (r. 1260-1298) to build the Yüan empire as a hybrid dynasty on Chinese soil. (4) and

The River Course of the Huang Ho East of Meng Tsun(孟津)and Its Crossings in the T'ang Dynasty

唐代孟津以東黃河流程與津渡

YEN Keng-wang 嚴耕望

This article aims at giving a description and clarification of the river-bed of the lower course of River Huang Ho and its north-south crossings in the T'ang Dynasty. According to the history of China the lower course of the Huang Ho east of Meng Tsun(孟津)repeatedly changed its course in a north-south orientation. Its estuaries deviated from several tens to six to seven hundred kilometers from north to south. But in the Medieval Ages (over eight hundred years from the Eastern Han to the middle of the T'and Dynasty), the lower course river-beds presented no great change as recorded in the *Sui-ching Ju*(水經注), *Yuan Wo Chi*(元和志) and *Wan· Yu Chih*(寰宇記). This article particularly emphasizes on the north-south crossings of the Huang Ho lower course in the Medieval Ages.

The grest plain of the Huang Ho lower course was the core for the economic and cultural growth. It was divided by the River into two halves. The north-south communication depended solely on river crossings which played an important part in political and military activities throughout the centuries, also in economy and cultural contacts. In the Mediecal Ages, the crossings east of Meng Tsun were often cited in historical books. The most famous crossings were Pai Ma Tsun(白馬津) or Li Yang Tsun 黎陽津 (now the area between Yui(濬)District and Wa(滑) District in the west, Po Yang Tsun(濮陽津)or later Dir Shing Tsun(德勝渡) (now the area between Po Yang(濮陽)and Ching Fung(淸豐)in the middle or Gao Ngao Tsun(碻磝津)or later probably substituted by Yang Liu Dao(楊劉渡) (now the area Between Lell Sheng(聊城)and Gu Yang(穀陽)in the east. Others included Shun Jao Tsun(酸棗津)and Ling Chang Tsun(靈昌津), numbering about twenty in all. The popularity of the crossings were related to geographical, political and military conditions of the times.

T'ien-t'ai Chih-i' Doctrine of "Round-sudden Samatha-vipasyana" and the *Great Learning's* Doctrine of "Knowing the rest, Knowing the root."

天台智顗之圓頓止觀與大學知止知本

Mr. CHEN Chao-shung （程兆熊）

The main theme of this paper is to examine T'ien-t'ai Chih-i's assimilation of Buddhism and the impact of Confucianism on him.

First, it explains the meaning of "Round-sudden" and on Chih-i's Doctrine of "Round-sudden Samathavipasyana". Secondly, detailed analysis of the concept of six Paramitas in Buddhism, the content of "Ken Kua"（艮卦）and "Kong Kua"（觀卦）of I-Ching（易經）, and the Great Learning's Doctrine of "Knowing the rest, Knowing the root" are presented. Thirdly, the author compares Chih-i's Doctrine of "Round-sudden samatha-Vipasyana" with the Great Learning's Doctrine of "Knowing the rest, Knowing the root", thus tracing the footprints of Sinolization of Indian Buddhism in China.

The development of Chinese Buddhism progressed at first in the concept of "rest" and "knowing the rest" to reality and samatha-vipasyana, then into "three vipasyanas in one moment"（一心三觀）, and finally prevailed the Shan School（禪宗）. On the other hand, the development of the "Eight Principles" of the Great Learning formed the "Divine Principle"（天理）, and the "Divine Virtue"（天德）, and later on led to the idea of "humanity as the ultimate"（人極）. These combined together establish a feature of the Chinese culture.

The Textual Research in How Liu Yan-wo Helped Monk Yue in His Work

劉彥和佐僧祐撰文攷

PAN Chung-kwei（潘重規）

This thesis is based on the author's textual research (reference: "The Basis of Liu Hxeh's Literary Thought Is Buddhism"). When Liu Yan-wo lived at Chu Ting Lim Monastery with Monk Yue, he was already a famous writer and scholar. Monk Yue had already collected many Buddhist Sutras and wanted to put them in systematic order, so he asked Liu to help him. The author pointed out that Monk Yue had no time to do the work and the reasons are as follows: (1) the collection of Buddhist sutras had used up much of his time, (2) he was fatigued with the preaching of Buddhism, (3) it took him much time to build the statue of Buddha, (4) In his old age, Monk Yue was sick and weak. He also gave three proofs that the writing was mostly done by Liu: (1) Monk Yue said that the writing was not done by himself, and Investigation into the process of compilation, and Comparison of the phraseology of the work. All these can prove that the work was mostly done by Liu, with the signature of Monk Yue only.

the Seven Verifications of the Epitaphs of The T'ang Dynasty

唐碑七種考證

CHENG Chien （鄭騫）

This article is about the seven kinds of inscriptions on the stone-tablets of the Tang Dynasty. With the help of the references in many books, the author verified them in detail. It includes the origins of the tablets, names and historics of the writers and the calligraphists, the connoiseurs and collectors of every dynasty, the similarities and differences of the handing down of different focsimiles and copies in order to provide references for scholars who study the histories of stone inscriptions and calligraphy of the Tang Dynasty.

中華民國七十五年（一九八六年）六月十五日初版

新亞學報 第十五卷

定價：港幣一百二十元
美金十五元

編輯者 新亞研究所
九龍農圃道六號

發行者 新亞研究所圖書館
九龍農圃道六號

承印者 和記印刷有限公司
九龍官塘巧明街
一一九號三樓A座
電話㊂四一六八八八

THE NEW ASIA JOURNAL

Essays in Commemoration of the Nintieth Birthday of Professor Ch'ien Mu

Contents

Volume 15 June 1986

NEW ASIA INSTITUTE OF ADVANCED CHINESE STUDIES